谨以此书献给所有奋斗在毒品案件实务与研究一线的工作者们

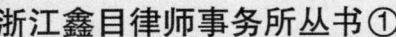

浙江鑫目律师事务所丛书①

SHEDU ANJIAN SHIWU ZHINAN　主编/顾猛

涉毒案件
>>> 实务指南

宁波出版社
NINGBO PUBLISHING HOUSE

图书在版编目（CIP）数据

涉毒案件实务指南/顾猛主编.——宁波：宁波出版社，2018.11

ISBN 978-7-5526-3249-1

Ⅰ.①涉… Ⅱ.①顾… Ⅲ.①毒品—刑事犯罪—研究—中国 Ⅳ.① D924.364

中国版本图书馆 CIP 数据核字（2018）第 145927 号

涉毒案件实务指南
顾　猛　主编

出版发行	宁波出版社
地址邮编	宁波市甬江大道 1 号宁波书城 8 号楼 6 楼　315040
网　　址	http://www.nbcbs.com
策划编辑	吴　波
责任编辑	刘佳佳
责任校对	叶呈圆　李　强
印　　刷	宁波白云印刷有限公司
开　　本	787mm×1092mm　1/16
印　　张	26.5
字　　数	450 千
版　　次	2018 年 11 月第 1 版
印　　次	2018 年 11 月第 1 次印刷
书　　号	ISBN 978-7-5526-3249-1
定　　价	108.00 元

本书若有倒装缺页影响阅读，请与我社联系调换，联系电话 0574-87286804

Preface
前　言

毒品、毒品违法、毒品犯罪，如此多涉毒话题，一言难尽。近年来毒品问题越来越严重，我国也从原来的毒品受害国转向毒品的生产、制造的输出国，涉毒人员逐年递增，由此引起了国内国际社会的高度重视。

全民动员，打赢一场人民禁毒战争。那么，何谓毒品？何谓毒品违法或犯罪行为？我国的禁毒政策、法律、法规是什么？

鉴往知来，为总结近年来涉毒政策法规及司法实践，更好地专业化系统化研究涉毒违法犯罪相关问题，浙江鑫目律师事务所创始人顾猛律师亲自挂帅组建了猎鹰涉毒案件辩护团。辩护团历时一年有余，搜集整理了全面的涉毒法律法规及律所承办的经典案例，将其汇编成册。谨献给奋战在禁毒工作一线的所有实务工作者，各级禁毒工作的决策与领导者，在读的法学学生和对禁毒潜心研究的科研工作者。

此书在编纂工作中得到团队成员的鼎力支持，并受到浙江纺织服装职业技术学院孔德民教授的悉心指导。在此，一并致以诚挚谢意。

浙江鑫目律师事务所
二〇一八年一月于浙江宁波

猎鹰涉毒案件辩护专业团队

浩瀚的法律，唯专唯精方能悟取其精髓。以专业工匠之精神，方能更好地服务于当事人，有效地维护法律的正确实施。

猎鹰涉毒案件辩护专业团队应运而生，专业从事涉毒案件辩护、死刑辩护。团队成员均具有较好刑事辩护的基本素养、较高刑事辩护的技巧与操守，尤为关键的是对涉毒与死刑案件的专业之精通；敬业的精神与专业的技艺并行，练就了团队成员在办理涉毒与死刑案件时的火眼金睛。于是，良好的口碑不胫而走，由此形成了很好的良性互动，赢得了积极的社会效果。

猎鹰涉毒案件辩护专业团队，致力于专业的涉毒案件辩护，由浙江鑫目律师事务所组建，开创了宁波精准辩护的先河，是宁波市乃至浙江省精准辩护(涉毒案件辩护)第一所。同时积极参与公益活动，与各禁毒机构合作，组织宣传毒品危害等公益活动；组织关心毒品犯罪家庭未成年人活动；组织律师业务技能培训活动；组织律师参与毒辩相关的国际国内讲座培训与学习。

现专业毒辩团队已有十余人，包括周俊奇、汤红艳、胡微微、蔡进、李源福、郑同涛、王绕红、王榕、余鑫、朱亮、王宇、王启睿、卢一潇、于书凡、陈海波等，团队创始人为顾猛律师。

团队以广阔的胸襟，纳五湖四海之贤士，共创明天的辉煌，以实现"天下无毒"之理想。

联系我们
浙江鑫目律师事务所

地址：宁波市环城北路与湖西路交叉口世茂日湖中心二号楼 15 楼 1509

咨询电话：0574-55125979/13336873550

传真：0574-55125987

投诉电话：0574-55125981

网址：http://www.xinmulawyer.com/

精准辩护，愿天下无毒

Contents
目 录

- 前　言 ………………………………………………………………… 001

承办案例（节选）

- 成某犯容留他人吸毒罪一审刑事判决书 ……………………………… 003
- 代某犯走私、贩卖、运输、制造毒品罪，陈某犯容留他人吸毒罪一审刑事判决书 …………………………………………………………………… 005
- 丁某、罗某等犯走私、贩卖、运输、制造毒品罪一审刑事判决书 ………… 008
- 方某犯走私、贩卖、运输、制造毒品罪一审刑事判决书 ………………… 017
- 潘某、赵某等犯走私、贩卖、运输、制造毒品罪一审刑事判决书 ………… 019
- 姚某甲犯走私、贩卖、运输、制造毒品罪一审刑事判决书 ……………… 031
- 袁某犯走私、贩卖、运输、制造毒品罪一审刑事判决书 ………………… 036
- 张某、罗某等犯走私、贩卖、运输、制造毒品罪二审刑事裁定书 ………… 039
- 张某犯走私、贩卖、运输、制造毒品罪一审刑事判决书 ………………… 045
- 彭某、张某等贩卖、窝藏毒品案 ………………………………………… 049

法律（综合）部分

- 毒品概念 …………………………………………………………… 055
- 毒品犯罪 …………………………………………………………… 057
- 《刑事审判参考》毒品犯罪案例分类集成 ……………………… 062

一、法律 …………………………………………………………… 076

- 《中华人民共和国刑法》（节录）（2017年11月4日）…………… 076
- 《中华人民共和国刑事诉讼法》（节录）（2012年3月14日）…… 080
- 《中华人民共和国治安管理处罚法》（2012年修正本）（节录）（2013年1月1日）………………………………………………………… 091
- 《中华人民共和国禁毒法》（2008年6月1日）……………………… 093
- 《中华人民共和国药品管理法》（节录）（2015年4月24日）……… 105

二、司法解释及实用文件 ………………………………………… 107

- 最高人民法院《关于审理毒品犯罪案件适用法律若干问题的解释》（2016年4月11日）……………………………………………………… 107
- 最高人民法院、最高人民检察院、公安部《关于印发〈办理毒品犯罪案件适用法律若干问题的意见〉的通知》（2007年12月18日）…… 115
- 《全国法院毒品犯罪审判工作座谈会纪要》（武汉会议纪要）（2015年5月18日）……………………………………………………… 119
- 《全国部分法院审理毒品犯罪案件工作座谈会纪要》（大连会议纪要）（2008年12月1日）……………………………………………… 129
- 《全国法院审理毒品犯罪案件工作座谈会纪要》（南宁会议纪要）（2000年4月4日）………………………………………………………… 141
- 最高人民法院《关于适用〈中华人民共和国刑事诉讼法〉的解释》（节录）（2013年1月1日）…………………………………………… 147
- 最高人民法院、最高人民检察院、公安部、国家安全部、司法部、全国人大常委会

法制工作委员会《关于实施刑事诉讼法若干问题的规定》(2013年1月1日) ······ 164

- 《人民检察院刑事诉讼规则(试行)》(节录)(2012年10月16日) ··· 173
- 最高人民法院、最高人民检察院、公安部《关于办理制毒物品犯罪案件适用法律若干问题的意见》(2009年6月23日) ······ 188
- 最高人民法院、最高人民检察院、公安部《关于办理走私、非法买卖麻黄碱类复方制剂等刑事案件适用法律若干问题的意见》(2012年6月18日) ······ 191
- 最高人民检察院《关于贩卖假毒品案件如何定性问题的批复》(1991年4月2日) ······ 195
- 最高人民法院、最高人民检察院、公安部《〈关于规范毒品名称表述若干问题的意见〉的理解与适用》 ······ 196
- 《最高人民检察院公诉厅毒品犯罪案件公诉证据标准指导意见(试行)》(2005年4月25日) ······ 203
- 最高人民检察院《关于加强毒品犯罪批捕起诉工作的通知》(1997年6月10日) ······ 211
- 《人民检察院办理羁押必要性审查案件规定(试行)》(2016年1月22日) ······ 213

三、立案相关法律规范 ······ 219

- 公安部《关于毒品案件立案标准的通知》(1988年8月1日) ······ 219
- 最高人民检察院、公安部《关于公安机关管辖的刑事案件立案追诉标准的规定(三)》(2012年5月16日) ······ 222

四、量刑相关法律规范 ······ 231

- 《人民检察院开展量刑建议工作的指导意见(试行)》(2010年2月23日) ······ 231
- 最高人民法院《关于常见犯罪的量刑指导意见》(2017年4月1日) ······ 236

- 最高人民法院《关于贯彻宽严相济刑事政策的若干意见》（2010年2月8日） ………………………………………………………………… 241
- 最高人民法院、最高人民检察院、公安部《关于办理邻氯苯基环戊酮等三种制毒物品犯罪案件定罪量刑数量标准的通知》（2014年9月5日） …… 251

五、非法证据排除法律规范 ……………………………………… 253

- 最高人民法院、最高人民检察院、公安部、国家安全部、司法部《关于办理死刑案件审查判断证据若干问题的规定》（2010年7月1日） ………………… 253
- 《关于办理死刑案件审查判断证据若干问题的规定》的理解与适用 …… 266
- 《关于建立健全防范刑事冤假错案工作机制的意见》（2013年10月9日） ………………………………………………………………… 281
- 《关于办理刑事案件严格排除非法证据若干问题的规定》（2017年6月27日） ………………………………………………………………… 285
- 最高人民法院《关于适用〈中华人民共和国刑事诉讼法〉的解释》（节录）（2013年1月1日） ………………………………………………… 293
- 最高人民法院、最高人民检察院、公安部、国家安全部、司法部、全国人大常委会法制工作委员会《关于实施刑事诉讼法若干问题的规定》（节录）（2013年1月1日） ……………………………………………… 296
- 《人民法院办理刑事案件庭前会议规程（试行）》（2018年1月1日）… 297
- 《人民法院办理刑事案件排除非法证据规程（试行）》（2018年1月1日） ………………………………………………………………… 303
- 《人民法院办理刑事案件第一审普通程序法庭调查规程（试行）》（2018年1月1日） ……………………………………………………… 311

六、立功、自首法律规范 ………………………………………… 322

- 《中华人民共和国刑法》（节录）（2017年11月4日） ……………… 322
- 最高人民法院《关于处理自首和立功具体应用法律若干问题的解释》（1998年5月9日） ………………………………………………………… 324
- 最高人民法院《关于处理自首和立功若干具体问题的意见》（2010年12月

- 12日）…………………………………………………………………………… 327
- 最高人民法院《关于被告人对行为性质的辩解是否影响自首成立问题的批复》（2004年3月23日）………………………………………………… 333
- 最高人民法院、最高人民检察院《关于办理职务犯罪案件认定自首、立功等量刑情节若干问题的意见》（2009年3月12日）…………………… 334
- 《全国部分法院审理毒品犯罪案件工作座谈会纪要》（大连会议纪要）（2008年12月1日）……………………………………………………………… 338

附　录

- 2014年中国毒品形势报告 ………………………………………………… 343
- 2015年中国毒品形势报告 ………………………………………………… 351
- 2016年中国毒品形势报告 ………………………………………………… 357
- 2017年中国毒品形势报告 ………………………………………………… 363
- 《联合国禁止非法贩运麻醉药品和精神药物公约》……………………… 369
- 刑事办案期限一览表 ……………………………………………………… 394
- 图书光盘版目录 …………………………………………………………… 399

- 后　记……………………………………………………………………… 407

 承办案例（节选）

CHENGBAN ANLI (JIEXUAN)

成某犯容留他人吸毒罪一审刑事判决书

××市××区人民法院
刑事判决书

（2016）浙 0204 刑初 ×× 号

公诉机关浙江省××市××区人民检察院。

被告人成某,农民。因涉嫌犯容留他人吸毒罪于 2015 年 10 月 19 日被抓获,次日被××市公安局××分局刑事拘留,同年 11 月 26 日被依法逮捕。现羁押于××市看守所。

辩护人卢一潇,浙江鑫目律师事务所律师。

××市××区人民检察院以××检公诉刑诉（2016）64 号起诉书指控被告人成某犯容留他人吸毒罪,于 2016 年 2 月 16 日向本院提起公诉。本院于同日立案受理后,依法适用简易程序,实行独任审判,公开开庭审理了本案。××市××区人民检察院依法指派代理检察员易某出席法庭支持公诉。被告人成某及其辩护人卢一潇到庭参加了诉讼。现已审理终结。

××市××区人民检察院指控：2015 年 9 月 19 日左右的一天,被告人成某在其位于××市××区×××路××号××室的租房内,容留吸毒人员赵某吸食毒品一次。

2015 年 10 月 12 日左右的一天,被告人成某在上述同一租房内,容留吸毒人员周某吸食毒品一次。

另查明,2015 年 10 月 19 日被告人成某在××市××区×××路××号××室被公安机关抓获。归案后,向公安机关提供重要线索并协助公安机关抓获其他涉嫌贩毒人员。

公诉机关建议对被告人成某判处有期徒刑六个月或拘役并处罚金。

上述事实，被告人成某在审理过程中亦无异议，并有证人赵某、周某、姚某的证言，受案登记表、立案决定书、案件破案报告表、受案回执、传唤证、拘留证、逮捕证、××市公安局现场检测报告书、行政处罚决定书、户籍证明、情况说明、抓获经过辨认笔录、称重笔录、毒品鉴定意见书等证据予以证实，足以认定。

本院认为，被告人成某提供场所容留他人吸食毒品，其行为已构成容留他人吸毒罪。公诉机关指控的罪名成立。被告人成某到案后提供重要线索并协助侦查机关侦破其他案件，系立功，可以从轻处罚。被告人成某到案后如实供述犯罪事实，依法予以从轻处罚。公诉机关的量刑建议合理，本院予以采纳。依照《中华人民共和国刑法》第三百五十四条、第六十八条、第六十七条第三款之规定，判决如下：

被告人成某犯容留他人吸毒罪，判处有期徒刑六个月，并处罚金人民币一千元。

（刑期从判决执行之日起计算。判决执行以前先行羁押的，羁押一日折抵刑期一日，即自2015年10月19日起至2016年4月18日止。罚金限于判决生效后一个月内缴纳）。

如不服本判决，可在接到判决书的第二日起十日内，通过本院或直接向××市中级人民法院提出上诉。书面上诉的，应提交上诉状正本一份，副本二份。

审判员　申某

二〇一六年二月二十六日

书记员　鲁某

代某犯走私、贩卖、运输、制造毒品罪，陈某犯容留他人吸毒罪一审刑事判决书

××市××区人民法院
刑事判决书

（2013）××刑初字第××号

公诉机关浙江省××市××区人民检察院。

被告人代某。2012年9月23日因卖淫被××市公安局××分局行政拘留十日；2013年3月20日因吸毒被××市公安局行政拘留十五日。因涉嫌犯贩卖毒品罪于2013年4月17日被××市公安局××分局抓获，次日被刑事拘留，同年5月24日被逮捕。现羁押于××市看守所。

辩护人于书凡，浙江鑫目律师事务所律师。

被告人陈某。因涉嫌犯贩卖毒品罪于2013年4月17日被××市公安局××分局抓获，次日被刑事拘留，因涉嫌犯容留他人吸毒罪于同年5月24日被逮捕。现羁押于××市看守所。

浙江省××市××区人民检察院以××检刑诉（2013）××号起诉书指控被告人代某犯贩卖毒品罪，被告人陈某犯容留他人吸毒罪，于2013年10月28日向本院提起公诉。本院依法适用简易程序，实行独任审判，公开开庭审理了本案。浙江省××市××区人民检察院代理检察员张某、被告人代某、陈某及代某辩护人于书凡到庭参加诉讼。现已审理终结。

浙江省××市××区人民检察院指控：

（一）贩卖毒品罪

2013年4月16日下午，张某甲与被告人代某联系，向其购买毒品，被告人代某于是通过被告人陈某电话联系到潘某（另案处理），由潘某将两小包毒品送至被告人陈某所租住的××市××区×××路×段××酒店×××室，被告人代某拿到毒品后在××市××区×××路和××街交叉口的×××宾馆门口，将上述两包冰毒（净重1.2213克，含有甲基苯丙胺成分）以人民币1000元的价格贩卖给张某甲，后被告人代某将毒资带回酒店交给了潘某。

2013年4月17日，被告人代某在××市××区×××小区××幢×××号×××室内，从潘某处以人民币1800元的价格购买五包冰毒（净重4.1641克，含有甲基苯丙胺成分），再将上述冰毒以人民币2300元的价格在××市××区×××小区附近卖给张某甲。

根据以上事实、情节，公诉机关建议以犯贩卖毒品罪，判处被告人代某乙有期徒刑一年六个月，并处罚金。

上述事实，被告人代某在开庭审理过程中亦无异议，且有证人张某甲、陈某、张某乙、潘某的证言及辨认笔录、扣押笔录、扣押决定书、扣押清单、暂扣物品专用票据、毒品照片、理化检验鉴定报告、浙江省公安机关毒品上交清单、公安行政处罚决定书、户籍证明、抓获经过等证据证实，足以认定。

（二）容留他人吸毒罪

2013年4月4日，被告人陈某在其租住的××市××区×××路×段××酒店×××室容留被告人代某和潘某吸食冰毒。

2013年4月11日，被告人陈某在其租住的××市××区×××路×段××酒店×××室容留被告人代某和张某乙吸食冰毒。

2013年4月16日，被告人陈某在其租住的××市××区×××路×段××酒店×××室容留潘某吸食冰毒。

根据以上事实、情节，公诉机关建议以犯容留他人吸毒罪，判处被告人陈某有期徒刑八个月，并处罚金。

上述事实，被告人陈某在开庭审理过程中亦无异议，且有证人代某、张某乙、潘某、张某丙的证言，租赁合同、现场检测报告、公安行政处罚决定书、户籍证明及抓获经过等证据证实，足以认定。

本院认为，被告人代某明知是毒品而予以贩卖，其行为已构成贩卖毒品罪。

被告人陈某为他人吸毒提供场所,多次容留他人吸食毒品,其行为已构成容留他人吸毒罪。公诉机关指控两被告人的罪名成立。被告人代某曾因吸毒等被行政处罚,不思悔改,进而犯罪,酌情从重处罚;案发后,被告人代某能如实供述自己的罪行,可从轻处罚。违禁品甲基苯丙胺予以没收。被告人陈某能自愿认罪,可酌情从轻处罚。辩护人提出的被告人代某能如实供述自己的罪行,认罪态度较好,毒品没有流入社会,存在犯意引诱的辩护意见,与事实及法律规定相符,可予采纳;提出的被告人代某行为社会危害性较小的辩护意见,因毒品犯罪是严重危害社会治安的犯罪,故对该辩护意见,不予采纳。公诉机关的量刑建议适当。对被告人代某应依照《中华人民共和国刑法》第三百四十七条第一款、第四款、第七款、第三百五十七条、第六十七条第三款、第六十四条之规定,对被告人陈某应依照《中华人民共和国刑法》第三百五十四条、第三百五十七条第一款之规定,判决如下:

一、被告人代某犯贩卖毒品罪,判处有期徒刑一年六个月,并处罚金人民币五千元。

(刑期自判决执行之日起计算。判决执行以前先行羁押的,羁押一日折抵刑期一日,即自2013年4月17日起至2014年10月16日止)。

二、被告人陈某犯容留他人吸毒罪,判处有期徒刑八个月,并处罚金人民币二千元。

(刑期自判决执行之日起计算。判决执行以前先行羁押的,羁押一日折抵刑期一日,即自2013年4月17日起至2013年12月16日止)。

上述罚金限判决生效之日起一个月内缴纳。

三、违禁品甲基苯丙胺共5.3854克,予以没收。

如不服本判决,可在接到判决书的第二日起十日内,通过本院或者直接向浙江省××市中级人民法院提出上诉。书面上诉的,应提交上诉状正本一份,副本二份。

审判员 王某

二〇一三年十一月十二日

丁某、罗某等犯走私、贩卖、运输、制造毒品罪一审刑事判决书

××市××区人民法院
刑事判决书

（2015）××刑初字第××号

公诉机关××市××区人民检察院。

被告人丁某（绰号"丁老大"），个体经营者。因吸毒于2014年9月18日被××市公安局××分局处行政拘留十日（未执行）。因涉嫌犯贩卖毒品罪于2014年9月16日被××市公安局××分局拘传，次日被指定居所监视居住，同月24日被刑事拘留，同年10月24日被逮捕。现羁押于××市看守所。

辩护人褚律师，浙江甬安律师事务所律师，××市××区法律援助中心指派。

被告人罗某（绰号"黑子""三塔纳"），务工。因吸毒于2014年9月17日被××市公安局××分局处行政拘留十日（未执行）。因涉嫌犯贩卖毒品罪于2014年9月16日被××市公安局××分局拘传，次日被刑事拘留，同年10月24日被逮捕。现羁押于××市看守所。

辩护人彭辉，浙江鑫目律师事务所律师，××市××区法律援助中心指派。

被告人陈某伟（绰号"小伟"），农民。因涉嫌犯贩卖毒品罪于2014年9月17日被××市公安局××分局传唤羁押，次日被刑事拘留，同年10月24日被逮捕。现羁押于××市看守所。

辩护人陈律师，北京盈科（宁波）律师事务所律师。

被告人刘某甲（绰号"玲子"），无业。因吸毒于2014年5月5日被　　市公安局　　分局处行政拘留十日。因涉嫌犯贩卖毒品罪于2014年9月16日被××市公安局××分局传唤羁押，次日被刑事拘留，同年10月24日被逮捕。现羁押于××市看守所。

辩护人周律师，浙江合创律师事务所律师，××市××区法律援助中心指派。

被告人焦某（绰号"焦二"），农民。因涉嫌犯贩卖毒品罪于2014年9月17日被××市公安局××分局抓获羁押，次日被刑事拘留，同年10月24日被逮捕。现羁押于××市看守所。

辩护人陆律师，浙江港湾律师事务所律师，××市××区法律援助中心指派。

被告人陈某，农民。因犯抢劫罪于2004年2月12日被××省××市中级人民法院判处有期徒刑八年，2008年6月28日刑满释放。因涉嫌犯贩卖毒品罪于2014年9月18日被××市公安局××分局取保候审，2015年9月17日被××区人民检察院取保候审。

辩护人陆律师，浙江尚甬律师事务所律师，××市××区法律援助中心指派。

被告人张某，个体经营者。因涉嫌犯贩卖毒品罪于2014年9月16日被××市公安局××分局拘传，次日被指定居所监视居住，同月19日被刑事拘留，同年10月24日被逮捕。现羁押于××市看守所。

辩护人邵律师，浙江佳兆律师事务所律师。

××市××区人民检察院以××检公诉刑诉（2015）×××号起诉书指控被告人丁某、罗某、陈某伟、刘某甲、焦某、陈某、张某犯贩卖毒品罪，于2015年9月29日向本院提起公诉。本院于次日立案受理，依法组成合议庭，公开开庭审理了本案。××市××区人民检察院代理检察员江某出庭支持公诉，被告人丁某及其辩护人褚律师、罗某及其辩护人彭辉、陈某伟及其辩护人陈律师、刘某甲及其辩护人周律师、焦某及其辩护人陆律师、陈某及其辩护人陆律师、张某及其辩护人邵律师到庭参加诉讼。现已审理终结。

××市××区人民检察院指控：

一、2014年7月至9月期间，被告人丁某从张某寒、谢某（均另案处理）等人处购得甲基苯丙胺（冰毒，下同），除伙同被告人张某贩卖甲基苯丙胺外，还单独贩卖甲基苯丙胺和甲基苯丙胺片剂（俗称"麻古"，下同）。具体事实如下：

1.2014年7月下旬的一天晚上，被告人丁某在其经营的位于本市××区××菜场门口的烧烤摊附近将约1克甲基苯丙胺以300元（币种为人民币，下同）的价格出售给王某。

2.2014年8月7日，被告人丁某在××大学附近，从张某寒、谢某处以9000元的价格购得约100克甲基苯丙胺。

（1）同月下旬的一天，王某向被告人丁某求购毒品，后由被告人张某在××区××菜场附近将约1.5克甲基苯丙胺以500元的价格出售给王某。

（2）同月下旬的一天下午，黄某（另案处理）向被告人丁某求购毒品，丁某让黄某与被告人张某联系，后张某在××菜场附近将约3克甲基苯丙胺以600元的价格出售给黄某。

3.2014年8月上旬的一天，被告人丁某在其经营的烧烤摊附近将5粒甲基苯丙胺片剂（约0.45克）以250元的价格出售给王某。

4.2014年9月上旬的一天，被告人丁某在××大学附近，从张某寒、谢某处以9000元的价格购得约100克甲基苯丙胺。

2014年9月16日晚，被告人丁某、张某在××区××路××号×××室被抓获，丁某的2部手机（137＊＊＊＊9746、137＊＊＊＊3770）和张某的2部手机（137＊＊＊＊7791、135＊＊＊＊0259）均被公安机关扣押。

二、2014年8月至9月期间，被告人罗某从张某寒、被告人焦某等人处购得甲基苯丙胺和甲基苯丙胺片剂，后贩卖给邵某、被告人刘某甲、被告人焦某等人。刘某甲从罗某等人处购得甲基苯丙胺和甲基苯丙胺片剂，后又贩卖给钱某。具体事实如下：

1.2014年8月上旬的一天，被告人刘某甲在本市××区××小区门口将约5克甲基苯丙胺和5粒甲基苯丙胺片剂（约0.45克）以2500元的价格出售给钱某。

2.2014年9月3日，钱某以2350元的价格向被告人刘某甲求购5克甲基苯丙胺和5粒甲基苯丙胺片剂（约0.45克），刘某甲遂与被告人罗某联系以1500元的价格购买上述毒品，其中约5克甲基苯丙胺由罗某至××区××村村口以900元的价格从被告人焦某处购得,后罗某在××小区门口将上述毒品交予钱某。

3.2014年9月10日晚,邵某向被告人罗某求购毒品,罗某遂至本市××区××街道××小区附近向张某寒购得约40克甲基苯丙胺,后在本市××区××路附近以6200元的价格将上述毒品出售给邵某。

4.2014年9月13日下午,被告人罗某在本市××隧道附近将约5克甲基苯丙胺以1000元的价格出售给被告人刘某甲,后刘某甲在钱某位于××小区×幢×××室的家中将上述毒品以1850元的价格出售给钱某。

5.2014年9月14日下午,被告人罗某在本区××路与×××国道交叉口附近以600元的价格从张某寒处购得约5克甲基苯丙胺,后售予他人。

6.2014年9月14日晚,被告人罗某在××小区附近向张某寒购得约40克甲基苯丙胺后,至本市××区××大道和××路交叉口附近将其中的约30克甲基苯丙胺以5600元的价格出售给邵某,后又至焦某位于本市××区××村的家中将约5克甲基苯丙胺以800元的价格出售给焦某。

2014年9月16日16时许,被告人罗某在××小区(张某寒住处)楼下被民警抓获,其随身携带的3包重2.1384克的甲基苯丙胺被当场缴获,手机2部(137＊＊＊0849、159＊＊＊8403)及透明小塑料袋等物均被公安机关扣押。同日23时许,被告人刘某甲在其位于××区××街道××小区××幢×××室的暂住房内被民警抓获,1包重0.1264克的甲基苯丙胺和手机1部均被扣押。次日21时许,被告人焦某在其位于××区××街道××村××号-××的暂住房内被民警抓获,手机1部(158＊＊＊2842)被扣押。同月25日,罗某车牌号为浙B×××××的轿车停放在××小区楼下的路边被民警发现,1包重9.9736克的甲基苯丙胺从该车的副驾驶座后背兜里被搜获。被告人罗某具有立功表现。

三、2014年8月至9月期间,被告人陈某伟从刘某乙(另案处理)等人处购得甲基苯丙胺,后贩卖给史某等人。具体事实如下:

1.2014年8月3日凌晨,被告人陈某伟在本区××公园旁××××银行的第一个自助取款机处将约18克甲基苯丙胺以3000元的价格出售给史某。

2.2014年8月上旬的一天凌晨,被告人陈某伟在本区××路×××宾馆门口将约6克甲基苯丙胺以1500元的价格出售给史某。

3.2014年8月中旬的一天晚上,被告人陈某伟向刘某乙(另案处理)求购毒品,后刘某乙指使被告人陈某（系刘某乙女友）在其位于本区××巷××号×××室的暂住房内将约10克甲基苯丙胺以1400元的价格出售给陈某伟。

2014年9月17日17时许，被告人陈某在其位于本区××巷××号×××室的暂住房内被民警抓获，随身携带的手机1部（182＊＊＊5572）被公安机关扣押。同日18时许，被告人陈某伟在××小区×号楼×××室内被民警抓获，其随身携带的手机1部、银行卡1张均被扣押。

为证实上述事实，公诉机关向法庭提供了物证、书证、证人证言、被告人及同案犯的供述与辩解、鉴定意见、搜查笔录、辨认笔录、电子数据支付宝账户明细等证据。公诉机关认为被告人丁某、罗某、陈某伟、刘某甲、焦某、陈某、张某违反国家对毒品的管理制度，贩卖甲基苯丙胺和甲基苯丙胺片剂，其行为均触犯了《中华人民共和国刑法》第三百四十七条，犯罪事实清楚，证据确实充分，应当以贩卖毒品罪追究各被告人的刑事责任。被告人罗某具有立功表现；被告人陈某在与刘某乙共同犯罪中起次要作用，系从犯；被告人陈某伟、刘某甲、陈某均能如实供述自己的罪行。提请本院依法予以判处。

经审理查明：

一、2014年7月至9月期间，被告人丁某从张某寒、谢某（已判决）等人处购得甲基苯丙胺（俗称"冰毒"，下同）予以贩卖，部分由被告人张某帮助出售。2014年9月16日晚，被告人丁某、张某在××区××路××号×××室被抓获，丁某的2部手机（137＊＊＊9746、137＊＊＊3770）和张某的2部手机（137＊＊＊7791、135＊＊＊0259）均被公安机关扣押。

二、2014年8月至9月期间，被告人罗某从张某寒、被告人焦某等人处购得甲基苯丙胺，后贩卖给邵某、被告人刘某甲、被告人焦某等人。刘某甲从罗某等人处购得甲基苯丙胺和甲基苯丙胺片剂，后又贩卖给钱某。

三、2014年9月16日16时许，被告人罗某在××小区（张某寒住处）楼下被民警抓获，其随身携带的3包重2.1384克的甲基苯丙胺被当场缴获，手机2部（137＊＊＊0849、159＊＊＊8403）及透明小塑料袋等物均被公安机关扣押。同年9月16日23时许，被告人刘某甲在其位于××区××街道××××小区××幢××室的暂住房内被民警抓获，房间内查获的1包重0.1264克的甲基苯丙胺和手机1部均被扣押。同年9月17日21时许，罗某协助公安民警将被告人焦某在其位于××区××街道××村××号-××的暂住房内抓获，焦某手机1部（158＊＊＊2842）被扣押。同年9月25日，罗某车牌为浙

B×××××的轿车停放在××小区楼下的路边被民警发现,1包重9.9736克的甲基苯丙胺从该车的副驾驶座后背兜里被搜获。

四、2014年8月至9月期间,被告人陈某伟从刘某乙(另案处理)等人处购得甲基苯丙胺,后贩卖给史某等人。

综合证据:

(1)身份证明,证实被告人丁某、罗某、陈某伟、刘某甲、焦某、陈某、张某的基本身份情况。

(2)鉴定意见现场检测报告书,证实被告人丁某、罗某、陈某伟、刘某甲、焦某等人尿检呈阳性,系吸毒人员的事实。

(3)行政处罚决定书,证实被告人丁某、罗某、刘某甲因吸毒被行政处罚的情况。

(4)刑事判决书,证明被告人陈某的前科情况。

(5)破案经过,证实丁某、罗某、陈某伟、刘某甲、焦某、陈某、张某被抓获过程及本案的侦破经过,被告人罗某协助公安机关抓获被告人焦某的事实。

本院认为,被告人丁某、罗某、陈某伟、刘某甲、焦某、陈某、张某违反国家对毒品的管理制度,明知是毒品而予以贩卖,其中丁某贩卖约200克、罗某贩卖约107.562克、陈某伟贩卖约34克、刘某甲贩卖约16.0264克、焦某贩卖约10克、陈某贩卖约10克、张某贩卖约4.5克,其行为均已构成贩卖毒品罪。公诉机关指控的罪名成立。

公诉机关指控被告人丁某贩毒事实,仅有购毒人员王某的证言、通话清单予以证明,证据证明力较弱,难以形成完整、闭合的证据链,不能排除一切合理怀疑,因此从有利被告人角度出发,本院对该二笔贩毒事实不予认可。针对被告人丁某否认参与公诉机关指控贩毒事实中的第一节第二、四笔及其辩护人认为丁某参与该二笔贩卖毒品证据不足的辩护意见,经查,谢某、张某寒均指认向丁某贩卖了冰毒200克,相关银行交易明细及通话记录等证据与谢某、张某寒的供述可以相互印证,且丁某未提供充分证据证明其与谢某间存在真实借款关系,足以认定丁某参与贩卖毒品200克的事实,故丁某及其辩护人的辩解辩护意见与事实不符,不予采信。被告人丁某在被告人张某帮助下参与的第一节第二笔中第一、二项贩毒事实,经查,该二笔交易是在丁某向谢某、张某寒购买毒品期间,且毒品种类均为冰毒,因此该二笔不应重复计算入丁某的贩毒数量。

针对被告人罗某的辩护人提出罗某归案后协助公安机关抓获同案犯,具有立功表现,依法予以减轻处罚的辩护意见,本院予以采纳。被告人罗某的辩护人提出公诉机关指控罗某贩毒事实中的第二节第五笔因无明确的购毒对象，应酌情考虑为其自己吸食的辩护意见，但该辩解意见缺乏证据支持，且与罗某在侦查阶段、当庭供认该笔毒品用于贩卖的供述相矛盾，故对该辩解意见不予采信。被告人陈某伟、陈某的辩护人认为公诉机关指控陈某伟、陈某贩毒事实中的第三节第三笔贩毒数量不准确，应就低认定为 6 克，但该辩护意见缺乏客观证据支持，且与陈某伟、陈某原先在侦查阶段、庭审供认的贩毒数量相矛盾，故对该辩解意见不予采信。被告人刘某甲的辩护人提出在刘某甲暂住房内查获的 0.1264 克冰毒不应计入贩毒数量的辩护意见，与法律规定不符，不予采纳。

针对被告人刘某甲的辩护人提出刘某甲贩卖 15 克冰毒的数量应就低认定为 10 克的辩护意见，经查，刘某甲的上家即罗某与焦某对其二人所涉交易环节的贩毒数量均供认不讳，并有下家即证人钱某的证言予以佐证，且刘某甲在侦查阶段、当庭供认了起诉书指控的贩毒数量，故对该辩解意见不予采信。被告人陈某的辩护人提出陈某在与刘某乙的共同犯罪中地位作用较小，系从犯，依法予以减轻处罚的辩护意见，本院予以采纳。针对被告人张某及其辩护人提出张某在共同犯罪中系从犯，请求予以从轻处罚的辩解意见，经查，张某积极参与丁某贩卖毒品交易，根据其共同犯罪中的地位、作用和表现，对张某不应认定为从犯，对该辩解意见，不予采纳。被告人张某的辩护人对其涉及两笔毒品交易数量有异议，但该辩护意见缺乏相关证据支持，且与被告人张某的当庭供述相互矛盾，故对该辩护意见不予采信。

被告人罗某、陈某伟、刘某甲、焦某、陈某均如实供述自己的犯罪事实，依法予以从轻处罚；被告人罗某、陈某伟、刘某甲、焦某、陈某、张某均当庭自愿认罪，酌情予以从轻处罚；被告人陈某具有悔罪表现，还可适用缓刑。各辩护人据此提出对各被告人从轻处罚的辩护意见，本院均予以采纳。

为此，对被告人丁某依照《中华人民共和国刑法》第三百四十七条第一款、第二款、第七款、第二十五条第一款、第六十四条之规定，对被告人罗某依照《中华人民共和国刑法》第三百四十七条第一款、第二款、第七款、第六十八条、第六十七条第三款、第六十四条之规定，对被告人陈某伟、刘某甲、焦某依照《中华人民共和国刑法》第三百四十七条第一款、第三款、第七款、第六十七条第三款、第六十四条之规定，对被告人陈某依照《中华人民共和国刑法》第三百四十七条第一款、第三款、第二十五条第一款、第二十七条、第七十二条第一款、第二款、第三款、第六十四条之规定,对被告人张某依照《中华人民共和国刑法》第三百四十七条第一款、第四款、第七款、第二十五条第一款、第六十四条之规定,判决如下:

一、被告人丁某犯贩卖毒品罪,判处有期徒刑十五年,并处没收财产人民币三万元(刑期从判决执行之日起计算。判决执行以前先行羁押的,羁押一日折抵刑期一日,监视居住二日折抵一日,即自2014年9月24日起至2029年9月18日止);

二、被告人罗某犯贩卖毒品罪,判处有期徒刑十三年六个月,并罚金人民币二万元(刑期从判决执行之日起计算。判决执行以前先行羁押的,羁押一日折抵刑期一日,即自2014年9月16日起至2028年3月15日止;罚金限于判决生效后一个月内向本院缴纳);

三、被告人陈某伟犯贩卖毒品罪,判处有期徒刑十年,并处罚金人民币一万元(刑期从判决执行之日起计算。判决执行以前先行羁押的,羁押一日折抵刑期一日,即自2014年9月17日起至2024年9月16日止;罚金限于判决生效后一个月内向本院缴纳);

四、被告人刘某甲犯贩卖毒品罪,判处有期徒刑七年九个月,并处罚金人民币六千元(刑期从判决执行之日起计算。判决执行以前先行羁押的,羁押一日折抵刑期一日,即自2014年9月16日起至2022年6月15日止;罚金限于判决生效后一个月内向本院缴纳);

五、被告人焦某犯贩卖毒品罪,判处有期徒刑七年,并处罚金人民币四千元(刑期从判决执行之日起计算。判决执行以前先行羁押的,羁押一日折抵刑期一日,即自2014年9月17日起至2021年9月16日止;罚金限于判决生效后一个月内向本院缴纳);

六、被告人陈某犯贩卖毒品罪,判处有期徒刑三年,缓刑三年六个月,并处罚金人民币三千元(缓刑考验期,从判决确定之日起计算;罚金限于判决生效后一个月内向本院缴纳);

七、被告人张某犯贩卖毒品罪,判处有期徒刑一年四个月,并处罚金人民币二千元(刑期从判决执行之日起计算。判决执行以前先行羁押的,羁押一日折抵刑期一日,监视居住二日折抵一日,即自2014年9月19日起至2016年1月16日止;罚金限于判决生效后一个月内向本院缴纳);

八、已查扣的毒品甲基苯丙胺12.2384克,予以没收(由查扣机关依法处理);查扣的作案工具苹果手机4部、FORME手机1部、KUXIAN牌手机1部、TAKKO

白色手机1部、黑色诺基亚直板手机2部、绿色铁质曼妥思薄荷糖罐1个、透明塑料袋若干、锡纸若干，予以没收；各被告人违法所得继续予以追缴。

如不服本判决，可在接到判决书的第二日起十日内，通过本院或者直接向浙江省××市中级人民法院提出上诉。书面上诉的，应当提交上诉状正本一份，副本二份。

审判长　李某

人民陪审员　陈某

人民陪审员　毛某

二〇一五年十一月十九日

书记员　王某

方某犯走私、贩卖、运输、制造毒品罪一审刑事判决书

××市××区人民法院

刑事判决书

（2011）××刑初字第××号

公诉机关浙江省××市××区人民检察院。

被告人方某，女，汉族，1988年12月22日出生于江苏省××县，初中文化，无业，住××县。**因本案于2009年3月20日被刑事拘留，同月26日被取保候审，2011年4月26日被依法逮捕。**

辩护人顾猛，浙江鑫目律师事务所律师。

浙江省××市××区人民检察院以××检刑诉（2009）374号起诉书指控被告人方某犯贩卖毒品罪，于2011年6月23日向本院提起公诉。本院于当日立案，依法组成合议庭，于2011年7月6日适用普通程序审理"被告人认罪案件"的方式，公开开庭审理了本案。浙江省××市××区人民检察院指派代理检察员魏某出庭支持公诉，被告人方某及其辩护人顾猛到庭参加诉讼。本案现已审理终结。

经审理查明：

2008年底，被告人方某在××区××街道××宾馆一房间内，将约0.4克冰毒和5粒麻黄素（含甲基苯丙胺成分）贩卖给吸毒人员张某，得款800元；几天后，被告人方某在××宾馆内再次将约0.8克冰毒和30粒麻黄素贩卖给张某。

2009年3月，被告人方某先后在××区××街道一足浴店附近、一宾馆房间内，分别将约0.4克冰毒和约1克冰毒贩卖给吸毒人员余某。

2009年3月20日，被告人方某在××区××街道××宾馆×××房间内，将0.3476克冰毒贩卖给张某，得款400元，二人刚完成交易即被民警查获，毒品和毒资亦被当场缴获。同日，侦查人员在××区××街道××公寓×××室被告人方某的住处搜查到冰毒和麻黄素粉末共计3.6376克。

被告人方某在取保候审期间潜逃，后于2011年4月26日被抓获归案。

上述事实，被告人方某在法庭审理过程中亦无异议，且有证人张某、余某、王某1、王某2的证言，毒品理化检验鉴定报告、尿样检测报告、抓获经过和押解经过陈述笔录、羁押证明、搜查笔录、提取笔录、辨认笔录、扣押物品清单、赃物及赃款照片等证据证实，足以认定。

本院认为，被告人方某违反国家毒品管理法规，多次贩卖毒品，其行为已构成贩卖毒品罪，且属情节严重。公诉机关指控的罪名成立。被告人能够如实供述自己的罪行，依法予以从轻处罚。缴获的毒品、毒资，均予以没收。据此，依照《中华人民共和国刑法》第三百四十七条第一款、第四款、第七款、第六十七条第三款、第六十四条、《最高人民法院关于审理毒品案件定罪量刑标准有关问题的解释》第三条第（四）项之规定，判决如下：

一、被告人方某犯贩卖毒品罪，判处有期徒刑四年六个月，并处罚金人民币四千元。

（刑期自判决执行之日起计算。判决执行以前先行羁押的，羁押一日折抵刑期一日，即自2011年4月26日起至2015年10月18日止；罚金限于本判决生效后一个月内缴纳至本院）。

二、缴获的冰毒及麻黄素共计3.9852克、赃款人民币400元，均予以没收（由××市公安局××分局依法处理）。

如不服本判决，可在接到判决书的第二日起十日内，通过本院或者直接向浙江省××市中级人民法院提出上诉。书面上诉的，应提交上诉状正本一份，副本二份。

审判长　殷某

人民陪审员　张某

人民陪审员　袁某

二〇一一年七月六日

书记员　张某

潘某、赵某等犯走私、贩卖、运输、制造毒品罪一审刑事判决书

××市××区人民法院
刑事判决书

（2016）浙0212刑初××号

公诉机关浙江省××市××区人民检察院。

被告人潘某，男，1978年1月5日出生于四川省××市，汉族，小学文化，无业，住四川省××市××区。2015年8月因吸毒被××市公安局××分局行政拘留十日。因涉嫌犯贩卖毒品罪于2015年12月22日被××市公安局××分局传唤，次日被刑事拘留，2016年1月28日被逮捕。

辩护人陈律师，浙江波宁律师事务所律师。

被告人赵某，男，1977年6月2日出生于浙江省××市，汉族，初中文化，个体经营者，住浙江省××市××区。因涉嫌犯贩卖毒品罪于2015年12月22日被××市公安局××分局传唤，次日被刑事拘留，2016年1月28日被逮捕。

辩护人郑同涛，浙江鑫目律师事务所律师。

被告人杜某，男，1971年6月26日出生于浙江省××市，汉族，初中文化，公司员工，住浙江省××市××区。因涉嫌犯贩卖毒品罪于2015年12月22日被××市公安局××分局传唤，次日被刑事拘留，2016年1月28日被逮捕。

被告人岑某，男，1980年11月11日出生于浙江省××市，汉族，大专文化，公司员工，住浙江省××市。因涉嫌犯贩卖毒品罪于2015年12月22日被××市公安局××分局传唤，次日被刑事拘留，2016年1月28日被逮捕。

辩护人朱律师，浙江甬望律师事务所律师。

被告人张某甲，男，1968年9月8日出生于浙江省××市，汉族，初中文化，个体经营者，住浙江省××市××区。因涉嫌犯贩卖毒品罪于2015年12月23日被××市公安局××分局刑事拘留，2016年1月28日被逮捕。

辩护人王律师，浙江大绅律师事务所律师。

被告人施某，男，1964年5月31日出生于浙江省××市，汉族，高中文化，××市计划生育协会工作人员，住浙江省××市××区。因涉嫌犯非法持有毒品罪于2015年12月22日被××市公安局××分局传唤，次日被刑事拘留，2016年1月28日被逮捕。

辩护人徐律师、陈律师，浙江波宁律师事务所律师。

××市××区人民检察院以××检刑诉（2016）1169号起诉书指控被告人潘某、赵某、杜某、岑某、张某甲犯贩卖毒品罪，被告人施某犯非法持有毒品罪、挪用公款罪，于2016年8月5日向本院提起公诉。本院于同日立案，依法组成合议庭，公开开庭审理了本案。同年8月31日，公诉机关提出本案需补充侦查，建议本案延期审理，本院决定延期审理。同年9月30日，公诉机关提请本院恢复审理，本院于同日决定恢复审理。××市××区人民检察院指派检察员陈某出庭支持公诉，被告人潘某及其辩护人陈律师，被告人赵某及其辩护人郑同涛，被告人杜某，被告人岑某及其辩护人朱律师，被告人张某甲及其辩护人王律师，被告人施某到庭参加诉讼。现已审理终结。

公诉机关指控：

一、贩卖毒品、非法持有毒品

2015年10月12日凌晨0时多，被告人潘某与被告人赵某经电话联系后，在××市××区××食品商场附近会面，将55粒甲基苯丙胺片剂（俗称"麻古"）以每粒30元价格卖给被告人赵某。被告人赵某得手后，又与被告人杜某电话联系，于当天中午在其家中（位于××区××路×弄×号×室）将该55粒甲基苯丙胺片剂卖给被告人杜某。被告人杜某得手后，随即在××区××小区一带某处又将其中50粒甲基苯丙胺片剂，以每粒48元价格卖给事先电话联系好的被告人岑某。被告人岑某得手后，又来到××区××街某处，将该50粒甲基苯丙胺片剂以每粒70元价格卖给被告人施某。被告人施某将该甲基苯丙胺片剂用于其吸食。

2015年11月14日凌晨0时多，被告人潘某与被告人赵某经电话联系后，在××市××区××路停车场附近会面，将44粒甲基苯丙胺片剂以折价900元加上1克甲基苯丙胺（冰毒）卖给被告人赵某。被告人赵某得手后，又与被告人杜某电话联系，于当天中午在其家中将该44粒甲基苯丙胺片剂卖给被告人杜某。被告人杜某得手后，又于当天下午在其工作单位位于××区××路的××公司，将该44粒甲基苯丙胺片剂以每粒48元价格卖给事先电话联系好的被告人岑某。被告人岑某得手后，又来到××区××街某处，将该44粒甲基苯丙胺片剂以每粒70元价格卖给被告人施某。被告人施某将该甲基苯丙胺片剂用于其吸食。

2015年12月21日晚19时许，被告人张某甲在位于××市××区××市场附近一公寓楼旁，将2克甲基苯丙胺（冰毒）以600元价格卖给经电话联系后而前来的被告人杜某。

被告人施某于2015年12月22日晚被警方抓获，从其家中（位于××区×××小区×期×幢×室）查获疑似毒品的可疑晶体及颗粒物若干。经鉴定，查获物确系毒品，系甲基苯丙胺共计31.5931克，大麻0.644克。

二、挪用公款

2015年期间，被告人施某身为××市计划生育协会工作人员，在受××市卫生和计划生育委员会指派负责其下属单位××市计划生育培训中心的房屋租赁管理工作中，收取了房屋租金576000元后不及时上交单位，用于个人使用，超三个月未还。

为证实以上指控事实，公诉机关向法庭提供了辨认笔录，搜查笔录，称重记录，扣押决定书，扣押清单，毒品移交清单，××市公安司法鉴定中心理化检验鉴定报告，银行账户明细清单，支付宝账户明细清单，通话清单，技侦资料，现场检测报告书，证人张某乙、余某、陈某、李某的证言，××市计生委职工履历表，国家公务员年度考核登记表，职责证明，××市机构编制委员会办公室文件，房屋租赁合同，银行汇款凭证，收据，银行账户明细清单，××市卫生和计划生育委员会出具的情况说明、报销明细清单及记账凭证、发票，抓获经过，六被告人的户籍证明及供述等证据。公诉机关认为，被告人潘某、赵某、杜某、岑某、张某甲为谋取非法利益，各自贩卖毒品甲基苯丙胺给他人，其行为均已构成贩卖毒品罪；被告人施某身为国家工作人员，非法持有毒品甲基苯丙胺超过30克，情节严重，其行为已构成非法持有毒品罪；被告人施某又挪用公款50余万元归个人使用超过三个月未还，其行为已构成挪用公款罪，且应数罪并罚，提请本院依照《中华人民共和国刑法》第三百四十七条第一款、第四款、第三百四十八条、第三百八十四条之规定予以判处。

被告人潘某、赵某、岑某及其各自辩护人、被告人杜某对公诉机关指控的罪名和事实均无异议。

被告人张某甲及其辩护人对公诉机关指控的罪名和事实均有异议，被告人张某甲辩称其没有向杜某卖过毒品，杜某向其转账的600元是用来买海鲜。其辩护人提出指控被告人张某甲犯贩卖毒品罪的证据不足。

被告人施某对公诉机关指控的非法持有毒品的罪名和事实均无异议，但辩称其行为不构成情节严重；对公诉机关指控的挪用公款罪的罪名和事实均有异议，辩称：1.其给陈某开具收据在先，收取房租在后，陈某实际给其2015年的房租20余万元，并非46万元；2.张某乙于2015年9月25日、30日分别给其的4万元、4.3万元及陈某于同年9月27日给其的6万元在其同年12月22日被抓获时，没有超过三个月未还，不能计入犯罪数额；3.其把培训中心的房租留用是单位领导的授意，性质是小金库，2015年7月之前用于工会福利及各种不能通过正规报销途径支出的项目，2015年7月之后用于市卫计委办公大楼装修款，并非挪作己用。

经审理查明：

一、贩卖毒品、非法持有毒品

2015年10月12日凌晨0时许，经事先电话联系，被告人潘某至××市××区××食品商场附近，将55粒甲基苯丙胺片剂（重约4.95克）以每粒30元的价格卖给被告人赵某。被告人赵某又与被告人杜某电话联系，于当日15时许在赵某位于××区××路×弄×号×室的家中将该55粒甲基苯丙胺片剂卖给被告人杜某。被告人杜某随即在××区××小区附近，将其中50粒甲基苯丙胺片剂（重约4.5克）卖给被告人岑某。被告人岑某又于当日至××区××街附近，将该50粒甲基苯丙胺片剂以每粒70元的价格卖给被告人施某。

同年11月14日凌晨1时许，经事先电话联系，被告人潘某至××市××区××路停车场附近，将44粒甲基苯丙胺片剂（重约3.96克）卖给被告人赵某，赵某支付了 900 元并加上 1 克甲基苯丙胺（冰毒）。被告人赵某又与被告人杜某电话联系，于当日 13 时许在赵某位于××区××路×弄×号×室的家中将该 44 粒甲基苯丙胺片剂卖给被告人杜某。被告人杜某又于当日 14 时许在××区××路××公司附近，将该 44 粒甲基苯丙胺片剂卖给被告人岑某。被告人岑某又于当日至××区××街附近，将该 44 粒甲基苯丙胺片剂以每粒 70 元的价格卖给被告人施某。

同年 12 月 21 日 19 时许，经事先电话联系，被告人张某甲在××市××区××市场附近一公寓楼旁，将 2 克甲基苯丙胺以 600 元的价格卖给被告人杜某。

同年 12 月 22 日 10 时 30 分许，被告人赵某在××市××区××路×弄×号×室家中被抓获。同日 14 时 30 分许，被告人潘某在××市××区××路××宾馆附近的浴场门口被抓获。同日 14 时 30 分许，被告人岑某在××市××路被抓获。同日 15 时许，被告人杜某在××市××局门口被抓获。同月 23 日 12 时 30 分许，被告人杜某带领民警在××市××区××市场附近抓获被告人张某甲。

同年 12 月 22 日 21 时许，被告人岑某带领民警在被告人施某位于××市××区×××小区×期×幢×室的家中抓获施某，从其家中的卫生间和卧室的保险箱内查获 11 小盒和 1 小袋可疑晶体和颗粒物。经鉴定，查获的物品中有 31.5931 克甲基苯丙胺成分的毒品和 0.644 克大麻成分的毒品。

上述事实，有公诉机关提交，并经法庭质证、认证的下列证据予以证明：

1. 辨认笔录，证实被告人潘某辨认出被告人赵某就是向其买毒品的"瘦子"，被告人杜某辨认出被告人岑某就是向其购买毒品的人的事实；

2. 搜查笔录，证实 2015 年 12 月 22 日 21 时 30 分许，公安机关对被告人施某位于××市××区×××小区×期×幢×室的家中进行搜查，在卫生间发现 4 个白色塑料盒，其中 3 个内有可疑晶体和颗粒物，1 个为空盒子；在卧室的保险箱内发现 4 个白色塑料盒、4 个小盒子和 1 个透明塑料袋，内均有可疑晶体的事实；

3. 称重记录，证实公安机关对从被告人施某家中搜查出的 12 份可疑物品进行称重，其中 12 份毛重分别为 24.9 克、24.1 克、21.6 克、27.1 克、29.2 克、30.1 克、16.6 克、1.3 克、4.1 克、4.2 克、4.3 克、4.1 克，另有 1 份为空盒未称重的事实；

4. 扣押决定书、扣押清单，证实公安机关从被告人岑某处暂扣手机 2 部，从被告人潘某处暂扣手机 2 部，从被告人赵某处暂扣手机 2 部、银行卡 12 张、疑似冰毒 1 包及 1 盒，从被告人杜某处暂扣手机 1 部，从被告人施某处暂扣可疑晶体和药丸 12 瓶（盒）的事实；

5. 毒品移交清单，证实涉案毒品已移交给××市公安局××分局禁毒大队的事实；

6. ××市公安司法鉴定中心理化检验鉴定报告，证实从被告人施某家里查获的可疑晶体及可疑物分别净重 3.6917 克、2.8468 克、0.6412 克、6.1449 克、8.0385 克、9.0156 克、0.6714 克、0.4945 克、0.0485 克、0.0850 克、0.4098 克、0.1492 克，前 9 个检材均检出甲基苯丙胺成分，后 3 个检材均检出大麻成分的事实；

7. 银行账户明细清单，证实 2015 年 11 月 14 日，被告人岑某转账 2000 元至被告人杜某的银行账户；同日，杜某转账 1600 元至被告人赵某的银行账户的事实；

8. 支付宝账户明细清单，证实 2015 年 11 月 14 日，被告人杜某向被告人赵某的支付宝账户转入 1600 元；同年 12 月 21 日，被告人杜某向被告人张某甲的支付宝账户转入 600 元的事实；

9. 通话清单，证实各被告人之间的手机通话情况；

10. 技侦资料，证实 2015 年 10 月 11 日 23 时许至次日凌晨 0 时许，被告人赵某在电话及短信中与潘某约定，向潘某购买 55 粒"红的"，价格为 1650 元，后在××××餐饮店附近的烟店旁边，潘某将毒品卖给赵某；同年 10 月 11 日 22 时许至次日 14 时许，被告人杜某在电话中与赵某约定，购买 55 粒，价格为 1650 元，其中 50 粒是给朋友的，后在赵某家中赵某将毒品卖给杜某；2015 年 11 月 13 日 20 时许至次日凌晨 1 时许，被告人赵某在电话及短信中与潘某约定，向潘某购买 40 余粒，赵某给潘某"一个"，另付 30 粒的钱，后在车站附近两人完成交易；同年 11 月 13 日 20 时许至次日 12 时许，被告人杜某在电话中与赵某约定，购买 44 粒，价格为 1300 元，后在赵某家中赵某将毒品卖给杜某；同年 11 月 13 日 20 时许至次日 14 时许，被告人岑某在电话中与杜某约定，购买 40 余粒"红货"，岑某向杜某的××银行卡打入 2000 元，后在杜某的单位附近，杜某将毒品卖给岑某；2015 年 12 月 21 日，被告人杜某在电话中与张某甲约定，向张某甲购买"三只"，通过支付宝付款，当天晚饭后杜某到张某的住处来拿的事实；

11. 现场检测报告书，证实被告人潘某、赵某、杜某、岑某、施某的尿样呈甲基安非他命阳性反应的事实；

12. 抓获经过，证实六被告人的归案情况；

13. 户籍证明，证实六被告人的身份情况；

14. 被告人潘某的供述，证实其在侦查阶段多次供述四川人"门健"送给其

100余粒麻古，其把部分留作自己吸食，部分用于贩卖；2015年10月中旬的一天晚上，被告人赵某打电话让其帮忙买55粒麻古，其讲30元一粒，赵某同意了，其就于次日凌晨0时许至××区××食品商场附近，将55粒麻古卖给赵某，赵某给其1650元；同年11月中旬的一天晚上，赵某又打电话让其帮忙买50粒左右的麻古，其讲只有40余粒，能否用10粒麻古换1克冰毒，赵某同意了，其就于次日凌晨0时许至上次交易的地方，将40余粒麻古卖给赵某，赵某给其900元加上1克冰毒的事实；

15.被告人赵某的供述，证实其在侦查阶段多次供述2015年11月10日左右的一天，被告人杜某打电话问其是否有50粒麻古，其就联系被告人潘某，潘某讲只有44粒，算900元另加1克冰毒，其就把手机当掉，从一个外地人处买了1克冰毒，后至××区××路附近的公交站，潘某交给其44粒麻古，其给潘某900元和1克冰毒；次日中午，其在家中把44粒麻古卖给杜某，杜某通过支付宝转账给其1600元的事实；

16.被告人杜某的供述，证实其在侦查阶段多次供述2015年11月的一天，被告人岑某打电话问其是否有50粒麻古，其就联系被告人赵某，赵某讲有的；次日岑某将2000元打给其，并送其到××区××路附近的赵某的家中，赵某将44粒麻古给其，30元一粒，其通过支付宝转账给赵某1400元，再加上200元的利润，后其把麻古交给岑某，并退了400元；同年12月20日，其经过事先电话联系，通过支付宝转账600元给张某甲，当日20时许其至××区××市场附近一公寓楼，从被告人张某甲家中拿了2余克冰毒的事实；

17.被告人岑某的供述，证实其在侦查阶段多次供述2015年10月的一天，被告人施某打电话问其是否有50粒麻古，其就联系被告人杜某，杜某问了后讲有的，价格是48元一粒，其当天就通过支付宝转账2400元给杜某；后杜某在××区一个小区外给其50粒麻古，其又至××区××街附近，将50粒麻古卖给施某，随后施某汇款3500元给其；同年11月13日，被告人施某又打电话问其是否有50粒麻古，其就联系被告人杜某，杜某问了后讲只有40余粒，其讲有多少就要多少，其当天就通过银行汇款2000元给杜某；次日其至杜某的单位，杜某给其44粒，其又至××区××街附近，将44粒麻古卖给施某，随后施某按照每粒70元的价格，汇款3000余元给其的事实；

18.被告人施某的供述，证实其在侦查阶段多次供述2015年10月的一天，其以每粒约75元的价格向被告人岑某购买了50粒麻古，通过银行转账给岑某两三千元,剩余的钱是送货后现金结清的;同年11月的一天,其以同样的价格向被告人岑某购买了40余粒麻古,通过银行转账给岑某两三千元,剩余的钱是送货后通过现金结清的;其购买的毒品都是用于自己吸食,在其家中查获的30余克毒品均是用来自己吸食的事实。

被告人张某甲辩称其没有向杜某卖过毒品,杜某向其转账600元是用来买海鲜,其辩护人提出指控被告人张某甲贩卖毒品的证据不足。经查,公诉机关的指控有被告人杜某的供述及通话清单、技侦资料为证,且就张某甲贩卖毒品的时间、地点、重量及价格等事实基本能相互印证,足以认定;被告人张某甲辩称杜某向其转账600元是用来买海鲜,不是买毒品,但从两人通话中提到"这回分量不要少""把秤带过来"等内容分析,张某甲的辩解明显违背常理,故本院对该辩解及辩护意见均不予采纳。

被告人施某辩称其行为不构成情节严重。经查,被告人施某作为国家工作人员,非法持有毒品甲基苯丙胺30余克,达到相关规定中"情节严重"的标准,故本院对该辩解不予采纳。

二、挪用公款

2015年期间,被告人施某身为××市计划生育协会工作人员,在受××市卫生和计划生育委员会指派负责其下属单位××市计划生育培训中心的房屋租赁管理工作中,收取房屋租金576000元后未上交单位,用于个人使用,超过三个月未还。

上述事实,有公诉机关提交,并经法庭质证、认证的下列证据予以证明:

1. 证人张某乙的证言,证实其承租位于××市××区×××路××号的××市计划生育培训中心三号楼二楼、三楼的房屋,年租金166000元,一年分两次付;2015年上半年因其中六间房屋被拆掉,实际付房租23000元,60000元被免掉;2015年下半年实付房租83000元,其于9月25日、30日分别通过银行转账方式将40000元、43000元转入被告人施某的个人银行账户的事实;

2. 证人余某的证言,证实其承租位于××区×××路××号的××市计划生育培训中心三号楼一楼的房屋,年租金60000元;2015年2月16日、3月24日分别通过银行转账方式将30000元、30000元转入被告人施某的个人银行账户,并收到施某给其的入账日期为2015年3月24日、金额为60000元的收据一份的事实;

3. 证人陈某的证言,证实其承租位于×××路××号的××市计划生育培训中心的房屋用于开酒店和棋牌室，酒店年租金430000元，棋牌室年租金30000元；2015年上半年支付230000元给被告人施某，其中2月8日通过银行转账方式将100000元转入被告人施某的个人账户，其他都是通过现金方式支付，收到施某给其的入账日期为2015年3月24日、金额为230000元的收据一份；2015年下半年支付230000元给被告人施某，其中9月27日通过银行转账方式将60000元转入被告人施某的个人账户，11月21日通过银行转账方式将50000元转入被告人施某的个人账户，其他都是通过现金方式支付，收到施某给其的入账日期为2015年9月24日、金额为230000元的收据一份的事实；

4. 证人李某的证言，证实其现任××市卫生和计划生育委员会副主任，被告人施某从2001年左右调到市计划生育协会工作，负责后勤管理；从2011年开始，受指派负责××市计划生育培训中心房屋出租等后勤工作，系参照公务员管理编制的事实；

5. ××市计生委职工履历表、国家公务员年度考核登记表、职责证明、××市机构编制委员会办公室文件，证实××市计划生育协会于2007年列入参照公务员法管理范围，次年列入群众团体序列，市财政全额拨款，由原市人口计生委代管；被告人施某于2011年起受原市人口计生委指派负责市计划生育培训中心租户管理、租金收取等事务的事实；

6. 房屋租赁合同，证实证人张某乙、余某、陈某承租××市计划生育培训中心位于××市××区×××路××号的房屋的事实；

7. 银行汇款凭证、收据、银行账户明细清单，证实证人张某乙等人支付2015年度租金的事实；

8. ××市卫生和计划生育委员会出具的情况说明、报销明细清单及记账凭证、发票等，证实市卫计委不存在小金库，没有授意被告人施某把培训中心的房租留作单位的小金库用于工会福利及非正规报销途径支出的项目；2015年市卫计委新办公大楼装修搬迁，施某在原市人口计生委账户报销204407.16元，其中报销现金37810.61元，其余均为直接转账支付，原市卫生局账户没有报销现金的事实；

9. 被告人施某的供述，证实其在侦查阶段多次供述1986年其被分配到××市计生委负责开车和后勤管理工作，2001年左右，其的编制放到了××市计划生育协会，仍然负责后勤管理工作，系参照公务员管理的编制；2011年开始其受指派负责市计生委下属的培训中心的管理工作，其中包括培训中心在××区×××路××号的房屋租金的收取工作，其将租户张某乙、余某、陈某上交给其的2015年度的房屋租金共计 626000 元用于归还信用卡和个人的日常消费的事实。

被告人施某辩称陈某给其 2015 年的房租为 20 余万元，并非 46 万元。经查，陈某支付给施某 2015 年的房租共计 46 万元的事实有施某在侦查阶段的供述、证人陈某的证言及银行汇款凭证、收据等证据为证，且能相互印证，虽银行汇款凭证的款项只有 20 余万元，但其他款项用现金付款亦符合常理，故本院对该辩解不予采纳。

被告人施某辩称张某乙于 2015 年 9 月 25 日、30 日分别给其的 4 万元、4.3 万元及陈某于同年 9 月 27 日给其的 6 万元在其同年 12 月 22 日被抓获时，没有超过三个月未还，不能计入犯罪数额。经查，施某因非法持有毒品被抓获后，并未向办案人员交代挪用公款的事实，也从未提出还款的意愿，直至检察机关于 2016 年 1 月 21 日对挪用公款一案进行立案侦查，此时其挪用的上述款项均已超过三个月未还，故本院对该辩解不予采纳。

被告人施某还辩称其把培训中心的房租留用是单位领导的授意，性质是小金库，并非归个人使用。经查，公诉机关的指控有市卫计委出具的情况说明、报销明细清单、记账凭证、发票及被告人施某在侦查阶段的供述等证据为证，且能相互印证，足以认定；市卫计委出具的相关证明证实在办公大楼装修过程中绝大多数款项为直接转账支付，无需施某垫资，虽施某提出其收到的房租用于单位的小金库，但未提交证据予以证明，故本院对该辩解不予采纳。

本院认为，被告人潘某、赵某、杜某、岑某、张某甲明知是毒品而予以贩卖，其行为均已构成贩卖毒品罪。被告人施某身为国家工作人员，非法持有毒品甲基苯丙胺 30 余克，情节严重，其行为已构成非法持有毒品罪。被告人施某身为国家工作人员，利用职务上的便利，挪用公款数额较大，超过三个月未还，其行为已构成挪用公款罪。公诉机关指控的罪名成立。被告人施某一人犯数罪，依法应予以数罪并罚。案发后，被告人杜某、岑某协助公安机关抓捕同案被告人，有立功表现，依法均可以从轻处罚。被告人潘某、岑某到案后能如实供述自己的罪行，依法均可以从轻处罚。被告人赵某、杜某在庭审中自愿认罪，均可酌情从轻处罚。被告人施某到案后能如实供述非法持有毒品罪的罪行，对该罪依法可以从轻处罚。被告人潘某、赵某、岑某的辩护人提出的相关辩护意见，本院均予以采纳。对被告人潘某、赵某、杜某、岑某依照《中华人民共和国刑法》第三百四十七条第一款、第四款、第七款、第六十四条，对被告人潘某还应依照《中华人民共和国刑法》第六十七条第三款，对被告人杜某还应依照《中华人民共和国刑法》第六十八条，对被告岑某还应依照《中华人民共和国刑法》第六十七条第三款、第六十八条,对被告人张某甲依照《中华人民共和国刑法》第三百四十七条第一款、第四款;对被告人施某依照《中华人民共和国刑法》第三百四十八条、第三百八十四条第一款、第六十九条、第六十七条第三款、第六十四条、最高人民法院《关于审理毒品犯罪案件适用法律若干问题的解释》第五条第(三)项、最高人民法院、最高人民检察院《关于办理贪污贿赂刑事案件适用法律若干问题的解释》第六条之规定,判决如下:

一、被告人潘某犯贩卖毒品罪,判处有期徒刑二年六个月,并处罚金人民币二万元(刑期从判决执行之日起计算。判决执行以前先行羁押的,羁押一日折抵刑期一日,即自2015年12月22日起至2018年6月21日止。罚金限判决生效后一个月内向本院缴纳);

二、被告人赵某犯贩卖毒品罪,判处有期徒刑二年六个月,并处罚金人民币二万元(刑期从判决执行之日起计算。判决执行以前先行羁押的,羁押一日折抵刑期一日,即自2015年12月22日起至2018年6月21日止。罚金限判决生效后一个月内向本院缴纳);

三、被告人杜某犯贩卖毒品罪,判处有期徒刑二年三个月,并处罚金人民币一万八千元(刑期从判决执行之日起计算。判决执行以前先行羁押的,羁押一日折抵刑期一日,即自2015年12月22日起至2018年3月21日止。罚金限判决生效后一个月内向本院缴纳);

四、被告人岑某犯贩卖毒品罪,判处有期徒刑二年三个月,并处罚金人民币一万八千元(刑期从判决执行之日起计算。判决执行以前先行羁押的,羁押一日折抵刑期一日,即自2015年12月22日起至2018年3月21日止。罚金限判决生效后一个月内向本院缴纳);

五、被告人张某甲犯贩卖毒品罪,判处有期徒刑一年二个月,并处罚金人民币六千元(刑期从判决执行之日起计算。判决执行以前先行羁押的,羁押一日折抵刑期一日,即自2015年12月23日起至2017年2月22日止。罚金限判决生效后一个月内向本院缴纳);

六、被告人施某犯非法持有毒品罪,判处有期徒刑三年三个月,并处罚金人民币一万元;犯挪用公款罪,判处有期徒刑一年,决定执行有期徒刑三年六个月,并处罚金人民币一万元(刑期从判决执行之日起计算。判决执行以前先行羁押的,羁押一日折抵刑期一日,即自2015年12月22日起至2019年6月21日止。罚金限判决生效后一个月内向本院缴纳);

七、涉案的毒品、手机均予以没收；

八、继续追缴被告人施某的挪用款576000元，发还给被害单位。

如不服本判决，可在接到判决书的第二日起十日内，通过本院或者直接向浙江省××市中级人民法院提出上诉。书面上诉的，应当提交上诉状正本一份，副本二份。

审判长　马某

人民陪审员　吴某

人民陪审员　卓某

二〇一六年十一月二十九日

书记员　阮某

姚某甲犯走私、贩卖、运输、制造毒品罪一审刑事判决书

××市中级人民法院
刑事判决书

（2015）浙×刑一初字第××号

公诉机关浙江省××市人民检察院。

被告人姚某甲，农民。2014年11月1日因涉嫌犯贩卖毒品罪被××市公安局××分局刑事拘留，同年12月8日被逮捕。现羁押于××市看守所。
辩护人郑同涛，浙江鑫目律师事务所律师。

被告人姚某甲贩卖毒品一案，由浙江省××市人民检察院于2015年12月28日以×检刑诉（2015）160号起诉书，向本院提起公诉。本院依法组成合议庭，公开开庭审理了本案。浙江省××市人民检察院指派代理检察员黄某、姚某出庭支持公诉，被告人姚某甲及辩护人郑同涛到庭参加诉讼。现已审理终结。

浙江省××市人民检察院指控：

1. 2014年10月，被告人姚某甲受他人指使，两次将用茶叶袋包装的甲基苯丙胺（冰毒）藏匿在××市××区×××小区居民楼楼道内，上述毒品均由购毒人员张某甲（另案处理）取走。

2. 2014年11月1日7时许，公安人员在被告人姚某甲租住的××市××区××小区××幢×××室抓获姚某甲，并在该租房保险柜内查获甲基苯丙胺17包，合计重16976克，其中3包甲基苯丙胺的含量为75.3%、75.5%、77.6%。

综上，被告人姚某甲贩卖甲基苯丙胺共计16976克。

为证实上述事实，公诉机关向法庭提供了物证、书证、证人证言、被告人供述鉴定意见等相关证据。公诉机关认为，被告人姚某甲为牟取非法利益而贩卖毒品，其行为触犯了《中华人民共和国刑法》第三百四十七条之规定，应当以贩卖毒品罪追究其刑事责任。提请本院依法判处。

被告人姚某甲辩解，其不知道保险箱内藏有毒品，其只是由他人安排居住在这个房间。

其辩护人提出：一、没有证据证明××幢×××室是被告人租赁，公诉人提供的证据只有证人傅某在该房租赁后十五个月即2015年11月的辨认笔录，且该辨认曾在2015年5月也进行过，当时并没有辨认出谁是租房的人，显然不合常理，而借口"担心报复"未指认，无法令人信服。相关机构对合同签字进行笔迹鉴定也不能确定是或不是被告人姚某甲书写，应根据"存疑从轻"的原则，排除该协议系姚某甲书写。姚某甲辩解其是他人安排住进该房的，公诉机关不能因未抓获或无法核实该人就认定是姚某甲所为。二、案件定性有异，姚某甲不构成贩卖毒品罪。理由是缺乏明知是毒品的主观故意，客观上缺乏贩卖的行为，虽然自认先前有贩卖毒品的行为，但与保险箱中毒品无关，姚某甲有吸毒恶习，在量刑时予以考虑。三、起诉书指控未列明事实部分。如果认定姚某甲贩卖毒品，也仅是预备阶段，且到案后能如实供述案件事实，态度较好，有吸毒恶习，具有酌定从轻处罚的情节；被告人姚某甲在本案中属于从属地位，具有法定量刑情节；姚某甲无前科，非毒品再犯。四、指控的第一笔犯罪事实不清，证据不足。被告人姚某甲供述受他人指使将毒品放置某处后用短信通知"姚喜军"（称"喜哥"或"希哥"）与另案处理的张某甲供述根据"喜哥"提供的地点取得毒品相吻合，但"喜哥"并未归案，不能确定姚某甲所送的毒品就是被张某甲取走的毒品。综上，辩护人认为被告人姚某甲不构成贩卖毒品罪。

经审理查明，2014年10月，被告人姚某甲受他人指使，两次将甲基苯丙胺（冰毒）藏匿在××市××区××小区居民楼楼道内，上述毒品均由购毒人员张某甲（另案处理）取走。2014年11月1日7时许，公安人员在被告人姚某甲居住的××市××区××小区×幢×室抓获姚某甲时，在房间内保险箱中查获甲基苯丙胺17包，合计重16976克，其中3包甲基苯丙胺的含量为75.3%、75.5%、77.6%。

上述事实，有经法庭质证、认证的下列证据予以证明：

1. 证人张某甲的证言及辨认取毒品地点的笔录证实，其于2014年10月间多次向"姚喜军"(称"喜哥"或"希哥")购买毒品,有两三次是对方将毒品事先放到××市××区××小区或××小区某一楼道内的电表或电信箱里,短信通知其具体位置后自己去取的。

2. 证人刘某的证言证实,其于2014年9月、10月多次向"姚喜军"(称"喜哥"或"希哥",电话182＊＊＊＊692)购买毒品,对方将毒品事先放到××市××区××小区某一楼道内的水表箱里,短信通知其具体位置后让张某甲去取的。

3. 被告人姚某甲的供述证实,公安人员抓获其时,从其处查扣了手机等物。2014年10月27日其与姚某乙(姚某甲的叔叔)购买了一只保险箱。

4. 证人曹某的证言及房屋租赁中介合同证实,其位于××市××区××小区××幢×××室的房屋于2014年8月27日通过中介出租给叫"陈某"的男子,但其未与"陈某"见过。

5. 证人傅某(××房屋中介)的证言证实,2014年8月27日,一年约20岁、身份证上名字叫"陈某"的男子在其中介处将位于××市××区××小区××幢×××室房屋租去。

6. 证人连某的证言、辨认笔录及房屋租赁合同证实,其位于××市××区××小区××幢×××号×××室的房屋于2014年7月31日出租给叫"姚某甲"的男子,合同上的联系电话是137＊＊＊＊4889,平时该房子是姚某甲与他叔叔一起住。根据姚某甲已支付的房租,应该是住到2015年1月份。经辨认照片,其指认出照片中的姚某甲和姚某甲的叔叔姚某乙。

7. 证人陈某的证言证实,其分别于2010年12月30日、2012年5月12日、2014年7月12日丢失身份证并补领。其在2015年8月至10月未在××市网吧上网和旅馆住宿,也未委托他人在××市租房。其最后一次到××市是在2010年11月,住了两三天。

8. 证人张某乙(××市××文具专卖店店主)的证言、辨认笔录、销售出库单及收款收据证实,2014年10月27日15时30分许,两男子到其店以980元买了一只保险箱,是中年男子(经辨认照片,指认系姚某乙)支付的钱。其见他俩将保险箱搬到一暗红色的SUV车后备箱里,中年男子将车开走,年轻男子(经辨认照片,指认系姚某甲)骑电动车走的。其当时见年轻男子身穿一套迷彩服,袖标上还有什么部队的字样,遂问他是否当过兵,他回答以前当过兵的。次日来了三个人,即昨天来的二人加另一高个子年轻男子,买了只比昨天略小的保险箱,价格是

800元,这次是穿迷彩服的男子骑电动车将保险箱带走的。

9.××市公安局××分局调取的监控视频情况说明证实,2014年10月27日15时许,被告人姚某甲与姚某乙在××市××区×××路×号××文具店购买一只保险箱,后放入姚某乙驾驶的汽车后备箱运至××区××小区××幢;次日16时许,姚某甲与姚某乙及另一男子在上述文具店购买一只保险箱,后放在姚某甲骑的电动自行车上运至××小区××幢,姚某乙驾驶汽车载另一男子随后跟至。上述二次购买保险箱时,姚某甲均骑电动车。被告人姚某甲持"陈某"的身份证(号码330********280010)于2014年10月26日入住××市××区××宾馆一晚、27日在××区××网吧上网。

通话清单及涉案手机号码说明证实,被告人姚某甲参与贩卖毒品与他人频繁联系。

10.××市公安局××分局制作的抓获经过、情况说明、搜查笔录、扣押决定书、笔录及照片证实,公安机关于2014年11月1日在××市××区××小区××幢×××室抓获被告人姚某甲,并在房间搜出保险箱一只,从该保险箱中搜到17包可疑白色晶体,在房间的床上搜到黑色步步高手机和黑色MOTOROLA手机各一部,在房间电脑桌上查获一张名字叫"陈某"的身份证(号码330********280010)和一串钥匙,并对上述物品依法扣押。

上述扣押物品经被告人姚某甲当庭辨认,确认一串钥匙中有两把是保险箱的钥匙,陈某的身份证其用来开过房间、也用来上过网,两部手机是"阿叔"(姚某乙)给其联系送货时使用的,17包毒品是民警抓获其时,当面打开保险箱,从箱内查获的。

11.××市公安司法鉴定中心×公鉴(理化)字(2014)5353号鉴定文书、司法鉴定科学技术研究所司法鉴定中心的司鉴中心(2014)毒检字第7998号检验报告书证实,经对从××市××区××小区××幢×××室查获的17包可疑晶体鉴定,净重16976克,均检出甲基苯丙胺成分。经对其中三包晶体进行甲基苯丙胺质量分数检测,质量分数分别为75.3%、75.5%、77.6%。

12.××市公安局××分局现场检测报告及行政处罚决定书证实,对被告人姚某甲进行甲基安非他命现场检测,结果呈阳性。证明姚某甲系吸食或注射过甲基安非他命类毒品,遂对姚某甲处以行政拘留十五日。

13.××市刑事科学技术研究所×公鉴(文)字(2015)22号鉴定文书证实,经对《房屋租赁中介合同》上的"陈某"签名与姚某甲的笔迹进行比较,不能认定是或不是同一人书写。

14. 被告人姚某甲对指控其受他人指使，两次将甲基苯丙胺送至指定地点的犯罪事实无异议，但辩解其不知道暂住房保险箱内藏有毒品。辨认放置毒品地点、照片及辨认让其送过毒品的姚某乙照片。

本院认为，被告人姚某甲明知是毒品，为牟取非法利益而参与贩卖，其行为已构成贩卖毒品罪，公诉机关指控的罪名成立。被告人姚某甲参与贩卖甲基苯丙胺共计16976克。犯罪情节严重，社会危害大，应依法惩处。被告人姚某甲在参与贩卖毒品的共同犯罪中，起辅助作用，可认定为从犯，依法从轻处罚；被告人归案后能如实交代帮助他人贩毒的犯罪事实，坦白态度较好，可从轻处罚。被告人的辩护人提出的相关辩护意见及被告人无犯罪前科，请求对被告人从轻处罚的辩护意见，予以采纳。被告人姚某甲系贩毒人员，明知其他贩毒人员购买保险箱可能用于藏匿毒品，且让其在放有保险箱的房间居住，并将保险箱仅有的两把钥匙全部交由其掌握，姚某甲对查获的上述毒品应承担刑事责任。被告人辩解不知保险箱内有毒品及辩护人提出被告人不构成贩卖毒品罪等的辩解辩护意见，不予采纳。依照《中华人民共和国刑法》第三百四十七条第二款、第二十五条第一款、第二十七条、第六十七条第三款、第六十四条之规定，判决如下：

一、被告人姚某甲犯贩卖毒品罪，判处有期徒刑十五年，并处没收财产一万元（刑期从判决执行之日起计算。判决执行以前先行羁押的，羁押一日，折抵刑期一日，即自2014年11月1日起至2029年10月31日止）；

二、查获的16976克毒品及在犯罪中使用的手机二部，予以没收。

如不服本判决，可在接到判决书的第二日起十日内，通过本院或者直接向浙江省高级人民法院提出上诉。书面上诉的，应当提交上诉状正本一份，副本二份。

审判长　刘某

审判员　尹某

人民陪审员　罗某

二〇一六年二月三日

书记员　金某

袁某犯走私、贩卖、运输、制造毒品罪一审刑事判决书

××市××区人民法院
刑事判决书

（2016）浙0203刑初××号

公诉机关浙江省××市××区人民检察院。

被告人袁某。2010年1月因吸毒被××市公安局行政拘留十日；2012年2月10日因犯贩卖毒品罪被浙江省××市人民法院判处有期徒刑一年，并处罚金人民币一千元，2012年7月16日刑满释放；2012年9月因吸毒被××市公安局行政拘留十五日，后被责令接受社区戒毒三年；2013年4月因吸毒被××市公安局行政拘留十五日，后被责令接受社区戒毒三年；2013年8月因吸毒被××市公安局行政拘留十五日，后被强制隔离戒毒两年。因涉嫌犯贩卖毒品罪于2016年3月3日被××市公安局××分局刑事拘留，同月18日被逮捕。现羁押于××市××区看守所。

辩护人王绕红、蔡进，浙江鑫目律师事务所律师。

浙江省××市××区人民检察院以×海检公诉刑诉（2016）243号起诉书指控被告人袁某犯贩卖毒品罪，于2016年6月16日向本院提起公诉，本院于同日立案，依法组成合议庭，公开开庭审理了本案。浙江省××市××区人民检察院指派检察员周某、王某出庭支持公诉，被告人袁某及其辩护人蔡进到庭参加诉讼。现已审理终结。

浙江省××市××区人民检察院指控，2016年3月1日15时许，被告人袁

某在××市××镇×××路××宾馆门口附近，以人民币3000元的价格将1包净重18.4267克的甲基苯丙胺(俗称"冰毒")贩卖给王某。

2016年3月3日10时30分许，被告人袁某在××市××镇×××路××宾馆门口附近，以人民币13000元的价格将1包净重91.0281克的甲基苯丙胺贩卖给王某。后被公安人员当场抓获。

为证实以上事实，公诉机关向法庭提供了相关的证据材料。公诉机关认为被告人袁某违反国家毒品管理规定，明知是毒品而贩卖给他人，其行为已构成贩卖毒品罪。被告人袁某系累犯、毒品再犯。提请本院依照《中华人民共和国刑法》第三百四十七条第一款、第二款、第七款之规定予以判处。

被告人袁某提出其没有贩卖过毒品。

辩护人提出关于起诉指控的第一笔毒品交易，事实不清，证据不足，应不予认定。关于起诉指控的第二笔毒品交易，事实不清，证据不足，未形成有效完整的证据链，侦查机关对此次交易采取特情引诱犯罪缺乏必要性，应不予认定。

经审理查明：2016年3月3日10时30分许，被告人袁某在××市××镇×××路××宾馆门口附近，以人民币13000元的价格将1包净重91.0281克的甲基苯丙胺贩卖给王某。后被公安人员当场抓获。

以上事实有检察机关提供，并经当庭质证、认证的以下证据予以证实：

1. 证人王某证言材料，证实2016年3月3日10时许，其在××市××镇×××路××宾馆门口附近，以人民币13000元的价格向被告人袁某购买约100克毒品的事实。

2. 清点笔录、扣押笔录、扣押清单等，证实公安机关从被告人袁某处扣押了原王某携带的用于向被告人袁某购买毒品的人民币及被告人袁某的手机等物的事实。

3. ××市公安局××分局扣押决定书、扣押清单、称重笔录及照片，证实了被告人袁某贩卖给王某的毒品被公安机关扣押的事实。

4. ××市公安司法鉴定中心理化检验鉴定报告，证实被告人袁某贩卖的毒品的净重及含有甲基苯丙胺成分的事实。

5. 司法鉴定科学技术研究所司法鉴定中心检验报告书，证实被告人袁某贩卖的毒品甲基苯丙胺质量分数为68.2%。

6. 视频监控，印证了2016年3月3日10时许，被告人袁某在××市××镇×××路××宾馆门口附近贩卖毒品的事实。

7. 手机通话记录，证实2016年3月3日被告人袁某与王某之间通过电话的事实。

8. 户籍证明,证实了被告人袁某的身份。

9. 刑事判决书、行政处罚决定书,证实被告人袁某曾被刑事处罚、行政处罚的事实。

10. ××市公安局××分局××派出所的抓获经过,证实公安机关于2016年3月3日将被告人袁某抓获的事实。

11. 被告人袁某供述在案。

本院认为,被告人袁某明知是毒品而予以贩卖,其行为已构成贩卖毒品罪。公诉机关指控被告人袁某的罪名成立。被告人袁某系累犯,应从重处罚;被告人袁某又系毒品再犯,应从重处罚。被告人袁某违法所得应予追缴,违禁品及供犯罪所用的本人财物应予没收。对于起诉指控的第一节犯罪事实,因公诉机关无充分证据证实被告人袁某于2016年3月1日贩卖过毒品,故对被告人袁某的相关辩解意见及辩护人的相关辩护意见予以采纳。证人王某证言材料、有关视频监控等证据充分证实了被告人袁某于2016年3月3日贩卖毒品的行为,故对被告人袁某的相关辩解意见及辩护人的相关辩护意见不予采纳。依照《中华人民共和国刑法》第三百四十七条第一款、第二款第(一)项、第三百五十六条、第三百五十七条、第六十四条、第六十五条第一款之规定,判决如下:

一、被告人袁某犯贩卖毒品罪,判处有期徒刑十五年,并处没收财产人民币五万元。(刑期从判决执行之日起计算。判决执行以前先行羁押的,羁押一日折抵刑期一日,即自2016年3月3日起至2031年3月2日止)。

二、被告人袁某违法所得人民币13000元予以追缴;被查获的违禁品甲基苯丙胺共计91.0281克予以没收。被告人袁某供犯罪所用的本人财物手机二只,予以没收。

如不服本判决,可在接到判决书的第二日起十日内,通过本院或者直接向浙江省××市中级人民法院提出上诉,书面上诉的,应提交上诉状正本一份,副本二份。

审判长　陈某

审判员　王某

人民陪审员　王某

二〇一六年七月二十日

书记员　陈某

张某、罗某等犯走私、贩卖、运输、制造毒品罪二审刑事裁定书

××市中级人民法院
刑事裁定书

(2013)浙×刑二终字第××号

原公诉机关 ××市××区人民检察院。

上诉人(原审被告人) 罗某。2006年4月因犯寻衅滋事罪被判处有期徒刑一年十个月。2007年9月因吸毒被行政拘留十五日。因涉嫌犯贩卖毒品罪于2012年11月22日被抓获,次日被刑事拘留,同年12月28日被逮捕。现押于××市看守所。

上诉人(原审被告人) 孟某。2006年10月因吸毒被行政拘留十日并处罚款人民币二百元、2011年5月因吸毒被行政拘留十五日并责令社区戒毒。因涉嫌犯贩卖毒品罪于2012年11月22日被抓获,次日被刑事拘留,同年12月28日被逮捕。现押于××市看守所。

辩护人葛律师。

上诉人(原审被告人) 叶某。2011年7月因吸毒被行政拘留十日、2012年5月因吸毒被行政拘留十日并责令社区戒毒三年。因涉嫌犯贩卖毒品罪于2012年11月22日被抓获,次日被刑事拘留,同年12月28日被逮捕。现押于××市看守所。

辩护人葛律师。

上诉人（原审被告人）钟某伟。2002年6月因吸毒被强制戒毒三个月，2010年9月因吸毒被行政拘留十五日并处罚款人民币一千元，后被强制戒毒二年。2003年11月因犯诈骗罪被判处拘役四个月，并处罚金人民币一千元。因涉嫌犯贩卖毒品罪于2012年11月22日被抓获，次日被刑事拘留，同年12月28日被逮捕。现押于××市看守所。

辩护人顾猛。

原审被告人张某。2011年2月因吸毒被行政拘留十日。因涉嫌犯贩卖毒品罪于2012年11月22日被抓获，次日被刑事拘留，同年12月28日被逮捕。现押于××市看守所。

××市××区人民法院审理××市××区人民检察院指控原审被告人张某、罗某、孟某、叶某、钟某伟犯贩卖毒品罪一案，于2013年6月20日作出（2013）××刑初字第290号刑事判决。原审被告人罗某、孟某、叶某、钟某伟不服，提出上诉。本院依法组成合议庭，公开开庭审理了本案。浙江省××市人民检察院指派代理检察员洪某出庭履行职务，上诉人罗某、上诉人孟某及其辩护人葛律师、上诉人叶某及其辩护人葛律师、上诉人钟某伟及其辩护人顾猛到庭参加诉讼。对本案原审被告人张某的相关犯罪事实进行书面审理。现已审理终结。

原判认定：2012年10月中下旬，被告人钟某伟在××市××区××宾馆一房间内，先后2次以人民币1400元的价格贩卖约5克冰毒给叶某、以人民币1000元的价格贩卖20粒麻古给叶某。

2012年11月21日、22日，俞某电话联系被告人孟某，要求向其购买20克冰毒。被告人孟某遂电话联系被告人叶某，要求向其购买20克冰毒，被告人叶某答应后即电话联系被告人罗某，要求购买20克冰毒。同月22日下午，被告人罗某至××市××区××小区附近，将约20克冰毒交给被告人叶某。被告人叶某遂至××区××街附近，将约20克冰毒交给被告人孟某，并将被告人孟某送至××区×××路×××宾馆进行毒品交易，两人约定待交易成功后收取毒资。在该宾馆×××房间内，被告人孟某欲将上述毒品以人民币8500元的价格贩卖给俞某，因俞某提出毒品分量不足，被告人孟某欲携带毒品离开时被民警抓获，并在其身上查获用来交易的冰毒1大包（净重19.3296克，含甲基苯丙胺成分）、冰毒

1小包（净重0.862克，含甲基苯丙胺成分）、作案所用手机1部。后民警在该宾馆楼下抓获被告人叶某，在其身上查获冰毒2包（净重4.7943克，含甲基苯丙胺成分）、麻古1包（净重4.5719克，含甲基苯丙胺成分）、作案所用手机2部。

被告人叶某到案后，以交付毒资为由联系被告人罗某，待被告人罗某出现至约定地点时，民警将其抓获，并查获作案所用手机1部。

2012年11月22日下午，被告人张某在××市××区××宾馆×××房间内，欲贩卖毒品给钟某伟时，两人被民警抓获，从被告人张某处查获冰毒1大包（净重200.3026克，含甲基苯丙胺成分）、冰毒2包（净重24.6518克，含甲基苯丙胺成分）、冰毒1包（净重19.5467克，含甲基苯丙胺成分）、作案所用手机1部；从被告人钟某伟处查获冰毒5包（净重7.4206克，含甲基苯丙胺成分）、麻古1包（净重0.9625克，含甲基苯丙胺成分）。

原审法院依据上述事实和相关法律，判决：一、被告人张某犯贩卖毒品罪，判处有期徒刑十五年，并处没收财产人民币五万元；二、被告人罗某犯贩卖毒品罪，判处有期徒刑九年，并处罚金人民币三万元；三、被告人孟某犯贩卖毒品罪，判处有期徒刑九年，并处罚金人民币三万元；四、被告人叶某犯贩卖毒品罪，判处有期徒刑八年，并处罚金人民币二万五千元；五、被告人钟某伟犯贩卖毒品罪，判处有期徒刑七年六个月，并处罚金人民币二万元；六、在被告人张某处扣押的供犯罪所用的手机1部、违禁毒品244.5011克予以没收；在被告人罗某处扣押的供犯罪所用的手机1部，予以没收；在被告人孟某处扣押的供犯罪所用的手机1部、违禁毒品20.1916克，予以没收；在被告人叶某处扣押的供犯罪所用的手机2部、违禁毒品9.3662克，予以没收；在被告人钟某伟处扣押的违禁毒品8.3831克，予以没收，违法所得人民币2400元继续予以追缴。

上诉人（原审被告人）罗某提出：1.其没有向叶某贩卖毒品，叶某向"阿杰"购买毒品与其无关；2.侦查机关对其诱供形成的笔录，导致其错误认识，其只是递了一个信封；3.原判认定毒品的数量约20克完全不符事实，信封不可能装下约20克的毒品；4.证人吴某的证言不实。据此，认为原判认定事实有误，证据不足，导致量刑不当。请求二审倾听其上诉意见，重新量刑，给予减轻处罚。

上诉人（原审被告人）孟某提出：公安机关钓鱼执法；因毒品重量不足，未能成交，其携带毒品离开途中被抓获。据此，认为公安机关犯意引诱，其不构成犯罪；即使构成犯罪，也应当减轻处罚，请求二审依法改判。其辩护人认为，本案是特情主动电话联系孟某，要购买20克毒品。之前，孟某无贩毒史，侦查机关使用特情制造犯罪,违反刑事诉讼法的规定,本案是犯意引诱,应属无罪。退一步说,孟某向特情人员贩卖毒品,不是真正意义上的毒品交易,不可能得逞,本案应当定性犯罪未遂。

上诉人(原审被告人)叶某提出:1.一审未认定其协助侦查机关抓获钟某伟的立功表现,不当;2.原判对其量刑过重,未充分考虑本案系特情引诱、其有立功情节、认罪态度好、系初犯、偶犯等减轻或从轻情节。据此,请求二审依法改判。其辩护人认为,叶某向侦查人员检举钟某伟贩卖毒品,并告知钟某伟在××宾馆,侦查人员据此抓获钟某伟和正欲毒品交易的张某,如非叶某检举,本案200多克毒品将流入社会、危害他人,故叶某检举是重大立功表现;本案是特情介入之下的犯意引诱和数量引诱,法院应在法定刑以下量刑。故综合考虑叶某的犯罪情节和悔罪表现,原判对叶某量刑过重,请二审查明事实,依法改判。

上诉人(原审被告人)钟某伟提出:在其身上查获的毒品不应计入贩卖毒品的数量,且尿检呈阳性已证明其本人在吸食毒品。据此,请求二审综合考虑全案情况,对其从轻改判。辩护人认为,二审庭审中,钟某伟和叶某均供称,原判第一节事实,是公安人员教他们说的,均非本案真实的事实,故本节事实不清;在原判第三节的事实中,仅反映了钟某伟有买进毒品的主观想法,但无具体数量,而钟某伟身上被搜查出7克多毒品,因钟某伟无贩毒前科,则不能计入贩卖毒品的数量,该毒品系供钟某伟自己吸食,有现场搜查到吸食毒品工具佐证。

浙江省××市人民检察院出庭检察员认为,在案证据证实上诉人罗某贩卖毒品的事实,也与上诉人罗某多次有罪供述相互印证,故原判认定上诉人罗某贩卖毒品的事实清楚,证据确实、充分。上诉人孟某贩卖毒品的多次供述稳定,与本案其他证据相印证,其与俞某的毒品交易系既遂。上诉人叶某虽有告诉民警钟某伟有贩毒嫌疑、日常居住××宾馆,但未对抓获钟某伟起到关键作用,尚不构成立功表现。上诉人钟某伟辩解,其携带毒品系自食,不应计入贩毒数量,与法律规定不符。对于本案有特情介入情形及各上诉人到案后如实供述罪行等情节,原判对上诉人罗某、叶某、孟某的量刑已予体现。据此,认为原判认定事实清楚,证据确实、充分,定性正确,量刑适当,审判程序合法。建议本院驳回上诉,维持原判。

经审理查明,原判认定上诉人(原审被告人)罗某、孟某、叶某、钟某伟、原审被告人张某犯贩卖毒品罪的事实,有证人王某、俞某、林某、吴某的证言、抓获经过、辨认笔录、通话清单、理化检验鉴定报告、视频资料、暂扣物品专用票据、照片材料、收条、前科资料、各原审被告人张某、罗某、孟某、叶某、钟某伟的户籍证明及供述等证据予以证实,证据确实、充分,来源合法,内容客观、真实,且均经庭审举证、质证,能够相互印证,本院依法应予确认。

关于本案事实认定问题。经审理认为,根据上诉人叶某的供述和叶某在侦查人员安排下,联系上诉人罗某,约定交付毒资的时间、地点,当场抓获犯罪嫌疑人的经过情况,结合上诉人叶某与上诉人罗某的通话,讯问上诉人罗某的视频资料,上诉人罗某向上诉人叶某交付20克毒品后,随即由上诉人叶某交给上诉人孟某,上诉人孟某又即贩卖给证人俞某的经过,以及证人俞某与上诉人孟某、叶某均约定贩卖20克毒品的证言和供述,与上诉人罗某的有罪供述,相互印证,证实是上诉人罗某向叶某贩卖毒品20克的事实。上诉人罗某的相关无罪辩解,缺乏证据,与事实不符,不予采纳。

上诉人钟某伟及其辩护人认为,钟某伟和叶某均供称,原判第一节事实,并非本案真实的事实,本节事实不清问题。经查,根据上诉人叶某的供述、证人王某的证言,与上诉人钟某伟在侦查、移送起诉阶段和一审开庭审理中的多次有罪供述,相互印证,证实上诉人钟某伟于2012年10月中下旬,在××区××宾馆一房间内,先后两次向叶某贩卖约5克冰毒和20粒麻古的事实。上诉人叶某在二审期间曾有推翻前供情形,经查证,系上诉人叶某因情面上过不去等原因所致。另,本院组织控、辩双方对证人王某再次询问,证实原判第一节认定的事实,属实。故上诉人钟某伟关于原判第一节事实是没有的辩解和辩护人提出该节事实不清的辩护意见,与事实不符,不予采纳。另,关于在上诉人钟某伟身上查获的毒品不应计入贩卖毒品的数量的上诉理由和辩护意见,与法律规定不符,亦不予采纳。

关于上诉人叶某检举钟某伟是否构成立功表现问题。经审理认为,检举他人犯罪应当是检举他人与自己无关的其他犯罪事实。上诉人叶某与上诉人钟某伟虽非共同犯罪中的同案犯,但在毒品交易中,上诉人叶某向上家钟某伟购买毒品的来源、去向、交易地点等事实,是上诉人叶某应当如实交代的事实,不应认定立功表现。对上诉人叶某的如实坦白态度,原判在量刑时已依法予以从轻处罚。故上诉理由和辩护意见,与法律规定不符,不予采纳。

关于特情引诱、相关上诉人供述真实性等证据合法性问题。经查,根据上诉人孟某的供述、证人俞某的证言,证实上诉人孟某先前已有过贩卖毒品故意,故本案不是犯意引诱犯罪。根据在案证据,自2012年11月21日18时46分起,由上诉人孟某主动打电话给俞某多次"主短",后由证人俞某于同日21时38分回电上诉人孟某,故本案难以认定是特情人员主动数量引诱犯罪。根据以上事实,经审理认为，侦查机关运用特情侦破毒品案件，符合最高人民法院相关规定。因原判第二节事实系在侦查人员控制下实施，毒品尚未流入社会，社会危害性相对较小，原判已对罗某、孟某、叶某酌情从轻处罚。另，上诉人孟某与证人俞某已进行毒品实际交易，因数量差异虽有交易停顿，但双方并未取消毒品交易，亦不能认定犯罪未遂。故上诉人孟某及其辩护人关于孟某无罪和犯罪未遂的相关意见，与法律规定不符，均不予采纳。经审理还认为，各上诉人到案后，在第一次讯问时，侦查人员均已告知"对侦查人员在讯问过程中侵犯他人的诉讼权利或者进行人身侮辱的行为，有权提出控告"等权利，而各上诉人仍作有罪供述，故对各上诉人及辩护人提出侦查机关违法取证问题的上诉理由，与事实不符，且缺乏证据支持，不予采信。

本院认为，上诉人罗某、孟某、叶某、钟某伟、原审被告人张某违反国家毒品管理法规，明知是毒品仍予以贩卖，其行为均已构成贩卖毒品罪。上诉人叶某有立功表现，可从轻处罚。到案后，上诉人叶某、钟某伟能如实供述自己的罪行，均可从轻处罚。原审被告人张某自愿认罪，酌情从轻处罚。因原判第二节事实系在侦查人员控制下实施，毒品尚未流入社会，社会危害性相对较小，对上诉人罗某、孟某、叶某均可酌情从轻处罚。各上诉人及其辩护人的相关意见，均不能成立，不予采纳。浙江省××市人民检察院出庭检察员的出庭意见成立，予以采纳。原判认定事实清楚，定罪正确，量刑适当，审判程序合法。据此，依照《中华人民共和国刑法》第三百四十七条第一款、第二款、第三款、第七款、第三百五十七条、第六十四条、第六十七条第三款、第六十八条以及《最高人民法院关于处理自首和立功具体应用法律若干问题的解释》第五条和《中华人民共和国刑事诉讼法》第二百二十五条第一款第（一）项之规定，裁定如下：

驳回上诉，维持原判。

本裁定为终审裁定。

审判长　徐某

审判员　刘某

审判员　范某

二〇一三年八月三十日

书记员　曹某

张某犯走私、贩卖、运输、制造毒品罪一审刑事判决书

××市××区人民法院
刑事判决书

（2015）××刑初字第932号

公诉机关浙江省××市××区人民检察院。

被告人张某，无固定职业。2000年7月因犯贩卖毒品罪被××市××区人民法院判处有期徒刑一年六个月，并处罚金人民币三千元。因涉嫌犯贩卖毒品罪于2014年12月17日被××市公安局××分局抓获，次日被刑事拘留，2015年1月23日被逮捕。现羁押于××市××区看守所。

辩护人王绕红、周俊奇，浙江鑫目律师事务所律师。

××市××区人民检察院以××检刑诉（2015）835号起诉书指控被告人张某犯贩卖毒品罪，于2015年6月12日向本院提起公诉，本院于同日立案，依法组成合议庭，适用普通程序，于同年7月1日公开开庭进行了审理。公诉机关于同年9月11日以需要补充侦查为由，建议对本案延期审理，本院于同日决定延期审理，后公诉机关建议对本案恢复审理，本院于同年10月9日决定对本案恢复审理。××市××区人民检察院检察员陈某出庭支持公诉，被告人张某及其辩护人王绕红、周俊奇到庭参加了诉讼。现已审理终结。

××市××区人民检察院指控：

2014年12月16日下午13时许，被告人张某与余某（绰号"阿五"，另案处理）

电话联系后,至××市××区××路上,将一包重约15克的甲基苯丙胺(冰毒)以2700元的价格贩卖给余某。

次日晚21时许,被告人张某又与余某电话联系好买卖15克甲基苯丙胺(冰毒),随后至××市××区××镇××学院后门路上,见面进行交易时,被民警抓获,从被告人张某身上缴获甲基苯丙胺2包,分别净重15.0158克和5.2287克;甲基苯丙胺1粒,净重0.0921克;硝甲西泮1粒,净重0.1729克。从余某身上缴获甲基苯丙胺2包,分别净重1.6939克和0.5783克。

为证实以上指控的事实,公诉机关向法庭提供了被告人张某的供述和辩解、证人余某的证言、理化检验鉴定报告、辨认笔录、毒品照片、抓获经过、刑事判决书、被告人的身份证明等证据。公诉机关认为被告人张某贩卖甲基苯丙胺共计30余克给他人,其行为已构成贩卖毒品罪,且是毒品再犯,应从重处罚,同时其行为还构成立功,依法可以从轻处罚,提请本院依照《中华人民共和国刑法》第三百四十七条、第三百五十六条、第六十八条之规定予以判处。

被告人张某及其辩护人对公诉机关指控的罪名均无异议,但对指控的犯罪事实均有异议。被告人辩解称2014年12月16日其未卖过毒品给余某,对其他指控的犯罪事实无异议。辩护人辩护称公诉机关指控被告人张某在2014年12月16日贩卖毒品给余某的证据不充分,被告人张某能自愿认罪,且构成立功,请求法庭对其从轻处罚。

经审理查明,2014年12月17日,被告人张某经与余某事先电话联系,约定在××市××区××镇××学院后门路上贩卖15克冰毒给余某。当晚21时许,二人至约定地点见面进行交易时,被公安民警抓获。民警当场从被告人张某处缴获可疑晶体2包,分别净重15.0158克和5.2287克,均含有甲基苯丙胺成分;可疑药丸1粒,净重0.0921克,含甲基苯丙胺成分;可疑药片1粒,净重0.1729克,含硝甲西泮成分;作案工具手机。

被告人张某归案后协助公安机关抓获一涉嫌犯贩卖毒品罪的犯罪嫌疑人。

上述事实,有公诉机关提交,并经法庭质证、认证的下列证据予以证明:

1. 证人余某的证言,证实2014年12月17日,其给张某打电话向她买冰毒,当晚其和张某至约定的××镇××学院后门路上进行交易时被民警抓获的事实;

2. 证人王某的证言,证实2014年12月17日晚,一个安徽人打电话叫其去××路地铁出口的一个教堂门口拿冰毒,其就到了那个教堂前面的树底下找到了两包冰毒,安徽人叫其把其中一包多一点的给别人,其中一包少一点的送给其,还叫其在教堂门口等着,有人会来拿。过了一会儿,来了一辆白色的现代轿车,里面有一个男的和一个女的,其就打开车门上了车,将冰毒放在了驾驶座和副驾驶座的中间就下车了,其刚下车就被抓的事实;

3. 辨认笔录及照片,证实经被告人张某辨认,王某就是卖毒品给其的人,余某就是向其买毒品的人;经余某辨认,被告人张某就是卖毒品给其的人;经王某辨认,被告人张某就是来拿毒品的女子;

4. 扣押决定书及清单,证实公安民警当场从被告人张某处缴获作案工具手机以及可疑晶体2包,可疑药丸1粒,可疑药片1粒等物品的情况;

5. 称重记录及照片,证实从被告人张某处缴获的毒品的重量情况;

6. 理化检验鉴定报告,证实从被告人张某处缴获的可疑晶体2包,分别净重15.0158克和5.2287克,均含有甲基苯丙胺成分;可疑药丸1粒,净重0.0921克,含甲基苯丙胺成分;可疑药片1粒,净重0.1729克,含硝甲西泮成分的事实;

7.《××市××区人民法院〔2000〕××刑初字第217号刑事判决书》,证实被告人的前科情况;

8. 毒品照片及毒品移交清单,证实涉案毒品情况;

9. 被告人的讯问录像,证实侦查机关对被告人张某讯问的情况及被告人张某对2014年12月17日其向余某贩卖毒品的相关供述;

10. 抓获经过,证实被告人的到案经过;

11. 被告人的身份证明,证实被告人的身份情况;

12. 被告人张某对上述事实的供述。

被告人张某及其辩护人提出的被告人张某2014年12月16日未贩卖过毒品给余某的辩解、辩护意见。经查,被告人张某的供述与证人余某的证言中虽均交代过2014年12月16日双方有过买卖毒品的事实,但两人在之后的笔录中均否认该事实,且对当天未买卖毒品的缘由的陈述能相互印证。而公诉机关无其他证据可以佐证该起犯罪事实。故目前证据不足以认定被告人张某于2014年12月16日贩卖毒品给余某的事实,公诉机关对该起犯罪事实的指控,本院不予支持。被告人张某及其辩护人提出的上述辩解、辩护意见,本院均予以采纳。

本院认为,被告人张某违反毒品管理法规,明知是毒品而予以贩卖,贩卖毒品甲基苯丙胺达20余克,其行为已构成贩卖毒品罪。公诉机关指控的罪名成立。被告人张某曾因犯贩卖毒品罪被判过刑,现又犯贩卖毒品罪,是毒品再犯,依法从重处罚。被告人张某归案后能协助公安机关抓捕其他犯罪嫌疑人,是立功,依法可以从轻处罚。被告人张某到案后能如实供述自己的罪行,依法可以从轻处罚。被告人对此提出的辩护意见,本院予以采纳。依照《中华人民共和国刑法》第三百四十七条第一款、第三款、第三百五十六条、第六十八条、第六十七条第三款、第六十四条及最高人民法院《关于处理自首和立功具体应用法律若干问题的解释》第五条之规定,判决如下:

一、被告人张某犯贩卖毒品罪,判处有期徒刑七年六个月,并处罚金人民币二万元(刑期从判决执行之日起计算。判决执行以前先行羁押的,羁押一日折抵刑期一日,即自2014年12月17日起至2022年6月16日止。罚金限判决生效后一个月内向本院缴纳);

二、扣押的净重为20.3366克含甲基苯丙胺成分的毒品、净重为0.1729克含硝甲西泮成分的毒品及作案工具手机,均予以没收。

如不服本判决,可在接到判决书的第二日起十日内,通过本院或者直接向浙江省××市中级人民法院提出上诉。书面上诉的,应当提交上诉状正本一份,副本二份。

审判长　张某
人民陪审员　严某
人民陪审员　王某
二〇一五年十一月六日
书记员　杨某

彭某、张某等贩卖、窝藏毒品案

浙江省高级人民法院
刑事判决书

（2016）浙刑终 60 号

公诉机关浙江省 ×× 市人民检察院。

被告人彭某甲（绰号"小三"），男，土家族，1987 年 10 月 28 日出生，初中文化，农民，住 ×× 省 ×× 县 ×× 乡 ×× 村 × 组 ×××。2008 年 12 月 17 日因犯贩卖毒品罪被浙江省 ×× 市 ×× 区人民法院判处有期徒刑三年，并处罚金人民币二千元，2010 年 10 月 29 日刑满释放。因涉嫌犯贩卖毒品罪于 2015 年 1 月 1 日被浙江省 ×× 市公安局刑事拘留，同年 2 月 5 日被逮捕。现羁押于 ×× 市看守所。

辩护人虞律师，浙江达鹏律师事务所律师。

被告人彭某乙（绰号"双双"），男，土家族，1988 年 10 月 14 日出生，小学文化，农民，住 ×× 省 ×× 县 ×× 乡 ×× 村 × 组 ×××。因涉嫌犯贩卖毒品罪于 2014 年 12 月 30 日被浙江省 ×× 市公安局刑事拘留。2015 年 2 月 5 日被逮捕。现羁押于 ×× 市看守所。

辩护人贺律师，湖南金垣律师事务所律师。

被告人敖某，男，苗族，1984 年 10 月 26 日出生，初中文化，农民，住 ×× 省 ×× 县 ×× 乡 ×× 村 × 组。2013 年 11 月 22 日因吸食毒品被浙江省 ×× 市 ×× 分局决定行政拘留五日。因涉嫌犯贩卖毒品罪于 2014 年 12 月 30 日被浙江省 ×× 市公安局刑事拘留。2015 年 2 月 5 日被逮捕。现羁押于 ×× 市看守所。

辩护人庞律师,浙江波宁律师事务所律师。由××市法律援助中心指派。

被告人周某(绰号"飞猫"),男,土家族,1990年2月出生,农民,住××省××县××镇××村×组,因吸食毒品于2013年12月9日被浙江省××市公安局决定行政拘留十日。因涉嫌犯贩卖毒品罪于2015年3月11日被浙江省××市公安局刑事拘留,同月26日被逮捕。现羁押于××市看守所。

辩护人宋律师、鲁律师,浙江舜联律师事务所律师。

被告人张某,男,土家族,1986年1月7日出生,初中文化,农民,住××省××县××乡××村×组×××。因涉嫌犯非法持有毒品罪于2014年12月31日被浙江省××市公安局刑事拘留。2015年2月5日被逮捕。现羁押于××市看守所。

辩护人周俊奇、顾猛,浙江鑫目律师事务所律师。

被告人严某,女,土家族,1994年10月12日出生,初中文化,农民,住××省××县××乡××××村×组。因涉嫌犯非法持有毒品罪于2014年12月30日被浙江省××市公安局刑事拘留。2015年2月5日被逮捕。现羁押于××市看守所。

被告人张某、严某为犯罪分子窝藏、转移、隐瞒毒品,其行为均已构成窝藏、转移、隐瞒毒品罪。公诉机关指控的罪名成立。被告人彭某甲曾因犯贩卖毒品罪被判处有期徒刑刑罚,在刑罚执行完毕后五年内又犯贩卖毒品罪,是累犯、毒品再犯,依法应当从重处罚。被告人敖某一人犯二罪,应予数罪并罚。被告人彭某乙在法庭上能如实供述,坦白认罪态度较好,依法可予从轻处罚;被告人敖某在2014年12月初贩卖500克甲基苯丙胺的行为是从犯,依法予以从轻处罚,在抢劫犯罪中是从犯,依法予以减轻处罚;被告人周某能如实供述,坦白认罪态度好,依法予以从轻处罚;被告人严某是从犯,依法予以减轻处罚;本案部分涉案毒品被查获而未流入社会,危害后果相对较小,对该部分毒品涉及的相关被告人可予酌情从轻处罚,被告人彭某甲、彭某乙、敖某、周某、张某、严某及其辩护人与上述相关的辩解辩护意见,理由成立,予以采纳,其余辩解辩护意见,不予采纳。被告人彭某甲贩卖毒品数量大,又系累犯、毒品再犯,论罪该处极刑,但鉴于大部分毒品被查获而未流入社会等本案具体情节,故对其判处死刑,可不立即执行。据此,依照《中华人民共和国刑法》第三百四十七条第一款、第二款第(一)项、第三款、

第三百四十九条第一款、第二百六十三条、第六十五条第一款、第三百五十六条、第三百五十七条、第二十五条第一款、第二十六条第一款、第四款、第二十七条、第四十八条第一款、第五十七条第一款、第六十七条第三款、第六十九条第一款、第三款和第六十四条之规定,判决如下:

一、被告人彭某甲犯贩卖毒品罪,判处死刑,缓期二年执行,剥夺政治权利终身,并处没收个人全部财产(死刑缓期执行的期间,从判决确定之日起计算);

二、被告人彭某乙犯贩卖毒品罪,判处无期徒刑,剥夺政治权利终身,并处没收个人全部财产;

三、被告人敖某犯贩卖毒品罪,判处无期徒刑,剥夺政治权利终身,并处没收个人全部财产;犯抢劫罪,判处有期徒刑二年,并处罚金人民币二千元。决定执行无期徒刑,剥夺政治权利终身,并处没收个人全部财产;

四、被告人周某犯贩卖毒品罪,判处有期徒刑十三年,并处罚金人民币五千元(刑期从判决执行之日起计算。判决执行以前先行羁押的,羁押一日折抵刑期一日,即自2015年3月11日起至2028年3月10日止);

五、被告人张某犯窝藏、转移、隐瞒毒品罪,判处有期徒刑三年(刑期从判决执行之日起计算。判决执行以前先行羁押的,羁押一日折抵刑期一日,即自2014年12月30日起至2017年12月29日止);

六、被告人严某犯窝藏、转移、隐瞒毒品罪,判处有期徒刑一年一个月(刑期从判决执行之日起计算。判决执行以前先行羁押的,羁押一日折抵刑期一日,即自2014年12月30日起至2016年1月29日止);

七、违禁品甲基苯丙胺及甲基苯丙胺片剂1165.1395克予以没收。

以上所处罚金,限本判决生效之日起一个月内缴纳。

如不服本判决,可在接到判决书的第二日起十日内,通过本院或者直接向浙江省高级人民法院提出上诉。书面上诉的,应当提交上诉状正本一份,副本二份。

审判长　丁某

代理审判员　徐某

人民陪审员　王某

二〇一六年一月十九日

书记员　金某

 **法律（综合）部分**

FALV (ZONGHE) BUFEN

毒品概念

根据《中华人民共和国刑法》第三百五十七条规定，毒品是指鸦片、海洛因、甲基苯丙胺（冰毒）、吗啡、大麻、可卡因以及国家规定管制的其他能够使人形成瘾癖的麻醉药品和精神药品。《麻醉药品和精神药品品种目录》（2013年版）中列明了121种麻醉药品和149种精神药品。毒品通常分为麻醉药品和精神药品两大类。其中最常见的主要是麻醉药品类中的大麻类、鸦片类和可卡因类。

毒品一般是指使人形成瘾癖的药物，这里的药物一词是个广义的概念，主要指吸毒者滥用的鸦片、海洛因、冰毒等，还包括具有依赖性的天然植物、烟、酒和溶剂等，与医疗用药物是不同的概念。

制毒物品是指用于制造麻醉药品和精神药品的物品。毒品，有些是可以天然获得的，如鸦片就是通过切割未成熟的罂粟果而直接提取的一种天然制品，但绝大部分毒品只能通过化学合成的方法取得。这些加工毒品必不可少的医药和化工生产用的原料就是我们所说的制毒物品。因此，制毒物品既是医药或化工原料，又是制造毒品的配剂。

麻醉药品				
名称	俗称	英文	成分	特征
鸦片	大烟	Opium	吗啡,罂粟碱,可待因	气味清香,略苦
吗啡	梦神	Morphine	生物碱	白色结晶,微苦
海洛因	白粉	Heroin	二乙酰吗啡	白色粉末,微溶于水
大麻	大麻	Cannabis sativa	四氢大麻酚	桑科植物,耐寒,强韧
可卡因	Snow	Cocaine	苯甲基芽子碱	白色结晶,无嗅,味苦而麻
美沙酮	戒毒药	Methadone	美沙酮	白色结晶性粉末,味苦,溶于水
杜冷丁	地美露	Dolantin	苯基哌啶衍生物	其盐酸盐为白色结晶粉末,溶于水
盐酸二氢埃托啡	小鸦片	Dihydroetorphine hydrochloride	盐酸二氢埃托啡	/
卡苦	卡古	/	鸦片,芭蕉丝,蛤蟆丝	多种植物的加工混合物

毒品犯罪

毒品犯罪是指违反国家和国际有关禁毒法律、法规,破坏毒品管制活动,应该受到刑法处罚的犯罪行为。《中华人民共和国刑法》第六章第七节共11条27款专门规定了11项毒品犯罪的罪名和处罚。

《中华人民共和国刑法》中规定的与毒品有关的罪名

(1)走私、贩卖、运输、制造毒品罪(刑法第三百四十七条)

(2)非法持有毒品罪(刑法第三百四十八条)

(3)包庇毒品犯罪分子罪(刑法第三百四十九条)

(4)窝藏、转移、隐瞒毒品、毒赃罪(刑法第三百四十九条)

(5)非法生产、买卖、运输制毒物品、走私制毒物品罪(刑法第三百五十条)

(6)非法种植毒品原植物罪(刑法第三百五十一条)

(7)非法买卖、运输、携带、持有毒品原植物种子、幼苗罪(刑法第三百五十二条)

(8)引诱、教唆、欺骗他人吸毒罪(刑法第三百五十三条)

(9)强迫他人吸毒罪(刑法第三百五十三条)

(10)容留他人吸毒罪(刑法第三百五十四条)

(11)非法提供麻醉药品、精神药品罪(刑法第三百五十五条)

一、走私、贩卖、运输、制造毒品罪

第三百四十七条　走私、贩卖、运输、制造毒品,无论数量多少,都应当追究刑事责任,予以刑事处罚。

走私、贩卖、运输、制造毒品,有下列情形之一的,处十五年有期徒刑、无期徒刑或者死刑,并处没收财产:

(一)走私、贩卖、运输、制造鸦片一千克以上、海洛因或者甲基苯丙胺五十克

以上或者其他毒品数量大的;

（二）走私、贩卖、运输、制造毒品集团的首要分子;

（三）武装掩护走私、贩卖、运输、制造毒品的;

（四）以暴力抗拒检查、拘留、逮捕,情节严重的;

（五）参与有组织的国际贩毒活动的。

走私、贩卖、运输、制造鸦片二百克以上不满一千克、海洛因或者甲基苯丙胺十克以上不满五十克或者其他毒品数量较大的,处七年以上有期徒刑,并处罚金。

走私、贩卖、运输、制造鸦片不满二百克、海洛因或者甲基苯丙胺不满十克或者其他少量毒品的,处三年以下有期徒刑、拘役或者管制,并处罚金;情节严重的,处三年以上七年以下有期徒刑,并处罚金。

单位犯第二款、第三款、第四款罪的,对单位判处罚金,并对其直接负责的主管人员和其他直接责任人员,依照各该款的规定处罚。

利用、教唆未成年人走私、贩卖、运输、制造毒品,或者向未成年人出售毒品的,从重处罚。

对多次走私、贩卖、运输、制造毒品,未经处理的,毒品数量累计计算。

二、非法持有毒品罪

第三百四十八条 非法持有鸦片一千克以上、海洛因或者甲基苯丙胺五十克以上或者其他毒品数量大的,处七年以上有期徒刑或者无期徒刑,并处罚金;非法持有鸦片二百克以上不满一千克、海洛因或者甲基苯丙胺十克以上不满五十克或者其他毒品数量较大的,处三年以下有期徒刑、拘役或者管制,并处罚金;情节严重的,处三年以上七年以下有期徒刑,并处罚金。

三、包庇毒品犯罪分子罪;窝藏、转移、隐瞒毒品、毒赃罪

第三百四十九条 包庇走私、贩卖、运输、制造毒品的犯罪分子的,为犯罪分子窝藏、转移、隐瞒毒品或者犯罪所得的财物的,处三年以下有期徒刑、拘役或者管制;情节严重的,处三年以上十年以下有期徒刑。

缉毒人员或者其他国家机关工作人员掩护、包庇走私、贩卖、运输、制造毒品的犯罪分子的,依照前款的规定从重处罚。

犯前两款罪,事先通谋的,以走私、贩卖、运输、制造毒品罪的共犯论处。

四、非法生产、买卖、运输制毒物品、走私制毒物品罪

第三百五十条 违反国家规定,非法生产、买卖、运输醋酸酐、乙醚、三氯甲烷或者其他用于制造毒品的原料、配剂,或者携带上述物品进出境,情节较重的,处三年以下有期徒刑、拘役或者管制,并处罚金;情节严重的,处三年以上七年以下有期徒刑,并处罚金;情节特别严重的,处七年以上有期徒刑,并处罚金或者没收财产。

明知他人制造毒品而为其生产、买卖、运输前款规定的物品的,以制造毒品罪的共犯论处。

单位犯前两款罪的,对单位判处罚金,并对其直接负责的主管人员和其他直接责任人员,依照前两款的规定处罚。

五、非法种植毒品原植物罪

第三百五十一条 非法种植罂粟、大麻等毒品原植物的,一律强制铲除。有下列情形之一的,处五年以下有期徒刑、拘役或者管制,并处罚金:

(一)种植罂粟五百株以上不满三千株或者其他毒品原植物数量较大的;

(二)经公安机关处理后又种植的;

(三)抗拒铲除的。

非法种植罂粟三千株以上或者其他毒品原植物数量大的,处五年以上有期徒刑,并处罚金或者没收财产。

非法种植罂粟或者其他毒品原植物,在收获前自动铲除的,可以免除处罚。

六、非法买卖、运输、携带、持有毒品原植物种子、幼苗罪

第三百五十二条 非法买卖、运输、携带、持有未经灭活的罂粟等毒品原植物种子或者幼苗,数量较大的,处三年以下有期徒刑、拘役或者管制,并处或者单处罚金。

七、引诱、教唆、欺骗他人吸毒罪;强迫他人吸毒罪

第三百五十三条 引诱、教唆、欺骗他人吸食、注射毒品的,处三年以下有期徒刑、拘役或者管制,并处罚金;情节严重的,处三年以上七年以下有期徒刑,并处罚金。

强迫他人吸食、注射毒品的,处三年以上十年以下有期徒刑,并处罚金。

引诱、教唆、欺骗或者强迫未成年人吸食、注射毒品的,从重处罚。

八、容留他人吸毒罪

第三百五十四条 容留他人吸食、注射毒品的,处三年以下有期徒刑、拘役或者管制,并处罚金。

九、非法提供麻醉药品、精神药品罪

第三百五十五条 依法从事生产、运输、管理、使用国家管制的麻醉药品、精神药品的人员,违反国家规定,向吸食、注射毒品的人提供国家规定管制的能够使人形成瘾癖的麻醉药品、精神药品的,处三年以下有期徒刑或者拘役,并处罚金;情节严重的,处三年以上七年以下有期徒刑,并处罚金。向走私、贩卖毒品的犯罪分子或者以牟利为目的,向吸食、注射毒品的人提供国家规定管制的能够使人形成瘾癖的麻醉药品、精神药品的,依照本法第三百四十七条的规定定罪处罚。

单位犯前款罪的,对单位判处罚金,并对其直接负责的主管人员和其他直接责任人员,依照前款的规定处罚。

十、毒品犯罪的再犯

第三百五十六条 因走私、贩卖、运输、制造、非法持有毒品罪被判过刑,又犯本节规定之罪的,从重处罚。

十一、毒品的范围及毒品数量的计算原则

第三百五十七条 本法所称的毒品,是指鸦片、海洛因、甲基苯丙胺(冰毒)、吗啡、大麻、可卡因以及国家规定管制的其他能够使人形成瘾癖的麻醉药品和精神药品。

毒品的数量以查证属实的走私、贩卖、运输、制造、非法持有毒品的数量计算,不以纯度折算。

走私、贩卖、运输、制造、非法持有	其他毒品数量大	其他毒品数量较大
可卡因	五十克以上	十克以上不满五十克
苯丙胺类毒品（甲基苯丙胺除外）	一百克以上	二十克以上不满一百克
吗啡	一百克以上	二十克以上不满一百克
芬太尼	一百二十五克以上	二十五克以上不满一百二十五克
甲卡西酮	二百克以上	四十克以上不满二百克
二氢埃托啡	十毫克以上	二毫克以上不满十毫克
哌替啶（杜冷丁）	二百五十克以上	五十克以上不满二百五十克
氯胺酮	五百克以上	一百克以上不满五百克
美沙酮	一千克以上	二百克以上不满一千克
曲马多、γ-羟丁酸	二千克以上	四百克以上不满二千克
大麻油	五千克以上	一千克以上不满五千克
大麻脂	十千克以上	二千克以上不满十千克
大麻叶及大麻烟	一百五十千克以上	三十千克以上不满一百五十千克
可待因、丁丙诺啡	五千克以上	一千克以上不满五千克
三唑仑、安眠酮	五十千克以上	十千克以上不满五十千克
阿普唑仑、恰特草	一百千克以上	二十千克以上不满一百千克
咖啡因、罂粟壳	二百千克以上	四十千克以上不满二百千克
巴比妥、苯巴比妥、安钠咖、尼美西泮	二百五十千克以上	五十千克以上不满二百五十千克
氯氮䓬、艾司唑仑、地西泮、溴西泮	五百千克以上	一百千克以上不满五百千克

《刑事审判参考》毒品犯罪案例分类集成

(截至《刑事审判参考》总第 110 集)

将目前公布的 117 个毒品犯罪刑事审判指导案例,按照下述 24 个方面进行分类。有些案例涉及多个方面,特此说明。

一、非法证据排除的标准和适用

二、程序违法的处理

三、行为人主观明知的认定

四、被告人拒不认罪时的证据运用

五、自首的认定和量刑

六、立功的认定和量刑

七、共同犯罪的认定和量刑

八、同时具备从轻和从重量刑情节的刑罚适用

九、毒品含量对量刑的影响

十、毒品数量对量刑的影响

十一、毒品再犯的认定和适用

十二、特情介入及特情引诱案件的处理

十三、毒品犯罪未遂的认定

十四、贩卖毒品罪的认定和量刑

十五、运输毒品罪的认定和量刑

十六、制造毒品罪的认定和量刑

十七、非法持有毒品罪的认定和量刑

十八、容留他人吸毒罪的认定和量刑

十九、新类型毒品犯罪的认定和量刑

二十、制毒物品犯罪的认定

二十一、因吸毒诱发的次生犯罪的定性和量刑

二十二、吸毒者实施毒品犯罪的认定

二十三、毒品犯罪的管辖

二十四、其他

一、非法证据排除的标准和适用

1.《刑事审判参考》总第 81 集第 721 号　王文勇、陈清运输毒品案——侦查人员出庭作证的范围和程序。

2.《刑事审判参考》总第 92 集第 869 号　刘晓鹏、罗永全贩卖毒品案——如何把握非法言词证据的认定标准与排除程序。

3.《刑事审判参考》总第 97 集第 971 号　李刚、李飞贩卖毒品案——如何审查未查获毒品实物的指控事实以及在毒品案件中如何运用非法证据排除规则。

4.《刑事审判参考》总第 101 集第 1038 号　文某非法持有毒品案——如何审查判断是否存在刑讯逼供等非法方法收集证据的情形以及审查起诉阶段未审查排除侦查阶段刑讯逼供取得的有罪供述,继续获取的不稳定有罪供述是否应当排除。

5.《刑事审判参考》总第 101 集第 1039 号　李志周运输毒品案——如何把握证据收集合法性的证明标准,以及排除非法证据后案件的处理方式。

6.《刑事审判参考》总第 108 集第 1167 号　黄志坚等贩卖、运输毒品案——二审法院经审查认为原判据以定案的证据系非法证据,依法排除有关证据后证据不足的,应当如何处理。

二、程序违法的处理

1.《刑事审判参考》总第 67 集第 545 号　依火挖吉、曲莫木加、俄木阿巫贩卖、运输毒品案——审理先归案被告人过程中,在逃的共同犯罪嫌疑人归案的,无论处于一审还是二审阶段,原则上都应当并案处理。

2.《刑事审判参考》总第 82 集第 733 号　陈某贩卖、运输毒品案——律师在

侦查阶段先后接受有利害关系的两名同案犯委托,在审判阶段又为其中一人辩护的,属于程序违法,应发回重审。

3、《刑事审判参考》总第96集第956号　刘洪高、刘开贵贩卖、运输毒品案——如何理解同一辩护人不得为两名以上犯罪事实存在关联的被告人辩护的限制性规定。

4、《刑事审判参考》总第105集第1131号　曾某平等贩卖、运输毒品案——在上诉案件中,对于公诉机关指控但一审没有认定的犯罪事实,二审能否审理并予以认定。

三、行为人主观明知的认定

1.《刑事审判参考》总第67集第548号　李良顺运输毒品案——被告人以高度隐蔽的方式运输毒品,但否认明知的,如何认定。

2.《刑事审判参考》总第67集第549号　龙正明运输毒品案——被告人到案后否认明知是毒品而运输的,如何认定其主观明知。

3.《刑事审判参考》总第67集第550号　周桂花运输毒品案——被告人以托运方式运输毒品的,如何认定其主观明知。

4.《刑事审判参考》总第71集第592号　许实义贩卖、运输毒品案——毒品犯罪被告人主观明知的认定。

5.《刑事审判参考》总第75集第638号　傅伟光走私毒品案——在毒品犯罪案件中,如何认定行为人的主观明知;对走私美沙酮片剂的犯罪行为,不能以含量折算毒品数量。

6.《刑事审判参考》总第96集第954号　巴拉姆·马利克·阿吉达利、木尔塔扎·拉克走私毒品案——走私毒品案件中被告人主观明知的认定。

7.《刑事审判参考》总第99集第1015号　骆小林运输毒品案——对当场查获毒品的案件,被告人拒不认罪的,如何把握有关被告人主观明知的证据要求。

四、被告人拒不认罪时的证据运用

1.《刑事审判参考》总第7集第054号　李伊斯麻贩卖毒品案——被告人拒不认罪的如何运用证据定罪处刑。

2.《刑事审判参考》总第57集第453号　张建国贩卖毒品案——如何理解和把握刑事诉讼法第五十三条关于"没有被告人供述,证据确实、充分的,可以认定被告人有罪和处以刑罚"的规定。

3.《刑事审判参考》总第67集第552号　胡元忠运输毒品案——人"货"分离且被告人拒不认罪的,如何运用间接证据定案。

4.《刑事审判参考》总第67集第553号　李陵、王君亚等贩卖、运输毒品,非法买卖、运输枪支、弹药案——被告人到案后不认罪的,如何认定其犯罪事实。

5.《刑事审判参考》总第72集第605号　谢怀清等贩卖、运输毒品案——毒品共同犯罪案件中被告人先后翻供的,如何认定案件事实。

6.《刑事审判参考》总第101集第1052号　刘吉良制造毒品,周永春制造毒品、非法持有枪支案——"零口供"案件中如何贯彻证据裁判原则,准确认定犯罪事实。

7.《刑事审判参考》总第101集第1053号　傅勇、朱小勇贩卖、运输毒品,石远德运输毒品案——对于毒品运输方将毒品交给接应方后否认涉案的情形,应当结合在案证据认定其所涉的犯罪事实并准确定性。

8.《刑事审判参考》总第110集第1193号　圣德·阿美·强走私毒品案——如何运用间接证据认定"零口供"走私毒品案。

9.《刑事审判参考》总第110集第1195号　张传勇贩卖毒品案——对以非接触方式交易毒品且被告人拒不认罪的案件,如何综合运用间接证据定案。

五、自首的认定和量刑

1.《刑事审判参考》总第12集第082号　杨永保等走私毒品案——仅因形迹可疑被公安机关盘问后即如实交代罪行的应认定为自首。

2.《刑事审判参考》总第47集第373号　梁国雄、周观杰等贩卖毒品案——为贩卖毒品者交接毒品的行为以贩卖毒品罪论处;被告人归案后,在协助公安人员抓捕在逃下家的过程中,在公安人员对其失去控制的情况下,带着从下家处取回的数量巨大的海洛因回到公安机关的行为,应认定为自首;被告人归案后及时提供下家的住处和活动情况,使公安机关从其住处查获数量巨大的毒品,应认定为重大立功。

3.《刑事审判参考》总第71集第593号　彭佳升贩卖、运输毒品案——因运输毒品被抓获后又如实供述司法机关未掌握的贩卖毒品罪行不构成自首。

4.《刑事审判参考》总第100集第1037号　杨文博非法持有毒品案——因

形迹可疑被盘查时发现随身携带的挎包内藏有可疑物品,在被带至公安机关接受调查时,如实供述了非法持有毒品事实的,构成坦白,不构成自首。

5.《刑事审判参考》总第 103 集第 1084 号　周某非法持有毒品案——非法持有毒品者主动向公安机关上交毒品的,构成自首;被告人虽系毒品再犯,但结合具体案情可认定其真诚悔罪,犯罪行为无实质危害的,属于自首条款中的"犯罪较轻",对其可免除处罚。

六、立功的认定和量刑

1.《刑事审判参考》总第 4 集第 027 号　金铁万、李光石贩卖毒品案——对有立功表现的毒品犯罪分子可以从轻、减轻或免除处罚。

2.《刑事审判参考》总第 32 集第 249 号　梁延兵等贩卖、运输毒品案——如何认定被告人协助公安机关抓获同案犯构成立功。

3.《刑事审判参考》总第 47 集第 373 号　梁国雄、周观杰等贩卖毒品案——为贩卖毒品者交接毒品的行为以贩卖毒品罪论处;被告人归案后,在协助公安人员抓捕在逃下家的过程中,在公安人员对其失去控制的情况下,带着从下家处取回的数量巨大的海洛因回到公安机关的行为,应认定为自首;被告人归案后及时提供下家的住处和活动情况,使公安机关从其住处查获数量巨大的毒品,应认定为重大立功。

4.《刑事审判参考》总第 52 集第 414 号　田嫣、崔永林等贩卖毒品案——犯罪分子亲属代为立功的不能认定为立功,但可作为酌情从轻处罚的情节加以考虑。

5.《刑事审判参考》总第 55 集第 438 号　陈佳嵘等贩卖、运输毒品案——协助司法机关稳住被监控的犯罪嫌疑人构成立功。

6.《刑事审判参考》总第 67 集第 539 号　马良波、魏正芝贩卖毒品案——被告人提供的在逃犯的藏匿地点与被告人亲属协助公安机关抓获该人的实际地点不一致的,不能认定为立功。

7.《刑事审判参考》总第 67 集第 541 号　吴乃亲贩卖毒品案——罪行极其严重,虽有重大立功,但功不抵罪,不予从轻处罚。

8.《刑事审判参考》总第 84 集第 753 号　魏光强等走私运输毒品案——提供线索并协助查获大量案外毒品,但无法查明毒品持有人的,构成立功。

9.《刑事审判参考》总第 87 集第 801 号　胡俊波走私、贩卖、运输毒品,走私武器、弹药案——公安机关根据被告人供述抓获共同犯罪同案犯的,不应认定为立功;被告人如实供述并协助抓获上、下家的,应当认定为立功;对被告人的立功行为是否从宽处罚,应当根据"功是否足以抵罪"的情况而定。

10.《刑事审判参考》总第 95 集第 936 号 康文清贩卖毒品案 —— 案发前,行为人检举揭发他人违法行为,公安机关根据该线索查获系行为人自己实施犯罪的,不构成立功。

11.《刑事审判参考》总第 100 集第 1035 号 李梦杰、刘辉贩卖毒品案 —— 立功等从轻处罚事实可以适用优势证明标准。

12.《刑事审判参考》总第 100 集第 1036 号 朱莎菲贩卖毒品案 —— 被告人协助公安机关抓获同案犯,同案犯未被作为犯罪处理的,但人民法院依据侦查机关提供的材料认定被协助抓获者的行为涉嫌犯罪的,可以认定被告人构成立功。

七、共同犯罪的认定和量刑

1.《刑事审判参考》总第 32 集第 248 号 马盛坚等贩卖毒品案 —— 贩卖毒品犯罪中的居间介绍如何定罪处罚。(以《全国法院毒品犯罪审判工作座谈会纪要》的相关规定为准)

2.《刑事审判参考》总第 46 集第 366 号 黄德全、韦武全、韦红坚贩卖毒品案 —— 毒品犯罪中如何准确认定从犯和适用刑罚。

3.《刑事审判参考》总第 47 集第 373 号 梁国雄、周观杰等贩卖毒品案 —— 为贩卖毒品者交接毒品的行为以贩卖毒品罪论处。

4.《刑事审判参考》总第 47 集第 374 号 吕卫军、曾鹏龙运输毒品案 —— 如何准确区分共犯与同时犯。

5.《刑事审判参考》总第 51 集第 405 号 宋光军运输毒品案 —— 因同案犯在逃致被告人在共同犯罪中地位、作用不明的,应慎用死刑。

6.《刑事审判参考》总第 52 集第 413 号 练永伟等贩卖毒品案 —— 如何区分犯罪集团和一般共同犯罪;家庭成员参与毒品共同犯罪,依法均可判处死刑的,一般不宜对所有参与犯罪的家庭成员适用死刑立即执行。

7.《刑事审判参考》总第 67 集第 529 号 吴杰、常佳平、信沅明等贩卖毒品案 —— 如何区分贩毒网络中主要被告人的罪责。

8.《刑事审判参考》总第 67 集第 530 号 侯占齐、李文书、侯金山等人走私、贩卖毒品案 —— 对家族式毒品共同犯罪中作用相对较小地位相对较低的主犯,可酌情从轻判处刑罚。

9.《刑事审判参考》总第 67 集第 547 号　冯忠义、艾当生贩卖、运输毒品案——对同时为自己和他人运输毒品的被告人,应如何量刑。

10.《刑事审判参考》总第 82 集第 743 号　夏志军制造毒品、非法持有枪支案——如何认定制造毒品犯罪的"幕后老板"。

11.《刑事审判参考》总第 87 集第 800 号　凌万春、刘光普贩卖、制造毒品案——如何认定毒品共犯的地位、作用;在毒品中添加非毒品物质不构成制造毒品罪。

12.《刑事审判参考》总第 96 集第 955 号　阿力日呷等贩卖、运输毒品案——对临时结伙贩卖、运输毒品起组织作用,但本人实际贩卖毒品数量相对较少的主犯如何量刑。

13.《刑事审判参考》总第 100 集第 1033 号　叶布比初、跑次此尔走私、贩卖、运输毒品案——毒品犯罪中,有地位、作用突出的犯罪嫌疑人在逃的,影响对被告人死刑的适用。

14.《刑事审判参考》总第 101 集第 1051 号　刘依善等贩卖毒品案——对于认定毒品交易上家犯罪事实的证据要求如何把握以及对于毒品来源有证据欠缺的案件应当注意哪些问题。

15.《刑事审判参考》总第 108 集第 1179 号　陈维有、庄凯思贩卖毒品案——如何准确认定居间介绍买卖毒品行为。

16.《刑事审判参考》总第 110 集第 1194 号　张成建等贩卖毒品案——贩卖毒品案件中上下家的罪责区分及死刑适用。

17.《刑事审判参考》总第 110 集第 1197 号　章远贩卖毒品、容留他人吸毒案——为索要债务而唆使他人贩卖毒品的行为如何定性。

八、同时具备从轻和从重量刑情节的刑罚适用

1.《刑事审判参考》总第 67 集第 540 号　张树林等走私、贩卖、运输毒品案——对有重大立功表现但罪行极其严重的被告人应当判处死刑。

2.《刑事审判参考》总第 67 集第 541 号　吴乃亲贩卖毒品案——罪行极其严重,虽有重大立功,但功不抵罪,不予从轻处罚。

3.《刑事审判参考》总第 67 集第 546 号　王会陆、李明等人贩卖、运输毒品案——共同犯罪中罪责相对较小但系毒品再犯的主犯,可以判处死刑立即执行。

4.《刑事审判参考》总第 91 集第 852 号　邱绿清等走私、运输毒品案——走私、运输毒品数量大,罪行严重,且有累犯情节,但有证据表明被告人系受雇走私、

运输毒品,且非单独实施走私、运输毒品行为的,可以不适用死刑立即执行。

九、毒品含量对量刑的影响

1.《刑事审判参考》总第 46 集第 364 号　李惠元贩卖毒品案 —— 贩卖毒品数量较大,但毒品含量极低的,在处刑时应酌情考虑。

2.《刑事审判参考》总第 46 集第 367 号　刘玉堂、李永生贩卖毒品案 —— 在毒品犯罪死刑复核案件中,对于毒品大量掺假的情况,在量刑时应酌情考虑。

3.《刑事审判参考》总第 63 集第 500 号　赵廷贵贩卖毒品案 —— 贩卖含量极低的海洛因针剂,如何认定毒品数量并适用刑罚。

十、毒品数量对量刑的影响

1.《刑事审判参考》总第 2 集第 011 号　黄赏等走私毒品案 —— 对走私毒品大麻的犯罪如何适用死刑。

2.《刑事审判参考》总第 2 集第 012 号　唐有珍运输毒品案 —— 毒品犯罪数量不是决定判处死刑的唯一标准。

3.《刑事审判参考》总第 67 集第 532 号　吉火木子扎运输毒品案 —— 如何把握运输毒品案件中毒品数量与死刑适用的关系。

十一、毒品再犯的认定和适用

1.《刑事审判参考》总第 49 集第 392 号　李靖贩卖、运输毒品案 —— 因毒品犯罪被判处的刑罚尚未执行完毕又犯贩卖、运输毒品罪的,是否适用刑法第三百五十六条的规定从重处罚。(以《全国部分法院审理毒品犯罪案件工作座谈会纪要》和《全国法院毒品犯罪审判工作座谈会纪要》的相关规定为准)

2.《刑事审判参考》总第 67 集第 542 号　贺建军贩卖、运输毒品案 —— 保外就医期间再犯毒品犯罪的应当认定为毒品再犯。

3.《刑事审判参考》总第 67 集第 543 号　龙从斌贩卖毒品案 —— 对毒品犯罪数量接近实际掌握的死刑适用标准,又系毒品再犯的,可以判处死刑立即执行。

4.《刑事审判参考》总第 82 集第 742 号　古丽波斯坦·巴吐尔汗贩卖毒品案 —— 司法机关查获部分毒品后,被告人主动交代了实际贩毒数量,并达到死刑数量标准的,可以不判处死刑立即执行;对毒品数量达到实际掌握的死刑数量标准的毒品再犯,并非一律判处死刑立即执行。

5.《刑事审判参考》总第 90 集第 839 号　李光耀等贩卖、运输毒品案——被告人未满十八周岁时曾因毒品犯罪被判刑,在刑法修正案(八)实施后构成毒品再犯。

6.《刑事审判参考》总第 100 集第 1034 号　姚某贩卖毒品案——不满 18 周岁的人因毒品犯罪被判处五年有期徒刑以下刑罚,其再次实施毒品犯罪的,不能认定为毒品再犯而予以从重处罚。

十二、特情介入及特情引诱案件的处理

1.《刑事审判参考》总第 24 集第 164 号　刘军等贩卖、运输毒品、非法买卖枪支、弹药案——有特情介入的毒品犯罪案件并不必然存在特情引诱。

2.《刑事审判参考》总第 28 集第 208 号　苏永清贩卖毒品案——为贩卖毒品向公安特情人员购买毒品的应认定为贩卖毒品罪的未遂。

3.《刑事审判参考》总第 67 集第 537 号　王佳友、刘泽敏贩卖毒品案——对不存在特情引诱,但有特情介入因素的案件,在量刑时应考虑特情介入这一因素。

4.《刑事审判参考》总第 67 集第 538 号　申时雄、汪宗智贩卖毒品案——如何认定毒品犯罪案件中的数量引诱。

5.《刑事审判参考》总第 75 集第 639 号　包占龙贩卖毒品案——在毒品犯罪案件中,如何区别"犯意引诱"和"数量引诱";对被告人是否判处死刑立即执行,应当充分考虑"数量引诱"的因素。

6.《刑事审判参考》总第 99 集第 1014 号　刘继芳贩卖毒品案——不以牟利为目的,为他人代购用于吸食的毒品,毒品数量未达到非法持有毒品罪的定罪标准的,不应认定为犯罪;对于因犯罪引诱而实施毒品犯罪的被告人,应当依法定罪,但在量刑时应当体现从宽处罚。

7.《刑事审判参考》总第 108 集第 1179 号　陈维有、庄凯思贩卖毒品案——如何准确认定居间介绍买卖毒品行为。

十三、毒品犯罪未遂的认定

1.《刑事审判参考》总第 5 集第 037 号　胡斌、张筠筠等故意杀人、运输毒品(未遂)案——误认尸块为毒品予以运输,应以运输毒品罪(未遂)定性;因对象不能犯形成的犯罪未遂可以从轻处罚。

2.《刑事审判参考》总第 28 集第 208 号　苏永清贩卖毒品案——为贩卖毒品向公安特情人员购买毒品的应认定为贩卖毒品罪的未遂。

3.《刑事审判参考》总第 61 集 第 486 号　朱海斌等制造、贩卖毒品案——制造毒品失败的行为应认定为犯罪未遂。

十四、贩卖毒品罪的认定和量刑

1.《刑事审判参考》总第 59 集第 463 号　庄木根、刘平平、郑斌非法买卖枪支、贩卖毒品案——非法买卖枪支时以毒品冲抵部分价款行为应以贩卖毒品罪论处。

2.《刑事审判参考》总第 67 集第 528 号　武汉同济药业有限公司等四单位及孙伟民等人贩卖、运输、制造、转移毒品案——不明知他人购买咖啡因是用于贩卖给吸毒人员的情况下,违规大量出售咖啡因的行为不构成贩卖毒品罪,应认定为非法经营罪。

3.《刑事审判参考》总第 73 集第 617 号　智李梅、蒋国峰贩卖、窝藏、转移毒品案——被告人曾参与贩卖毒品,后又单方面帮助他人窝藏、转移毒品的,应以贩卖毒品罪和窝藏、转移毒品罪数罪并罚。

4.《刑事审判参考》总第 85 集第 767 号　蒋泵源贩卖毒品案——明知他人从事贩卖毒品活动而代为保管甲基苯丙胺的行为应认定为贩卖毒品罪。

5.《刑事审判参考》总第 89 集第 821 号　李某贩卖毒品案——对被告人辩称受人雇用贩卖毒品的案件,如何把握死刑政策和证据标准。

6.《刑事审判参考》总第 67 集第 544 号　呷布金莫贩卖毒品案——对贩卖毒品数量刚达到死刑适用标准,但系毒品惯犯的,可以判处死刑立即执行。

十五、运输毒品罪的认定和量刑

1.《刑事审判参考》总第 4 集第 028 号　马俊海运输毒品案——被告人在受人雇佣运输毒品过程中才意识到运输的是毒品的案件,应作为酌定从轻情节予以考虑。

2.《刑事审判参考》总第 67 集第 531 号　赵扬运输毒品案——如何把握运输毒品罪适用死刑的一般标准。

3.《刑事审判参考》总第 67 集第 533 号　李补都运输毒品案——被告人运输毒品数量大,但不排除受人雇佣的,如何量刑。

4.《刑事审判参考》总第 67 集第 535 号　李昭均运输毒品案——如何把握运输氯胺酮犯罪的死刑适用标准。

5.《刑事审判参考》总第 86 集第 782 号　王平运输毒品案——拒不供认毒品

来源,又不能证明系受人指使、雇佣运输毒品的,如何处理。

6.《刑事审判参考》总第91集第853号 高某贩卖毒品、宋某非法持有毒品案——如何认定以贩养吸的被告人贩卖毒品的数量以及为他人代购数量较大的毒品用于吸食并在同城间运送的行为如何定性。(以《全国法院毒品犯罪审判工作座谈会纪要》的相关规定为准)

7.《刑事审判参考》总第101集第1053号 傅勇、朱小勇贩卖、运输毒品,石远德运输毒品案——对于毒品接应方,在没有证据证实其是毒品下家或者贩卖毒品共犯的情况下,其行为宜以运输毒品罪论处。

8.《刑事审判参考》总第102集第1069号 张应宣运输毒品案——吸毒者在运输毒品途中被查获,没有证据证明其是为了实施贩卖毒品等其他犯罪,且毒品数量达到较大以上的,应认定为运输毒品罪。

十六、制造毒品罪的认定和量刑

1.《刑事审判参考》总第61集第486号 朱海斌等制造、贩卖毒品案——制造毒品失败的行为应认定为犯罪未遂。

2.《刑事审判参考》总第63集第501号 高国亮、李永望等贩卖、制造毒品案——加工、生产混合型毒品"麻古"的行为应认定为制造毒品罪。

3.《刑事审判参考》总第67集第534号 王丹俊贩卖、制造毒品案——如何把握贩卖、制造氯胺酮案件的死刑适用标准。

4.《刑事审判参考》总第82集第743号 夏志军制造毒品、非法持有枪支案——如何认定制造毒品犯罪的"幕后老板"。

5.《刑事审判参考》总第87集第800号 凌万春、刘光普贩卖、制造毒品案——如何认定毒品共犯的地位、作用;在毒品中添加非毒品物质不构成制造毒品罪。

6.《刑事审判参考》总第110集第1196号 刘守红贩卖、制造毒品案——如何认定制造毒品行为以及制毒数量。

十七、非法持有毒品罪的认定和量刑

1.《刑事审判参考》总第16集第108号 张敏贩卖毒品案——如何正确认定非法持有毒品罪。

2.《刑事审判参考》总第36集第284号 黄学东非法持有毒品案——非法持有毒品罪认定中应当注意的问题。

3.《刑事审判参考》总第 46 集第 365 号　宋国华贩卖毒品案 —— 对购买数量巨大的毒品且被告人本人系吸毒成瘾者的应当如何定性。

4.《刑事审判参考》总第 47 集第 375 号　张玉英非法持有毒品案 —— 对接受藏匿有毒品的邮包的行为如何定性。

5.《刑事审判参考》总第 102 集第 1070 号　欧阳永松非法持有毒品案 —— 从吸毒人员住处查获数量较大的毒品，但认定其曾贩卖毒品的证据不足的，应认定为非法持有毒品罪。

十八、容留他人吸毒罪的认定和量刑

1.《刑事审判参考》总第 100 集第 1032 号　聂凯凯容留他人吸毒案 —— 旅馆经营者发现客人在房间内吸毒不予制止，其行为属于放任他人吸毒，旅馆经营者对此有义务制止或者向公安机关报告，对旅馆经营者应以容留他人吸毒罪论处。

十九、新类型毒品犯罪的认定和量刑

1.《刑事审判参考》总第 54 集第 430 号　王某贩卖毒品案 —— 对以非常规形式存在的毒品应如何定性及对涉及多种类毒品的犯罪案件如何量刑。

2.《刑事审判参考》总第 67 集第 534 号　王丹俊贩卖、制造毒品案 —— 如何把握贩卖、制造氯胺酮案件的死刑适用标准。

3.《刑事审判参考》总第 67 集第 535 号　李昭均运输毒品案 —— 如何把握运输氯胺酮犯罪的死刑适用标准。

4.《刑事审判参考》总第 67 集第 536 号　赵敏波贩卖、运输毒品案 —— 未进行毒品含量鉴定的新类型毒品案件应如何量刑。

5.《刑事审判参考》总第 75 集第 638 号　傅伟光走私毒品案 —— 在毒品犯罪案件中，如何认定行为人的主观明知；对走私美沙酮片剂的犯罪行为，不能以含量折算毒品数量。

6.《刑事审判参考》总第 105 集第 1132 号　易卜拉欣·阿卜杜西默德·阿布多什走私毒品案 —— 对走私恰特草的行为如何定罪量刑。

二十、制毒物品犯罪的认定

1.《刑事审判参考》总第 87 集第 802 号　王小情、杨平先等非法买卖制毒物品案 —— 以非法贩卖为目的，利用麻黄碱类复方制剂加工、提炼制毒物品的，应

当认定为非法买卖制毒物品罪；向他人贩卖制毒物品，没有证据证实行为人明知他人用于制造毒品的，不应认定为制造毒品罪的共犯。

2.《刑事审判参考》总第 87 集第 803 号　解群英等非法买卖制毒物品、张海明等非法经营案 —— 将麻黄碱类复方制剂拆解成粉末进行买卖的，应当认定为非法买卖制毒物品罪；非法买卖麻黄碱复方制剂的，没有证据证明系用于非法买卖制毒物品的，不应认定为非法买卖制毒物品罪，情节严重的，可认定为非法经营罪。

二十一、因吸毒诱发的次生犯罪的定性和量刑

1.《刑事审判参考》总第 55 集第 431 号　彭崧故意杀人案 —— 被告人吸食毒品后影响其控制、辨别能力而实施犯罪行为的，应当承担刑事责任。

二十二、吸毒者实施毒品犯罪的认定

1.《刑事审判参考》总第 24 集第 163 号　郑大昌走私毒品案 —— 吸毒者实施毒品犯罪的应如何定罪量刑。

2.《刑事审判参考》总第 91 集第 853 号　高某贩卖毒品、宋某非法持有毒品案 —— 如何认定以贩养吸的被告人贩卖毒品的数量以及为他人代购数量较大的毒品用于吸食并在同城间运送的行为。（以《全国法院毒品犯罪审判工作座谈会纪要》的相关规定为准）

3.《刑事审判参考》总第 102 集第 1069 号　张应宣运输毒品案 —— 吸毒者在运输毒品途中被查获，没有证据证明其是为了实施贩卖毒品等其他犯罪，且毒品数量达到较大以上的，应认定为运输毒品罪。

4.《刑事审判参考》总第 102 集第 1070 号　欧阳永松非法持有毒品案 —— 从吸毒人员住处查获数量较大的毒品，但认定其曾贩卖毒品的证据不足的，应认定为非法持有毒品罪。

二十三、毒品犯罪的管辖

1.《刑事审判参考》总第 67 集第 551 号　闵光辉、马占霖、帕丽旦木·买森木贩卖毒品案 —— 如何确定毒品犯罪案件的地域管辖。

2.《刑事审判参考》总第 75 集第 640 号　邵春天制造毒品案 —— 跨国犯罪案件如何确定管辖权和进行证据审查。

二十四、其他

1.《刑事审判参考》总第 27 集第 191 号　薛佩军等盗窃案 —— 盗窃毒品如何定罪量刑。(以《全国部分法院审理毒品案件工作座谈会纪要》的相关规定为准)

2.《刑事审判参考》总第 32 集第 250 号　韩雅利贩卖毒品、韩镇平窝藏毒品案 —— 被告人在羁押期间人工流产后脱逃,多年后又被抓获审判的,不能适用死刑。

3.《刑事审判参考》总第 89 集第 822 号　易大元运输毒品案 —— 走私、贩卖、运输、制造毒品过程中暴力抗拒检查、抓捕,造成执法人员重伤、死亡的行为,不实行数罪并罚,而是作为走私、贩卖、运输、制造毒品犯罪的加重处罚情节。

4.《刑事审判参考》总第 102 集第 1068 号　周崇敏贩卖毒品案 —— 二审裁判文书生效后,发现被告人在因一审判处的有期徒刑届满被取保候审期间又犯新罪的,在对新罪进行审判时不应认定该被告人构成累犯。

5.《刑事审判参考》总第 103 集第 1085 号　沙学民容留他人吸毒案 —— 被告人在监外执行期间因犯新罪而被采取强制措施的,新罪强制措施采取之日,即为前罪监外执行中止之时;应以被告人被抓获之日作为计算前罪剩余刑期的界点。

一、法　律

《中华人民共和国刑法》（节录）
（2017年11月4日）

（1979年7月1日第五届全国人民代表大会第二次会议通过，1997年3月14日第八届全国人民代表大会第五次会议修订。根据1999年12月25日中华人民共和国刑法修正案，2001年8月31日中华人民共和国刑法修正案（二），2001年12月29日中华人民共和国刑法修正案（三），2002年12月28日中华人民共和国刑法修正案（四），2005年2月28日中华人民共和国刑法修正案（五），2006年6月29日中华人民共和国刑法修正案（六），2009年2月28日中华人民共和国刑法修正案（七），2009年8月27日《全国人民代表大会常务委员会关于修改部分法律的决定》，2011年2月25日中华人民共和国刑法修正案（八），2015年8月29日中华人民共和国刑法修正案（九），2017年11月4日中华人民共和国刑法修正案（十）修正）

第六章　妨害社会管理秩序罪
第七节　走私、贩卖、运输、制造毒品罪

第三百四十七条　【走私、贩卖、运输、制造毒品罪】　走私、贩卖、运输、制造毒品，无论数量多少，都应当追究刑事责任，予以刑事处罚。

走私、贩卖、运输、制造毒品，有下列情形之一的，处十五年有期徒刑、无期徒刑或者死刑，并处没收财产：

（一）走私、贩卖、运输、制造鸦片一千克以上、海洛因或者甲基苯丙胺五十克以上或者其他毒品数量大的；

(二)走私、贩卖、运输、制造毒品集团的首要分子;

(三)武装掩护走私、贩卖、运输、制造毒品的;

(四)以暴力抗拒检查、拘留、逮捕,情节严重的;

(五)参与有组织的国际贩毒活动的。

走私、贩卖、运输、制造鸦片二百克以上不满一千克、海洛因或者甲基苯丙胺十克以上不满五十克或者其他毒品数量较大的,处七年以上有期徒刑,并处罚金。

走私、贩卖、运输、制造鸦片不满二百克、海洛因或者甲基苯丙胺不满十克或者其他少量毒品的,处三年以下有期徒刑、拘役或者管制,并处罚金;情节严重的,处三年以上七年以下有期徒刑,并处罚金。

单位犯第二款、第三款、第四款罪的,对单位判处罚金,并对其直接负责的主管人员和其他直接责任人员,依照各该款的规定处罚。

利用、教唆未成年人走私、贩卖、运输、制造毒品,或者向未成年人出售毒品的,从重处罚。

对多次走私、贩卖、运输、制造毒品,未经处理的,毒品数量累计计算。

第三百四十八条 【非法持有毒品罪】 非法持有鸦片一千克以上、海洛因或者甲基苯丙胺五十克以上或者其他毒品数量大的,处七年以上有期徒刑或者无期徒刑,并处罚金;非法持有鸦片二百克以上不满一千克、海洛因或者甲基苯丙胺十克以上不满五十克或者其他毒品数量较大的,处三年以下有期徒刑、拘役或者管制,并处罚金;情节严重的,处三年以上七年以下有期徒刑,并处罚金。

第三百四十九条 【包庇毒品犯罪分子罪;窝藏、转移、隐瞒毒品、毒赃罪】 包庇走私、贩卖、运输、制造毒品的犯罪分子的,为犯罪分子窝藏、转移、隐瞒毒品或者犯罪所得的财物的,处三年以下有期徒刑、拘役或者管制;情节严重的,处三年以上十年以下有期徒刑。

缉毒人员或者其他国家机关工作人员掩护、包庇走私、贩卖、运输、制造毒品的犯罪分子的,依照前款的规定从重处罚。

犯前两款罪,事先通谋的,以走私、贩卖、运输、制造毒品罪的共犯论处。

第三百五十条 【非法生产、买卖、运输制毒物品、走私制毒物品罪】 违反国家规定,非法生产、买卖、运输醋酸酐、乙醚、三氯甲烷或者其他用于制造毒品的原料、配剂,或者携带上述物品进出境,情节较重的,处三年以下有期徒刑、拘役或者管制,并处罚金;情节严重的,处三年以上七年以下有期徒刑,并处罚金;情节特别严重的,处七年以上有期徒刑,并处罚金或者没收财产。

明知他人制造毒品而为其生产、买卖、运输前款规定的物品的,以制造毒品罪的共犯论处。

单位犯前两款罪的,对单位判处罚金,并对其直接负责的主管人员和其他直接责任人员,依照前两款的规定处罚。

第三百五十一条 【非法种植毒品原植物罪】 非法种植罂粟、大麻等毒品原植物的,一律强制铲除。有下列情形之一的,处五年以下有期徒刑、拘役或者管制,并处罚金:

(一)种植罂粟五百株以上不满三千株或者其他毒品原植物数量较大的;

(二)经公安机关处理后又种植的;

(三)抗拒铲除的。

非法种植罂粟三千株以上或者其他毒品原植物数量大的,处五年以上有期徒刑,并处罚金或者没收财产。

非法种植罂粟或者其他毒品原植物,在收获前自动铲除的,可以免除处罚。

第三百五十二条 【非法买卖、运输、携带、持有毒品原植物种子、幼苗罪】 非法买卖、运输、携带、持有未经灭活的罂粟等毒品原植物种子或者幼苗,数量较大的,处三年以下有期徒刑、拘役或者管制,并处或者单处罚金。

第三百五十三条 【引诱、教唆、欺骗他人吸毒罪;强迫他人吸毒罪】 引诱、教唆、欺骗他人吸食、注射毒品的,处三年以下有期徒刑、拘役或者管制,并处罚金;情节严重的,处三年以上七年以下有期徒刑,并处罚金。

强迫他人吸食、注射毒品的,处三年以上十年以下有期徒刑,并处罚金。

引诱、教唆、欺骗或者强迫未成年人吸食、注射毒品的,从重处罚。

第三百五十四条 【容留他人吸毒罪】 容留他人吸食、注射毒品的,处三年以下有期徒刑、拘役或者管制,并处罚金。

第三百五十五条 【非法提供麻醉药品、精神药品罪】 依法从事生产、运输、管理、使用国家管制的麻醉药品、精神药品的人员，违反国家规定，向吸食、注射毒品的人提供国家规定管制的能够使人形成瘾癖的麻醉药品、精神药品的，处三年以下有期徒刑或者拘役，并处罚金；情节严重的，处三年以上七年以下有期徒刑，并处罚金。向走私、贩卖毒品的犯罪分子或者以牟利为目的，向吸食、注射毒品的人提供国家规定管制的能够使人形成瘾癖的麻醉药品、精神药品的，依照本法第三百四十七条的规定定罪处罚。

单位犯前款罪的，对单位判处罚金，并对其直接负责的主管人员和其他直接责任人员，依照前款的规定处罚。

第三百五十六条 【毒品犯罪的再犯】 因走私、贩卖、运输、制造、非法持有毒品罪被判过刑，又犯本节规定之罪的，从重处罚。

第三百五十七条 【毒品的范围及毒品数量的计算原则】 本法所称的毒品，是指鸦片、海洛因、甲基苯丙胺(冰毒)、吗啡、大麻、可卡因以及国家规定管制的其他能够使人形成瘾癖的麻醉药品和精神药品。

毒品的数量以查证属实的走私、贩卖、运输、制造、非法持有毒品的数量计算，不以纯度折算。

《中华人民共和国刑事诉讼法》(节录)
(2012年3月14日)

(1979年7月1日第五届全国人民代表大会第二次会议通过。根据1996年3月17日第八届全国人民代表大会第四次会议《关于修改〈中华人民共和国刑事诉讼法〉的决定》第一次修正,根据2012年3月14日第十一届全国人民代表大会第五次会议《关于修改〈中华人民共和国刑事诉讼法〉的决定》第二次修正)

第一编 总 则
第五章 证 据

第四十八条 可以用于证明案件事实的材料,都是证据。

证据包括:

(一)物证;

(二)书证;

(三)证人证言;

(四)被害人陈述;

(五)犯罪嫌疑人、被告人供述和辩解;

(六)鉴定意见;

(七)勘验、检查、辨认、侦查实验等笔录;

(八)视听资料、电子数据。

证据必须经过查证属实,才能作为定案的根据。

第五十三条 对一切案件的判处都要重证据,重调查研究,不轻信口供。只有被告人供述,没有其他证据的,不能认定被告人有罪和处以刑罚;没有被告人供述,证据确实、充分的,可以认定被告人有罪和处以刑罚。

证据确实、充分,应当符合以下条件:

(一)定罪量刑的事实都有证据证明;

(二)据以定案的证据均经法定程序查证属实;

(三)综合全案证据,对所认定事实已排除合理怀疑。

第五十四条 采用刑讯逼供等非法方法收集的犯罪嫌疑人、被告人供述和采用暴力、威胁等非法方法收集的证人证言、被害人陈述,应当予以排除。收集物证、书证不符合法定程序,可能严重影响司法公正的,应当予以补正或者作出合理解释;不能补正或者作出合理解释的,对该证据应当予以排除。

在侦查、审查起诉、审判时发现有应当排除的证据的,应当依法予以排除,不得作为起诉意见、起诉决定和判决的依据。

第六十二条 对于危害国家安全犯罪、恐怖活动犯罪、黑社会性质的组织犯罪、毒品犯罪等案件,证人、鉴定人、被害人因在诉讼中作证,本人或者其近亲属的人身安全面临危险的,人民法院、人民检察院和公安机关应当采取以下一项或者多项保护措施:

(一)不公开真实姓名、住址和工作单位等个人信息;

(二)采取不暴露外貌、真实声音等出庭作证措施;

(三)禁止特定的人员接触证人、鉴定人、被害人及其近亲属;

(四)对人身和住宅采取专门性保护措施;

(五)其他必要的保护措施。

证人、鉴定人、被害人认为因在诉讼中作证,本人或者其近亲属的人身安全面临危险的,可以向人民法院、人民检察院、公安机关请求予以保护。

人民法院、人民检察院、公安机关依法采取保护措施,有关单位和个人应当配合。

第二编 立案、侦查和提起公诉
第一章 立 案

第一百零七条 公安机关或者人民检察院发现犯罪事实或者犯罪嫌疑人,应当按照管辖范围,立案侦查。

第一百零八条 任何单位和个人发现有犯罪事实或者犯罪嫌疑人,有权利也有义务向公安机关、人民检察院或者人民法院报案或者举报。

被害人对侵犯其人身、财产权利的犯罪事实或者犯罪嫌疑人,有权向公安机关、人民检察院或者人民法院报案或者控告。

公安机关、人民检察院或者人民法院对于报案、控告、举报,都应当接受。对于不属于自己管辖的,应当移送主管机关处理,并且通知报案人、控告人、举报人;对于不属于自己管辖而又必须采取紧急措施的,应当先采取紧急措施,然后移送主管机关。

犯罪人向公安机关、人民检察院或者人民法院自首的,适用第三款规定。

第一百零九条 报案、控告、举报可以用书面或者口头提出。接受口头报案、控告、举报的工作人员,应当写成笔录,经宣读无误后,由报案人、控告人、举报人签名或者盖章。

接受控告、举报的工作人员,应当向控告人、举报人说明诬告应负的法律责任。但是,只要不是捏造事实,伪造证据,即使控告、举报的事实有出入,甚至是错告的,也要和诬告严格加以区别。

公安机关、人民检察院或者人民法院应当保障报案人、控告人、举报人及其近亲属的安全。报案人、控告人、举报人如果不愿公开自己的姓名和报案、控告、举报的行为,应当为他保守秘密。

第一百一十条 人民法院、人民检察院或者公安机关对于报案、控告、举报和自首的材料,应当按照管辖范围,迅速进行审查,认为有犯罪事实需要追究刑事责任的时候,应当立案;认为没有犯罪事实,或者犯罪事实显著轻微,不需要追究刑事责任的时候,不予立案,并且将不立案的原因通知控告人。控告人如果不服,可以申请复议。

第一百一十一条 人民检察院认为公安机关对应当立案侦查的案件而不立案侦查的,或者被害人认为公安机关对应当立案侦查的案件而不立案侦查,向人民检察院提出的,人民检察院应当要求公安机关说明不立案的理由。人民检察院认为公安机关不立案理由不能成立的,应当通知公安机关立案,公安机关接到通知后应当立案。

第一百一十二条 对于自诉案件,被害人有权向人民法院直接起诉。被害人死亡或者丧失行为能力的,被害人的法定代理人、近亲属有权向人民法院起诉。人民法院应当依法受理。

第二章 侦 查
第一节 一般规定

第一百一十三条 公安机关对已经立案的刑事案件,应当进行侦查,收集、调取犯罪嫌疑人有罪或者无罪、罪轻或者罪重的证据材料。对现行犯或者重大嫌疑分子可以依法先行拘留,对符合逮捕条件的犯罪嫌疑人,应当依法逮捕。

第一百一十四条 公安机关经过侦查,对有证据证明有犯罪事实的案件,应当进行预审,对收集、调取的证据材料予以核实。

第一百一十五条 当事人和辩护人、诉讼代理人、利害关系人对于司法机关及其工作人员有下列行为之一的,有权向该机关申诉或者控告:
(一)采取强制措施法定期限届满,不予以释放、解除或者变更的;
(二)应当退还取保候审保证金不退还的;
(三)对与案件无关的财物采取查封、扣押、冻结措施的;
(四)应当解除查封、扣押、冻结不解除的;
(五)贪污、挪用、私分、调换、违反规定使用查封、扣押、冻结的财物的。
受理申诉或者控告的机关应当及时处理。对处理不服的,可以向同级人民检察院申诉;人民检察院直接受理的案件,可以向上一级人民检察院申诉。人民检察院对申诉应当及时进行审查,情况属实的,通知有关机关予以纠正。

第二节 讯问犯罪嫌疑人

第一百一十六条 讯问犯罪嫌疑人必须由人民检察院或者公安机关的侦查

人员负责进行。讯问的时候,侦查人员不得少于二人。

犯罪嫌疑人被送交看守所羁押以后,侦查人员对其进行讯问,应当在看守所内进行。

第一百一十七条 对不需要逮捕、拘留的犯罪嫌疑人,可以传唤到犯罪嫌疑人所在市、县内的指定地点或者到他的住处进行讯问,但是应当出示人民检察院或者公安机关的证明文件。对在现场发现的犯罪嫌疑人,经出示工作证件,可以口头传唤,但应当在讯问笔录中注明。

传唤、拘传持续的时间不得超过十二小时;案情特别重大、复杂,需要采取拘留、逮捕措施的,传唤、拘传持续的时间不得超过二十四小时。

不得以连续传唤、拘传的形式变相拘禁犯罪嫌疑人。传唤、拘传犯罪嫌疑人,应当保证犯罪嫌疑人的饮食和必要的休息时间。

第一百一十八条 侦查人员在讯问犯罪嫌疑人的时候,应当首先讯问犯罪嫌疑人是否有犯罪行为,让他陈述有罪的情节或者无罪的辩解,然后向他提出问题。犯罪嫌疑人对侦查人员的提问,应当如实回答。但是对与本案无关的问题,有拒绝回答的权利。

侦查人员在讯问犯罪嫌疑人的时候,应当告知犯罪嫌疑人如实供述自己罪行可以从宽处理的法律规定。

第一百一十九条 讯问聋、哑的犯罪嫌疑人,应当有通晓聋、哑手势的人参加,并且将这种情况记明笔录。

第一百二十条 讯问笔录应当交犯罪嫌疑人核对,对于没有阅读能力的,应当向他宣读。如果记载有遗漏或者差错,犯罪嫌疑人可以提出补充或者改正。犯罪嫌疑人承认笔录没有错误后,应当签名或者盖章。侦查人员也应当在笔录上签名。犯罪嫌疑人请求自行书写供述的,应当准许。必要的时候,侦查人员也可以要犯罪嫌疑人亲笔书写供词。

第一百二十一条 侦查人员在讯问犯罪嫌疑人的时候,可以对讯问过程进行录音或者录像;对于可能判处无期徒刑、死刑的案件或者其他重大犯罪案件,应当对讯问过程进行录音或者录像。

录音或者录像应当全程进行,保持完整性。

第三节 询问证人

第一百二十二条 侦查人员询问证人,可以在现场进行,也可以到证人所在单位、住处或者证人提出的地点进行,在必要的时候,可以通知证人到人民检察院或者公安机关提供证言。在现场询问证人,应当出示工作证件,到证人所在单位、住处或者证人提出的地点询问证人,应当出示人民检察院或者公安机关的证明文件。

询问证人应当个别进行。

第一百二十三条 询问证人,应当告知他应当如实地提供证据、证言和有意作伪证或者隐匿罪证要负的法律责任。

第一百二十四条 本法第一百二十条的规定,也适用于询问证人。

第一百二十五条 询问被害人,适用本节各条规定。

第四节 勘验、检查

第一百二十六条 侦查人员对于与犯罪有关的场所、物品、人身、尸体应当进行勘验或者检查。在必要的时候,可以指派或者聘请具有专门知识的人,在侦查人员的主持下进行勘验、检查。

第一百二十七条 任何单位和个人,都有义务保护犯罪现场,并且立即通知公安机关派员勘验。

第一百二十八条 侦查人员执行勘验、检查,必须持有人民检察院或者公安机关的证明文件。

第一百二十九条 对于死因不明的尸体,公安机关有权决定解剖,并且通知死者家属到场。

第一百三十条 为了确定被害人、犯罪嫌疑人的某些特征、伤害情况或者生理状态,可以对人身进行检查,可以提取指纹信息,采集血液、尿液等生物样本。

犯罪嫌疑人如果拒绝检查,侦查人员认为必要的时候,可以强制检查。

检查妇女的身体,应当由女工作人员或者医师进行。

第一百三十一条 勘验、检查的情况应当写成笔录,由参加勘验、检查的人和见证人签名或者盖章。

第一百三十二条 人民检察院审查案件的时候,对公安机关的勘验、检查,认为需要复验、复查时,可以要求公安机关复验、复查,并且可以派检察人员参加。

第一百三十三条 为了查明案情,在必要的时候,经公安机关负责人批准,可以进行侦查实验。

侦查实验的情况应当写成笔录,由参加实验的人签名或者盖章。

侦查实验,禁止一切足以造成危险、侮辱人格或者有伤风化的行为。

第五节 搜 查

第一百三十四条 为了收集犯罪证据、查获犯罪人,侦查人员可以对犯罪嫌疑人以及可能隐藏罪犯或者犯罪证据的人的身体、物品、住处和其他有关的地方进行搜查。

第一百三十五条 任何单位和个人,有义务按照人民检察院和公安机关的要求,交出可以证明犯罪嫌疑人有罪或者无罪的物证、书证、视听资料等证据。

第一百三十六条 进行搜查,必须向被搜查人出示搜查证。

在执行逮捕、拘留的时候,遇有紧急情况,不另用搜查证也可以进行搜查。

第一百三十七条 在搜查的时候,应当有被搜查人或者他的家属,邻居或者其他见证人在场。

搜查妇女的身体,应当由女工作人员进行。

第一百三十八条 搜查的情况应当写成笔录,由侦查人员和被搜查人或者他的家属,邻居或者其他见证人签名或者盖章。如果被搜查人或者他的家属在逃或者拒绝签名、盖章,应当在笔录上注明。

第六节 查封、扣押物证、书证

第一百三十九条 在侦查活动中发现的可用以证明犯罪嫌疑人有罪或者无罪的各种财物、文件,应当查封、扣押;与案件无关的财物、文件,不得查封、扣押。

对查封、扣押的财物、文件,要妥善保管或者封存,不得使用、调换或者损毁。

第一百四十条 对查封扣押的财物、文件,应当会同在场见证人和被查封、扣押财物、文件持有人查点清楚,当场开列清单一式二份,由侦查人员、见证人和持有人签名或者盖章,一份交给持有人,另一份附卷备查。

第一百四十一条 侦查人员认为需要扣押犯罪嫌疑人的邮件、电报的时候,经公安机关或者人民检察院批准,即可通知邮电机关将有关的邮件、电报检交扣押。

不需要继续扣押的时候,应即通知邮电机关。

第一百四十二条 人民检察院、公安机关根据侦查犯罪的需要,可以依照规定查询、冻结犯罪嫌疑人的存款、汇款、债券、股票、基金份额等财产。有关单位和个人应当配合。

犯罪嫌疑人的存款、汇款、债券、股票、基金份额等财产已被冻结的,不得重复冻结。

第一百四十三条 对查封、扣押的财物、文件、邮件、电报或者冻结的存款、汇款、债券、股票、基金份额等财产,经查明确实与案件无关的,应当在三日以内解除查封、扣押、冻结,予以退还。

第七节 鉴 定

第一百四十四条 为了查明案情,需要解决案件中某些专门性问题的时候,应当指派、聘请有专门知识的人进行鉴定。

第一百四十五条 鉴定人进行鉴定后,应当写出鉴定意见,并且签名。鉴定人故意作虚假鉴定的,应当承担法律责任。

第一百四十六条 侦查机关应当将用作证据的鉴定意见告知犯罪嫌疑人、被害人。如果犯罪嫌疑人、被害人提出申请,可以补充鉴定或者重新鉴定。

第一百四十七条 对犯罪嫌疑人作精神病鉴定期间不计入办案期限。

第八节 技术侦查措施

第一百四十八条 公安机关在立案后,对于危害国家安全犯罪、恐怖活动犯罪、黑社会性质的组织犯罪、重大毒品犯罪或者其他严重危害社会的犯罪案件,根据侦查犯罪的需要,经过严格的批准手续,可以采取技术侦查措施。

人民检察院在立案后,对于重大的贪污、贿赂犯罪案件以及利用职权实施的严重侵犯公民人身权利的重大犯罪案件,根据侦查犯罪的需要,经过严格的批准手续,可以采取技术侦查措施,按照规定交有关机关执行。

追捕被通缉或者批准、决定逮捕的在逃的犯罪嫌疑人、被告人,经过批准,可以采取追捕所必需的技术侦查措施。

第一百四十九条 批准决定应当根据侦查犯罪的需要,确定采取技术侦查措施的种类和适用对象。批准决定自签发之日起三个月以内有效。对于不需要继续采取技术侦查措施的,应当及时解除;对于复杂、疑难案件,期限届满仍有必要继续采取技术侦查措施的,经过批准,有效期可以延长,每次不得超过三个月。

第一百五十条 采取技术侦查措施,必须严格按照批准的措施种类、适用对象和期限执行。

侦查人员对采取技术侦查措施过程中知悉的国家秘密、商业秘密和个人隐私,应当保密;对采取技术侦查措施获取的与案件无关的材料,必须及时销毁。

采取技术侦查措施获取的材料,只能用于对犯罪的侦查、起诉和审判,不得用于其他用途。

公安机关依法采取技术侦查措施,有关单位和个人应当配合,并对有关情况予以保密。

第一百五十一条 为了查明案情,在必要的时候,经公安机关负责人决定,可以由有关人员隐匿其身份实施侦查。但是,不得诱使他人犯罪,不得采用可能危害公共安全或者发生重大人身危险的方法。

对涉及给付毒品等违禁品或者财物的犯罪活动,公安机关根据侦查犯罪的需要,可以依照规定实施控制下交付。

第一百五十二条 依照本节规定采取侦查措施收集的材料在刑事诉讼中可以作为证据使用。如果使用该证据可能危及有关人员的人身安全,或者可能产生其他严重后果的,应当采取不暴露有关人员身份、技术方法等保护措施,必要的时候,可以由审判人员在庭外对证据进行核实。

第九节 通 缉

第一百五十三条 应当逮捕的犯罪嫌疑人如果在逃,公安机关可以发布通缉令,采取有效措施,追捕归案。

各级公安机关在自己管辖的地区以内,可以直接发布通缉令;超出自己管辖的地区,应当报请有权决定的上级机关发布。

第十节 侦查终结

第一百五十四条 对犯罪嫌疑人逮捕后的侦查羁押期限不得超过二个月。案情复杂、期限届满不能终结的案件,可以经上一级人民检察院批准延长一个月。

第一百五十五条 因为特殊原因,在较长时间内不宜交付审判的特别重大复杂的案件,由最高人民检察院报请全国人民代表大会常务委员会批准延期审理。

第一百五十六条 下列案件在本法第一百五十四条规定的期限届满不能侦

查终结的,经省、自治区、直辖市人民检察院批准或者决定,可以延长二个月:

(一)交通十分不便的边远地区的重大复杂案件;

(二)重大的犯罪集团案件;

(三)流窜作案的重大复杂案件;

(四)犯罪涉及面广,取证困难的重大复杂案件。

第一百五十七条 对犯罪嫌疑人可能判处十年有期徒刑以上刑罚,依照本法第一百五十六条规定延长期限届满,仍不能侦查终结的,经省、自治区、直辖市人民检察院批准或者决定,可以再延长二个月。

第一百五十八条 在侦查期间,发现犯罪嫌疑人另有重要罪行的,自发现之日起依照本法第一百五十四条的规定重新计算侦查羁押期限。

犯罪嫌疑人不讲真实姓名、住址,身份不明的,应当对其身份进行调查,侦查羁押期限自查清其身份之日起计算,但是不得停止对其犯罪行为的侦查取证。对于犯罪事实清楚,证据确实、充分,确实无法查明其身份的,也可以按其自报的姓名起诉、审判。

第一百五十九条 在案件侦查终结前,辩护律师提出要求的,侦查机关应当听取辩护律师的意见,并记录在案。辩护律师提出书面意见的,应当附卷。

第一百六十条 公安机关侦查终结的案件,应当做到犯罪事实清楚,证据确实、充分,并且写出起诉意见书,连同案卷材料、证据一并移送同级人民检察院审查决定;同时将案件移送情况告知犯罪嫌疑人及其辩护律师。

第一百六十一条 在侦查过程中,发现不应对犯罪嫌疑人追究刑事责任的,应当撤销案件;犯罪嫌疑人已被逮捕的,应当立即释放,发给释放证明,并且通知原批准逮捕的人民检察院。

《中华人民共和国治安管理处罚法》
（2012年修正本）（节录）
（2013年1月1日）

（2005年8月28日第十届全国人民代表大会常务委员会第十七次会议通过 2005年8月28日中华人民共和国主席令第三十八号公布 自2006年3月1日起施行 根据2012年10月26日第十一届全国人民代表大会常务委员会第二十九次会议通过 2012年10月26日中华人民共和国主席令第67号公布 自2013年1月1日起施行的《全国人民代表大会常务委员会关于修改〈中华人民共和国治安管理处罚法〉的决定》修正）

第三章 违反治安管理的行为和处罚
第四节 妨害社会管理的行为和处罚

第七十一条 有下列行为之一的，处十日以上十五日以下拘留，可以并处三千元以下罚款；情节较轻的，处五日以下拘留或者五百元以下罚款：

（一）非法种植罂粟不满五百株或者其他少量毒品原植物的；

（二）非法买卖、运输、携带、持有少量未经灭活的罂粟等毒品原植物种子或者幼苗的；

（三）非法运输、买卖、储存、使用少量罂粟壳的。

有前款第一项行为，在成熟前自行铲除的，不予处罚。

第七十二条 有下列行为之一的，处十日以上十五日以下拘留，可以并处二千元以下罚款；情节较轻的，处五日以下拘留或者五百元以下罚款：

（一）非法持有鸦片不满二百克、海洛因或者甲基苯丙胺不满十克或者其他少量毒品的；

（二）向他人提供毒品的；

（三）吸食、注射毒品的；

（四）胁迫、欺骗医务人员开具麻醉药品、精神药品的。

第七十三条 教唆、引诱、欺骗他人吸食、注射毒品的，处十日以上十五日以下拘留，并处五百元以上二千元以下罚款。

《中华人民共和国禁毒法》

（2008年6月1日）

（2007年12月29日第十届全国人民代表大会常务委员会第三十一次会议通过，自2008年6月1日起施行）

第一章 总 则

第一条 为了预防和惩治毒品违法犯罪行为，保护公民身心健康，维护社会秩序，制定本法。

第二条 本法所称毒品，是指鸦片、海洛因、甲基苯丙胺（冰毒）、吗啡、大麻、可卡因，以及国家规定管制的其他能够使人形成瘾癖的麻醉药品和精神药品。

根据医疗、教学、科研的需要，依法可以生产、经营、使用、储存、运输麻醉药品和精神药品。

第三条 禁毒是全社会的共同责任。国家机关、社会团体、企业事业单位以及其他组织和公民，应当依照本法和有关法律的规定，履行禁毒职责或者义务。

第四条 禁毒工作实行预防为主，综合治理，禁种、禁制、禁贩、禁吸并举的方针。

禁毒工作实行政府统一领导，有关部门各负其责，社会广泛参与的工作机制。

第五条 国务院设立国家禁毒委员会，负责组织、协调、指导全国的禁毒工作。

县级以上地方各级人民政府根据禁毒工作的需要，可以设立禁毒委员会，负责组织、协调、指导本行政区域内的禁毒工作。

第六条 县级以上各级人民政府应当将禁毒工作纳入国民经济和社会发展规划,并将禁毒经费列入本级财政预算。

第七条 国家鼓励对禁毒工作的社会捐赠,并依法给予税收优惠。

第八条 国家鼓励开展禁毒科学技术研究,推广先进的缉毒技术、装备和戒毒方法。

第九条 国家鼓励公民举报毒品违法犯罪行为。各级人民政府和有关部门应当对举报人予以保护,对举报有功人员以及在禁毒工作中有突出贡献的单位和个人,给予表彰和奖励。

第十条 国家鼓励志愿人员参与禁毒宣传教育和戒毒社会服务工作。地方各级人民政府应当对志愿人员进行指导、培训,并提供必要的工作条件。

第二章 禁毒宣传教育

第十一条 国家采取各种形式开展全民禁毒宣传教育,普及毒品预防知识,增强公民的禁毒意识,提高公民自觉抵制毒品的能力。
国家鼓励公民、组织开展公益性的禁毒宣传活动。

第十二条 各级人民政府应当经常组织开展多种形式的禁毒宣传教育。
工会、共产主义青年团、妇女联合会应当结合各自工作对象的特点,组织开展禁毒宣传教育。

第十三条 教育行政部门、学校应当将禁毒知识纳入教育、教学内容,对学生进行禁毒宣传教育。公安机关、司法行政部门和卫生行政部门应当予以协助。

第十四条 新闻、出版、文化、广播、电影、电视等有关单位,应当有针对性地面向社会进行禁毒宣传教育。

第十五条 飞机场、火车站、长途汽车站、码头以及旅店、娱乐场所等公共场所的经营者、管理者，负责本场所的禁毒宣传教育，落实禁毒防范措施，预防毒品违法犯罪行为在本场所内发生。

第十六条 国家机关、社会团体、企业事业单位以及其他组织，应当加强对本单位人员的禁毒宣传教育。

第十七条 居民委员会、村民委员会应当协助人民政府以及公安机关等部门，加强禁毒宣传教育，落实禁毒防范措施。

第十八条 未成年人的父母或者其他监护人应当对未成年人进行毒品危害的教育，防止其吸食、注射毒品或者进行其他毒品违法犯罪活动。

第三章　毒品管制

第十九条 国家对麻醉药品药用原植物种植实行管制。禁止非法种植罂粟、古柯植物、大麻植物以及国家规定管制的可以用于提炼加工毒品的其他原植物。禁止走私或者非法买卖、运输、携带、持有未经灭活的毒品原植物种子或者幼苗。

地方各级人民政府发现非法种植毒品原植物的，应当立即采取措施予以制止、铲除。村民委员会、居民委员会发现非法种植毒品原植物的，应当及时予以制止、铲除，并向当地公安机关报告。

第二十条 国家确定的麻醉药品药用原植物种植企业，必须按照国家有关规定种植麻醉药品药用原植物。

国家确定的麻醉药品药用原植物种植企业的提取加工场所，以及国家设立的麻醉药品储存仓库，列为国家重点警戒目标。

未经许可，擅自进入国家确定的麻醉药品药用原植物种植企业的提取加工场所或者国家设立的麻醉药品储存仓库等警戒区域的，由警戒人员责令其立即离开；拒不离开的，强行带离现场。

第二十一条 国家对麻醉药品和精神药品实行管制,对麻醉药品和精神药品的实验研究、生产、经营、使用、储存、运输实行许可和查验制度。

国家对易制毒化学品的生产、经营、购买、运输实行许可制度。

禁止非法生产、买卖、运输、储存、提供、持有、使用麻醉药品、精神药品和易制毒化学品。

第二十二条 国家对麻醉药品、精神药品和易制毒化学品的进口、出口实行许可制度。国务院有关部门应当按照规定的职责,对进口、出口麻醉药品、精神药品和易制毒化学品依法进行管理。禁止走私麻醉药品、精神药品和易制毒化学品。

第二十三条 发生麻醉药品、精神药品和易制毒化学品被盗、被抢、丢失或者其他流入非法渠道的情形,案发单位应当立即采取必要的控制措施,并立即向公安机关报告,同时依照规定向有关主管部门报告。

公安机关接到报告后,或者有证据证明麻醉药品、精神药品和易制毒化学品可能流入非法渠道的,应当及时开展调查,并可以对相关单位采取必要的控制措施。药品监督管理部门、卫生行政部门以及其他有关部门应当配合公安机关开展工作。

第二十四条 禁止非法传授麻醉药品、精神药品和易制毒化学品的制造方法。公安机关接到举报或者发现非法传授麻醉药品、精神药品和易制毒化学品制造方法的,应当及时依法查处。

第二十五条 麻醉药品、精神药品和易制毒化学品管理的具体办法,由国务院规定。

第二十六条 公安机关根据查缉毒品的需要,可以在边境地区、交通要道、口岸以及飞机场、火车站、长途汽车站、码头对来往人员、物品、货物以及交通工具进行毒品和易制毒化学品检查,民航、铁路、交通部门应当予以配合。

海关应当依法加强对进出口岸的人员、物品、货物和运输工具的检查,防止走私毒品和易制毒化学品。

邮政企业应当依法加强对邮件的检查,防止邮寄毒品和非法邮寄易制毒化学品。

第二十七条 娱乐场所应当建立巡查制度,发现娱乐场所内有毒品违法犯罪活动的,应当立即向公安机关报告。

第二十八条 对依法查获的毒品,吸食、注射毒品的用具,毒品违法犯罪的非法所得及其收益,以及直接用于实施毒品违法犯罪行为的本人所有的工具、设备、资金,应当收缴,依照规定处理。

第二十九条 反洗钱行政主管部门应当依法加强对可疑毒品犯罪资金的监测。反洗钱行政主管部门和其他依法负有反洗钱监督管理职责的部门、机构发现涉嫌毒品犯罪的资金流动情况,应当及时向侦查机关报告,并配合侦查机关做好侦查、调查工作。

第三十条 国家建立健全毒品监测和禁毒信息系统,开展毒品监测和禁毒信息的收集、分析、使用、交流工作。

第四章 戒毒措施

第三十一条 国家采取各种措施帮助吸毒人员戒除毒瘾,教育和挽救吸毒人员。
吸毒成瘾人员应当进行戒毒治疗。
吸毒成瘾的认定办法,由国务院卫生行政部门、药品监督管理部门、公安部门规定。

第三十二条 公安机关可以对涉嫌吸毒的人员进行必要的检测,被检测人员应当予以配合;对拒绝接受检测的,经县级以上人民政府公安机关或者其派出机构负责人批准,可以强制检测。
公安机关应当对吸毒人员进行登记。

第三十三条 对吸毒成瘾人员,公安机关可以责令其接受社区戒毒,同时通知吸毒人员户籍所在地或者现居住地的城市街道办事处、乡镇人民政府。社区戒毒的期限为三年。
戒毒人员应当在户籍所在地接受社区戒毒;在户籍所在地以外的现居住地有

固定住所的,可以在现居住地接受社区戒毒。

第三十四条 城市街道办事处、乡镇人民政府负责社区戒毒工作。城市街道办事处、乡镇人民政府可以指定有关基层组织,根据戒毒人员本人和家庭情况,与戒毒人员签订社区戒毒协议,落实有针对性的社区戒毒措施。公安机关和司法行政、卫生行政、民政等部门应当对社区戒毒工作提供指导和协助。

城市街道办事处、乡镇人民政府,以及县级人民政府劳动行政部门对无职业且缺乏就业能力的戒毒人员,应当提供必要的职业技能培训、就业指导和就业援助。

第三十五条 接受社区戒毒的戒毒人员应当遵守法律、法规,自觉履行社区戒毒协议,并根据公安机关的要求,定期接受检测。

对违反社区戒毒协议的戒毒人员,参与社区戒毒的工作人员应当进行批评、教育;对严重违反社区戒毒协议或者在社区戒毒期间又吸食、注射毒品的,应当及时向公安机关报告。

第三十六条 吸毒人员可以自行到具有戒毒治疗资质的医疗机构接受戒毒治疗。

设置戒毒医疗机构或者医疗机构从事戒毒治疗业务的,应当符合国务院卫生行政部门规定的条件,报所在地的省、自治区、直辖市人民政府卫生行政部门批准,并报同级公安机关备案。戒毒治疗应当遵守国务院卫生行政部门制定的戒毒治疗规范,接受卫生行政部门的监督检查。

戒毒治疗不得以营利为目的。戒毒治疗的药品、医疗器械和治疗方法不得做广告。戒毒治疗收取费用的,应当按照省、自治区、直辖市人民政府价格主管部门会同卫生行政部门制定的收费标准执行。

第三十七条 医疗机构根据戒毒治疗的需要,可以对接受戒毒治疗的戒毒人员进行身体和所携带物品的检查;对在治疗期间有人身危险的,可以采取必要的临时保护性约束措施。

发现接受戒毒治疗的戒毒人员在治疗期间吸食、注射毒品的,医疗机构应当及时向公安机关报告。

第三十八条 吸毒成瘾人员有下列情形之一的,由县级以上人民政府公安机关作出强制隔离戒毒的决定:

(一)拒绝接受社区戒毒的;

(二)在社区戒毒期间吸食、注射毒品的;

(三)严重违反社区戒毒协议的;

(四)经社区戒毒、强制隔离戒毒后再次吸食、注射毒品的。

对于吸毒成瘾严重,通过社区戒毒难以戒除毒瘾的人员,公安机关可以直接作出强制隔离戒毒的决定。

吸毒成瘾人员自愿接受强制隔离戒毒的,经公安机关同意,可以进入强制隔离戒毒场所戒毒。

第三十九条 怀孕或者正在哺乳自己不满一周岁婴儿的妇女吸毒成瘾的,不适用强制隔离戒毒。不满十六周岁的未成年人吸毒成瘾的,可以不适用强制隔离戒毒。

对依照前款规定不适用强制隔离戒毒的吸毒成瘾人员,依照本法规定进行社区戒毒,由负责社区戒毒工作的城市街道办事处、乡镇人民政府加强帮助、教育和监督,督促落实社区戒毒措施。

第四十条 公安机关对吸毒成瘾人员决定予以强制隔离戒毒的,应当制作强制隔离戒毒决定书,在执行强制隔离戒毒前送达被决定人,并在送达后二十四小时以内通知被决定人的家属、所在单位和户籍所在地公安派出所;被决定人不讲真实姓名、住址,身份不明的,公安机关应当自查清其身份后通知。

被决定人对公安机关作出的强制隔离戒毒决定不服的,可以依法申请行政复议或者提起行政诉讼。

第四十一条 对被决定予以强制隔离戒毒的人员,由作出决定的公安机关送强制隔离戒毒场所执行。

强制隔离戒毒场所的设置、管理体制和经费保障,由国务院规定。

第四十二条 戒毒人员进入强制隔离戒毒场所戒毒时,应当接受对其身体和所携带物品的检查。

第四十三条 强制隔离戒毒场所应当根据戒毒人员吸食、注射毒品的种类及成瘾程度等,对戒毒人员进行有针对性的生理、心理治疗和身体康复训练。

根据戒毒的需要,强制隔离戒毒场所可以组织戒毒人员参加必要的生产劳动,对戒毒人员进行职业技能培训。组织戒毒人员参加生产劳动的,应当支付劳动报酬。

第四十四条 强制隔离戒毒场所应当根据戒毒人员的性别、年龄、患病等情况,对戒毒人员实行分别管理。

强制隔离戒毒场所对有严重残疾或者疾病的戒毒人员,应当给予必要的看护和治疗;对患有传染病的戒毒人员,应当依法采取必要的隔离、治疗措施;对可能发生自伤、自残等情形的戒毒人员,可以采取相应的保护性约束措施。

强制隔离戒毒场所管理人员不得体罚、虐待或者侮辱戒毒人员。

第四十五条 强制隔离戒毒场所应当根据戒毒治疗的需要配备执业医师。强制隔离戒毒场所的执业医师具有麻醉药品和精神药品处方权的,可以按照有关技术规范对戒毒人员使用麻醉药品、精神药品。

卫生行政部门应当加强对强制隔离戒毒场所执业医师的业务指导和监督管理。

第四十六条 戒毒人员的亲属和所在单位或者就读学校的工作人员,可以按照有关规定探访戒毒人员。戒毒人员经强制隔离戒毒场所批准,可以外出探视配偶、直系亲属。

强制隔离戒毒场所管理人员应当对强制隔离戒毒场所以外的人员交给戒毒人员的物品和邮件进行检查,防止夹带毒品。在检查邮件时,应当依法保护戒毒人员的通信自由和通信秘密。

第四十七条 强制隔离戒毒的期限为二年。

执行强制隔离戒毒一年后,经诊断评估,对于戒毒情况良好的戒毒人员,强制隔离戒毒场所可以提出提前解除强制隔离戒毒的意见,报强制隔离戒毒的决定机关批准。

强制隔离戒毒期满前,经诊断评估,对于需要延长戒毒期限的戒毒人员,由强制隔离戒毒场所提出延长戒毒期限的意见,报强制隔离戒毒的决定机关批准。强制隔离戒毒的期限最长可以延长一年。

第四十八条 对于被解除强制隔离戒毒的人员，强制隔离戒毒的决定机关可以责令其接受不超过三年的社区康复。

社区康复参照本法关于社区戒毒的规定实施。

第四十九条 县级以上地方各级人民政府根据戒毒工作的需要，可以开办戒毒康复场所；对社会力量依法开办的公益性戒毒康复场所应当给予扶持，提供必要的便利和帮助。

戒毒人员可以自愿在戒毒康复场所生活、劳动。戒毒康复场所组织戒毒人员参加生产劳动的，应当参照国家劳动用工制度的规定支付劳动报酬。

第五十条 公安机关、司法行政部门对被依法拘留、逮捕、收监执行刑罚以及被依法采取强制性教育措施的吸毒人员，应当给予必要的戒毒治疗。

第五十一条 省、自治区、直辖市人民政府卫生行政部门会同公安机关、药品监督管理部门依照国家有关规定，根据巩固戒毒成果的需要和本行政区域艾滋病流行情况，可以组织开展戒毒药物维持治疗工作。

第五十二条 戒毒人员在入学、就业、享受社会保障等方面不受歧视。有关部门、组织和人员应当在入学、就业、享受社会保障等方面对戒毒人员给予必要的指导和帮助。

第五章　禁毒国际合作

第五十三条 中华人民共和国根据缔结或者参加的国际条约或者按照对等原则，开展禁毒国际合作。

第五十四条 国家禁毒委员会根据国务院授权，负责组织开展禁毒国际合作，履行国际禁毒公约义务。

第五十五条 涉及追究毒品犯罪的司法协助，由司法机关依照有关法律的规定办理。

第五十六条 国务院有关部门应当按照各自职责，加强与有关国家或者地区执法机关以及国际组织的禁毒情报信息交流，依法开展禁毒执法合作。

经国务院公安部门批准，边境地区县级以上人民政府公安机关可以与有关国家或者地区的执法机关开展执法合作。

第五十七条 通过禁毒国际合作破获毒品犯罪案件的，中华人民共和国政府可以与有关国家分享查获的非法所得、由非法所得获得的收益以及供毒品犯罪使用的财物或者财物变卖所得的款项。

第五十八条 国务院有关部门根据国务院授权，可以通过对外援助等渠道，支持有关国家实施毒品原植物替代种植、发展替代产业。

第六章 法律责任

第五十九条 有下列行为之一，构成犯罪的，依法追究刑事责任；尚不构成犯罪的，依法给予治安管理处罚：

（一）走私、贩卖、运输、制造毒品的；
（二）非法持有毒品的；
（三）非法种植毒品原植物的；
（四）非法买卖、运输、携带、持有未经灭活的毒品原植物种子或者幼苗的；
（五）非法传授麻醉药品、精神药品或者易制毒化学品制造方法的；
（六）强迫、引诱、教唆、欺骗他人吸食、注射毒品的；
（七）向他人提供毒品的。

第六十条 有下列行为之一，构成犯罪的，依法追究刑事责任；尚不构成犯罪的，依法给予治安管理处罚：

（一）包庇走私、贩卖、运输、制造毒品的犯罪分子，以及为犯罪分子窝藏、转移、隐瞒毒品或者犯罪所得财物的；

（二）在公安机关查处毒品违法犯罪活动时为违法犯罪行为人通风报信的；

（三）阻碍依法进行毒品检查的；

（四）隐藏、转移、变卖或者损毁司法机关、行政执法机关依法扣押、查封、冻结的涉及毒品违法犯罪活动的财物的。

第六十一条 容留他人吸食、注射毒品或者介绍买卖毒品，构成犯罪的，依法追究刑事责任；尚不构成犯罪的，由公安机关处十日以上十五日以下拘留，可以并处三千元以下罚款；情节较轻的，处五日以下拘留或者五百元以下罚款。

第六十二条 吸食、注射毒品的，依法给予治安管理处罚。吸毒人员主动到公安机关登记或者到有资质的医疗机构接受戒毒治疗的，不予处罚。

第六十三条 在麻醉药品、精神药品的实验研究、生产、经营、使用、储存、运输、进口、出口以及麻醉药品药用原植物种植活动中，违反国家规定，致使麻醉药品、精神药品或者麻醉药品药用原植物流入非法渠道，构成犯罪的，依法追究刑事责任；尚不构成犯罪的，依照有关法律、行政法规的规定给予处罚。

第六十四条 在易制毒化学品的生产、经营、购买、运输或者进口、出口活动中，违反国家规定，致使易制毒化学品流入非法渠道，构成犯罪的，依法追究刑事责任；尚不构成犯罪的，依照有关法律、行政法规的规定给予处罚。

第六十五条 娱乐场所及其从业人员实施毒品违法犯罪行为，或者为进入娱乐场所的人员实施毒品违法犯罪行为提供条件，构成犯罪的，依法追究刑事责任；尚不构成犯罪的，依照有关法律、行政法规的规定给予处罚。

娱乐场所经营管理人员明知场所内发生聚众吸食、注射毒品或者贩毒活动，不向公安机关报告的，依照前款的规定给予处罚。

第六十六条 未经批准，擅自从事戒毒治疗业务的，由卫生行政部门责令停止违法业务活动，没收违法所得和使用的药品、医疗器械等物品；构成犯罪的，依法追究刑事责任。

第六十七条 戒毒医疗机构发现接受戒毒治疗的戒毒人员在治疗期间吸食、注射毒品,不向公安机关报告的,由卫生行政部门责令改正;情节严重的,责令停业整顿。

第六十八条 强制隔离戒毒场所、医疗机构、医师违反规定使用麻醉药品、精神药品,构成犯罪的,依法追究刑事责任;尚不构成犯罪的,依照有关法律、行政法规的规定给予处罚。

第六十九条 公安机关、司法行政部门或者其他有关主管部门的工作人员在禁毒工作中有下列行为之一,构成犯罪的,依法追究刑事责任;尚不构成犯罪的,依法给予处分:

(一)包庇、纵容毒品违法犯罪人员的;
(二)对戒毒人员有体罚、虐待、侮辱等行为的;
(三)挪用、截留、克扣禁毒经费的;
(四)擅自处分查获的毒品和扣押、查封、冻结的涉及毒品违法犯罪活动的财物的。

第七十条 有关单位及其工作人员在入学、就业、享受社会保障等方面歧视戒毒人员的,由教育行政部门、劳动行政部门责令改正;给当事人造成损失的,依法承担赔偿责任。

第七章 附 则

第七十一条 本法自 2008 年 6 月 1 日起施行。《全国人民代表大会常务委员会关于禁毒的决定》同时废止。

《中华人民共和国药品管理法》(节录)

(2015年4月24日)

(1984年9月20日第六届全国人民代表大会常务委员会第七次会议通过,2001年2月28日第九届全国人民代表大会常务委员会第二十次会议修订。根据2013年12月28日第十二届全国人民代表大会常务委员会第六次会议《关于修改〈中华人民共和国海洋环境保护法〉等七部法律的决定》第一次修正,根据2015年4月24日第十二届全国人民代表大会常务委员会第十四次会议《关于修改〈中华人民共和国药品管理法〉的决定》第二次修正)

第五章 药品管理

第三十五条 国家对麻醉药品、精神药品、医疗用毒性药品、放射性药品,实行特殊管理。管理办法由国务院制定。

第四十五条 进口、出口麻醉药品和国家规定范围内的精神药品,必须持有国务院药品监督管理部门发给的《进口准许证》《出口准许证》。

第六章 药品包装的管理

第五十四条 药品包装必须按照规定印有或者贴有标签并附有说明书。

标签或者说明书上必须注明药品的通用名称、成分、规格、生产企业、批准文号、产品批号、生产日期、有效期、适应症或者功能主治、用法、用量、禁忌、不良反应和注意事项。

麻醉药品、精神药品、医疗用毒性药品、放射性药品、外用药品和非处方药的标签，必须印有规定的标志。

二、司法解释及实用文件

最高人民法院《关于审理毒品犯罪案件适用法律若干问题的解释》

（2016年4月11日）

法释〔2016〕8号

（2016年1月25日最高人民法院审判委员会第1676次会议通过，自2016年4月11日起施行）

为依法惩治毒品犯罪，根据《中华人民共和国刑法》的有关规定，现就审理此类刑事案件适用法律的若干问题解释如下：

第一条 走私、贩卖、运输、制造、非法持有下列毒品，应当认定为刑法第三百四十七条第二款第一项、第三百四十八条规定的"其他毒品数量大"：

（一）可卡因五十克以上；

（二）3,4-亚甲二氧基甲基苯丙胺（MDMA）等苯丙胺类毒品（甲基苯丙胺除外）、吗啡一百克以上；

（三）芬太尼一百二十五克以上；

（四）甲卡西酮二百克以上；

（五）二氢埃托啡十毫克以上；

（六）哌替啶（杜冷丁）二百五十克以上；

（七）氯胺酮五百克以上；

（八）美沙酮一千克以上；

(九)曲马多、γ-羟丁酸二千克以上；

(十)大麻油五千克、大麻脂十千克、大麻叶及大麻烟一百五十千克以上；

(十一)可待因、丁丙诺啡五千克以上；

(十二)三唑仑、安眠酮五十千克以上；

(十三)阿普唑仑、恰特草一百千克以上；

(十四)咖啡因、罂粟壳二百千克以上；

(十五)巴比妥、苯巴比妥、安钠咖、尼美西泮二百五十千克以上；

(十六)氯氮卓、艾司唑仑、地西泮、溴西泮五百千克以上；

(十七)上述毒品以外的其他毒品数量大的。

国家定点生产企业按照标准规格生产的麻醉药品或者精神药品被用于毒品犯罪的，根据药品中毒品成分的含量认定涉案毒品数量。

第二条 走私、贩卖、运输、制造、非法持有下列毒品，应当认定为刑法第三百四十七条第三款、第三百四十八条规定的"其他毒品数量较大"：

(一)可卡因十克以上不满五十克；

(二)3,4-亚甲二氧基甲基苯丙胺(MDMA)等苯丙胺类毒品(甲基苯丙胺除外)、吗啡二十克以上不满一百克；

(三)芬太尼二十五克以上不满一百二十五克；

(四)甲卡西酮四十克以上不满二百克；

(五)二氢埃托啡二毫克以上不满十毫克；

(六)哌替啶(杜冷丁)五十克以上不满二百五十克；

(七)氯胺酮一百克以上不满五百克；

(八)美沙酮二百克以上不满一千克；

(九)曲马多、γ-羟丁酸四百克以上不满二千克；

(十)大麻油一千克以上不满五千克、大麻脂二千克以上不满十千克、大麻叶及大麻烟三十千克以上不满一百五十千克；

(十一)可待因、丁丙诺啡一千克以上不满五千克；

(十二)三唑仑、安眠酮十千克以上不满五十千克；

(十三)阿普唑仑、恰特草二十千克以上不满一百千克；

(十四)咖啡因、罂粟壳四十千克以上不满二百千克；

(十五)巴比妥、苯巴比妥、安钠咖、尼美西泮五十千克以上不满二百五十千克；

（十六）氯氮卓、艾司唑仑、地西泮、溴西泮一百千克以上不满五百千克；

（十七）上述毒品以外的其他毒品数量较大的。

第三条 在实施走私、贩卖、运输、制造毒品犯罪的过程中，携带枪支、弹药或者爆炸物用于掩护的，应当认定为刑法第三百四十七条第二款第三项规定的"武装掩护走私、贩卖、运输、制造毒品"。枪支、弹药、爆炸物种类的认定，依照相关司法解释的规定执行。

在实施走私、贩卖、运输、制造毒品犯罪的过程中，以暴力抗拒检查、拘留、逮捕，造成执法人员死亡、重伤、多人轻伤或者具有其他严重情节的，应当认定为刑法第三百四十七条第二款第四项规定的"以暴力抗拒检查、拘留、逮捕，情节严重"。

第四条 走私、贩卖、运输、制造毒品，具有下列情形之一的，应当认定为刑法第三百四十七条第四款规定的"情节严重"：

（一）向多人贩卖毒品或者多次走私、贩卖、运输、制造毒品的；

（二）在戒毒场所、监管场所贩卖毒品的；

（三）向在校学生贩卖毒品的；

（四）组织、利用残疾人、严重疾病患者、怀孕或者正在哺乳自己婴儿的妇女走私、贩卖、运输、制造毒品的；

（五）国家工作人员走私、贩卖、运输、制造毒品的；

（六）其他情节严重的情形。

第五条 非法持有毒品达到刑法第三百四十八条或者本解释第二条规定的"数量较大"标准，且具有下列情形之一的，应当认定为刑法第三百四十八条规定的"情节严重"：

（一）在戒毒场所、监管场所非法持有毒品的；

（二）利用、教唆未成年人非法持有毒品的；

（三）国家工作人员非法持有毒品的；

（四）其他情节严重的情形。

第六条 包庇走私、贩卖、运输、制造毒品的犯罪分子，具有下列情形之一的，应当认定为刑法第三百四十九条第一款规定的"情节严重"：

（一）被包庇的犯罪分子依法应当判处十五年有期徒刑以上刑罚的；

（二）包庇多名或者多次包庇走私、贩卖、运输、制造毒品的犯罪分子的；

（三）严重妨害司法机关对被包庇的犯罪分子实施的毒品犯罪进行追究的；

（四）其他情节严重的情形。

为走私、贩卖、运输、制造毒品的犯罪分子窝藏、转移、隐瞒毒品或者毒品犯罪所得的财物，具有下列情形之一的，应当认定为刑法第三百四十九条第一款规定的"情节严重"：

（一）为犯罪分子窝藏、转移、隐瞒毒品达到刑法第三百四十七条第二款第一项或者本解释第一条第一款规定的"数量大"标准的；

（二）为犯罪分子窝藏、转移、隐瞒毒品犯罪所得的财物价值达到五万元以上的；

（三）为多人或者多次为他人窝藏、转移、隐瞒毒品或者毒品犯罪所得的财物的；

（四）严重妨害司法机关对该犯罪分子实施的毒品犯罪进行追究的；

（五）其他情节严重的情形。

包庇走私、贩卖、运输、制造毒品的近亲属，或者为其窝藏、转移、隐瞒毒品或者毒品犯罪所得的财物，不具有本条前两款规定的"情节严重"情形，归案后认罪、悔罪、积极退赃，且系初犯、偶犯，犯罪情节轻微不需要判处刑罚的，可以免予刑事处罚。

第七条 违反国家规定，非法生产、买卖、运输制毒物品、走私制毒物品，达到下列数量标准的，应当认定为刑法第三百五十条第一款规定的"情节较重"：

（一）麻黄碱（麻黄素）、伪麻黄碱（伪麻黄素）、消旋麻黄碱（消旋麻黄素）一千克以上不满五千克；

（二）1-苯基-2-丙酮、1-苯基-2-溴-1-丙酮、3,4-亚甲基二氧苯基-2-丙酮、羟亚胺二千克以上不满十千克；

（三）3-氧-2-苯基丁腈、邻氯苯基环戊酮、去甲麻黄碱（去甲麻黄素）、甲基麻黄碱（甲基麻黄素）四千克以上不满二十千克；

（四）醋酸酐十千克以上不满五十千克；

（五）麻黄浸膏、麻黄浸膏粉、胡椒醛、黄樟素、黄樟油、异黄樟素、麦角酸、麦角胺、麦角新碱、苯乙酸二十千克以上不满一百千克；

（六）N-乙酰邻氨基苯酸、邻氨基苯甲酸、三氯甲烷、乙醚、哌啶五十千克以上不满二百五十千克；

(七)甲苯、丙酮、甲基乙基酮、高锰酸钾、硫酸、盐酸一百千克以上不满五百千克;

(八)其他制毒物品数量相当的。

违反国家规定,非法生产、买卖、运输制毒物品、走私制毒物品,达到前款规定的数量标准最低值的百分之五十,且具有下列情形之一的,应当认定为刑法第三百五十条第一款规定的"情节较重":

(一)曾因非法生产、买卖、运输制毒物品、走私制毒物品受过刑事处罚的;

(二)二年内曾因非法生产、买卖、运输制毒物品、走私制毒物品受过行政处罚的;

(三)一次组织五人以上或者多次非法生产、买卖、运输制毒物品、走私制毒物品,或者在多个地点非法生产制毒物品的;

(四)利用、教唆未成年人非法生产、买卖、运输制毒物品、走私制毒物品的;

(五)国家工作人员非法生产、买卖、运输制毒物品、走私制毒物品的;

(六)严重影响群众正常生产、生活秩序的;

(七)其他情节较重的情形。

易制毒化学品生产、经营、购买、运输单位或者个人未办理许可证明或者备案证明,生产、销售、购买、运输易制毒化学品,确实用于合法生产、生活需要的,不以制毒物品犯罪论处。

第八条 违反国家规定,非法生产、买卖、运输制毒物品、走私制毒物品,具有下列情形之一的,应当认定为刑法第三百五十条第一款规定的"情节严重":

(一)制毒物品数量在本解释第七条第一款规定的最高数量标准以上,不满最高数量标准五倍的;

(二)达到本解释第七条第一款规定的数量标准,且具有本解释第七条第二款第三项至第六项规定的情形之一的;

(三)其他情节严重的情形。

违反国家规定,非法生产、买卖、运输制毒物品、走私制毒物品,具有下列情形之一的,应当认定为刑法第三百五十条第一款规定的"情节特别严重":

(一)制毒物品数量在本解释第七条第一款规定的最高数量标准五倍以上的;

(二)达到前款第一项规定的数量标准,且具有本解释第七条第二款第三项至第六项规定的情形之一的;

(三)其他情节特别严重的情形。

第九条 非法种植毒品原植物,具有下列情形之一的,应当认定为刑法第三百五十一条第一款第一项规定的"数量较大":

(一)非法种植大麻五千株以上不满三万株的;

(二)非法种植罂粟二百平方米以上不满一千二百平方米、大麻二千平方米以上不满一万二千平方米,尚未出苗的;

(三)非法种植其他毒品原植物数量较大的。

非法种植毒品原植物,达到前款规定的最高数量标准的,应当认定为刑法第三百五十一条第二款规定的"数量大"。

第十条 非法买卖、运输、携带、持有未经灭活的毒品原植物种子或者幼苗,具有下列情形之一的,应当认定为刑法第三百五十二条规定的"数量较大":

(一)罂粟种子五十克以上、罂粟幼苗五千株以上的;

(二)大麻种子五十千克以上、大麻幼苗五万株以上的;

(三)其他毒品原植物种子或者幼苗数量较大的。

第十一条 引诱、教唆、欺骗他人吸食、注射毒品,具有下列情形之一的,应当认定为刑法第三百五十三条第一款规定的"情节严重":

(一)引诱、教唆、欺骗多人或者多次引诱、教唆、欺骗他人吸食、注射毒品的;

(二)对他人身体健康造成严重危害的;

(三)导致他人实施故意杀人、故意伤害、交通肇事等犯罪行为的;

(四)国家工作人员引诱、教唆、欺骗他人吸食、注射毒品的;

(五)其他情节严重的情形。

第十二条 容留他人吸食、注射毒品,具有下列情形之一的,应当依照刑法第三百五十四条的规定,以容留他人吸毒罪定罪处罚:

(一)一次容留多人吸食、注射毒品的;

(二)二年内多次容留他人吸食、注射毒品的;

(三)二年内曾因容留他人吸食、注射毒品受过行政处罚的;

(四)容留未成年人吸食、注射毒品的;

(五)以牟利为目的容留他人吸食、注射毒品的;

(六)容留他人吸食、注射毒品造成严重后果的;

（七）其他应当追究刑事责任的情形。

向他人贩卖毒品后又容留其吸食、注射毒品，或者容留他人吸食、注射毒品并向其贩卖毒品，符合前款规定的容留他人吸毒罪的定罪条件的，以贩卖毒品罪和容留他人吸毒罪数罪并罚。

容留近亲属吸食、注射毒品，情节显著轻微危害不大的，不作为犯罪处理；需要追究刑事责任的，可以酌情从宽处罚。

第十三条 依法从事生产、运输、管理、使用国家管制的麻醉药品、精神药品的人员，违反国家规定，向吸食、注射毒品的人提供国家规定管制的能够使人形成瘾癖的麻醉药品、精神药品，具有下列情形之一的，应当依照刑法第三百五十五条第一款的规定，以非法提供麻醉药品、精神药品罪定罪处罚：

（一）非法提供麻醉药品、精神药品达到刑法第三百四十七条第三款或者本解释第二条规定的"数量较大"标准最低值的百分之五十，不满"数量较大"标准的；

（二）二年内曾因非法提供麻醉药品、精神药品受过行政处罚的；

（三）向多人或者多次非法提供麻醉药品、精神药品的；

（四）向吸食、注射毒品的未成年人非法提供麻醉药品、精神药品的；

（五）非法提供麻醉药品、精神药品造成严重后果的；

（六）其他应当追究刑事责任的情形。

具有下列情形之一的，应当认定为刑法第三百五十五条第一款规定的"情节严重"：

（一）非法提供麻醉药品、精神药品达到刑法第三百四十七条第三款或者本解释第二条规定的"数量较大"标准的；

（二）非法提供麻醉药品、精神药品达到前款第一项规定的数量标准，且具有前款第三项至第五项规定的情形之一的；

（三）其他情节严重的情形。

第十四条 利用信息网络，设立用于实施传授制造毒品、非法生产制毒物品的方法，贩卖毒品，非法买卖制毒物品或者组织他人吸食、注射毒品等违法犯罪活动的网站、通讯群组，或者发布实施前述违法犯罪活动的信息，情节严重的，应当依照刑法第二百八十七条之一的规定，以非法利用信息网络罪定罪处罚。

实施刑法第二百八十七条之一、第二百八十七条之二规定的行为，同时构成贩卖毒品罪、非法买卖制毒物品罪、传授犯罪方法罪等犯罪的,依照处罚较重的规定定罪处罚。

第十五条 本解释自2016年4月11日起施行。《最高人民法院关于审理毒品案件定罪量刑标准有关问题的解释》(法释〔2000〕13号)同时废止;之前发布的司法解释和规范性文件与本解释不一致的,以本解释为准。

最高人民法院、最高人民检察院、公安部《关于印发〈办理毒品犯罪案件适用法律若干问题的意见〉的通知》

（2007年12月18日）

公通字〔2007〕84号

各省、自治区、直辖市高级人民法院、人民检察院、公安厅、局，新疆维吾尔族自治区高级人民法院生产建设兵团分院、新疆生产建设兵团人民检察院、公安局：

为解决近年来在办理毒品案件中遇到的一些突出法律适用问题，根据有关法律和司法解释的规定，结合侦查、批捕、起诉、审判工作实践，最高人民法院、最高人民检察院、公安部制定了《办理毒品犯罪案件适用法律若干问题的意见》。现印发给你们，请结合本地、本部门实际认真贯彻执行。

最高人民法院　最高人民检察院　公安部
二〇〇七年十二月十八日

一、关于毒品犯罪案件的管辖问题

根据刑事诉讼法的规定，毒品犯罪案件的地域管辖，应当坚持以犯罪地管辖为主、被告人居住地管辖为辅的原则。

"犯罪地"包括犯罪预谋地、毒资筹集地、交易进行地、毒品生产地、毒资、毒赃和毒品的藏匿地、转移地、走私或者贩运毒品的目的地以及犯罪嫌疑人被抓获地等。

"被告人居住地"包括被告人常住地、户籍地及其临时居住地。

对怀孕、哺乳期妇女走私、贩卖、运输毒品案件,查获地公安机关认为移交其居住地管辖更有利于采取强制措施和查清犯罪事实的,可以报请共同的上级公安机关批准,移送犯罪嫌疑人居住地公安机关办理,查获地公安机关应继续配合。

公安机关对侦办跨区域毒品犯罪案件的管辖权有争议的,应本着有利于查清犯罪事实,有利于诉讼,有利于保障案件侦查安全的原则,认真协商解决。经协商无法达成一致的,报共同的上级公安机关指定管辖。对即将侦查终结的跨省(自治区、直辖市)重大毒品案件,必要时可由公安部商最高人民法院和最高人民检察院指定管辖。

为保证及时结案,避免超期羁押,人民检察院对于公安机关移送审查起诉的案件,人民法院对于已进入审判程序的案件,被告人及其辩护人提出管辖异议或者办案单位发现没有管辖权的,受案人民检察院、人民法院经审可以依法报请上级人民检察院、人民法院指定管辖,不再自行移送有管辖权的人民检察院、人民法院。

二、关于毒品犯罪嫌疑人、被告人主观明知的认定问题

走私、贩卖、运输、非法持有毒品主观故意中的"明知",是指行为人知道或者应当知道所实施的行为是走私、贩卖、运输、非法持有毒品行为。具有下列情形之一,并且犯罪嫌疑人、被告人不能做出合理解释的,可以认定其"应当知道",但有证据证明确属被蒙骗的除外:

(一)执法人员在口岸、机场、车站、港口和其他检查站检查时,要求行为人申报为他人携带的物品和其他疑似毒品物,并告知其法律责任,而行为人未如实申报,在其所携带的物品内查获毒品的;

(二)以伪报、藏匿、伪装等蒙蔽手段逃避海关、边防等检查,在其携带、运输、邮寄的物品中查获毒品的;

(三)执法人员检查时,有逃跑、丢弃携带物品或逃避、抗拒检查等行为,在其携带或丢弃的物品中查获毒品的;

(四)体内藏匿毒品的;

(五)为获取不同寻常的高额或不等值的报酬而携带、运输毒品的;

(六)采用高度隐蔽的方式携带、运输毒品的;

(七)采用高度隐蔽的方式交接毒品,明显违背合法物品惯常交接方式的;

(八)其他有证据足以证明行为人应当知道的。

三、关于办理氯胺酮等毒品案件定罪量刑标准问题

(一)走私、贩卖、运输、制造、非法持有下列毒品,应当认定为刑法第三百四十七条第二款第(一)项、第三百四十八条规定的"其他毒品数量大":

1.二亚甲基双氧安非他命(MDMA)等苯丙胺类毒品(甲基苯丙胺除外)100克以上;

2.氯胺酮、美沙酮1千克以上;

3.三唑仑、安眠酮50千克以上;

4.氯氮卓、艾司唑仑、地西泮、溴西泮500千克以上;

5.上述毒品以外的其他毒品数量大的。

(二)走私、贩卖、运输、制造、非法持有下列毒品,应当认定为刑法第三百四十七条第三款、第三百四十八条规定的"其他毒品数量较大":

1.二亚甲基双氧安非他明(MDMA)等苯丙胺类毒品(甲基苯丙胺除外)20克以上不满100克的;

2.氯胺酮、美沙酮200克以上不满1千克的;

3.三唑仑、安眠酮10千克以上不满50千克的;

4.氯氮卓、艾司唑仑、地西泮、溴西泮100千克以上不满500千克的;

5.上述毒品以外的其他毒品数量较大的。

(三)走私、贩卖、运输、制造下列毒品,应当认定为刑法第三百四十七条第四款规定的"其他少量毒品":

1.二亚甲基双氧安非他命(MDMA)等苯丙胺类毒品(甲基苯丙胺除外)不满20克的;

2.氯胺酮、美沙酮不满200克的;

3.三唑仑、安眠酮不满10千克的;

4.氯氮卓、艾司唑仑、地西泮、溴西泮不满100千克的;

5.上述毒品以外的其他少量毒品的。

(四)上述毒品品种包括其盐和制剂。毒品鉴定结论中毒品品名的认定应当

以国家食品药品监督管理局、公安部、卫生部最新发布的《麻醉药品品种目录》、《精神药品品种目录》为依据。

四、关于死刑案件的毒品含量鉴定问题

可能判处死刑的毒品犯罪案件,毒品鉴定结论中应有含量鉴定的结论。

《全国法院毒品犯罪审判工作座谈会纪要》(武汉会议纪要)

(2015年5月18日)

> 最高人民法院关于印发《全国法院毒品犯罪审判工作座谈会纪要》的通知
>
> 法〔2015〕129号
>
> 各省、自治区、直辖市高级人民法院,解放军军事法院,新疆维吾尔自治区高级人民法院生产建设兵团分院;全国地方各中级人民法院,各大单位军事法院,新疆生产建设兵团各中级法院:
>
> 现将《全国法院毒品犯罪审判工作座谈会纪要》印发给你们,请结合审判工作实际参照执行。执行中遇到问题,请及时报告我院。
>
> 二〇一五年五月十八日

为深入学习习近平总书记等中央领导同志关于禁毒工作的重要指示批示精神,贯彻落实《中共中央国务院关于加强禁毒工作的意见》和全国禁毒工作会议精神,进一步统一思想认识,提高毒品犯罪审判工作水平,推动人民法院禁毒工作取得更大成效,最高人民法院于2014年12月11日至12日在湖北省武汉市召开了全国法院毒品犯罪审判工作座谈会。出席会议的有各省、自治区、直辖市高级人民法院、解放军军事法院和新疆维吾尔自治区高级人民法院生产建设兵团分院主管刑事审判工作的副院长、刑事审判庭庭长及部分中级人民法院主管刑事审判工作的副院长。最高人民法院副院长李少平出席会议并讲话。

会议传达学习了中央对禁毒工作的一系列重大决策部署，总结了近年来人民法院禁毒工作取得的成绩和存在的问题，分析了当前我国毒品犯罪的总体形势和主要特点，明确了继续依法从严惩处毒品犯罪的审判指导思想，研究了毒品犯罪审判中遇到的若干法律适用问题，并对当前和今后一个时期人民法院的禁毒工作作出具体安排部署。现纪要如下：

一、关于进一步加强人民法院禁毒工作的总体要求

禁毒工作关系国家安危、民族兴衰和人民福祉，厉行禁毒是党和政府的一贯立场和坚决主张。近年来，在党中央的高度重视和坚强领导下，各地区、各有关部门按照国家禁毒委员会的统一部署，深入开展禁毒人民战争，全面落实综合治理措施，有效遏制了毒品问题快速发展蔓延的势头，禁毒工作取得了阶段性成效。2014年6月，中央政治局常委会议、国务院常务会议分别听取禁毒工作专题汇报，习近平总书记、李克强总理分别对禁毒工作作出重要指示批示。中共中央、国务院首次印发了《关于加强禁毒工作的意见》，并下发了贯彻落实分工方案。国家禁毒委员会制定了《禁毒工作责任制》，并召开全国禁毒工作会议对全面加强禁毒工作作出部署。

依法审理毒品犯罪案件，积极参与禁毒工作是人民法院肩负的一项重要职责任务。长期以来，全国各级人民法院认真贯彻落实中央和国家禁毒委员会的决策部署，扎实履行刑事审判职责，坚持依法从严惩处毒品犯罪，大力加强禁毒法制建设，积极参与禁毒综合治理，各项工作均取得显著成效，为全面、深入推进禁毒工作提供了有力司法保障。同时，应当清醒地看到，受国际毒潮持续泛滥和国内多种因素影响，当前和今后一个时期，我国仍将处于毒品问题加速蔓延期、毒品犯罪高发多发期、毒品治理集中攻坚期，禁毒斗争形势严峻复杂，禁毒工作任务十分艰巨。加强禁毒工作，治理毒品问题，对深入推进平安中国、法治中国建设，维护国家长治久安，保障人民群众幸福安康，实现"两个一百年"奋斗目标和中华民族伟大复兴的中国梦，具有重要意义。各级人民法院要从维护重要战略机遇期国家安全和社会稳定的政治高度，充分认识毒品问题的严峻性、长期性和禁毒工作的艰巨性、复杂性，切实增强做好禁毒工作的责任感、使命感和紧迫感。要认真学习领

会、坚决贯彻落实党中央对禁毒工作的一系列重大决策部署和全国禁毒工作会议精神,切实采取有力措施,进一步加强人民法院禁毒工作。

一是毫不动摇地坚持依法从严惩处毒品犯罪。充分发挥审判职能作用,依法运用刑罚惩治毒品犯罪,是治理毒品问题的重要手段,也是人民法院参与禁毒斗争的主要方式。面对严峻的毒品犯罪形势,各级人民法院要继续坚持依法从严惩处毒品犯罪的指导思想。要继续依法严惩走私、制造毒品和大宗贩卖毒品等源头性犯罪,严厉打击毒枭、职业毒犯、累犯、毒品再犯等主观恶性深、人身危险性大的毒品犯罪分子,该判处重刑和死刑的坚决依法判处。要加大对制毒物品犯罪、多次零包贩卖毒品、引诱、教唆、欺骗、强迫他人吸毒及非法持有毒品等犯罪的惩处力度,严惩向农村地区贩卖毒品及国家工作人员实施的毒品犯罪。要更加注重从经济上制裁毒品犯罪,依法追缴犯罪分子违法所得,充分适用罚金刑、没收财产刑并加大执行力度,依法从严惩处涉毒洗钱犯罪和为毒品犯罪提供资金的犯罪。要严厉打击因吸毒诱发的杀人、伤害、抢劫、以危险方法危害公共安全等次生犯罪。要规范和限制毒品犯罪的缓刑适用,从严把握毒品罪犯减刑条件,严格限制严重毒品罪犯假释,确保刑罚执行效果。同时,为全面发挥刑罚功能,也要贯彻好宽严相济刑事政策,突出打击重点,体现区别对待。对于罪行较轻,或者具有从犯、自首、立功、初犯等法定、酌定从宽处罚情节的毒品犯罪分子,根据罪刑相适应原则,依法给予从宽处罚,以分化瓦解毒品犯罪分子,预防和减少毒品犯罪。要牢牢把握案件质量这条生命线,既要考虑到毒品犯罪隐蔽性强、侦查取证难度大的现实情况,也要严格贯彻证据裁判原则,引导取证、举证工作围绕审判工作的要求展开,切实发挥每一级审判程序的职能作用,确保案件办理质量。对于拟判处被告人死刑的毒品犯罪案件,在证据质量上要始终坚持最高的标准和最严的要求。

二是深入推进毒品犯罪审判规范化建设。各级人民法院要结合审判工作实际,积极开展调查研究,不断总结经验,及时发现并解决审判中遇到的突出法律适用问题。各高、中级人民法院要加大审判指导力度,在做好毒品犯罪审判工作的同时,通过编发典型案例、召开工作座谈会等形式,不断提高辖区法院毒品犯罪审判工作水平。最高人民法院对于复核毒品犯罪死刑案件中发现的问题,要继续通过随案附函、集中通报、发布典型案例等形式,加强审判指导;对于毒品犯罪法律适用方面存在的突出问题,要适时制定司法解释或规范性文件,统一法律适用;对于需要与公安、检察机关共同解决的问题,要加强沟通、协调,必要时联合制发规范性文件;对于立法方面的问题,要继续提出相关立法建议,推动禁毒法律的修改完善。

三是不断完善毒品犯罪审判工作机制。各级人民法院要严格落实禁毒工作责任,按照《禁毒工作责任制》的要求和同级禁毒委员会的部署认真开展工作,将禁毒工作列入本单位整体工作规划,制定年度工作方案,抓好贯彻落实。要进一步加强专业审判机构建设,各高级人民法院要确定专门承担毒品犯罪审判指导任务的审判庭,毒品犯罪相对集中地区的高、中级人民法院可以根据当地实际和工作需要,探索确立专门承担毒品犯罪审判工作的合议庭或者审判庭。要建立健全业务学习、培训机制,通过举办业务培训班、组织交流研讨会等多种形式,不断提高毒品犯罪审判队伍专业化水平。要推动与相关职能部门建立禁毒长效合作机制,在中央层面和毒品犯罪集中地区建立公检法三机关打击毒品犯罪联席会议制度,探索建立重大毒品犯罪案件信息通报、反馈机制,提升打击毒品犯罪的合力。

四是加大参与禁毒综合治理工作力度。要充分利用有利时机集中开展禁毒宣传,最高人民法院和毒品犯罪高发地区的高级人民法院要将"6·26"国际禁毒日新闻发布会制度化,并利用网络、平面等媒体配合报道,向社会公众介绍人民法院毒品犯罪审判及禁毒综合治理工作情况,公布毒品犯罪典型案例。要加强日常禁毒法制宣传,充分利用审判资源优势,通过庭审直播、公开宣判、举办禁毒法制讲座、建立禁毒对象帮教制度、与社区、学校、团体建立禁毒协作机制等多种形式,广泛、深入地开展禁毒宣传教育活动。要突出宣传重点,紧紧围绕青少年群体和合成毒品滥用问题,有针对性地组织开展宣传教育工作,增强人民群众自觉抵制毒品的意识和能力。要延伸审判职能,针对毒品犯罪审判中发现的治安隐患和社会管理漏洞,及时向有关职能部门提出加强源头治理、强化日常管控的意见和建议,推动构建更为严密的禁毒防控体系。

二、关于毒品犯罪法律适用的若干具体问题(重点)

会议认为,2008年印发的《全国部分法院审理毒品犯罪案件工作座谈会纪要》(以下简称《大连会议纪要》)较好地解决了办理毒品犯罪案件面临的一些突出法律适用问题,其中大部分规定在当前的审判实践中仍有指导意义,应当继续参照执行。同时,随着毒品犯罪形势的发展变化,近年来出现了一些新情况、新问题,需要加以研究解决。与会代表对审判实践中反映较为突出,但《大连会议纪要》没有作出规定,或者规定不尽完善的毒品犯罪法律适用问题进行了认真研究讨论,就下列问题取得了共识。

(一)罪名认定问题

贩毒人员被抓获后,对于从其住所、车辆等处查获的毒品,一般均应认定为其贩卖的毒品。确有证据证明查获的毒品并非贩毒人员用于贩卖,其行为另构成非法持有毒品罪、窝藏毒品罪等其他犯罪的,依法定罪处罚。

吸毒者在购买、存储毒品过程中被查获,没有证据证明其是为了实施贩卖毒品等其他犯罪,毒品数量达到刑法第三百四十八条规定的最低数量标准的,以非法持有毒品罪定罪处罚。吸毒者在运输毒品过程中被查获,没有证据证明其是为了实施贩卖毒品等其他犯罪,毒品数量达到较大以上的,以运输毒品罪定罪处罚。

行为人为吸毒者代购毒品,在运输过程中被查获,没有证据证明托购者、代购者是为了实施贩卖毒品等其他犯罪,毒品数量达到较大以上的,对托购者、代购者以运输毒品罪的共犯论处。行为人为他人代购仅用于吸食的毒品,在交通、食宿等必要开销之外收取"介绍费""劳务费",或者以贩卖为目的收取部分毒品作为酬劳的,应视为从中牟利,属于变相加价贩卖毒品,以贩卖毒品罪定罪处罚。

购毒者接收贩毒者通过物流寄递方式交付的毒品,没有证据证明其是为了实施贩卖毒品等其他犯罪,毒品数量达到刑法第三百四十八条规定的最低数量标准的,一般以非法持有毒品罪定罪处罚。代收者明知是物流寄递的毒品而代购毒者接收,没有证据证明其与购毒者有实施贩卖、运输毒品等犯罪的共同故意,毒品数量达到刑法第三百四十八条规定的最低数量标准的,对代收者以非法持有毒品罪定罪处罚。

行为人利用信息网络贩卖毒品、在境内非法买卖用于制造毒品的原料或者配剂、传授制造毒品等犯罪的方法,构成贩卖毒品罪、非法买卖制毒物品罪、传授犯罪方法罪等犯罪的,依法定罪处罚。行为人开设网站、利用网络聊天室等组织他人共同吸毒,构成引诱、教唆、欺骗他人吸毒罪等犯罪的,依法定罪处罚。

(二)共同犯罪认定问题

办理贩卖毒品案件,应当准确认定居间介绍买卖毒品行为,并与居中倒卖毒品行为相区别。居间介绍者在毒品交易中处于中间人地位,发挥介绍联络作用,通常与交易一方构成共同犯罪,但不以牟利为要件;居中倒卖者属于毒品交易主体,与前后环节的交易对象是上下家关系,直接参与毒品交易并从中获利。居间介绍者受贩毒者委托,为其介绍联络购毒者的,与贩毒者构成贩卖毒品罪的共同犯罪;明知购毒者以贩卖为目的购买毒品,受委托为其介绍联络贩毒者的,与购毒者构成贩卖毒品罪的共同犯罪;受以吸食为目的的购毒者委托,为其介绍联络贩毒者,毒品数量达到刑法第三百四十八条规定的最低数量标准的,一般与购毒者构成非法持有毒品罪的共同犯罪;同时与贩毒者、购毒者共谋,联络促成双方交易的,通常认定与贩毒者构成贩卖毒品罪的共同犯罪。居间介绍者实施为毒品交易主体提供交易信息、介绍交易对象等帮助行为,对促成交易起次要、辅助作用的,应当认定为从犯;对于以居间介绍者的身份介入毒品交易,但在交易中超出居间介绍者的地位,对交易的发起和达成起重要作用的被告人,可以认定为主犯。

两人以上同行运输毒品的,应当从是否明知他人带有毒品,有无共同运输毒品的意思联络,有无实施配合、掩护他人运输毒品的行为等方面综合审查认定是否构成共同犯罪。受雇于同一雇主同行运输毒品,但受雇者之间没有共同犯罪故意,或者虽然明知他人受雇运输毒品,但各自的运输行为相对独立,既没有实施配合、掩护他人运输毒品的行为,又分别按照各自运输的毒品数量领取报酬的,不应认定为共同犯罪。受雇于同一雇主分段运输同一宗毒品,但受雇者之间没有犯罪共谋的,也不应认定为共同犯罪。雇用他人运输毒品的雇主,及其他对受雇者起到一定组织、指挥作用的人员,与各受雇者分别构成运输毒品罪的共同犯罪,对运输的全部毒品数量承担刑事责任。

(三)毒品数量认定问题

走私、贩卖、运输、制造、非法持有两种以上毒品的,可以将不同种类的毒品分别折算为海洛因的数量,以折算后累加的毒品总量作为量刑的根据。对于刑法、司法解释或者其他规范性文件明确规定了定罪量刑数量标准的毒品,应当按照该毒品与海洛因定罪量刑数量标准的比例进行折算后累加。对于刑法、司法解释及其他规范性文件没有规定定罪量刑数量标准,但《非法药物折算表》规定了与海洛因的折算比例的毒品,可以按照《非法药物折算表》折算为海洛因后进行累加。对于既未规定定罪量刑数量标准,又不具备折算条件的毒品,综合考虑其致瘾癖性、社会危害性、数量、纯度等因素依法量刑。在裁判文书中,应当客观表述涉案毒品的种类和数量,并综合认定为数量大、数量较大或者少量毒品等,不明确表述将不同种类毒品进行折算后累加的毒品总量。

对于未查获实物的甲基苯丙胺片剂(俗称"麻古"等)、MDMA片剂(俗称"摇头丸")等混合型毒品,可以根据在案证据证明的毒品粒数,参考本案或者本地区查获的同类毒品的平均重量计算出毒品数量。在裁判文书中,应当客观表述根据在案证据认定的毒品粒数。

对于有吸毒情节的贩毒人员,一般应当按照其购买的毒品数量认定其贩卖毒品的数量,量刑时酌情考虑其吸食毒品的情节;购买的毒品数量无法查明的,按照能够证明的贩卖数量及查获的毒品数量认定其贩毒数量;确有证据证明其购买的部分毒品并非用于贩卖的,不应计入其贩毒数量。

办理毒品犯罪案件,无论毒品纯度高低,一般均应将查证属实的毒品数量认定为毒品犯罪的数量,并据此确定适用的法定刑幅度,但司法解释另有规定或者为了隐蔽运输而临时改变毒品常规形态的除外。涉案毒品纯度明显低于同类毒品的正常纯度的,量刑时可以酌情考虑。

制造毒品案件中,毒品成品、半成品的数量应当全部认定为制造毒品的数量,对于无法再加工出成品、半成品的废液、废料则不应计入制造毒品的数量。对于废液、废料的认定,可以根据其毒品成分的含量、外观形态,结合被告人对制毒过程的供述等证据进行分析判断,必要时可以听取鉴定机构的意见。

(四)死刑适用问题

当前,我国毒品犯罪形势严峻,审判工作中应当继续坚持依法从严惩处毒品犯罪的指导思想,充分发挥死刑对于预防和惩治毒品犯罪的重要作用。要继续按照《大连会议纪要》的要求,突出打击重点,对罪行极其严重、依法应当判处死刑的被告人,坚决依法判处。同时,应当全面、准确贯彻宽严相济刑事政策,体现区别对待,做到罚当其罪,量刑时综合考虑毒品数量、犯罪性质、情节、危害后果、被告人的主观恶性、人身危险性及当地的禁毒形势等因素,严格审慎地决定死刑适用,确保死刑只适用于极少数罪行极其严重的犯罪分子。

1. 运输毒品犯罪的死刑适用

对于运输毒品犯罪,应当继续按照《大连会议纪要》的有关精神,重点打击运输毒品犯罪集团首要分子,组织、指使、雇用他人运输毒品的主犯或者毒枭、职业毒犯、毒品再犯，以及具有武装掩护运输毒品、以运输毒品为业、多次运输毒品等严重情节的被告人，对其中依法应当判处死刑的，坚决依法判处。

对于受人指使、雇用参与运输毒品的被告人，应当综合考虑毒品数量、犯罪次数、犯罪的主动性和独立性、在共同犯罪中的地位作用、获利程度和方式及其主观恶性、人身危险性等因素，予以区别对待，慎重适用死刑。对于有证据证明确属受人指使、雇用运输毒品，又系初犯、偶犯的被告人，即使毒品数量超过实际掌握的死刑数量标准，也可以不判处死刑；尤其对于其中被动参与犯罪，从属性、辅助性较强，获利程度较低的被告人，一般不应当判处死刑。对于不能排除受人指使、雇用初次运输毒品的被告人，毒品数量超过实际掌握的死刑数量标准，但尚不属数量巨大的，一般也可以不判处死刑。

一案中有多人受雇运输毒品的，在决定死刑适用时，除各被告人运输毒品的数量外，还应结合其具体犯罪情节、参与犯罪程度、与雇用者关系的紧密性及其主观恶性、人身危险性等因素综合考虑，同时判处二人以上死刑要特别慎重。

2. 毒品共同犯罪、上下家犯罪的死刑适用

毒品共同犯罪案件的死刑适用应当与该案的毒品数量、社会危害及被告人的犯罪情节、主观恶性、人身危险性相适应。涉案毒品数量刚超过实际掌握的死刑数量标准，依法应当适用死刑的，要尽量区分主犯间的罪责大小，一般只对其中罪责最大的一名主犯判处死刑；各共同犯罪人地位作用相当，或者罪责大小难以区分的，可以不判处被告人死刑；二名主犯的罪责均很突出，且均具有法定从重处罚情节的，也要尽可能比较其主观恶性、人身危险性方面的差异，判处二人死刑要特别慎重。涉案毒品数量达到巨大以上，二名以上主犯的罪责均很突出，或者罪责稍次的主犯具有法定、重大酌定从重处罚情节，判处二人以上死刑符合罪刑相适应原则，并有利于全案量刑平衡的，可以依法判处。

对于部分共同犯罪人未到案的案件，在案被告人与未到案共同犯罪人均属罪行极其严重，即使共同犯罪人到案也不影响对在案被告人适用死刑的，可以依法判处在案被告人死刑；在案被告人的罪行不足以判处死刑，或者共同犯罪人归案后全案只宜判处其一人死刑的，不能因为共同犯罪人未到案而对在案被告人适用死刑；在案被告人与未到案共同犯罪人的罪责大小难以准确认定，进而影响准确适用死刑的，不应对在案被告人判处死刑。

对于贩卖毒品案件中的上下家，要结合其贩毒数量、次数及对象范围，犯罪的主动性，对促成交易所发挥的作用，犯罪行为的危害后果等因素，综合考虑其主观

恶性和人身危险性，慎重、稳妥地决定死刑适用。对于买卖同宗毒品的上下家，涉案毒品数量刚超过实际掌握的死刑数量标准的，一般不能同时判处死刑；上家主动联络销售毒品，积极促成毒品交易的，通常可以判处上家死刑；下家积极筹资，主动向上家约购毒品，对促成毒品交易起更大作用的，可以考虑判处下家死刑。涉案毒品数量达到巨大以上的，也要综合上述因素决定死刑适用，同时判处上下家死刑符合罪刑相适应原则，并有利于全案量刑平衡的，可以依法判处。

一案中有多名共同犯罪人、上下家针对同宗毒品实施犯罪的，可以综合运用上述毒品共同犯罪、上下家犯罪的死刑适用原则予以处理。

办理毒品犯罪案件，应当尽量将共同犯罪案件或者密切关联的上下游案件进行并案审理；因客观原因造成分案处理的，办案时应当及时了解关联案件的审理进展和处理结果，注重量刑平衡。

3. 新类型、混合型毒品犯罪的死刑适用

甲基苯丙胺片剂（俗称"麻古"等）是以甲基苯丙胺为主要毒品成分的混合型毒品，其甲基苯丙胺含量相对较低，危害性亦有所不同。为体现罚当其罪，甲基苯丙胺片剂的死刑数量标准一般可以按照甲基苯丙胺（冰毒）的2倍左右掌握，具体可以根据当地的毒品犯罪形势和涉案毒品含量等因素确定。

涉案毒品为氯胺酮（俗称"K粉"）的，结合毒品数量、犯罪性质、情节及危害后果等因素，对符合死刑适用条件的被告人可以依法判处死刑。综合考虑氯胺酮的致瘾癖性、滥用范围和危害性等因素，其死刑数量标准一般可以按照海洛因的10倍掌握。

涉案毒品为其他滥用范围和危害性相对较小的新类型、混合型毒品的，一般不宜判处被告人死刑。但对于司法解释、规范性文件明确规定了定罪量刑数量标准，且涉案毒品数量特别巨大，社会危害大，不判处死刑难以体现罚当其罪的，必要时可以判处被告人死刑。

（五）缓刑、财产刑适用及减刑、假释问题

对于毒品犯罪应当从严掌握缓刑适用条件。对于毒品再犯，一般不得适用缓刑。对于不能排除多次贩毒嫌疑的零包贩毒被告人，因认定构成贩卖毒品等犯罪的证据不足而认定为非法持有毒品罪的被告人，实施引诱、教唆、欺骗、强迫他人吸毒犯罪及制毒物品犯罪的被告人，应当严格限制缓刑适用。

办理毒品犯罪案件,应当依法追缴犯罪分子的违法所得,充分发挥财产刑的作用,切实加大对犯罪分子的经济制裁力度。对查封、扣押、冻结的涉案财物及其孳息,经查确属违法所得或者依法应当追缴的其他涉案财物的,如购毒款、供犯罪所用的本人财物、毒品犯罪所得的财物及其收益等,应当判决没收,但法律另有规定的除外。判处罚金刑时,应当结合毒品犯罪的性质、情节、危害后果及被告人的获利情况、经济状况等因素合理确定罚金数额。对于决定并处没收财产的毒品犯罪,判处被告人有期徒刑的,应当按照上述确定罚金数额的原则确定没收个人部分财产的数额;判处无期徒刑的,可以并处没收个人全部财产;判处死缓或者死刑的,应当并处没收个人全部财产。

对于具有毒枭、职业毒犯、累犯、毒品再犯等情节的毒品罪犯,应当从严掌握减刑条件,适当延长减刑起始时间、间隔时间,严格控制减刑幅度,延长实际执行刑期。对于刑法未禁止假释的前述毒品罪犯,应当严格掌握假释条件。

(六)累犯、毒品再犯问题

累犯、毒品再犯是法定从重处罚情节,即使本次毒品犯罪情节较轻,也要体现从严惩处的精神。尤其对于曾因实施严重暴力犯罪被判刑的累犯、刑满释放后短期内又实施毒品犯罪的再犯,以及在缓刑、假释、暂予监外执行期间又实施毒品犯罪的再犯,应当严格体现从重处罚。

对于因同一毒品犯罪前科同时构成累犯和毒品再犯的被告人,在裁判文书中应当同时引用刑法关于累犯和毒品再犯的条款,但在量刑时不得重复予以从重处罚。对于因不同犯罪前科同时构成累犯和毒品再犯的被告人,量刑时的从重处罚幅度一般应大于前述情形。

(七)非法贩卖麻醉药品、精神药品行为的定性问题

行为人向走私、贩卖毒品的犯罪分子或者吸食、注射毒品的人员贩卖国家规定管制的能够使人形成瘾癖的麻醉药品或者精神药品的,以贩卖毒品罪定罪处罚。

行为人出于医疗目的,违反有关药品管理的国家规定,非法贩卖上述麻醉药品或者精神药品,扰乱市场秩序,情节严重的,以非法经营罪定罪处罚。

《全国部分法院审理毒品犯罪案件工作座谈会纪要》(大连会议纪要)

(2008年12月1日)

> 最高人民法院关于印发《全国部分法院审理毒品犯罪案件工作座谈会纪要》的通知
>
> 法〔2008〕324号
>
> 各省、自治区、直辖市高级人民法院、解放军军事法院、新疆维吾尔自治区高级人民法院、生产建设兵团分院、全国地方各中级人民法院、各大单位军事法院、新疆生产建设兵团各中级法院:
>
> 现将《全国部分法院审理毒品犯罪案件工作座谈会纪要》印发,供刑事审判工作中参照执行。执行中有何问题,请及时报告我院。
>
> 最高人民法院
>
> 二〇〇八年十二月一日

近年来,全国法院认真贯彻落实国家禁毒法律和政策,始终把打击毒品犯罪作为刑事审判工作的一项重要任务,依法严惩了一大批毒品犯罪分子,为净化社会环境,保护公民身心健康,维护社会和谐稳定作出了重要贡献。但是,由于国际国内各方面因素的影响,我国的禁毒形势仍然十分严峻。人民法院一定要从民族兴衰和国家安危的高度,深刻认识惩治毒品犯罪的极端重要性和紧迫性,认真贯彻执行刑法、刑事诉讼法和禁毒法的有关规定,坚持"预防为主,综合治理,禁种、禁制、禁贩、禁吸并举"的禁毒工作方针，贯彻宽严相济的刑事政策，充分发挥刑事审判职能，严厉打击严重毒品犯罪，积极参与禁毒人民战争和综合治理工作，有效遏制毒品犯罪发展蔓延的势头。

为了进一步加强毒品犯罪案件的审判工作，依法惩治毒品犯罪，最高人民法院于2008年9月23日至24日在辽宁省大连市召开了全国部分法院审理毒品犯罪案件工作座谈会。最高人民法院张军副院长出席座谈会并作讲话。座谈会在2000年在南宁市召开的"全国法院审理毒品犯罪案件工作座谈会"及其会议纪要、2004年在佛山市召开的"全国法院刑事审判工作座谈会"和2007年在南京市召开的"全国部分法院刑事审判工作座谈会"精神的基础上，根据最高人民法院统一行使死刑案件核准权后毒品犯罪法律适用出现的新情况，适应审理毒品案件尤其是毒品死刑案件的需要，对最高人民法院"关于全国法院审理毒品犯罪案件工作座谈会纪要"（即"南宁会议纪要"）、有关会议领导讲话和有关审理毒品犯罪案件规范性文件的相关内容进行了系统整理和归纳完善，同时认真总结了近年来全国法院审理毒品犯罪案件的经验，研究分析了审理毒品犯罪案件中遇到的新情况、新问题，对人民法院审理毒品犯罪案件尤其是毒品死刑案件具体应用法律的有关问题取得了共识。现纪要如下：

一、毒品案件的罪名确定和数量认定问题

刑法第三百四十七条规定的走私、贩卖、运输、制造毒品罪是选择性罪名，对同一宗毒品实施了两种以上犯罪行为并有相应确凿证据的，应当按照所实施的犯罪行为的性质并列确定罪名，毒品数量不重复计算，不实行数罪并罚。对同一宗毒品可能实施了两种以上犯罪行为，但相应证据只能认定其中一种或者几种行为，认定其他行为的证据不够确实充分的，则只按照依法能够认定的行为的性质定罪。如涉嫌为贩卖而运输毒品，认定贩卖的证据不够确实充分的，则只定运输毒品罪。对不同宗毒品分别实施了不同种犯罪行为的，应对不同行为并列确定罪名，累计毒品数量，不实行数罪并罚。对被告人一人走私、贩卖、运输、制造两种以上毒品的，不实行数罪并罚，量刑时可综合考虑毒品的种类、数量及危害，依法处理。

罪名不以行为实施的先后、毒品数量或者危害大小排列，一律以刑法条文规定的顺序表述。如对同一宗毒品制造后又走私的，以走私、制造毒品罪定罪。下

级法院在判决中确定罪名不准确的,上级法院可以减少选择性罪名中的部分罪名或者改动罪名顺序,在不加重原判刑罚的情况下,也可以改变罪名,但不得增加罪名。

对于吸毒者实施的毒品犯罪,在认定犯罪事实和确定罪名时要慎重。吸毒者在购买、运输、存储毒品过程中被查获的,如没有证据证明其是为了实施贩卖等其他毒品犯罪行为,毒品数量未超过刑法第三百四十八条规定的最低数量标准的,一般不定罪处罚;查获毒品数量达到较大以上的,应以其实际实施的毒品犯罪行为定罪处罚。

对于以贩养吸的被告人,其被查获的毒品数量应认定为其犯罪的数量,但量刑时应考虑被告人吸食毒品的情节,酌情处理;被告人购买了一定数量的毒品后,部分已被其吸食的,应当按能够证明的贩卖数量及查获的毒品数量认定其贩毒的数量,已被吸食部分不计入在内。

有证据证明行为人不以牟利为目的,为他人代购仅用于吸食的毒品,毒品数量超过刑法第三百四十八条规定的最低数量标准的,对托购者、代购者应以非法持有毒品罪定罪。代购者从中牟利,变相加价贩卖毒品的,对代购者应以贩卖毒品罪定罪。明知他人实施毒品犯罪而为其居间介绍、代购代卖的,无论是否牟利,都应以相关毒品犯罪的共犯论处。

盗窃、抢夺、抢劫毒品的,应当分别以盗窃罪、抢夺罪或者抢劫罪定罪,但不计犯罪数额,根据情节轻重予以定罪量刑。盗窃、抢夺、抢劫毒品后又实施其他毒品犯罪的,对盗窃罪、抢夺罪、抢劫罪和所犯的具体毒品犯罪分别定罪,依法数罪并罚。走私毒品,又走私其他物品构成犯罪的,以走私毒品罪和其所犯的其他走私罪分别定罪,依法数罪并罚。

二、毒品犯罪的死刑适用问题

审理毒品犯罪案件,应当切实贯彻宽严相济的刑事政策,突出毒品犯罪的打击重点。必须依法严惩毒枭、职业毒犯、再犯、累犯、惯犯、主犯等主观恶性深、人身危险性大、危害严重的毒品犯罪分子,以及具有将毒品走私入境,多次、大量或者向多人贩卖,诱使多人吸毒,武装掩护、暴力抗拒检查、拘留或者逮捕,或者参与有组织的国际贩毒活动等情节的毒品犯罪分子。对其中罪行极其严重依法应当判处死刑的,必须坚决依法判处死刑。

毒品数量是毒品犯罪案件量刑的重要情节，但不是唯一情节。对被告人量刑时，特别是在考虑是否适用死刑时，应当综合考虑毒品数量、犯罪情节、危害后果、被告人的主观恶性、人身危险性以及当地禁毒形势等各种因素，做到区别对待。近期，审理毒品犯罪案件掌握的死刑数量标准，应当结合本地毒品犯罪的实际情况和依法惩治、预防毒品犯罪的需要，并参照最高人民法院复核的毒品死刑案件的典型案例，恰当把握。量刑既不能只片面考虑毒品数量，不考虑犯罪的其他情节，也不能只片面考虑其他情节，而忽视毒品数量。

对虽然已达到实际掌握的判处死刑的毒品数量标准，但是具有法定、酌定从宽处罚情节的被告人，可以不判处死刑；反之，对毒品数量接近实际掌握的判处死刑的数量标准，但具有从重处罚情节的被告人，也可以判处死刑。毒品数量达到实际掌握的死刑数量标准，既有从重处罚情节，又有从宽处罚情节的，应当综合考虑各方面因素决定刑罚，判处死刑立即执行应当慎重。

具有下列情形之一的，可以判处被告人死刑：（1）具有毒品犯罪集团首要分子、武装掩护毒品犯罪、暴力抗拒检查、拘留或者逮捕，参与有组织的国际贩毒活动等严重情节的；（2）毒品数量达到实际掌握的死刑数量标准，并具有毒品再犯、累犯，利用、教唆未成年人走私、贩卖、运输、制造毒品，或者向未成年人出售毒品等法定从重处罚情节的；（3）毒品数量达到实际掌握的死刑数量标准，并具有多次走私、贩卖、运输、制造毒品，向多人贩毒，在毒品犯罪中诱使、容留多人吸毒，在戒毒监管场所贩毒，国家工作人员利用职务便利实施毒品犯罪，或者职业犯、惯犯、主犯等情节的；（4）毒品数量达到实际掌握的死刑数量标准，并具有其他从重处罚情节的；（5）毒品数量超过实际掌握的死刑数量标准，且没有法定、酌定从轻处罚情节的。

毒品数量达到实际掌握的死刑数量标准，具有下列情形之一的，可以不判处被告人死刑立即执行：（1）具有自首、立功等法定从宽处罚情节的；（2）已查获的毒品数量未达到实际掌握的死刑数量标准，到案后坦白尚未被司法机关掌握的其他毒品犯罪，累计数量超过实际掌握的死刑数量标准的；（3）经鉴定毒品含量极低，掺假之后的数量才达到实际掌握的死刑数量标准的，或者有证据表明可能大量掺假但因故不能鉴定的；（4）因特情引诱毒品数量才达到实际掌握的死刑数量标准的；（5）以贩养吸的被告人，被查获的毒品数量刚达到实际掌握的死刑数量标准的；（6）毒品数量刚达到实际掌握的死刑数量标准，确属初次犯罪即被查获，未造成严重危害后果的；（7）共同犯罪毒品数量刚达到实际掌握的死刑数量标准，但各共同犯罪人作用相当,或者责任大小难以区分的;(8)家庭成员共同实施毒品犯罪,其中起主要作用的被告人已被判处死刑立即执行,其他被告人罪行相对较轻的;(9)其他不是必须判处死刑立即执行的。

有些毒品犯罪案件,往往由于毒品、毒资等证据已不存在,导致审查证据和认定事实困难。在处理这类案件时,只有被告人的口供与同案其他被告人供述吻合,并且完全排除诱供、逼供、串供等情形,被告人的口供与同案被告人的供述才可以作为定案的证据。仅有被告人口供与同案被告人供述作为定案证据的,对被告人判处死刑立即执行要特别慎重。

三、运输毒品罪的刑罚适用问题

对于运输毒品犯罪,要注意重点打击指使、雇佣他人运输毒品的犯罪分子和接应、接货的毒品所有者、买家或者卖家。对于运输毒品犯罪集团首要分子,组织、指使、雇佣他人运输毒品的主犯或者毒枭、职业毒犯、毒品再犯,以及具有武装掩护、暴力抗拒检查、拘留或者逮捕、参与有组织的国际毒品犯罪、以运输毒品为业、多次运输毒品或者其他严重情节的,应当按照刑法、有关司法解释和司法实践实际掌握的数量标准,从严惩处,依法应判处死刑的必须坚决判处死刑。

毒品犯罪中,单纯的运输毒品行为具有从属性、辅助性特点,且情况复杂多样。部分涉案人员系受指使、雇佣的贫民、边民或者无业人员,只是为了赚取少量运费而为他人运输毒品,他们不是毒品的所有者、买家或者卖家,与幕后的组织、指使、雇佣者相比,在整个毒品犯罪环节中处于从属、辅助和被支配地位,所起作用和主观恶性相对较小,社会危害性也相对较小。因此,对于运输毒品犯罪中的这部分人员,在量刑标准的把握上,应当与走私、贩卖、制造毒品和前述具有严重情节的运输毒品犯罪分子有所区别,不应单纯以涉案毒品数量的大小决定刑罚适用的轻重。

对有证据证明被告人确属受人指使、雇佣参与运输毒品犯罪,又系初犯、偶犯的,可以从轻处罚,即使毒品数量超过实际掌握的死刑数量标准,也可以不判处死刑立即执行。

毒品数量超过实际掌握的死刑数量标准,不能证明被告人系受人指使、雇佣参与运输毒品犯罪的,可以依法判处重刑直至死刑。

涉嫌为贩卖而自行运输毒品,由于认定贩卖毒品的证据不足,因而认定为运输毒品罪的,不同于单纯的受指使为他人运输毒品行为,其量刑标准应当与单纯的运输毒品行为有所区别。

四、制造毒品的认定与处罚问题

鉴于毒品犯罪分子制造毒品的手段复杂多样、不断翻新，采用物理方法加工、配制毒品的情况大量出现，有必要进一步准确界定制造毒品的行为、方法。制造毒品不仅包括非法用毒品原植物直接提炼和用化学方法加工、配制毒品的行为，也包括以改变毒品成分和效用为目的，用混合等物理方法加工、配制毒品的行为，如将甲基苯丙胺或者其他苯丙胺类毒品与其他毒品混合成麻古或者摇头丸。为便于隐蔽运输、销售、使用、欺骗购买者，或者为了增重，对毒品掺杂使假，添加或者去除其他非毒品物质，不属于制造毒品的行为。

已经制成毒品，达到实际掌握的死刑数量标准的，可以判处死刑；数量特别巨大的，应当判处死刑。已经制造出粗制毒品或者半成品的，以制造毒品罪的既遂论处。购进制造毒品的设备和原材料，开始着手制造毒品，但尚未制造出粗制毒品或者半成品的，以制造毒品罪的未遂论处。

五、毒品含量鉴定和混合型、新类型毒品案件处理问题

鉴于大量掺假毒品和成分复杂的新类型毒品不断出现，为做到罪刑相当、罚当其罪，保证毒品案件的审判质量，并考虑目前毒品鉴定的条件和现状，对可能判处被告人死刑的毒品犯罪案件，应当根据最高人民法院、最高人民检察院、公安部2007年12月颁布的《办理毒品犯罪案件适用法律若干问题的意见》，作出毒品含量鉴定；对涉案毒品可能大量掺假或者系成分复杂的新类型毒品的，亦应当作出毒品含量鉴定。

对于含有二种以上毒品成分的毒品混合物，应进一步作成分鉴定，确定所含的不同毒品成分及比例。对于毒品中含有海洛因、甲基苯丙胺的，应以海洛因、甲基苯丙胺分别确定其毒品种类；不含海洛因、甲基苯丙胺的，应以其中毒性较大的毒品成分确定其毒品种类；如果毒性相当或者难以确定毒性大小的，以其中比例较大的毒品成分确定其毒品种类，并在量刑时综合考虑其他毒品成分、含量和全案所涉毒品数量。对于刑法、司法解释等已规定了量刑数量标准的毒品，按照刑法、司法解释等规定适用刑罚；对于刑法、司法解释等没有规定量刑数量标准的毒

品,有条件折算为海洛因的,参照国家食品药品监督管理局制定的《非法药物折算表》,折算成海洛因的数量后适用刑罚。

对于国家管制的精神药品和麻醉药品,刑法、司法解释等尚未明确规定量刑数量标准,也不具备折算条件的,应由有关专业部门确定涉案毒品毒效的大小、有毒成分的多少、吸毒者对该毒品的依赖程度,综合考虑其致瘾癖性、戒断性、社会危害性等依法量刑。因条件限制不能确定的,可以参考涉案毒品非法交易的价格因素等,决定对被告人适用的刑罚,但一般不宜判处死刑立即执行。

六、特情介入案件的处理问题

运用特情侦破毒品案件,是依法打击毒品犯罪的有效手段。对特情介入侦破的毒品案件,要区别不同情形予以分别处理。

对已持有毒品待售或者有证据证明已准备实施大宗毒品犯罪者,采取特情贴靠、接洽而破获的案件,不存在犯罪引诱,应当依法处理。

行为人本没有实施毒品犯罪的主观意图,而是在特情诱惑和促成下形成犯意,进而实施毒品犯罪的,属于"犯意引诱"。对因"犯意引诱"实施毒品犯罪的被告人,根据罪刑相适应原则,应当依法从轻处罚,无论涉案毒品数量多大,都不应判处死刑立即执行。行为人在特情既为其安排上线,又提供下线的双重引诱,即"双套引诱"下实施毒品犯罪的,处刑时可予以更大幅度的从宽处罚或者依法免予刑事处罚。

行为人本来只有实施数量较小的毒品犯罪的故意,在特情引诱下实施了数量较大甚至达到实际掌握的死刑数量标准的毒品犯罪的,属于"数量引诱"。对因"数量引诱"实施毒品犯罪的被告人,应当依法从轻处罚,即使毒品数量超过实际掌握的死刑数量标准,一般也不判处死刑立即执行。

对不能排除"犯意引诱"和"数量引诱"的案件,在考虑是否对被告人判处死刑立即执行时,要留有余地。

对被告人受特情间接引诱实施毒品犯罪的,参照上述原则依法处理。

七、毒品案件的立功问题

共同犯罪中同案犯的基本情况,包括同案犯姓名、住址、体貌特征、联络方式等信息，属于被告人应当供述的范围。公安机关根据被告人供述抓获同案犯的，不应认定其有立功表现。被告人在公安机关抓获同案犯过程中确实起到协助作用的，例如，经被告人现场指认、辨认抓获了同案犯；被告人带领公安人员抓获了同案犯；被告人提供了不为有关机关掌握或者有关机关按照正常工作程序无法掌握的同案犯藏匿的线索，有关机关据此抓获了同案犯；被告人交代了与同案犯的联系方式，又按要求与对方联络，积极协助公安机关抓获了同案犯等，属于协助司法机关抓获同案犯，应认定为立功。

关于立功从宽处罚的把握，应以功是否足以抵罪为标准。在毒品共同犯罪案件中，毒枭、毒品犯罪集团首要分子、共同犯罪的主犯、职业毒犯、毒品惯犯等，由于掌握同案犯、从犯、马仔的犯罪情况和个人信息，被抓获后往往能协助抓捕同案犯，获得立功或者重大立功。对其是否从宽处罚以及从宽幅度的大小，应当主要看功是否足以抵罪，即应结合被告人罪行的严重程度、立功大小综合考虑。要充分注意毒品共同犯罪人以及上、下家之间的量刑平衡。对于毒枭等严重毒品犯罪分子立功的，从轻或者减轻处罚应当从严掌握。如果其罪行极其严重，只有一般立功表现，功不足以抵罪的，可不予从轻处罚；如果其检举、揭发的是其他犯罪案件中罪行同样严重的犯罪分子，或者协助抓获的是同案中的其他首要分子、主犯，功足以抵罪的，原则上可以从轻或者减轻处罚；如果协助抓获的只是同案中的从犯或者马仔，功不足以抵罪，或者从轻处罚后全案处刑明显失衡的，不予从轻处罚。相反，对于从犯、马仔立功，特别是协助抓获毒枭、首要分子、主犯的，应当从轻处罚，直至依法减轻或者免除处罚。

被告人亲属为了使被告人得到从轻处罚，检举、揭发他人犯罪或者协助司法机关抓捕其他犯罪人的，不能视为被告人立功。同监犯将本人或者他人尚未被司法机关掌握的犯罪事实告知被告人，由被告人检举揭发的，如经查证属实，虽可认定被告人立功，但是否从宽处罚、从宽幅度大小，应与通常的立功有所区别。通过非法手段或者非法途径获取他人犯罪信息，如从国家工作人员处贿买他人犯罪信息，通过律师、看守人员等非法途径获取他人犯罪信息，由被告人检举揭发的，不能认定为立功，也不能作为酌情从轻处罚情节。

八、毒品再犯问题

根据刑法第三百五十六条规定，只要因走私、贩卖、运输、制造、非法持有毒品罪被判过刑，不论是在刑罚执行完毕后，还是在缓刑、假释或者暂予监外执行期间，又犯刑法分则第六章第七节规定的犯罪的，都是毒品再犯，应当从重处罚。

因走私、贩卖、运输、制造、非法持有毒品罪被判刑的犯罪分子，在缓刑、假释或者暂予监外执行期间又犯刑法分则第六章第七节规定的犯罪的，应当在对其所犯新的毒品犯罪适用刑法第三百五十六条从重处罚的规定确定刑罚后，再依法数罪并罚。

对同时构成累犯和毒品再犯的被告人，应当同时引用刑法关于累犯和毒品再犯的条款从重处罚。

九、毒品案件的共同犯罪问题

毒品犯罪中，部分共同犯罪人未到案，如现有证据能够认定已到案被告人为共同犯罪，或者能够认定为主犯或者从犯的，应当依法认定。没有实施毒品犯罪的共同故意，仅在客观上为相互关联的毒品犯罪上下家，不构成共同犯罪，但为了诉讼便利可并案审理。审理毒品共同犯罪案件应当注意以下几个方面的问题：

一是要正确区分主犯和从犯。区分主犯和从犯，应当以各共同犯罪人在毒品共同犯罪中的地位和作用为根据。要从犯意提起、具体行为分工、出资和实际分得毒赃多少以及共犯之间相互关系等方面，比较各个共同犯罪人在共同犯罪中的地位和作用。在毒品共同犯罪中，为主出资者、毒品所有者或者起意、策划、纠集、组织、雇佣、指使他人参与犯罪以及其他起主要作用的是主犯；起次要或者辅助作用的是从犯。受雇佣、受指使实施毒品犯罪的，应根据其在犯罪中实际发挥的作用具体认定为主犯或者从犯。对于确有证据证明在共同犯罪中起次要或者辅助作用的，不能因为其他共同犯罪人未到案而不认定为从犯，甚至将其认定为主犯或者按主犯处罚。只要认定为从犯，无论主犯是否到案，均应依照刑法关于从犯的规定从轻、减轻或者免除处罚。

二是要正确认定共同犯罪案件中主犯和从犯的毒品犯罪数量。对于毒品犯罪集团的首要分子，应按集团毒品犯罪的总数量处罚；对一般共同犯罪的主犯，应按其所参与的或者组织、指挥的毒品犯罪数量处罚；对于从犯，应当按照其所参与的毒品犯罪的数量处罚。

三是要根据行为人在共同犯罪中的作用和罪责大小确定刑罚。不同案件不能简单类比，一个案件的从犯参与犯罪的毒品数量可能比另一案件的主犯参与犯罪的毒品数量大，但对这一案件从犯的处罚不是必然重于另一案件的主犯。共同犯罪中能分清主从犯的，不能因为涉案的毒品数量特别巨大，就不分主从犯而一律将被告人认定为主犯或者实际上都按主犯处罚，一律判处重刑甚至死刑。对于共同犯罪中有多个主犯或者共同犯罪人的，处罚上也应做到区别对待。应当全面考察各主犯或者共同犯罪人在共同犯罪中实际发挥作用的差别，主观恶性和人身危险性方面的差异，对罪责或者人身危险性更大的主犯或者共同犯罪人依法判处更重的刑罚。

十、主观明知的认定问题

毒品犯罪中，判断被告人对涉案毒品是否明知，不能仅凭被告人供述，而应当依据被告人实施毒品犯罪行为的过程、方式、毒品被查获时的情形等证据，结合被告人的年龄、阅历、智力等情况，进行综合分析判断。

具有下列情形之一，被告人不能做出合理解释的，可以认定其"明知"是毒品，但有证据证明确属被蒙骗的除外：（1）执法人员在口岸、机场、车站、港口和其他检查站点检查时，要求行为人申报为他人携带的物品和其他疑似毒品物，并告知其法律责任，而行为人未如实申报，在其携带的物品中查获毒品的；（2）以伪报、藏匿、伪装等蒙蔽手段，逃避海关、边防等检查，在其携带、运输、邮寄的物品中查获毒品的；（3）执法人员检查时，有逃跑、丢弃携带物品或者逃避、抗拒检查等行为，在其携带或者丢弃的物品中查获毒品的；（4）体内或者贴身隐秘处藏匿毒品的；（5）为获取不同寻常的高额、不等值报酬为他人携带、运输物品，从中查获毒品的；（6）采用高度隐蔽的方式携带、运输物品，从中查获毒品的；（7）采用高度隐蔽的方式交接物品，明显违背合法物品惯常交接方式，从中查获毒品的；（8）行程路线故意绕开检查站点，在其携带、运输的物品中查获毒品的；（9）以虚假身份或者地址办理托运手续，在其托运的物品中查获毒品的；（10）有其他证据足以认定行为人应当知道的。

十一、毒品案件的管辖问题

毒品犯罪的地域管辖，应当依照刑事诉讼法的有关规定，实行以犯罪地管辖为主、被告人居住地管辖为辅的原则。考虑到毒品犯罪的特殊性和毒品犯罪侦查体制,"犯罪地"不仅可以包括犯罪预谋地、毒资筹集地、交易进行地、运输途经地以及毒品生产地,也包括毒资、毒赃和毒品藏匿地、转移地、走私或者贩运毒品目的地等。"被告人居住地",不仅包括被告人常住地和户籍所在地,也包括其临时居住地。

对于已进入审判程序的案件,被告人及其辩护人提出管辖异议,经审查异议成立的,或者受案法院发现没有管辖权,而案件由本院管辖更适宜的,受案法院应当报请与有管辖权的法院共同的上级法院依法指定本院管辖。

十二、特定人员参与毒品犯罪问题

近年来,一些毒品犯罪分子为了逃避打击,雇佣孕妇、哺乳期妇女、急性传染病人、残疾人或者未成年人等特定人员进行毒品犯罪活动,成为影响我国禁毒工作成效的突出问题。对利用、教唆特定人员进行毒品犯罪活动的组织、策划、指挥和教唆者,要依法严厉打击,该判处重刑直至死刑的,坚决依法判处重刑直至死刑。对于被利用、被诱骗参与毒品犯罪的特定人员,可以从宽处理。

要积极与检察机关、公安机关沟通协调,妥善解决涉及特定人员的案件管辖、强制措施、刑罚执行等问题。对因特殊情况依法不予羁押的,可以依法采取取保候审、监视居住等强制措施,并根据被告人具体情况和案情变化及时变更强制措施;对于被判处有期徒刑或者拘役的罪犯,符合刑事诉讼法第二百一十四条规定情形的,可以暂予监外执行。

十三、毒品案件财产刑的适用和执行问题

刑法对毒品犯罪规定了并处罚金或者没收财产刑,司法实践中应当依法充分适用。不仅要依法追缴被告人的违法所得及其收益,还要严格依法判处被告人罚金刑或者没收财产刑,不能因为被告人没有财产,或者其财产难以查清、难以分割或者难以执行,就不依法判处财产刑。

要采取有力措施,加大财产刑执行力度。要加强与公安机关、检察机关的协作,对毒品犯罪分子来源不明的巨额财产,依法及时采取查封、扣押、冻结等措施,防止犯罪分子及其亲属转移、隐匿、变卖或者洗钱,逃避依法追缴。要加强不同地区法院之间的相互协作配合。毒品犯罪分子的财产在异地的,第一审人民法院可

以委托财产所在地人民法院代为执行。要落实和运用有关国际禁毒公约规定,充分利用国际刑警组织等渠道,最大限度地做好境外追赃工作。

《全国法院审理毒品犯罪案件工作座谈会纪要》(南宁会议纪要)

(2000年4月4日)

> 最高人民法院关于印发《全国法院审理
> 毒品犯罪案件工作座谈会纪要》的通知
>
> 法〔2000〕42号
>
> 各省、自治区、直辖市高级人民法院,解放军军事法院,新疆维吾尔自治区高级人民法院生产建设兵团分院;全国地方各中级人民法院,各大单位军事法院,新疆生产建设兵团各中级法院:
>
> 现将全国法院审理毒品犯罪案件工作座谈会纪要印发,望认真贯彻执行。
>
> 最高人民法院
>
> 二〇〇〇年四月四日

为了贯彻落实全国禁毒工作会议精神,总结交流毒品犯罪案审判工作经验,最高人民法院于2000年1月5日至7日在广西壮族自治区南宁市召开了全国法院审理毒品犯罪案件工作座谈会。出席会议的有各省、自治区、直辖市高级人民法院主管刑事审判工作的副院长、刑事审判庭庭长,解放军军事法院和新疆维吾尔自治区高级人民法院生产建设兵团分院也派代表参加了会议。最高人民法院副院长刘家琛在座谈会上作了重要讲话。

会议总结交流了近年来各地法院审理毒品犯罪案件的经验,分析了当前我国毒品犯罪的严峻形势，研究探讨了审理毒品犯罪案件中遇到的问题，对人民法院依法严厉打击毒品犯罪活动，正确适用法律审理毒品犯罪案件提出了具体意见。现纪要如下：

一

近年来，人民法院始终把打击毒品犯罪作为刑事审判工作的一项重要任务，坚持"严打"方针，依法从重从严惩处了一大批毒品犯罪分子，为国家禁毒事业作出了重要贡献。但是，由于日趋严重的国际毒品犯罪对我国的渗透。加之国内贩毒分子在暴利驱动下疯狂实施毒品犯罪，使得我国由前些年的毒品过境国成为当前的毒品过境与消费并存的受害国。因此，当前和今后一个时期内我国的禁毒形势十分严峻。会议认为，人民法院作为审判机关，在禁毒斗争中担负着非常重要的任务，一定要从中华民族的兴衰存亡和国家长治久安的高度，深刻认识依法严厉打击毒品犯罪的必要性和紧迫性。要认真贯彻落实1999年国家禁毒委员会在包头市召开的全国禁毒工作会议精神，充分运用刑法武器严厉打击毒品犯罪。对毒枭、职业毒犯、累犯、惯犯、再犯等主观恶性大、危害严重以及那些具有将毒品走私入境，多次、大量贩出，向多人贩出，诱使多人吸毒，武装押运毒品，暴力拒捕等情节的毒品犯罪分子，要重点打击。对依法应当判处死刑的，必须坚决判处死刑，狠狠打击毒品犯罪分子的嚣张气焰，始终保持对毒品犯罪严打的高压态势，以有效遏制毒品犯罪发展蔓延的势头。

为有效打击毒品犯罪，强化对毒品犯罪的综合治理，在坚持从严惩处毒品犯罪的同时，处理具体毒品犯罪案件，还应注意以下几个方面的问题：一是要严格依法办案。无论实体上还是程序上，无论从重处罚还是从轻处罚，都要严格遵守法律的规定。特别是对可能判处死刑的案件，必须严格执行法律的规定和党的死刑政策，一定要把死刑案件办成铁案。二是要坚持惩办与宽大相结合的刑事政策。对于具有法定从轻、减轻处罚情节的犯罪，应当依法从宽处理，以达到分化瓦解犯罪分子和更加有效地遏制毒品犯罪的目的。三是要积极参与禁毒综合治理工作。禁毒是一项复杂的系统工程，人民法院要通过专项斗争、公开审判、法制宣传教育等多种有效的方式，积极参加禁毒的综合治理工作。

二

会议认为，80年代以来，人民法院审理了大批毒品犯罪案件，积累了宝贵的审判经验，对进一步做好今后的毒品犯罪案件的审判工作具有重要意义。与会代表通过认真的讨论和研究，对近年来在毒品犯罪案件审判工作中遇到的一些适用法律问题取得了共识。

（一）关于毒品犯罪案件的定罪问题

刑法第三百四十七条规定的"走私、贩卖、运输、制造毒品罪"是选择性罪名，虽然司法解释曾对如何适用这一罪名有过规定，但各地执行上仍有较大差异。在新的司法解释出台前，认定以上犯罪，原则上仍应按照最高人民法院《关于适用〈全国人民代表大会常务委员会关于禁毒的决定〉的若干问题的解释》确定罪名。对行为人对同一宗毒品实施了两种以上犯罪行为并有相应确凿证据的，应当按照所实施的犯罪行为的性质并列确定罪名。罪名不以行为实施的先后、危害后果的大小排列，一律以刑法条文规定的顺序表述，如对同一宗毒品，既制造又走私的则以"走私、制造毒品罪"定罪，但不实行并罚。如一审法院根据主要犯罪行为确定罪名的，二审法院可不再变动。对不同宗毒品分别实施了不同种犯罪行为的，应对不同行为并列确定罪名，累计计算毒品数量，也不实行数罪并罚。

非法持有毒品达到刑法第三百四十八条规定的构成犯罪的数量标准，没有证据证明实施了走私、贩卖、运输、制造毒品等犯罪行为的，以非法持有毒品罪定罪。

对于吸毒者实施的毒品犯罪，在认定犯罪事实和确定罪名上一定要慎重。吸毒者在购买、运输、存储毒品过程中被抓获的，如没有证据证明被告人实施了其他毒品犯罪行为的，一般不应定罪处罚，但查获的毒品数量大的，应当以非法持有毒品罪定罪；毒品数量未超过刑法第三百四十八条规定数量最低标准的，不定罪处罚。对于以贩养吸的被告人，被查获的毒品数量应认定为其犯罪的数量，但量刑时应考虑被告人吸食毒品的情节。

有证据证明行为人不是以营利为目的，为他人代买仅用于吸食的毒品，毒品数量超过刑法第三百四十八条规定数量最低标准，构成犯罪的，托购者、代购者均构成非法持有毒品罪。

（二）关于毒品案件的共同犯罪问题

毒品共同犯罪是指二人以上共同故意实施走私、贩卖、运输、制造毒品等犯罪行为。共同犯罪不应以案发后其他共同犯罪人是否到案为条件。仅在客观上相互关联的毒品犯罪行为，如买卖毒品的双方，不一定构成共犯，但为了诉讼便利可并案审理。审理毒品共同犯罪案件应当注意以下几个方面的问题：

一是要正确区分主犯和从犯。在共同犯罪中起意贩毒、为主出资、毒品所有者以及其他起主要作用的是主犯；在共同犯罪中起次要或者辅助作用的是从犯。对于确有证据证明在共同犯罪中起次要或者辅助作用的，不能因为其他共同犯罪人未归案而不认定为从犯，甚至将其认定为主犯或按主犯处罚。只要认定了从犯，无论主犯是否到案，均应依照并援引刑法关于从犯的规定从轻、减轻或者免除处罚。

二是要正确认定共同犯罪案件中主犯和从犯的毒品犯罪数量。对于毒品犯罪集团的首要分子，应按集团毒品犯罪的总数量处罚；对一般共同犯罪的主犯，应当按其组织、指挥的毒品犯罪数量处罚；对于从犯，应当按其个人直接参与实施的毒品犯罪数量处罚。

三是要根据行为人在共同犯罪中作用和罪责的大小确定刑罚。不同案件不能简单地类比，这一案件的从犯参与毒品犯罪的数量可能比另一案件的主犯参与毒品犯罪的数量大，但对这一案件从犯的处罚不是必然重于另一案件的主犯。共同犯罪中能分清主从犯的，不能因为涉案的毒品数量特别巨大，就一律将被告人认定为主犯并判处重刑甚至死刑。受雇于他人实施毒品犯罪的，应根据其在犯罪中的作用具体认定为主犯或从犯。受他人指使实施毒品犯罪并在犯罪中起次要作用的，一般应认定为从犯。

（三）关于毒品案件中特情引诱犯罪问题

运用特情侦破案件是有效打击毒品犯罪的手段。在审判实践中应当注意的是，有时存在被使用的特情未严格遵守有关规定，在介入侦破案件中有对他人进行实施毒品犯罪的犯意引诱和数量引诱的情况。"犯意引诱"是指行为人本没有实施毒品犯罪的主观意图，而是在特情诱惑和促成下形成犯意，进而实施毒品犯罪。对具有这种情况的被告人，应当从轻处罚，无论毒品犯罪数量多大，都不应判处死刑立即执行。"数量引诱"是指行为人本来只有实施数量较小的毒品犯罪的故意，在特情引诱下实施了数量较大甚至达到可判处死刑数量的毒品犯罪。对具有此种情况的被告人，应当从轻处罚，即使超过判处死刑的毒品数量标准，一般也不应判处死刑立即执行。

对于特情在使用中是否严格遵守有关规定情况不明的案件，应主动同公安缉毒部门联系，了解有关情况。对无法查清是否存在犯意引诱和数量引诱的案件，在考虑是否对被告人判处死刑立即执行时，要留有余地。

被告人受特情间接引诱而实施毒品犯罪的，参照上述规定处理。

对于特情提供的情况，必须经过查证属实，符合刑事诉讼法和司法解释规定的证据条件的，才能作为证据使用。

因特情介入，其犯罪行为一般都在公安机关的控制之下，毒品一般也不易流入社会，其社会危害程度大大减轻，这在量刑时，应当加以考虑。

（四）关于审理毒品案件与量刑有关的几个具体问题

关于毒品犯罪的数量。毒品犯罪数量对毒品犯罪的定罪，特别是量刑具有重要作用。但毒品数量只是依法惩处毒品犯罪的一个重要情节而不是全部情节。因此，执行量刑的数量标准不能简单化。特别是对被告人可能判处死刑的案件，确定刑罚必须综合考虑被告人的犯罪情节、危害后果、主观恶性等多种因素。对于毒品数量刚刚达到实际掌握判处死刑的标准，但纵观全案，危害后果不是特别严重，或者被告人的主观恶性不是特别大，或者具有可酌情从轻处罚等情节的，可不判处死刑立即执行。对于被告人被公安机关查获的毒品数量不够判处死刑的标准，但加上坦白交待的毒品数量，超过了判处死刑的数量标准的，一般应予从轻处罚，可不判处死刑立即执行。

关于毒品含量。根据刑法的规定，对于毒品的数量不以纯度折算。但对于查获的毒品有证据证明大量掺假，经鉴定查明毒品含量极少，确有大量掺假成分的，在处刑时应酌情考虑。特别是掺假之后毒品的数量才达到判处死刑的标准的，对被告人可不判处死刑立即执行。为掩护运输而将毒品融入其他物品中，不应将其他物品计入毒品的数量。

关于国家管制的刑法未明确规定数量标准的精神药品和麻醉药品的量刑数量标准。在有关司法解释出台前，审理这类案件时，应由有关专业部门确定涉案毒品的毒效、有毒成分的大小和多少、吸毒者对该毒品的依赖程度。因条件限制不能确定的,可以参考相关毒品非法交易的价格等因素,决定对被告人适用的刑罚,判处死刑的应当慎重掌握。

关于同时构成再犯和累犯的被告人适用法律和量刑的问题。对依法同时构成再犯和累犯的被告人,今后一律适用刑法第三百五十六条规定的再犯条款从重处罚,不再援引刑法关于累犯的条款。

关于正确适用没收财产和罚金刑问题。刑法对多数毒品犯罪都规定了财产刑。司法实践中,应当严格依照法律的规定,注重从经济上制裁犯罪分子。除对被告人的违法所得应当依法予以追缴外,还要严格依法判处被告人罚金刑和没收财产刑。不能因为被告人没有财产,或者其财产难以查清、难以分割或难以执行,就不判处财产刑。

关于认定被告人协助公安机关抓获同案犯构成立功的问题。认定被告人是否构成该项立功,应当根据被告人在公安机关抓获同案犯中是否确实起到了协助作用。如经被告人当场指认、辨认抓获了同案犯;带领公安人员抓获了同案犯;被告人提供了不为有关机关掌握或者有关机关按照正常工作程序无法掌握的同案犯藏匿的线索,抓获了同案犯等情况,均属于协助司法机关抓获同案犯,应认定为立功。

(五)关于毒品犯罪案件中有关证据的认定问题

有些毒品犯罪案件,往往由于毒品、毒资等证据已不存在,或者被告人翻供,导致审查证据和认定事实困难。在处理这类案件时,仅凭被告人口供依法不能定案。只有当被告人的口供与同案其他被告人供述吻合,并且完全排除诱供、逼供、串供等情形,被告人的口供与同案被告人的供述才可以作为定案的证据。对仅有口供作为定案证据的,对其判处死刑立即执行要特别慎重。

(六)关于盗窃、抢劫毒品犯罪的定性问题

盗窃、抢劫毒品的,应当分别以盗窃罪或者抢劫罪定罪。认定盗窃犯罪数额,可以参考当地毒品非法交易的价格。认定抢劫罪的数额,即是抢劫毒品的实际数量。盗窃、抢劫毒品后又实施其他毒品犯罪的,则以盗窃罪、抢劫罪与实施的具体毒品犯罪,依法实行数罪并罚。

最高人民法院《关于适用〈中华人民共和国刑事诉讼法〉的解释》(节录)

（2013年1月1日）

法释〔2012〕21号

（2012年11月5日由最高人民法院审判委员会第1559次会议通过，现予公布，自2013年1月1日起施行）

第四章 证 据
第一节 一般规定

第六十一条 认定案件事实，必须以证据为根据。

第六十二条 审判人员应当依照法定程序收集、审查、核实、认定证据。

第六十三条 证据未经当庭出示、辨认、质证等法庭调查程序查证属实，不得作为定案的根据，但法律和本解释另有规定的除外。

第六十四条 应当运用证据证明的案件事实包括：
（一）被告人、被害人的身份；
（二）被指控的犯罪是否存在；
（三）被指控的犯罪是否为被告人所实施；

（四）被告人有无刑事责任能力，有无罪过，实施犯罪的动机、目的；

（五）实施犯罪的时间、地点、手段、后果以及案件起因等；

（六）被告人在共同犯罪中的地位、作用；

（七）被告人有无从重、从轻、减轻、免除处罚情节；

（八）有关附带民事诉讼、涉案财物处理的事实；

（九）有关管辖、回避、延期审理等的程序事实；

（十）与定罪量刑有关的其他事实。

认定被告人有罪和对被告人从重处罚，应当适用证据确实、充分的证明标准。

第六十五条 行政机关在行政执法和查办案件过程中收集的物证、书证、视听资料、电子数据等证据材料，在刑事诉讼中可以作为证据使用；经法庭查证属实，且收集程序符合有关法律、行政法规规定的，可以作为定案的根据。

根据法律、行政法规规定行使国家行政管理职权的组织，在行政执法和查办案件过程中收集的证据材料，视为行政机关收集的证据材料。

第六十六条 人民法院依照刑事诉讼法第一百九十一条的规定调查核实证据，必要时，可以通知检察人员、辩护人、自诉人及其法定代理人到场。上述人员未到场的，应当记录在案。

人民法院调查核实证据时，发现对定罪量刑有重大影响的新的证据材料的，应当告知检察人员、辩护人、自诉人及其法定代理人。必要时，也可以直接提取，并及时通知检察人员、辩护人、自诉人及其法定代理人查阅、摘抄、复制。

第六十七条 下列人员不得担任刑事诉讼活动的见证人：

（一）生理上、精神上有缺陷或者年幼，不具有相应辨别能力或者不能正确表达的人；

（二）与案件有利害关系，可能影响案件公正处理的人；

（三）行使勘验、检查、搜查、扣押等刑事诉讼职权的公安、司法机关的工作人员或者其聘用的人员。

由于客观原因无法由符合条件的人员担任见证人的，应当在笔录材料中注明情况，并对相关活动进行录像。

第六十八条 公开审理案件时,公诉人、诉讼参与人提出涉及国家秘密、商业秘密或者个人隐私的证据的,法庭应当制止。有关证据确与本案有关的,可以根据具体情况,决定将案件转为不公开审理,或者对相关证据的法庭调查不公开进行。

第二节 物证、书证的审查与认定

第六十九条 对物证、书证应当着重审查以下内容:

(一)物证、书证是否为原物、原件,是否经过辨认、鉴定;物证的照片、录像、复制品或者书证的副本、复制件是否与原物、原件相符,是否由二人以上制作,有无制作人关于制作过程以及原物、原件存放于何处的文字说明和签名;

(二)物证、书证的收集程序、方式是否符合法律、有关规定;经勘验、检查、搜查提取、扣押的物证、书证,是否附有相关笔录、清单,笔录、清单是否经侦查人员、物品持有人、见证人签名,没有物品持有人签名的,是否注明原因;物品的名称、特征、数量、质量等是否注明清楚;

(三)物证、书证在收集、保管、鉴定过程中是否受损或者改变;

(四)物证、书证与案件事实有无关联;对现场遗留与犯罪有关的具备鉴定条件的血迹、体液、毛发、指纹等生物样本、痕迹、物品,是否已作DNA鉴定、指纹鉴定等,并与被告人或者被害人的相应生物检材、生物特征、物品等比对;

(五)与案件事实有关联的物证、书证是否全面收集。

第七十条 据以定案的物证应当是原物。原物不便搬运,不易保存,依法应当由有关部门保管、处理,或者依法应当返还的,可以拍摄、制作足以反映原物外形和特征的照片、录像、复制品。

物证的照片、录像、复制品,不能反映原物的外形和特征的,不得作为定案的根据。

物证的照片、录像、复制品,经与原物核对无误、经鉴定为真实或者以其他方式确认为真实的,可以作为定案的根据。

第七十一条 据以定案的书证应当是原件。取得原件确有困难的,可以使用副本、复制件。

书证有更改或者更改迹象不能作出合理解释,或者书证的副本、复制件不能反映原件及其内容的,不得作为定案的根据。

书证的副本、复制件,经与原件核对无误、经鉴定为真实或者以其他方式确认为真实的,可以作为定案的根据。

第七十二条 对与案件事实可能有关联的血迹、体液、毛发、人体组织、指纹、足迹、字迹等生物样本、痕迹和物品,应当提取而没有提取,应当检验而没有检验,导致案件事实存疑的,人民法院应当向人民检察院说明情况,由人民检察院依法补充收集、调取证据或者作出合理说明。

第七十三条 在勘验、检查、搜查过程中提取、扣押的物证、书证,未附笔录或者清单,不能证明物证、书证来源的,不得作为定案的根据。

物证、书证的收集程序、方式有下列瑕疵,经补正或者作出合理解释的,可以采用:

(一)勘验、检查、搜查、提取笔录或者扣押清单上没有侦查人员、物品持有人、见证人签名,或者对物品的名称、特征、数量、质量等注明不详的;

(二)物证的照片、录像、复制品,书证的副本、复制件未注明与原件核对无异,无复制时间,或者无被收集、调取人签名、盖章的;

(三)物证的照片、录像、复制品,书证的副本、复制件没有制作人关于制作过程和原物、原件存放地点的说明,或者说明中无签名的;

(四)有其他瑕疵的。

对物证、书证的来源、收集程序有疑问,不能作出合理解释的,该物证、书证不得作为定案的根据。

第三节 证人证言、被害人陈述的审查与认定

第七十四条 对证人证言应当着重审查以下内容:

(一)证言的内容是否为证人直接感知;

(二)证人作证时的年龄、认知、记忆和表达能力,生理和精神状态是否影响作证;

(三)证人与案件当事人、案件处理结果有无利害关系;

(四)询问证人是否个别进行;

(五)询问笔录的制作、修改是否符合法律、有关规定,是否注明询问的起止时间和地点,首次询问时是否告知证人有关作证的权利义务和法律责任,证人对询

问笔录是否核对确认；

（六）询问未成年证人时，是否通知其法定代理人或者有关人员到场，其法定代理人或者有关人员是否到场；

（七）证人证言有无以暴力、威胁等非法方法收集的情形；

（八）证言之间以及与其他证据之间能否相互印证，有无矛盾。

第七十五条　处于明显醉酒、中毒或者麻醉等状态，不能正常感知或者正确表达的证人所提供的证言，不得作为证据使用。

证人的猜测性、评论性、推断性的证言，不得作为证据使用，但根据一般生活经验判断符合事实的除外。

第七十六条　证人证言具有下列情形之一的，不得作为定案的根据：

（一）询问证人没有个别进行的；
（二）书面证言没有经证人核对确认的；
（三）询问聋、哑人，应当提供通晓聋、哑手势的人员而未提供的；
（四）询问不通晓当地通用语言、文字的证人，应当提供翻译人员而未提供的。

第七十七条　证人证言的收集程序、方式有下列瑕疵，经补正或者作出合理解释的，可以采用；不能补正或者作出合理解释的，不得作为定案的根据：

（一）询问笔录没有填写询问人、记录人、法定代理人姓名以及询问的起止时间、地点的；

（二）询问地点不符合规定的；
（三）询问笔录没有记录告知证人有关作证的权利义务和法律责任的；
（四）询问笔录反映出在同一时段，同一询问人员询问不同证人的。

第七十八条　证人当庭作出的证言，经控辩双方质证、法庭查证属实的，应当作为定案的根据。

证人当庭作出的证言与其庭前证言矛盾，证人能够作出合理解释，并有相关证据印证的，应当采信其庭审证言；不能作出合理解释，而其庭前证言有相关证据印证的，可以采信其庭前证言。

经人民法院通知，证人没有正当理由拒绝出庭或者出庭后拒绝作证，法庭对其证言的真实性无法确认的,该证人证言不得作为定案的根据。

第七十九条 对被害人陈述的审查与认定,参照适用本节的有关规定。

第四节 被告人供述和辩解的审查与认定

第八十条 对被告人供述和辩解应当着重审查以下内容:

(一)讯问的时间、地点,讯问人的身份、人数以及讯问方式等是否符合法律、有关规定;

(二)讯问笔录的制作、修改是否符合法律、有关规定,是否注明讯问的具体起止时间和地点,首次讯问时是否告知被告人相关权利和法律规定,被告人是否核对确认;

(三)讯问未成年被告人时,是否通知其法定代理人或者有关人员到场,其法定代理人或者有关人员是否到场;

(四)被告人的供述有无以刑讯逼供等非法方法收集的情形;

(五)被告人的供述是否前后一致,有无反复以及出现反复的原因;被告人的所有供述和辩解是否均已随案移送;

(六)被告人的辩解内容是否符合案情和常理,有无矛盾;

(七)被告人的供述和辩解与同案被告人的供述和辩解以及其他证据能否相互印证,有无矛盾。

必要时,可以调取讯问过程的录音录像、被告人进出看守所的健康检查记录、笔录,并结合录音录像、记录、笔录对上述内容进行审查。

第八十一条 被告人供述具有下列情形之一的,不得作为定案的根据:

(一)讯问笔录没有经被告人核对确认的;

(二)讯问聋、哑人,应当提供通晓聋、哑手势的人员而未提供的;

(三)讯问不通晓当地通用语言、文字的被告人,应当提供翻译人员而未提供的。

第八十二条 讯问笔录有下列瑕疵,经补正或者作出合理解释的,可以采用;不能补正或者作出合理解释的,不得作为定案的根据:

(一)讯问笔录填写的讯问时间、讯问人、记录人、法定代理人等有误或者存在矛盾的；

（二）讯问人没有签名的；

（三）首次讯问笔录没有记录告知被讯问人相关权利和法律规定的。

第八十三条 审查被告人供述和辩解，应当结合控辩双方提供的所有证据以及被告人的全部供述和辩解进行。

被告人庭审中翻供，但不能合理说明翻供原因或者其辩解与全案证据矛盾，而其庭前供述与其他证据相互印证的，可以采信其庭前供述。

被告人庭前供述和辩解存在反复，但庭审中供认，且与其他证据相互印证的，可以采信其庭审供述；被告人庭前供述和辩解存在反复，庭审中不供认，且无其他证据与庭前供述印证的，不得采信其庭前供述。

第五节 鉴定意见的审查与认定

第八十四条 对鉴定意见应当着重审查以下内容：

（一）鉴定机构和鉴定人是否具有法定资质；

（二）鉴定人是否存在应当回避的情形；

（三）检材的来源、取得、保管、送检是否符合法律、有关规定，与相关提取笔录、扣押物品清单等记载的内容是否相符，检材是否充足、可靠；

（四）鉴定意见的形式要件是否完备，是否注明提起鉴定的事由、鉴定委托人、鉴定机构、鉴定要求、鉴定过程、鉴定方法、鉴定日期等相关内容，是否由鉴定机构加盖司法鉴定专用章并由鉴定人签名、盖章；

（五）鉴定程序是否符合法律、有关规定；

（六）鉴定的过程和方法是否符合相关专业的规范要求；

（七）鉴定意见是否明确；

（八）鉴定意见与案件待证事实有无关联；

（九）鉴定意见与勘验、检查笔录及相关照片等其他证据是否矛盾；

（十）鉴定意见是否依法及时告知相关人员，当事人对鉴定意见有无异议。

第八十五条 鉴定意见具有下列情形之一的，不得作为定案的根据：

（一）鉴定机构不具备法定资质，或者鉴定事项超出该鉴定机构业务范围、技术条件的；

（二）鉴定人不具备法定资质，不具有相关专业技术或者职称，或者违反回避规定的；

（三）送检材料、样本来源不明，或者因污染不具备鉴定条件的；

（四）鉴定对象与送检材料、样本不一致的；

（五）鉴定程序违反规定的；

（六）鉴定过程和方法不符合相关专业的规范要求的；

（七）鉴定文书缺少签名、盖章的；

（八）鉴定意见与案件待证事实没有关联的；

（九）违反有关规定的其他情形。

第八十六条　经人民法院通知，鉴定人拒不出庭作证的，鉴定意见不得作为定案的根据。

鉴定人由于不能抗拒的原因或者有其他正当理由无法出庭的，人民法院可以根据情况决定延期审理或者重新鉴定。

对没有正当理由拒不出庭作证的鉴定人，人民法院应当通报司法行政机关或者有关部门。

第八十七条　对案件中的专门性问题需要鉴定，但没有法定司法鉴定机构，或者法律、司法解释规定可以进行检验的，可以指派、聘请有专门知识的人进行检验，检验报告可以作为定罪量刑的参考。

对检验报告的审查与认定，参照适用本节的有关规定。

经人民法院通知，检验人拒不出庭作证的，检验报告不得作为定罪量刑的参考。

第六节　勘验、检查、辨认、侦查实验等笔录的审查与认定

第八十八条　对勘验、检查笔录应当着重审查以下内容：

（一）勘验、检查是否依法进行，笔录的制作是否符合法律、有关规定，勘验、检查人员和见证人是否签名或者盖章；

（二）勘验、检查笔录是否记录了提起勘验、检查的事由，勘验、检查的时间、地

点,在场人员、现场方位、周围环境等,现场的物品、人身、尸体等的位置、特征等情况,以及勘验、检查、搜查的过程;文字记录与实物或者绘图、照片、录像是否相符;现场、物品、痕迹等是否伪造、有无破坏;人身特征、伤害情况、生理状态有无伪装或者变化等;

(三)补充进行勘验、检查的,是否说明了再次勘验、检查的原由,前后勘验、检查的情况是否矛盾。

第八十九条 勘验、检查笔录存在明显不符合法律、有关规定的情形,不能作出合理解释或者说明的,不得作为定案的根据。

第九十条 对辨认笔录应当着重审查辨认的过程、方法,以及辨认笔录的制作是否符合有关规定。

辨认笔录具有下列情形之一的,不得作为定案的根据:

(一)辨认不是在侦查人员主持下进行的;

(二)辨认前使辨认人见到辨认对象的;

(三)辨认活动没有个别进行的;

(四)辨认对象没有混杂在具有类似特征的其他对象中,或者供辨认的对象数量不符合规定的;

(五)辨认中给辨认人明显暗示或者明显有指认嫌疑的;

(六)违反有关规定、不能确定辨认笔录真实性的其他情形。

第九十一条 对侦查实验笔录应当着重审查实验的过程、方法,以及笔录的制作是否符合有关规定。

侦查实验的条件与事件发生时的条件有明显差异,或者存在影响实验结论科学性的其他情形的,侦查实验笔录不得作为定案的根据。

第七节 视听资料、电子数据的审查与认定

第九十二条 对视听资料应当着重审查以下内容:

(一)是否附有提取过程的说明,来源是否合法;

(二)是否为原件,有无复制及复制份数;是复制件的,是否附有无法调取原件

的原因、复制件制作过程和原件存放地点的说明,制作人、原视听资料持有人是否签名或者盖章;

(三)制作过程中是否存在威胁、引诱当事人等违反法律、有关规定的情形;

(四)是否写明制作人、持有人的身份,制作的时间、地点、条件和方法;

(五)内容和制作过程是否真实,有无剪辑、增加、删改等情形;

(六)内容与案件事实有无关联。

对视听资料有疑问的,应当进行鉴定。

第九十三条 对电子邮件、电子数据交换、网上聊天记录、博客、微博客、手机短信、电子签名、域名等电子数据,应当着重审查以下内容:

(一)是否随原始存储介质移送;在原始存储介质无法封存、不便移动或者依法应当由有关部门保管、处理、返还时,提取、复制电子数据是否由二人以上进行,是否足以保证电子数据的完整性,有无提取、复制过程及原始存储介质存放地点的文字说明和签名;

(二)收集程序、方式是否符合法律及有关技术规范;经勘验、检查、搜查等侦查活动收集的电子数据,是否附有笔录、清单,并经侦查人员、电子数据持有人、见证人签名;没有持有人签名的,是否注明原因;远程调取境外或者异地的电子数据的,是否注明相关情况;对电子数据的规格、类别、文件格式等注明是否清楚;

(三)电子数据内容是否真实,有无删除、修改、增加等情形;

(四)电子数据与案件事实有无关联;

(五)与案件事实有关联的电子数据是否全面收集。

对电子数据有疑问的,应当进行鉴定或者检验。

第九十四条 视听资料、电子数据具有下列情形之一的,不得作为定案的根据:

(一)经审查无法确定真伪的;

(二)制作、取得的时间、地点、方式等有疑问,不能提供必要证明或者作出合理解释的。

第八节 非法证据排除

第九十五条 使用肉刑或者变相肉刑,或者采用其他使被告人在肉体上或者精神上遭受剧烈疼痛或者痛苦的方法，迫使被告人违背意愿供述的，应当认定为刑事诉讼法第五十四条规定的"刑讯逼供等非法方法"。

认定刑事诉讼法第五十四条规定的"可能严重影响司法公正"，应当综合考虑收集物证、书证违反法定程序以及所造成后果的严重程度等情况。

第九十六条 当事人及其辩护人、诉讼代理人申请人民法院排除以非法方法收集的证据的，应当提供涉嫌非法取证的人员、时间、地点、方式、内容等相关线索或者材料。

第九十七条 人民法院向被告人及其辩护人送达起诉书副本时，应当告知其申请排除非法证据的，应当在开庭审理前提出，但在庭审期间才发现相关线索或者材料的除外。

第九十八条 开庭审理前，当事人及其辩护人、诉讼代理人申请人民法院排除非法证据的，人民法院应当在开庭前及时将申请书或者申请笔录及相关线索、材料的复制件送交人民检察院。

第九十九条 开庭审理前，当事人及其辩护人、诉讼代理人申请排除非法证据，人民法院经审查，对证据收集的合法性有疑问的，应当依照刑事诉讼法第一百八十二条第二款的规定召开庭前会议，就非法证据排除等问题了解情况，听取意见。人民检察院可以通过出示有关证据材料等方式，对证据收集的合法性加以说明。

第一百条 法庭审理过程中，当事人及其辩护人、诉讼代理人申请排除非法证据的，法庭应当进行审查。经审查，对证据收集的合法性有疑问的，应当进行调查；没有疑问的，应当当庭说明情况和理由，继续法庭审理。当事人及其辩护人、诉讼代理人以相同理由再次申请排除非法证据的，法庭不再进行审查。

对证据收集合法性的调查，根据具体情况，可以在当事人及其辩护人、诉讼代理人提出排除非法证据的申请后进行，也可以在法庭调查结束前一并进行。

法庭审理过程中，当事人及其辩护人、诉讼代理人申请排除非法证据，人民法院经审查，不符合本解释第九十七条规定的，应当在法庭调查结束前一并进行审查，并决定是否进行证据收集合法性的调查。

第一百零一条 法庭决定对证据收集的合法性进行调查的,可以由公诉人通过出示、宣读讯问笔录或者其他证据,有针对性地播放讯问过程的录音录像,提请法庭通知有关侦查人员或者其他人员出庭说明情况等方式,证明证据收集的合法性。

公诉人提交的取证过程合法的说明材料,应当经有关侦查人员签名,并加盖公章。未经有关侦查人员签名的,不得作为证据使用。上述说明材料不能单独作为证明取证过程合法的根据。

第一百零二条 经审理,确认或者不能排除存在刑事诉讼法第五十四条规定的以非法方法收集证据情形的,对有关证据应当排除。

人民法院对证据收集的合法性进行调查后,应当将调查结论告知公诉人、当事人和辩护人、诉讼代理人。

第一百零三条 具有下列情形之一的,第二审人民法院应当对证据收集的合法性进行审查,并根据刑事诉讼法和本解释的有关规定作出处理:

(一)第一审人民法院对当事人及其辩护人、诉讼代理人排除非法证据的申请没有审查,且以该证据作为定案根据的;

(二)人民检察院或者被告人、自诉人及其法定代理人不服第一审人民法院作出的有关证据收集合法性的调查结论,提出抗诉、上诉的;

(三)当事人及其辩护人、诉讼代理人在第一审结束后才发现相关线索或者材料,申请人民法院排除非法证据的。

第五章 强制措施

第一百一十三条 人民法院审判案件,根据情况,对被告人可以决定拘传、取保候审、监视居住或者逮捕。

对被告人采取、撤销或者变更强制措施的,由院长决定。

第一百一十四条 对经依法传唤拒不到庭的被告人,或者根据案件情况有必要拘传的被告人,可以拘传。

拘传被告人,应当由院长签发拘传票,由司法警察执行,执行人员不得少于二人。

拘传被告人,应当出示拘传票。对抗拒拘传的被告人,可以使用戒具。

第一百一十五条 拘传被告人,持续的时间不得超过十二小时;案情特别重大、复杂,需要采取逮捕措施的,持续的时间不得超过二十四小时。不得以连续拘传的形式变相拘禁被告人。应当保证被拘传人的饮食和必要的休息时间。

第一百一十六条 被告人具有刑事诉讼法第六十五条第一款规定情形之一的,人民法院可以决定取保候审。

对被告人决定取保候审的,应当责令其提出保证人或者交纳保证金,不得同时使用保证人保证与保证金保证。

第一百一十七条 对下列被告人决定取保候审的,可以责令其提出一至二名保证人:
(一)无力交纳保证金的;
(二)未成年或者已满七十五周岁的;
(三)不宜收取保证金的其他被告人。

第一百一十八条 人民法院应当审查保证人是否符合法定条件。符合条件的,应当告知其必须履行的义务,并由其出具保证书。

第一百一十九条 对决定取保候审的被告人使用保证金保证的,应当依照刑事诉讼法第七十条第一款的规定确定保证金的具体数额,并责令被告人或者为其提供保证金的单位、个人将保证金一次性存入公安机关指定银行的专门账户。

第一百二十条 人民法院向被告人宣布取保候审决定后,应当将取保候审决定书等相关材料送交当地同级公安机关执行;被告人不在本地居住的,送交其居住地公安机关执行。

对被告人使用保证金保证的,应当在核实保证金已经存入公安机关指定银行的专门账户后,将银行出具的收款凭证一并送交公安机关。

第一百二十一条 被告人被取保候审期间,保证人不愿继续履行保证义务或者丧失履行保证义务能力的，人民法院应当在收到保证人的申请或者公安机关的书面通知后三日内，责令被告人重新提出保证人或者交纳保证金，或者变更强制措施，并通知公安机关。

第一百二十二条 根据案件事实和法律规定，认为已经构成犯罪的被告人在取保候审期间逃匿的，如果系保证人协助被告人逃匿，或者保证人明知被告人藏匿地点但拒绝向司法机关提供，对保证人应当依法追究刑事责任。

第一百二十三条 人民法院发现使用保证金保证的被取保候审人违反刑事诉讼法第六十九条第一款、第二款规定的，应当提出没收部分或者全部保证金的书面意见，连同有关材料一并送交负责执行的公安机关处理。

人民法院收到公安机关已经没收保证金的书面通知或者变更强制措施的建议后，应当区别情形，在五日内责令被告人具结悔过，重新交纳保证金或者提出保证人，或者变更强制措施，并通知公安机关。

人民法院决定对被依法没收保证金的被告人继续取保候审的，取保候审的期限连续计算。

第一百二十四条 对被取保候审的被告人的判决、裁定生效后，应当解除取保候审、退还保证金的，如果保证金属于其个人财产，人民法院可以书面通知公安机关将保证金移交人民法院，用以退赔被害人、履行附带民事赔偿义务或者执行财产刑，剩余部分应当退还被告人。

第一百二十五条 对具有刑事诉讼法第七十二条第一款、第二款规定情形的被告人，人民法院可以决定监视居住。

人民法院决定对被告人监视居住的，应当核实其住处；没有固定住处的，应当为其指定居所。

第一百二十六条 人民法院向被告人宣布监视居住决定后，应当将监视居住决定书等相关材料送交被告人住处或者指定居所所在地的同级公安机关执行。

对被告人指定居所监视居住后，人民法院应当在二十四小时内，将监视居住的原因和处所通知其家属；确实无法通知的，应当记录在案。

第一百二十七条 人民检察院、公安机关已经对犯罪嫌疑人取保候审、监视居住，案件起诉至人民法院后，需要继续取保候审、监视居住或者变更强制措施的，人民法院应当在七日内作出决定，并通知人民检察院、公安机关。

决定继续取保候审、监视居住的，应当重新办理手续，期限重新计算；继续使用保证金保证的，不再收取保证金。

人民法院不得对被告人重复采取取保候审、监视居住措施。

第一百二十八条 对具有刑事诉讼法第七十九条第一款、第二款规定情形的被告人，人民法院应当决定逮捕。

第一百二十九条 被取保候审的被告人具有下列情形之一的，人民法院应当决定逮捕：

（一）故意实施新的犯罪的；
（二）企图自杀、逃跑的；
（三）毁灭、伪造证据，干扰证人作证或者串供的；
（四）对被害人、举报人、控告人实施打击报复的；
（五）经传唤，无正当理由不到案，影响审判活动正常进行的；
（六）擅自改变联系方式或者居住地，导致无法传唤，影响审判活动正常进行的；
（七）未经批准，擅自离开所居住的市、县，影响审判活动正常进行，或者两次未经批准，擅自离开所居住的市、县的；
（八）违反规定进入特定场所、与特定人员会见或者通信、从事特定活动，影响审判活动正常进行，或者两次违反有关规定的；
（九）依法应当决定逮捕的其他情形。

第一百三十条 被监视居住的被告人具有下列情形之一的，人民法院应当决定逮捕：

（一）具有前条第一项至第五项规定情形之一的；
（二）未经批准，擅自离开执行监视居住的处所，影响审判活动正常进行，或者两次未经批准，擅自离开执行监视居住的处所的；
（三）未经批准，擅自会见他人或者通信，影响审判活动正常进行，或者两次未经批准，擅自会见他人或者通信的；

（四）对因患有严重疾病、生活不能自理，或者因怀孕、正在哺乳自己婴儿而未予逮捕的被告人，疾病痊愈或者哺乳期已满的；

（五）依法应当决定逮捕的其他情形。

第一百三十一条 人民法院作出逮捕决定后，应当将逮捕决定书等相关材料送交同级公安机关执行，并将逮捕决定书抄送人民检察院。逮捕被告人后，人民法院应当将逮捕的原因和羁押的处所，在二十四小时内通知其家属；确实无法通知的，应当记录在案。

第一百三十二条 人民法院对决定逮捕的被告人，应当在逮捕后二十四小时内讯问。发现不应当逮捕的，应当变更强制措施或者立即释放。

第一百三十三条 被逮捕的被告人具有下列情形之一的，人民法院可以变更强制措施：

（一）患有严重疾病、生活不能自理的；

（二）怀孕或者正在哺乳自己婴儿的；

（三）系生活不能自理的人的唯一扶养人。

第一百三十四条 第一审人民法院判决被告人无罪、不负刑事责任或者免除刑事处罚，被告人在押的，应当在宣判后立即释放。

被逮捕的被告人具有下列情形之一的，人民法院应当变更强制措施或者予以释放：

（一）第一审人民法院判处管制、宣告缓刑、单独适用附加刑，判决尚未发生法律效力的；

（二）被告人被羁押的时间已到第一审人民法院对其判处的刑期期限的；

（三）案件不能在法律规定的期限内审结的。

第一百三十五条 人民法院决定变更强制措施或者释放被告人的，应当立即将变更强制措施决定书或者释放通知书送交公安机关执行。

第一百三十六条 对人民法院决定逮捕的被告人，人民检察院建议释放或者变更强制措施的，人民法院应当在收到建议后十日内将处理情况通知人民检察院。

第一百三十七条 被告人及其法定代理人、近亲属或者辩护人申请变更强制措施的，应当说明理由。人民法院收到申请后，应当在三日内作出决定。同意变更强制措施的，应当依照本解释规定处理；不同意的，应当告知申请人，并说明理由。

最高人民法院、最高人民检察院、公安部、国家安全部、司法部、全国人大常委会法制工作委员会《关于实施刑事诉讼法若干问题的规定》

（2013年1月1日）

一、管　辖

1. 公安机关侦查刑事案件涉及人民检察院管辖的贪污贿赂案件时，应当将贪污贿赂案件移送人民检察院；人民检察院侦查贪污贿赂案件涉及公安机关管辖的刑事案件，应当将属于公安机关管辖的刑事案件移送公安机关。在上述情况中，如果涉嫌主罪属于公安机关管辖，由公安机关为主侦查，人民检察院予以配合；如果涉嫌主罪属于人民检察院管辖，由人民检察院为主侦查，公安机关予以配合。

2. 刑事诉讼法第二十四条中规定："刑事案件由犯罪地的人民法院管辖。"刑事诉讼法规定的"犯罪地"，包括犯罪的行为发生地和结果发生地。

3. 具有下列情形之一的，人民法院、人民检察院、公安机关可以在其职责范围内并案处理：

（一）一人犯数罪的；

（二）共同犯罪的；

（三）共同犯罪的犯罪嫌疑人、被告人还实施其他犯罪的；

（四）多个犯罪嫌疑人、被告人实施的犯罪存在关联，并案处理有利于查明案件事实的。

二、辩护与代理

4. 人民法院、人民检察院、公安机关、国家安全机关、监狱的现职人员，人民陪审员，外国人或者无国籍人，以及与本案有利害关系的人，不得担任辩护人。但是，上述人员系犯罪嫌疑人、被告人的监护人或者近亲属，犯罪嫌疑人、被告人委托其担任辩护人的，可以准许。无行为能力或者限制行为能力的人，不得担任辩护人。

一名辩护人不得为两名以上的同案犯罪嫌疑人、被告人辩护，不得为两名以上的未同案处理但实施的犯罪存在关联的犯罪嫌疑人、被告人辩护。

5. 刑事诉讼法第三十四条、第二百六十七条、第二百八十六条对法律援助作了规定。对于人民法院、人民检察院、公安机关根据上述规定，通知法律援助机构指派律师提供辩护或者法律帮助的，法律援助机构应当在接到通知后三日以内指派律师，并将律师的姓名、单位、联系方式书面通知人民法院、人民检察院、公安机关。

6. 刑事诉讼法第三十六条规定："辩护律师在侦查期间可以为犯罪嫌疑人提供法律帮助；代理申诉、控告；申请变更强制措施；向侦查机关了解犯罪嫌疑人涉嫌的罪名和案件有关情况，提出意见。"根据上述规定，辩护律师在侦查期间可以向侦查机关了解犯罪嫌疑人涉嫌的罪名及当时已查明的该罪的主要事实，犯罪嫌疑人被采取、变更、解除强制措施的情况，侦查机关延长侦查羁押期限等情况。

7. 刑事诉讼法第三十七条第二款规定："辩护律师持律师执业证书、律师事务所证明和委托书或者法律援助公函要求会见在押的犯罪嫌疑人、被告人的，看守所应当及时安排会见，至迟不得超过四十八小时。"根据上述规定，辩护律师要求会见在押的犯罪嫌疑人、被告人的，看守所应当及时安排会见，保证辩护律师在四十八小时以内见到在押的犯罪嫌疑人、被告人。

8. 刑事诉讼法第四十一条第一款规定："辩护律师经证人或者其他有关单位和个人同意，可以向他们收集与本案有关的材料，也可以申请人民检察院、人民法院收集、调取证据，或者申请人民法院通知证人出庭作证。"对于辩护律师申请人民检察院、人民法院收集、调取证据，人民检察院、人民法院认为需要调查取证的，应当由人民检察院、人民法院收集、调取证据，不得向律师签发准许调查决定书,让律师收集、调取证据。

9. 刑事诉讼法第四十二条第二款中规定:"违反前款规定的,应当依法追究法律责任,辩护人涉嫌犯罪的,应当由办理辩护人所承办案件的侦查机关以外的侦查机关办理。"根据上述规定,公安机关、人民检察院发现辩护人涉嫌犯罪,或者接受报案、控告、举报、有关机关的移送,依照侦查管辖分工进行审查后认为符合立案条件的,应当按照规定报请办理辩护人所承办案件的侦查机关的上一级侦查机关指定其他侦查机关立案侦查,或者由上一级侦查机关立案侦查。不得指定办理辩护人所承办案件的侦查机关的下级侦查机关立案侦查。

10. 刑事诉讼法第四十七条规定:"辩护人、诉讼代理人认为公安机关、人民检察院、人民法院及其工作人员阻碍其依法行使诉讼权利的,有权向同级或者上一级人民检察院申诉或者控告。人民检察院对申诉或者控告应当及时进行审查,情况属实的,通知有关机关予以纠正。"人民检察院受理辩护人、诉讼代理人的申诉或者控告后,应当在十日以内将处理情况书面答复提出申诉或者控告的辩护人、诉讼代理人。

三、证　据

11. 刑事诉讼法第五十六条第一款规定:"法庭审理过程中,审判人员认为可能存在本法第五十四条规定的以非法方法收集证据情形的,应当对证据收集的合法性进行法庭调查。"法庭经对当事人及其辩护人、诉讼代理人提供的相关线索或者材料进行审查后,认为可能存在刑事诉讼法第五十四条规定的以非法方法收集证据情形的,应当对证据收集的合法性进行法庭调查。法庭调查的顺序由法庭根据案件审理情况确定。

12. 刑事诉讼法第六十二条规定,对证人、鉴定人、被害人可以采取"不公开真实姓名、住址和工作单位等个人信息"的保护措施。人民法院、人民检察院和公安机关依法决定不公开证人、鉴定人、被害人的真实姓名、住址和工作单位等个人信息的,可以在判决书、裁定书、起诉书、询问笔录等法律文书、证据材料中使用化名等代替证人、鉴定人、被害人的个人信息。但是,应当书面说明使用化名的情况并标明密级,单独成卷。辩护律师经法庭许可,查阅对证人、鉴定人、被害人使用化名情况的,应当签署保密承诺书。

四、强制措施

13. 被取保候审、监视居住的犯罪嫌疑人、被告人无正当理由不得离开所居住的市、县或者执行监视居住的处所，有正当理由需要离开所居住的市、县或者执行监视居住的处所，应当经执行机关批准。如果取保候审、监视居住是由人民检察院、人民法院决定的，执行机关在批准犯罪嫌疑人、被告人离开所居住的市、县或者执行监视居住的处所前，应当征得决定机关同意。

14. 对取保候审保证人是否履行了保证义务，由公安机关认定，对保证人的罚款决定，也由公安机关作出。

15. 指定居所监视居住的，不得要求被监视居住人支付费用。

16. 刑事诉讼法规定，拘留由公安机关执行。对于人民检察院直接受理的案件，人民检察院作出的拘留决定，应当送达公安机关执行，公安机关应当立即执行，人民检察院可以协助公安机关执行。

17. 对于人民检察院批准逮捕的决定，公安机关应当立即执行，并将执行回执及时送达批准逮捕的人民检察院。如果未能执行，也应当将回执送达人民检察院，并写明未能执行的原因。对于人民检察院决定不批准逮捕的，公安机关在收到不批准逮捕决定书后，应当立即释放在押的犯罪嫌疑人或者变更强制措施，并将执行回执在收到不批准逮捕决定书后的三日内送达作出不批准逮捕决定的人民检察院。

五、立 案

18. 刑事诉讼法第一百一十一条规定："人民检察院认为公安机关对应当立案侦查的案件而不立案侦查的，或者被害人认为公安机关对应当立案侦查的案件而不立案侦查，向人民检察院提出的，人民检察院应当要求公安机关说明不立案的理由。人民检察院认为公安机关不立案理由不能成立的，应当通知公安机关立案，公安机关接到通知后应当立案。"根据上述规定，公安机关收到人民检察院要求说明不立案理由通知书后，应当在七日内将说明情况书面答复人民检察院。人民检察院认为公安机关不立案理由不能成立，发出通知立案书时，应当将有关证明应当立案的材料同时移送公安机关。公安机关收到通知立案书后，应当在十五日内决定立案，并将立案决定书送达人民检察院。

六、侦 查

19. 刑事诉讼法第一百二十一条第一款规定："侦查人员在讯问犯罪嫌疑人的时候，可以对讯问过程进行录音或者录像；对于可能判处无期徒刑、死刑的案件或者其他重大犯罪案件，应当对讯问过程进行录音或者录像。"侦查人员对讯问过程进行录音或者录像的，应当在讯问笔录中注明。人民检察院、人民法院可以根据需要调取讯问犯罪嫌疑人的录音或者录像，有关机关应当及时提供。

20. 刑事诉讼法第一百四十九条中规定："批准决定应当根据侦查犯罪的需要，确定采取技术侦查措施的种类和适用对象。"采取技术侦查措施收集的材料作为证据使用的，批准采取技术侦查措施的法律文书应当附卷，辩护律师可以依法查阅、摘抄、复制，在审判过程中可以向法庭出示。

21. 公安机关对案件提请延长羁押期限的，应当在羁押期限届满七日前提出，并书面呈报延长羁押期限案件的主要案情和延长羁押期限的具体理由，人民检察院应当在羁押期限届满前作出决定。

22. 刑事诉讼法第一百五十八条第一款规定："在侦查期间，发现犯罪嫌疑人另有重要罪行的，自发现之日起依照本法第一百五十四条的规定重新计算侦查羁押期限。"公安机关依照上述规定重新计算侦查羁押期限的，不需要经人民检察院批准，但应当报人民检察院备案，人民检察院可以进行监督。

七、提起公诉

23. 上级公安机关指定下级公安机关立案侦查的案件，需要逮捕犯罪嫌疑人的，由侦查该案件的公安机关提请同级人民检察院审查批准；需要提起公诉的，由侦查该案件的公安机关移送同级人民检察院审查起诉。

人民检察院对于审查起诉的案件，按照刑事诉讼法的管辖规定，认为应当由上级人民检察院或者同级其他人民检察院起诉的，应当将案件移送有管辖权的人民检察院。人民检察院认为需要依照刑事诉讼法的规定指定审判管辖的，应当协商同级人民法院办理指定管辖有关事宜。

24. 人民检察院向人民法院提起公诉时，应当将案卷材料和全部证据移送人民法院,包括犯罪嫌疑人、被告人翻供的材料,证人改变证言的材料,以及对犯罪嫌疑人、被告人有利的其他证据材料。

八、审 判

25. 刑事诉讼法第一百八十一条规定:"人民法院对提起公诉的案件进行审查后,对于起诉书中有明确的指控犯罪事实的,应当决定开庭审判。"对于人民检察院提起公诉的案件,人民法院都应当受理。人民法院对提起公诉的案件进行审查后,对于起诉书中有明确的指控犯罪事实并且附有案卷材料、证据的,应当决定开庭审判,不得以上述材料不充足为由而不开庭审判。如果人民检察院移送的材料中缺少上述材料的,人民法院可以通知人民检察院补充材料,人民检察院应当自收到通知之日起三日内补送。

人民法院对提起公诉的案件进行审查的期限计入人民法院的审理期限。

26. 人民法院开庭审理公诉案件时,出庭的检察人员和辩护人需要出示、宣读、播放已移交人民法院的证据的,可以申请法庭出示、宣读、播放。

27. 刑事诉讼法第三十九条规定:"辩护人认为在侦查、审查起诉期间公安机关、人民检察院收集的证明犯罪嫌疑人、被告人无罪或者罪轻的证据材料未提交的,有权申请人民检察院、人民法院调取。"第一百九十一条第一款规定:"法庭审理过程中,合议庭对证据有疑问的,可以宣布休庭,对证据进行调查核实。"第一百九十二条第一款规定:"法庭审理过程中,当事人和辩护人、诉讼代理人有权申请通知新的证人到庭,调取新的物证,申请重新鉴定或者勘验。"根据上述规定,自案件移送审查起诉之日起,人民检察院可以根据辩护人的申请,向公安机关调取未提交的证明犯罪嫌疑人、被告人无罪或者罪轻的证据材料。在法庭审理过程中,人民法院可以根据辩护人的申请,向人民检察院调取未提交的证明被告人无罪或者罪轻的证据材料,也可以向人民检察院调取需要调查核实的证据材料。公安机关、人民检察院应当自收到要求调取证据材料决定书后三日内移交。

28. 人民法院依法通知证人、鉴定人出庭作证的,应当同时将证人、鉴定人出庭通知书送交控辩双方,控辩双方应当予以配合。

29. 刑事诉讼法第一百八十七条第三款规定:"公诉人、当事人或者辩护人、诉讼代理人对鉴定意见有异议,人民法院认为鉴定人有必要出庭的,鉴定人应当出庭作证。经人民法院通知,鉴定人拒不出庭作证的,鉴定意见不得作为定案的根据。"根据上述规定，依法应当出庭的鉴定人经人民法院通知未出庭作证的，鉴定意见不得作为定案的根据。鉴定人由于不能抗拒的原因或者有其他正当理由无法出庭的，人民法院可以根据案件审理情况决定延期审理。

30. 人民法院审理公诉案件，发现有新的事实，可能影响定罪的，人民检察院可以要求补充起诉或者变更起诉，人民法院可以建议人民检察院补充起诉或者变更起诉。人民法院建议人民检察院补充起诉或者变更起诉的，人民检察院应当在七日以内回复意见。

31. 法庭审理过程中，被告人揭发他人犯罪行为或者提供重要线索，人民检察院认为需要进行查证的，可以建议补充侦查。

32. 刑事诉讼法第二百零三条规定："人民检察院发现人民法院审理案件违反法律规定的诉讼程序，有权向人民法院提出纠正意见。"人民检察院对违反法定程序的庭审活动提出纠正意见，应当由人民检察院在庭审后提出。

九、执 行

33. 刑事诉讼法第二百五十四条第五款中规定："在交付执行前，暂予监外执行由交付执行的人民法院决定。"对于被告人可能被判处拘役、有期徒刑、无期徒刑，符合暂予监外执行条件的，被告人及其辩护人有权向人民法院提出暂予监外执行的申请，看守所可以将有关情况通报人民法院。人民法院应当进行审查，并在交付执行前作出是否暂予监外执行的决定。

34. 刑事诉讼法第二百五十七条第三款规定："不符合暂予监外执行条件的罪犯通过贿赂等非法手段被暂予监外执行的，在监外执行的期间不计入执行刑期。罪犯在暂予监外执行期间脱逃的，脱逃的期间不计入执行刑期。"对于人民法院决定暂予监外执行的罪犯具有上述情形的，人民法院在决定予以收监的同时，应当确定不计入刑期的期间。对于监狱管理机关或者公安机关决定暂予监外执行的罪犯具有上述情形的，罪犯被收监后，所在监狱或者看守所应当及时向所在地的中级人民法院提出不计入执行刑期的建议书，由人民法院审核裁定。

35. 被决定收监执行的社区矫正人员在逃的，社区矫正机构应当立即通知公安机关，由公安机关负责追捕。

十、涉案财产的处理

36. 对于依照刑法规定应当追缴的违法所得及其他涉案财产,除依法返还被害人的财物以及依法销毁的违禁品外,必须一律上缴国库。查封、扣押的涉案财产,依法不移送的,待人民法院作出生效判决、裁定后,由人民法院通知查封、扣押机关上缴国库,查封、扣押机关应当向人民法院送交执行回单;冻结在金融机构的违法所得及其他涉案财产,待人民法院作出生效判决、裁定后,由人民法院通知有关金融机构上缴国库,有关金融机构应当向人民法院送交执行回单。

对于被扣押、冻结的债券、股票、基金份额等财产,在扣押、冻结期间权利人申请出售,经扣押、冻结机关审查,不损害国家利益、被害人利益,不影响诉讼正常进行的,以及扣押、冻结的汇票、本票、支票的有效期即将届满的,可以在判决生效前依法出售或者变现,所得价款由扣押、冻结机关保管,并及时告知当事人或者其近亲属。

37. 刑事诉讼法第一百四十二条第一款中规定:"人民检察院、公安机关根据侦查犯罪的需要,可以依照规定查询、冻结犯罪嫌疑人的存款、汇款、债券、股票、基金份额等财产。"根据上述规定,人民检察院、公安机关不能扣划存款、汇款、债券、股票、基金份额等财产。对于犯罪嫌疑人、被告人死亡,依照刑法规定应当追缴其违法所得及其他涉案财产的,适用刑事诉讼法第五编第三章规定的程序,由人民检察院向人民法院提出没收违法所得的申请。

38. 犯罪嫌疑人、被告人死亡,现有证据证明存在违法所得及其他涉案财产应当予以没收的,公安机关、人民检察院可以进行调查。公安机关、人民检察院进行调查,可以依法进行查封、扣押、查询、冻结。

人民法院在审理案件过程中,被告人死亡的,应当裁定终止审理;被告人脱逃的,应当裁定中止审理。人民检察院可以依法另行向人民法院提出没收违法所得的申请。

39. 对于人民法院依法作出的没收违法所得的裁定,犯罪嫌疑人、被告人的近亲属和其他利害关系人或者人民检察院可以在五日内提出上诉、抗诉。

十一、其 他

40. 刑事诉讼法第一百四十七条规定:"对犯罪嫌疑人作精神病鉴定的期间不

计入办案期限。"根据上述规定,犯罪嫌疑人、被告人在押的案件,除对犯罪嫌疑人、被告人的精神病鉴定期间不计入办案期限外,其他鉴定期间都应当计入办案期限。对于因鉴定时间较长,办案期限届满仍不能终结的案件,自期限届满之日起,应当对被羁押的犯罪嫌疑人、被告人变更强制措施,改为取保候审或者监视居住。

国家安全机关依照法律规定,办理危害国家安全的刑事案件,适用本规定中有关公安机关的规定。

本规定自 2013 年 1 月 1 日起施行。1998 年 1 月 19 日发布的最高人民法院、《最高人民检察院、公安部、国家安全部、司法部、全国人大常委会法制工作委员会关于刑事诉讼法实施中若干问题的规定》同时废止。

《人民检察院刑事诉讼规则（试行）》（节录）

（2012年10月16日）

高检发释字〔2012〕2号

（1997年1月15日最高人民检察院第八届检察委员会第六十九次会议通过，1998年12月16日最高人民检察院第九届检察委员会第二十一次会议第一次修订，2012年10月16日最高人民检察院第十一届检察委员会第八十次会议第二次修订）

第五章 证 据

第六十一条 人民检察院在立案侦查、审查逮捕、审查起诉等办案活动中认定案件事实，应当以证据为根据。

公诉案件中被告人有罪的举证责任由人民检察院承担。人民检察院在提起公诉指控犯罪时，应当提出确实、充分的证据，并运用证据加以证明。

人民检察院提起公诉，应当遵循客观公正原则，对被告人有罪、罪重、罪轻的证据都应当向人民法院提出。

第六十二条 证据的审查认定，应当结合案件的具体情况，从证据与待证事实的关联程度、各证据之间的联系、是否依照法定程序收集等方面进行综合审查判断。

第六十三条 人民检察院侦查终结或者提起公诉的案件，证据应当确实、充分。证据确实、充分，应当符合以下条件：

（一）定罪量刑的事实都有证据证明；
（二）据以定案的证据均经法定程序查证属实；
（三）综合全案证据，对所认定事实已排除合理怀疑。

第六十四条 行政机关在行政执法和查办案件过程中收集的物证、书证、视听资料、电子数据证据材料，应当以该机关的名义移送，经人民检察院审查符合法定要求的，可以作为证据使用。

行政机关在行政执法和查办案件过程中收集的鉴定意见、勘验、检查笔录，经人民检察院审查符合法定要求的，可以作为证据使用。

人民检察院办理直接受理立案侦查的案件，对于有关机关在行政执法和查办案件过程中收集的涉案人员供述或者相关人员的证言、陈述，应当重新收集；确有证据证实涉案人员或者相关人员因路途遥远、死亡、失踪或者丧失作证能力，无法重新收集，但供述、证言或者陈述的来源、收集程序合法，并有其他证据相印证，经人民检察院审查符合法定要求的，可以作为证据使用。

根据法律、法规赋予的职责查处行政违法、违纪案件的组织属于本条规定的行政机关。

第六十五条 对采用刑讯逼供等非法方法收集的犯罪嫌疑人供述和采用暴力、威胁等非法方法收集的证人证言、被害人陈述，应当依法排除，不得作为报请逮捕、批准或者决定逮捕、移送审查起诉以及提起公诉的依据。

刑讯逼供是指使用肉刑或者变相使用肉刑，使犯罪嫌疑人在肉体或者精神上遭受剧烈疼痛或者痛苦以逼取供述的行为。

其他非法方法是指违法程度和对犯罪嫌疑人的强迫程度与刑讯逼供或者暴力、威胁相当而迫使其违背意愿供述的方法。

第六十六条 收集物证、书证不符合法定程序，可能严重影响司法公正的，人民检察院应当及时要求侦查机关补正或者作出书面解释；不能补正或者无法作出合理解释的，对该证据应当予以排除。

对侦查机关的补正或者解释，人民检察院应当予以审查。经侦查机关补正或者作出合理解释的，可以作为批准或者决定逮捕、提起公诉的依据。

本条第一款中的可能严重影响司法公正是指收集物证、书证不符合法定程序的行为明显违法或者情节严重,可能对司法机关办理案件的公正性造成严重损害;补正是指对取证程序上的非实质性瑕疵进行补救;合理解释是指对取证程序的瑕疵作出符合常理及逻辑的解释。

第六十七条 人民检察院经审查发现存在刑事诉讼法第五十四条规定的非法取证行为,依法对该证据予以排除后,其他证据不能证明犯罪嫌疑人实施犯罪行为的,应当不批准或者决定逮捕,已经移送审查起诉的,可以将案件退回侦查机关补充侦查或者作出不起诉决定。

第六十八条 在侦查、审查起诉和审判阶段,人民检察院发现侦查人员以非法方法收集证据的,应当报经检察长批准,及时进行调查核实。

当事人及其辩护人、诉讼代理人报案、控告、举报侦查人员采用刑讯逼供等非法方法收集证据并提供涉嫌非法取证的人员、时间、地点、方式和内容等材料或者线索的,人民检察院应当受理并进行审查,对于根据现有材料无法证明证据收集合法性的,应当报经检察长批准,及时进行调查核实。

上一级人民检察院接到对侦查人员采用刑讯逼供等非法方法收集证据的报案、控告、举报的,可以直接进行调查核实,也可以交由下级人民检察院调查核实。交由下级人民检察院调查核实的,下级人民检察院应当及时将调查结果报告上一级人民检察院。

人民检察院决定调查核实的,应当及时通知办案机关。

第六十九条 对于非法证据的调查核实,在侦查阶段由侦查监督部门负责;在审查起诉、审判阶段由公诉部门负责。必要时,渎职侵权检察部门可以派员参加。

第七十条 人民检察院可以采取以下方式对非法取证行为进行调查核实:
(一)讯问犯罪嫌疑人;
(二)询问办案人员;
(三)询问在场人员及证人;
(四)听取辩护律师意见;
(五)调取讯问笔录、讯问录音、录像;
(六)调取、查询犯罪嫌疑人出入看守所的身体检查记录及相关材料;

（七）进行伤情、病情检查或者鉴定；
（八）其他调查核实方式。

第七十一条 人民检察院调查完毕后，应当制作调查报告，根据查明的情况提出处理意见，报请检察长决定后依法处理。

办案人员在审查逮捕、审查起诉中经调查核实依法排除非法证据的，应当在调查报告中予以说明。被排除的非法证据应当随案移送。

对于确有以非法方法收集证据情形，尚未构成犯罪的，应当依法向被调查人所在机关提出纠正意见。对于需要补正或者作出合理解释的，应当提出明确要求。

经审查，认为非法取证行为构成犯罪需要追究刑事责任的，应当依法移送立案侦查。

第七十二条 人民检察院认为存在以非法方法收集证据情形的，可以书面要求侦查机关对证据收集的合法性进行说明。说明应当加盖单位公章，并由侦查人员签名。

第七十三条 对于公安机关立案侦查的案件，存在下列情形之一的，人民检察院在审查逮捕、审查起诉和审判阶段，可以调取公安机关讯问犯罪嫌疑人的录音、录像，对证据收集的合法性以及犯罪嫌疑人、被告人供述的真实性进行审查：

（一）认为讯问活动可能存在刑讯逼供等非法取证行为的；
（二）犯罪嫌疑人、被告人或者辩护人提出犯罪嫌疑人、被告人供述系非法取得，并提供相关线索或者材料的；
（三）犯罪嫌疑人、被告人对讯问活动合法性提出异议或者翻供，并提供相关线索或者材料的；
（四）案情重大、疑难、复杂的。

人民检察院直接受理立案侦查的案件，侦查部门移送审查逮捕、审查起诉时，应当将讯问录音、录像连同案卷材料一并移送审查。

第七十四条 对于提起公诉的案件，被告人及其辩护人提出审前供述系非法取得，并提供相关线索或者材料的，人民检察院可以将讯问录音、录像连同案卷材料一并移送人民法院。

第七十五条 在法庭审理过程中,被告人或者辩护人对讯问活动合法性提出异议,公诉人可以要求被告人及其辩护人提供相关线索或者材料。必要时,公诉人可以提请法庭当庭播放相关时段的讯问录音、录像,对有关异议或者事实进行质证。

需要播放的讯问录音、录像中涉及国家秘密、商业秘密、个人隐私或者含有其他不宜公开的内容的,公诉人应当建议在法庭组成人员、公诉人、侦查人员、被告人及其辩护人范围内播放。因涉及国家秘密、商业秘密、个人隐私或者其他犯罪线索等内容,人民检察院对讯问录音、录像的相关内容作技术处理的,公诉人应当向法庭作出说明。

第七十六条 对于危害国家安全犯罪、恐怖活动犯罪、黑社会性质的组织犯罪、毒品犯罪等案件,人民检察院在办理案件过程中,证人、鉴定人、被害人因在诉讼中作证,本人或者其近亲属人身安全面临危险,向人民检察院请求保护的,人民检察院应当受理并及时进行审查,对于确实存在人身安全危险的,应当立即采取必要的保护措施。人民检察院发现存在上述情形的,可以主动采取保护措施。

人民检察院可以采取以下一项或者多项保护措施:

(一)不公开真实姓名、住址和工作单位等个人信息;
(二)建议法庭采取不暴露外貌、真实声音等出庭作证措施;
(三)禁止特定的人员接触证人、鉴定人、被害人及其近亲属;
(四)对人身和住宅采取专门性保护措施;
(五)其他必要的保护措施。

人民检察院依法决定不公开证人、鉴定人、被害人的真实姓名、住址和工作单位等个人信息的,可以在起诉书、询问笔录等法律文书、证据材料中使用化名代替证人、鉴定人、被害人的个人信息。但是应当另行书面说明使用化名的情况并标明密级。

人民检察院依法采取保护措施,可以要求有关单位和个人予以配合。

对证人及其近亲属进行威胁、侮辱、殴打或者打击报复,构成犯罪或者应当给予治安管理处罚的,人民检察院应当移送公安机关处理;情节轻微的,予以批评教育、训诫。

第七十七条 证人在人民检察院侦查、审查起诉阶段因履行作证义务而支出的交通、住宿、就餐等费用,人民检察院应当给予补助。

第六章 强制措施
第二节 取保候审

第八十三条 人民检察院对于有下列情形之一的犯罪嫌疑人,可以取保候审:

(一)可能判处管制、拘役或者独立适用附加刑的;

(二)可能判处有期徒刑以上刑罚,采取取保候审不致发生社会危险性的;

(三)患有严重疾病、生活不能自理,怀孕或者正在哺乳自己婴儿的妇女,采取取保候审不致发生社会危险性的;

(四)犯罪嫌疑人羁押期限届满,案件尚未办结,需要取保候审的。

第八十四条 人民检察院对于严重危害社会治安的犯罪嫌疑人,以及其他犯罪性质恶劣、情节严重的犯罪嫌疑人不得取保候审。

第八十五条 被羁押或者监视居住的犯罪嫌疑人及其法定代理人、近亲属或者辩护人申请取保候审,经审查具有本规则第八十三条规定情形之一的,经检察长决定,可以对犯罪嫌疑人取保候审。

第八十六条 被羁押或者监视居住的犯罪嫌疑人及其法定代理人、近亲属或者辩护人向人民检察院申请取保候审,人民检察院应当在三日以内作出是否同意的答复。经审查符合本规则第八十三条规定情形之一的,对被羁押的犯罪嫌疑人依法办理取保候审手续;经审查不符合取保候审条件的,应当告知申请人,并说明不同意取保候审的理由。

第八十七条 人民检察院决定对犯罪嫌疑人取保候审,应当责令犯罪嫌疑人提出保证人或者交纳保证金。

对同一犯罪嫌疑人决定取保候审,不得同时使用保证人保证和保证金保证方式。

对符合取保候审条件,具有下列情形之一的犯罪嫌疑人,人民检察院决定取保候审时,可以责令其提供一至二名保证人:

(一)无力交纳保证金的;
(二)系未成年人或者已满七十五周岁的人;
(三)其他不宜收取保证金的。

第八十八条 采取保证人担保方式的,保证人应当符合刑事诉讼法第六十七条规定的条件,并经人民检察院审查同意。

第八十九条 人民检察院应当告知保证人履行以下义务:
(一)监督被保证人遵守刑事诉讼法第六十九条的规定;
(二)发现被保证人可能发生或者已经发生违反刑事诉讼法第六十九条规定的行为的,及时向执行机关报告。
保证人保证承担上述义务后,应当在取保候审保证书上签名或者盖章。

第九十条 采取保证金担保方式的,人民检察院可以根据犯罪嫌疑人的社会危险性,案件的性质、情节、危害后果,可能判处刑罚的轻重,犯罪嫌疑人的经济状况等,责令犯罪嫌疑人交纳一千元以上的保证金,对于未成年犯罪嫌疑人可以责令交纳五百元以上的保证金。

第九十一条 对犯罪嫌疑人取保候审,应当由办案人员提出意见,部门负责人审核,检察长决定。

第九十二条 人民检察院决定对犯罪嫌疑人取保候审的,应当制作取保候审决定书,载明取保候审的期间、担保方式、被取保候审人应当履行的义务和应当遵守的规定。

人民检察院作出取保候审决定时,可以根据犯罪嫌疑人涉嫌犯罪性质、危害后果、社会影响,犯罪嫌疑人、被害人的具体情况等,有针对性地责令其遵守以下一项或者多项规定:
(一)不得进入特定的场所;
(二)不得与特定的人员会见或者通信;
(三)不得从事特定的活动;
(四)将护照等出入境证件、驾驶证件交执行机关保存。

第九十三条 人民检察院应当向取保候审的犯罪嫌疑人宣读取保候审决定书,由犯罪嫌疑人签名、捺指印或者盖章,并责令犯罪嫌疑人遵守刑事诉讼法第六十九条的规定,告知其违反规定应负的法律责任;以保证金方式担保的,应当同时告知犯罪嫌疑人一次性将保证金存入公安机关指定银行的专门账户。

第九十四条 向犯罪嫌疑人宣布取保候审决定后,人民检察院应当将执行取保候审通知书送达公安机关执行,并告知公安机关在执行期间拟批准犯罪嫌疑人离开所居住的市、县的,应当征得人民检察院同意。以保证人方式担保的,应当将取保候审保证书同时送达公安机关。

人民检察院核实保证金已经交纳到公安机关指定银行的凭证后,应当将银行出具的凭证及其他有关材料与执行取保候审通知书一并送交公安机关。

第九十五条 采取保证人保证方式的,如果保证人在取保候审期间不愿继续担保或者丧失担保条件的,人民检察院应当在收到保证人不愿继续担保的申请或者发现其丧失担保条件后的三日以内,责令犯罪嫌疑人重新提出保证人或者交纳保证金,并将变更情况通知公安机关。

第九十六条 采取保证金担保方式的,被取保候审人拒绝交纳保证金或者交纳保证金不足决定数额时,人民检察院应当作出变更取保候审措施、变更保证方式或者变更保证金数额的决定,并将变更情况通知公安机关。

第九十七条 公安机关在执行取保候审期间向人民检察院征询是否同意批准犯罪嫌疑人离开所居住的市、县时,人民检察院应当根据案件的具体情况及时作出决定,并通知公安机关。

第九十八条 人民检察院发现保证人没有履行刑事诉讼法第六十八条的规定的义务,应当通知公安机关,要求公安机关对保证人作出罚款决定。构成犯罪的,依法追究保证人的刑事责任。

第九十九条 人民检察院发现犯罪嫌疑人违反刑事诉讼法第六十九条的规定,已交纳保证金的,应当书面通知公安机关没收部分或者全部保证金,并且根据案件的具体情况,责令犯罪嫌疑人具结悔过,重新交纳保证金、提出保证人或者决定监视居住、予以逮捕。

公安机关发现犯罪嫌疑人违反刑事诉讼法第六十九条的规定,提出没收保证金或者变更强制措施意见的,人民检察院应当在收到意见后五日以内作出决定,并通知公安机关。

重新交纳保证金的程序适用本规则第九十条、第九十一条的规定;提出保证人的程序适用本规则第八十八条、第八十九条的规定。对犯罪嫌疑人继续取保候审的,取保候审的时间应当累计计算。

对犯罪嫌疑人决定监视居住的,应当办理监视居住手续,监视居住的期限应当重新计算并告知犯罪嫌疑人。

第一百条 犯罪嫌疑人有下列违反取保候审规定的行为,人民检察院应当对犯罪嫌疑人予以逮捕:

(一)故意实施新的犯罪的;

(二)企图自杀、逃跑,逃避侦查、审查起诉的;

(三)实施毁灭、伪造证据,串供或者干扰证人作证,足以影响侦查、审查起诉工作正常进行的;

(四)对被害人、证人、举报人、控告人及其他人员实施打击报复的。

犯罪嫌疑人有下列违反取保候审规定的行为,人民检察院可以对犯罪嫌疑人予以逮捕:

(一)未经批准,擅自离开所居住的市、县,造成严重后果,或者两次未经批准,擅自离开所居住的市、县的;

(二)经传讯不到案,造成严重后果,或者经两次传讯不到案的;

(三)住址、工作单位和联系方式发生变动,未在二十四小时以内向公安机关报告,造成严重后果的;

(四)违反规定进入特定场所、与特定人员会见或者通信、从事特定活动,严重妨碍诉讼程序正常进行的。

需要对上述犯罪嫌疑人予以逮捕的,可以先行拘留;已交纳保证金的,同时书面通知公安机关没收保证金。

第一百零一条 人民检察院决定对犯罪嫌疑人取保候审,最长不得超过十二个月。

第一百零二条 公安机关决定对犯罪嫌疑人取保候审,案件移送人民检察院审查起诉后,对于需要继续取保候审的,人民检察院应当依法重新作出取保候审决定,并对犯罪嫌疑人办理取保候审手续。取保候审的期限应当重新计算并告知犯罪嫌疑人。对继续采取保证金方式取保候审的,被取保候审人没有违反刑事诉讼法第六十九条规定的,不变更保证金数额,不再重新收取保证金。

第一百零三条 在取保候审期间,不得中断对案件的侦查、审查起诉。

第一百零四条 取保候审期限届满或者发现不应当追究犯罪嫌疑人的刑事责任的,应当及时解除或者撤销取保候审。

第一百零五条 解除或者撤销取保候审,应当由办案人员提出意见,部门负责人审核,检察长决定。

第一百零六条 解除或者撤销取保候审的决定,应当及时通知执行机关,并将解除或者撤销取保候审的决定书送达犯罪嫌疑人;有保证人的,应当通知保证人解除保证义务。

第一百零七条 犯罪嫌疑人在取保候审期间没有违反刑事诉讼法第六十九条的规定,或者发现不应当追究犯罪嫌疑人刑事责任的,变更、解除或者撤销取保候审时,应当告知犯罪嫌疑人可以凭变更、解除或者撤销取保候审的通知或者有关法律文书到银行领取退还的保证金。

第一百零八条 犯罪嫌疑人及其法定代理人、近亲属或者辩护人认为取保候审期限届满,向人民检察院提出解除取保候审要求的,人民检察院应当在三日以内审查决定。经审查认为法定期限届满的,经检察长批准后,解除取保候审;经审查未超过法定期限的,书面答复申请人。

第五节 逮 捕

第一百三十九条 人民检察院对有证据证明有犯罪事实，可能判处徒刑以上刑罚的犯罪嫌疑人，采取取保候审尚不足以防止发生下列社会危险性的，应当予以逮捕：

（一）可能实施新的犯罪的，即犯罪嫌疑人多次作案、连续作案、流窜作案，其主观恶性、犯罪习性表明其可能实施新的犯罪，以及有一定证据证明犯罪嫌疑人已经开始策划、预备实施犯罪的；

（二）有危害国家安全、公共安全或者社会秩序的现实危险的，即有一定证据证明或者有迹象表明犯罪嫌疑人在案发前或者案发后正在积极策划、组织或者预备实施危害国家安全、公共安全或者社会秩序的重大违法犯罪行为的；

（三）可能毁灭、伪造证据，干扰证人作证或者串供的，即有一定证据证明或者有迹象表明犯罪嫌疑人在归案前或者归案后已经着手实施或者企图实施毁灭、伪造证据，干扰证人作证或者串供行为的；

（四）有一定证据证明或者有迹象表明犯罪嫌疑人可能对被害人、举报人、控告人实施打击报复的；

（五）企图自杀或者逃跑的，即犯罪嫌疑人归案前或者归案后曾经自杀，或者有一定证据证明或者有迹象表明犯罪嫌疑人试图自杀或者逃跑的。

有证据证明有犯罪事实是指同时具备下列情形：

（一）有证据证明发生了犯罪事实；

（二）有证据证明该犯罪事实是犯罪嫌疑人实施的；

（三）证明犯罪嫌疑人实施犯罪行为的证据已经查证属实的。

犯罪事实既可以是单一犯罪行为的事实，也可以是数个犯罪行为中任何一个犯罪行为的事实。

第一百四十条 对有证据证明有犯罪事实，可能判处十年有期徒刑以上刑罚的犯罪嫌疑人，应当批准或者决定逮捕。

对有证据证明有犯罪事实，可能判处徒刑以上刑罚，犯罪嫌疑人曾经故意犯罪或者不讲真实姓名、住址，身份不明的，应当批准或者决定逮捕。

第一百四十一条 人民检察院经审查认为被取保候审、监视居住的犯罪嫌疑人违反取保候审、监视居住规定的，依照本规则第一百条、第一百二十一条的规定办理。

第一百四十二条 对实施多个犯罪行为或者共同犯罪案件的犯罪嫌疑人，符合本规则第一百三十九条的规定，具有下列情形之一的，应当批准或者决定逮捕：

（一）有证据证明犯有数罪中的一罪的；

（二）有证据证明实施多次犯罪中的一次犯罪的；

（三）共同犯罪中，已有证据证明有犯罪事实的犯罪嫌疑人。

第一百四十三条 对具有下列情形之一的犯罪嫌疑人，人民检察院应当作出不批准逮捕的决定或者不予逮捕：

（一）不符合本规则第一百三十九条至第一百四十二条规定的逮捕条件的；

（二）具有刑事诉讼法第十五条规定的情形之一的。

第一百四十四条 犯罪嫌疑人涉嫌的罪行较轻，且没有其他重大犯罪嫌疑，具有以下情形之一的，可以作出不批准逮捕的决定或者不予逮捕：

（一）属于预备犯、中止犯，或者防卫过当、避险过当的；

（二）主观恶性较小的初犯，共同犯罪中的从犯、胁从犯，犯罪后自首、有立功表现或者积极退赃、赔偿损失、确有悔罪表现的；

（三）过失犯罪的犯罪嫌疑人，犯罪后有悔罪表现，有效控制损失或者积极赔偿损失的；

（四）犯罪嫌疑人与被害人双方根据刑事诉讼法的有关规定达成和解协议，经审查，认为和解系自愿、合法且已经履行或者提供担保的；

（五）犯罪嫌疑人系已满十四周岁未满十八周岁的未成年人或者在校学生，本人有悔罪表现，其家庭、学校或者所在社区、居民委员会、村民委员会具备监护、帮教条件的；

（六）年满七十五周岁以上的老年人。

第一百四十五条 对符合刑事诉讼法第七十二条第一款规定的犯罪嫌疑人，人民检察院经审查认为不需要逮捕的，可以在作出不批准逮捕或者不予逮捕决定的同时,向侦查机关提出监视居住的建议。

第一百四十六条 人民检察院对担任本级人民代表大会代表的犯罪嫌疑人批准或者决定逮捕,应当报请本级人民代表大会主席团或者常务委员会许可。报请许可手续的办理由侦查机关负责。

对担任上级人民代表大会代表的犯罪嫌疑人批准或者决定逮捕,应当层报该代表所属的人民代表大会同级的人民检察院报请许可。

对担任下级人民代表大会代表的犯罪嫌疑人批准或者决定逮捕,可以直接报请该代表所属的人民代表大会主席团或者常务委员会许可,也可以委托该代表所属的人民代表大会同级的人民检察院报请许可;对担任乡、民族乡、镇的人民代表大会代表的犯罪嫌疑人批准或者决定逮捕,由县级人民检察院报告乡、民族乡、镇的人民代表大会。

对担任两级以上的人民代表大会代表的犯罪嫌疑人批准或者决定逮捕,分别依照本条第一、二、三款的规定报请许可。

对担任办案单位所在省、市、县(区)以外的其他地区人民代表大会代表的犯罪嫌疑人批准或者决定逮捕,应当委托该代表所属的人民代表大会同级的人民检察院报请许可;担任两级以上人民代表大会代表的,应当分别委托该代表所属的人民代表大会同级的人民检察院报请许可。

第六节　强制措施解除与变更

第一百四十七条 犯罪嫌疑人及其法定代理人、近亲属或者辩护人认为人民检察院采取强制措施法定期限届满,要求解除强制措施的,由人民检察院侦查部门或者公诉部门审查后报请检察长决定。人民检察院应当在收到申请后三日以内作出决定。

经审查,认为法定期限届满的,应当决定解除或者依法变更强制措施,并通知公安机关执行;认为未满法定期限的,书面答复申请人。

对于被羁押的犯罪嫌疑人解除或者变更强制措施的,侦查部门或者公诉部门应当及时通报本院监所检察部门和案件管理部门。

第一百四十八条 犯罪嫌疑人及其法定代理人、近亲属或者辩护人向人民检察院提出变更强制措施申请的,由人民检察院侦查部门或者公诉部门审查后报请检察长决定。人民检察院应当在收到申请后三日内作出决定。

经审查同意变更强制措施的,在作出决定的同时通知公安机关执行;不同意变更强制措施的,应当书面告知申请人,并说明不同意的理由。

对于被羁押的犯罪嫌疑人变更强制措施的,侦查部门或者公诉部门应当及时通报本院监所检察部门和案件管理部门。

犯罪嫌疑人及其法定代理人、近亲属或者辩护人提出变更强制措施申请的,应当说明理由,有证据和其他材料的,应当附上相关材料。

第一百四十九条 取保候审变更为监视居住,或者取保候审、监视居住变更为拘留、逮捕的,在变更的同时原强制措施自动解除,不再办理解除法律手续。

第一百五十条 人民检察院已经对犯罪嫌疑人取保候审、监视居住,案件起诉至人民法院后,人民法院决定取保候审、监视居住或者变更强制措施的,原强制措施自动解除,不再办理解除法律手续。

第一百五十一条 人民检察院提出抗诉的再审案件,需要对被告人采取强制措施的,适用本章及本规则第十章的规定。

第九章 侦 查
第十节 技术侦查措施

第二百六十三条 人民检察院在立案后,对于涉案数额在十万元以上、采取其他方法难以收集证据的重大贪污、贿赂犯罪案件以及利用职权实施的严重侵犯公民人身权利的重大犯罪案件,经过严格的批准手续,可以采取技术侦查措施,交有关机关执行。

本条规定的贪污、贿赂犯罪包括刑法分则第八章规定的贪污罪、受贿罪、单位受贿罪、行贿罪、对单位行贿罪、介绍贿赂罪、单位行贿罪、利用影响力受贿罪。

本条规定的利用职权实施的严重侵犯公民人身权利的重大犯罪案件包括有重大社会影响的、造成严重后果的或者情节特别严重的非法拘禁、非法搜查、刑讯逼供、暴力取证、虐待被监管人、报复陷害等案件。

第二百六十四条 人民检察院办理直接受理立案侦查的案件,需要追捕被通缉或者批准、决定逮捕的在逃的犯罪嫌疑人、被告人的,经过批准,可以采取追捕所必需的技术侦查措施,不受本规则第二百六十三条规定的案件范围的限制。

第二百六十五条 人民检察院采取技术侦查措施应当根据侦查犯罪的需要,确定采取技术侦查措施的种类和适用对象,按照有关规定报请批准。批准决定自签发之日起三个月以内有效。对于不需要继续采取技术侦查措施的,应当及时解除;对于复杂、疑难案件,期限届满仍有必要继续采取技术侦查措施的,应当在期限届满前十日以内制作呈请延长技术侦查措施期限报告书,写明延长的期限及理由,经过原批准机关批准,有效期可以延长,每次不得超过三个月。

采取技术侦查措施收集的材料作为证据使用的,批准采取技术侦查措施的法律决定文书应当附卷,辩护律师可以依法查阅、摘抄、复制。

第二百六十六条 采取技术侦查措施收集的物证、书证及其他证据材料,侦查人员应当制作相应的说明材料,写明获取证据的时间、地点、数量、特征以及采取技术侦查措施的批准机关、种类等,并签名和盖章。

对于使用技术侦查措施获取的证据材料,如果可能危及特定人员的人身安全、涉及国家秘密或者公开后可能暴露侦查秘密或者严重损害商业秘密、个人隐私的,应当采取不暴露有关人员身份、技术方法等保护措施。在必要的时候,可以建议不在法庭上质证,由审判人员在庭外对证据进行核实。

第二百六十七条 检察人员对采取技术侦查措施过程中知悉的国家秘密、商业秘密和个人隐私,应当保密;对采取技术侦查措施获取的与案件无关的材料,应当及时销毁,并对销毁情况制作记录。

采取技术侦查措施获取的证据、线索及其他有关材料,只能用于对犯罪的侦查、起诉和审判,不得用于其他用途。

最高人民法院、最高人民检察院、公安部《关于办理制毒物品犯罪案件适用法律若干问题的意见》

（2009年6月23日）

公通字〔2009〕33号

各省、自治区、直辖市高级人民法院、人民检察院、公安厅、局，新疆维吾尔自治区高级人民法院生产建设兵团分院、新疆生产建设兵团人民检察院、公安局：

为依法惩治走私制毒物品、非法买卖制毒物品犯罪活动，根据刑法有关规定，结合司法实践，现就办理制毒物品犯罪案件适用法律的若干问题制定如下意见：

一、关于制毒物品犯罪的认定

（一）本意见中的"制毒物品"，是指刑法第三百五十条第一款规定的醋酸酐、乙醚、三氯甲烷或者其他用于制造毒品的原料或者配剂，具体品种范围按照国家关于易制毒化学品管理的规定确定。

（二）违反国家规定，实施下列行为之一的，认定为刑法第三百五十条规定的非法买卖制毒物品行为：

1. 未经许可或者备案，擅自购买、销售易制毒化学品的；
2. 超出许可证明或者备案证明的品种、数量范围购买、销售易制毒化学品的；

3. 使用他人的或者伪造、变造、失效的许可证明或者备案证明购买、销售易制毒化学品的；

4. 经营单位违反规定,向无购买许可证明、备案证明的单位、个人销售易制毒化学品的,或者明知购买者使用他人的或者伪造、变造、失效的购买许可证明、备案证明,向其销售易制毒化学品的；

5. 以其他方式非法买卖易制毒化学品的。

(三)易制毒化学品生产、经营、使用单位或者个人未办理许可证明或者备案证明,购买、销售易制毒化学品,如果有证据证明确实用于合法生产、生活需要,依法能够办理只是未及时办理许可证明或者备案证明,且未造成严重社会危害的,可不以非法买卖制毒物品罪论处。

(四)为了制造毒品或者走私、非法买卖制毒物品犯罪而采用生产、加工、提炼等方法非法制造易制毒化学品的,根据刑法第二十二条的规定,按照其制造易制毒化学品的不同目的,分别以制造毒品、走私制毒物品、非法买卖制毒物品的预备行为论处。

(五)明知他人实施走私或者非法买卖制毒物品犯罪,而为其运输、储存、代理进出口或者以其他方式提供便利的,以走私或者非法买卖制毒物品罪的共犯论处。

(六)走私、非法买卖制毒物品行为同时构成其他犯罪的,依照处罚较重的规定定罪处罚。

二、关于制毒物品犯罪嫌疑人、被告人主观明知的认定

对于走私或者非法买卖制毒物品行为,有下列情形之一,且查获了易制毒化学品,结合犯罪嫌疑人、被告人的供述和其他证据,经综合审查判断,可以认定其"明知"是制毒物品而走私或者非法买卖,但有证据证明确属被蒙骗的除外：

1. 改变产品形状、包装或者使用虚假标签、商标等产品标志的；

2. 以藏匿、夹带或者其他隐蔽方式运输、携带易制毒化学品逃避检查的；

3. 抗拒检查或者在检查时丢弃货物逃跑的；

4. 以伪报、藏匿、伪装等蒙蔽手段逃避海关、边防等检查的；

5. 选择不设海关或者边防检查站的路段绕行出入境的；

6. 以虚假身份、地址办理托运、邮寄手续的；

7. 以其他方法隐瞒真相,逃避对易制毒化学品依法监管的。

三、关于制毒物品犯罪定罪量刑的数量标准

（一）违反国家规定，非法运输、携带制毒物品进出境或者在境内非法买卖制毒物品达到下列数量标准的，依照刑法第三百五十条第一款的规定，处三年以下有期徒刑、拘役或者管制，并处罚金：

1. 1-苯基-2-丙酮五千克以上不满五十千克；

2. 3,4-亚甲基二氧苯基-2-丙酮、去甲麻黄素（去甲麻黄碱）、甲基麻黄素（甲基麻黄碱）、羟亚胺及其盐类十千克以上不满一百千克；

3. 胡椒醛、黄樟素、黄樟油、异黄樟素、麦角酸、麦角胺、麦角新碱、苯乙酸二十千克以上不满二百千克；

4. N-乙酰邻氨基苯酸、邻氨基苯甲酸、哌啶一百五十千克以上不满一千五百千克；

5. 甲苯、丙酮、甲基乙基酮、高锰酸钾、硫酸、盐酸四百千克以上不满四千千克；

6. 其他用于制造毒品的原料或者配剂相当数量的。

（二）违反国家规定，非法买卖或者走私制毒物品，达到或者超过前款所列最高数量标准的，认定为刑法第三百五十条第一款规定的"数量大的"，处三年以上十年以下有期徒刑，并处罚金。

最高人民法院
最高人民检察院
公安部
二〇〇九年六月二十三日

最高人民法院、最高人民检察院、公安部《关于办理走私、非法买卖麻黄碱类复方制剂等刑事案件适用法律若干问题的意见》

（2012 年 6 月 18 日）

法发〔2012〕12 号

各省、自治区、直辖市高级人民法院、人民检察院、公安厅（局），解放军军事法院、军事检察院，新疆维吾尔自治区高级人民法院生产建设兵团分院，新疆生产建设兵团人民检察院、公安局：

为从源头上惩治毒品犯罪，遏制麻黄碱类复方制剂流入非法渠道被用于制造毒品，最高人民法院、最高人民检察院、公安部制定了《关于办理走私、非法买卖麻黄碱类复方制剂等刑事案件适用法律若干问题的意见》。现印发给你们，请认真贯彻执行。执行中遇到的问题，请及时分别层报最高人民法院、最高人民检察院、公安部。

二〇一二年六月十八日

为从源头上打击、遏制毒品犯罪，根据刑法等有关规定，结合司法实践，现就办理走私、非法买卖麻黄碱类复方制剂等刑事案件适用法律的若干问题，提出以下意见：

一、关于走私、非法买卖麻黄碱类复方制剂等行为的定性

以加工、提炼制毒物品制造毒品为目的,购买麻黄碱类复方制剂,或者运输、携带、寄递麻黄碱类复方制剂进出境的,依照刑法第三百四十七条的规定,以制造毒品罪定罪处罚。

以加工、提炼制毒物品为目的,购买麻黄碱类复方制剂,或者运输、携带、寄递麻黄碱类复方制剂进出境的,依照刑法第三百五十条第一款、第三款的规定,分别以非法买卖制毒物品罪、走私制毒物品罪定罪处罚。

将麻黄碱类复方制剂拆除包装、改变形态后进行走私或者非法买卖,或者明知是已拆除包装、改变形态的麻黄碱类复方制剂而进行走私或者非法买卖的,依照刑法第三百五十条第一款、第三款的规定,分别以走私制毒物品罪、非法买卖制毒物品罪定罪处罚。

非法买卖麻黄碱类复方制剂或者运输、携带、寄递麻黄碱类复方制剂进出境,没有证据证明系用于制造毒品或者走私、非法买卖制毒物品,或者未达到走私制毒物品罪、非法买卖制毒物品罪的定罪数量标准,构成非法经营罪、走私普通货物、物品罪等其他犯罪的,依法定罪处罚。

实施第一款、第二款规定的行为,同时构成其他犯罪的,依照处罚较重的规定定罪处罚。

二、关于利用麻黄碱类复方制剂加工、提炼制毒物品行为的定性

以制造毒品为目的,利用麻黄碱类复方制剂加工、提炼制毒物品的,依照刑法第三百四十七条的规定,以制造毒品罪定罪处罚。

以走私或者非法买卖为目的,利用麻黄碱类复方制剂加工、提炼制毒物品的,依照刑法第三百五十条第一款、第三款的规定,分别以走私制毒物品罪、非法买卖制毒物品罪定罪处罚。

三、关于共同犯罪的认定

明知他人利用麻黄碱类制毒物品制造毒品,向其提供麻黄碱类复方制剂,为

其利用麻黄碱类复方制剂加工、提炼制毒物品,或者为其获取、利用麻黄碱类复方制剂提供其他帮助的,以制造毒品罪的共犯论处。

明知他人走私或者非法买卖麻黄碱类制毒物品,向其提供麻黄碱类复方制剂,为其利用麻黄碱类复方制剂加工、提炼制毒物品,或者为其获取、利用麻黄碱类复方制剂提供其他帮助的,分别以走私制毒物品罪、非法买卖制毒物品罪的共犯论处。

四、关于犯罪预备、未遂的认定

实施本意见规定的行为,符合犯罪预备或者未遂情形的,依照法律规定处罚。

五、关于犯罪嫌疑人、被告人主观目的与明知的认定

对于本意见规定的犯罪嫌疑人、被告人的主观目的与明知,应当根据物证、书证、证人证言以及犯罪嫌疑人、被告人供述和辩解等在案证据,结合犯罪嫌疑人、被告人的行为表现,重点考虑以下因素综合予以认定:

1. 购买、销售麻黄碱类复方制剂的价格是否明显高于市场交易价格;
2. 是否采用虚假信息、隐蔽手段运输、寄递、存储麻黄碱类复方制剂;
3. 是否采用伪报、伪装、藏匿或者绕行进出境等手段逃避海关、边防等检查;
4. 提供相关帮助行为获得的报酬是否合理;
5. 此前是否实施过同类违法犯罪行为;
6. 其他相关因素。

六、关于制毒物品数量的认定

实施本意见规定的行为,以走私制毒物品罪、非法买卖制毒物品罪定罪处罚的,应当以涉案麻黄碱类复方制剂中麻黄碱类物质的含量作为涉案制毒物品的数量。

实施本意见规定的行为,以制造毒品罪定罪处罚的,应当将涉案麻黄碱类复方制剂所含的麻黄碱类物质可以制成的毒品数量作为量刑情节考虑。

多次实施本意见规定的行为未经处理的,涉案制毒物品的数量累计计算。

七、关于定罪量刑的数量标准

实施本意见规定的行为,以走私制毒物品罪、非法买卖制毒物品罪定罪处罚的,涉案麻黄碱类复方制剂所含的麻黄碱类物质应当达到以下数量标准:麻黄碱、伪麻黄碱、消旋麻黄碱及其盐类五千克以上不满五十千克;去甲麻黄碱、甲基麻黄碱及其盐类十千克以上不满一百千克;麻黄浸膏、麻黄浸膏粉一百千克以上不满一千千克。达到上述数量标准上限的,认定为刑法第三百五十条第一款规定的"数量大"。

实施本意见规定的行为,以制造毒品罪定罪处罚的,无论涉案麻黄碱类复方制剂所含的麻黄碱类物质数量多少,都应当追究刑事责任。

八、关于麻黄碱类复方制剂的范围

本意见所称麻黄碱类复方制剂是指含有《易制毒化学品管理条例》(国务院令第445号)品种目录所列的麻黄碱(麻黄素)、伪麻黄碱(伪麻黄素)、消旋麻黄碱(消旋麻黄素)、去甲麻黄碱(去甲麻黄素)、甲基麻黄碱(甲基麻黄素)及其盐类,或者麻黄浸膏、麻黄浸膏粉等麻黄碱类物质的药品复方制剂。

最高人民检察院《关于贩卖假毒品案件如何定性问题的批复》

（1991年4月2日）

高检发研字〔1991〕2号

甘肃省人民检察院：

你院甘检研〔1990〕第12号《关于贩卖假毒品案件如何定性处理的请示报告》收悉。经研究，现答复如下：

对贩卖假毒品的犯罪案件，应根据不同情况区别处理：明知是假毒品而以毒品进行贩卖的，应当以诈骗罪追究被告人的刑事责任；不知是假毒品而以毒品进行贩卖的，应当以贩卖毒品罪追究被告人的刑事责任，对其所贩卖的是假毒品的事实，可以作为从轻或者减轻情节，在处理时予以考虑。

一九九一年四月二日

最高人民法院、最高人民检察院、公安部《〈关于规范毒品名称表述若干问题的意见〉的理解与适用》

为进一步规范毒品犯罪案件办理工作，最高人民法院、最高人民检察院、公安部于 2014 年 8 月 20 日联合发布了《关于规范毒品名称表述若干问题的意见》（以下简称《意见》）。为便于司法实践中准确理解和适用，现就《意见》的制定背景、起草思路及主要内容说明如下。

一、关于《意见》的制定背景

审判工作中发现，毒品犯罪案件法律文书中存在部分毒品名称表述不科学、不规范的问题，尤以新类型、混合型毒品的名称表述最为突出。规范表述毒品名称，既是促进毒品犯罪案件办理工作规范化的客观要求，也是准确认定毒品性质、依法准确定罪量刑的基础。为科学规范毒品名称表述，最高人民法院相关部门自 2013 年初以来开展了相关调研论证工作，通过研究大量毒品犯罪案件裁判文书、查阅相关专业资料、咨询有关专业人员意见，形成了规范毒品名称表述的初步意见。鉴于毒品名称规范问题涉及侦查、审查起诉、审判等刑事诉讼阶段，单由法院一家对毒品名称表述进行规范效果有限，经正式征求最高人民检察院、公安部意见，一致同意由三家联合制发规范性文件，对毒品名称表述进行统一规范，以促进毒品犯罪案件办理工作进一步规范化。在前期工作的基础上，最高人民法院、最高人民检察院、公安部相关部门共同对规范毒品名称表述的初步意见进行了深入研究,并召开座谈会专门听取了毒品鉴定专家和法律语言专家的意见。经多次修改、完善,最终形成并联合发布了《意见》。

二、关于《意见》的起草思路

当前,毒品犯罪案件法律文书中,毒品名称表述主要存在以下问题:第一,较少使用规范的化学名称,多用俗称。如将含甲基苯丙胺成分的片剂状毒品表述为"麻古"或者"麻果",将含氯胺酮成分的粉末状毒品表述为"K粉"等。第二,用单一的化学名称指代形态、成分有明显差异的毒品。如用甲基苯丙胺指代甲基苯丙胺含量明显不同的晶体和片剂状毒品等。第三,同一名称(主要是俗称)指代的混合型毒品有时并不相同。如"摇头丸"在有的案件中指代以MDMA为主要成分的毒品,在有的案件中又指代以氯胺酮为主要成分的毒品,在另一些案件中甚至指代不含毒品成分的丸状物品;"神仙水"在不同案件中指代的毒品成分也常常存在较大差异。

《意见》针对毒品名称表述存在的上述问题,明确了规范毒品名称表述的基本原则。同时,从实践情况看,毒品犯罪案件中迫切需要规范名称表述的主要是甲基苯丙胺、氯胺酮、"麻古"(又称"麻果")、"摇头丸""神仙水"等新类型、混合型毒品,《意见》对这几类毒品的名称表述作出了具体规范。传统毒品海洛因不存在名称表述不规范的问题。对于实践中较少出现的新类型毒品(如甲卡西酮、曲马多等),名称表述的规范性问题目前尚不突出。今后如发现其他需要规范的毒品名称表述问题,可以根据《意见》确定的基本原则加以规范。

从涉及的法律文书范围看,《意见》明确规定,需要规范毒品名称表述的法律文书主要是公安机关的起诉意见书、检察机关的起诉书与人民法院的刑事判决书、刑事裁定书,即侦查、审查起诉、审判阶段的终局性法律文书,也是主要向社会公开的法律文书。考虑到工作实际,对其他内部法律文书暂不做硬性要求,但也希望按照《意见》的要求规范表述毒品名称。

三、关于《意见》的主要内容

《意见》主要包括两个部分,第一部分规定了规范毒品名称表述的三条基本原则,第二部分对实践中反映较为突出的甲基苯丙胺、氯胺酮、"摇头丸""神仙水"等几类毒品的名称表述作了具体规范。

（一）规范毒品名称表述的基本原则

第一条基本原则确定，毒品名称表述应当以毒品的化学名称为依据，不再直接使用俗称。由于刑法、司法解释及相关规范性文件与《麻醉药品品种目录》《精神药品品种目录》对部分毒品的化学名称规定不尽一致，前者更符合法律语言要求，故应优先以刑法、司法解释及相关规范性文件规定的毒品名称为表述依据。刑法、司法解释及相关规范性文件没有规定的，可以参照《麻醉药品品种目录》《精神药品品种目录》中的毒品名称进行表述。

第二条基本原则确定了混合型毒品的名称表述方法。混合型毒品的名称表述直接关系到毒品的种类认定和定罪量刑数量标准的确定。该原则规定，对于混合型毒品，应当以其中一种主要的毒品成分确定毒品种类，并根据其具体形态进行客观表述。司法实践中通常以定罪量刑数量标准较低（即处罚更重）的毒品成分确定混合型毒品的种类，2008年印发的《全国部分法院审理毒品犯罪案件工作座谈会纪要》（《大连会议纪要》）也采用了这种做法，这不仅有利于从严惩处毒品犯罪分子，也便于司法操作。由于海洛因、甲基苯丙胺的定罪量刑标准低、社会危害大，混合型毒品中含有海洛因、甲基苯丙胺的，一般应当以海洛因、甲基苯丙胺确定其毒品种类。对于不含海洛因、甲基苯丙胺，或者海洛因、甲基苯丙胺的含量极低的（固体2%、液体0.005%以下，即痕量），以其他定罪量刑数量标准较低但含量并非极低的毒品成分确定其毒品种类，有两种以上毒品成分的定罪量刑数量标准较低且标准相同的，以其中所占比例较大的毒品成分确定其毒品种类。如片剂状混合型毒品中含有甲基苯丙胺和咖啡因成分的，如果甲基苯丙胺的含量并非极低，应当表述为甲基苯丙胺片剂；片剂状毒品中含有甲基苯丙胺、氯胺酮和咖啡因成分的，如果甲基苯丙胺的含量极低，而氯胺酮的含量并非极低的，应当表述为氯胺酮片剂。混合型毒品成分复杂的，可以用括号注明其中定罪量刑数量标准较低或者所占比例较大的一至二种毒品成分，以全面反映毒品性质，如表述为含氯胺酮（咖啡因、地西泮等）成分的液体。

第三条基本原则确定了毒品常见俗称的表述方法。实践中，多数犯罪嫌疑人、被告人并不了解毒品的规范化学名称和混合型毒品的具体成分，所供述的通常是毒品的俗称，如"麻古""K粉"等。为防止犯罪嫌疑人、被告人及其辩护人对文书中认定的相关事实提出异议，也为了体现与犯罪嫌疑人、被告人供述的对应性，可以在文书中第一次表述该类毒品时用括号注明犯罪嫌疑人、被告人供述的毒品常见俗称,如表述为甲基苯丙胺片剂(俗称"麻古")。

(二)几类毒品的名称表述

1. 含甲基苯丙胺成分的毒品

这方面,《意见》主要规定了含甲基苯丙胺成分的晶体状毒品,以甲基苯丙胺为主要成分的片剂状毒品,含甲基苯丙胺成分的液体、固液混合物、粉末等的名称表述问题。

(1)含甲基苯丙胺成分的晶体状毒品的名称表述。该类毒品的化学成分为甲基苯丙胺盐酸盐,实践中多称之为冰毒。冰毒是基于甲基苯丙胺盐酸盐的外观特征对其的一种称谓,来源于英文 ICE 的意译,并不是这种毒品的化学名称。刑法条文中虽有关于冰毒的表述,但相关司法解释和规范性文件中则很少使用,故将这种毒品直接表述为冰毒并不十分规范。同时,甲基苯丙胺存在盐和碱两种形态,甲基苯丙胺盐酸盐为晶体,甲基苯丙胺碱则为油状液体(实践中并不常见),因此也不宜用甲基苯丙胺单独指代晶体状的甲基苯丙胺盐酸盐。《意见》规定,将该类毒品表述为甲基苯丙胺,并用括号注明系冰毒,既反映了毒品的化学成分,又说明仅指晶体状的甲基苯丙胺盐酸盐,且与刑法对该类毒品的表述方式一致。根据案件具体情况,可以在文书中第一次出现时表述为甲基苯丙胺(冰毒),再次出现时直接表述为甲基苯丙胺,以使行文简洁。

(2)以甲基苯丙胺为主要成分的片剂状毒品的名称表述。该类毒品由甲基苯丙胺、咖啡因、香料、色素等成分混合而成,其中最主要的毒品成分为甲基苯丙胺。当前,法律文书中多将其表述为"麻古"或者"麻果",也有的直接表述为甲基苯丙胺。经研究,以上两种表述方式都欠妥当,理由是:第一,"麻古"或者"麻果"来源于泰语音译,系犯罪分子对该类毒品的俗称,既不能体现其化学成分,也不是刑法、司法解释中使用的称谓。并且,各地表述存在差异,有的地区称之为"麻古",有的地区称之为"麻果",还有的地区称之为"缅果"。故不宜将该类毒品表述为"麻古"或者"麻果"等。第二,该类毒品中的甲基苯丙胺含量通常在5%至25%之间,大大低于晶体状的甲基苯丙胺(含量通常在50%至100%之间)。在数量相同的情况下,两者的有效毒品成分和社会危害存在一定差异。故不宜将该类毒品直接表述为甲基苯丙胺。近年来,国家禁毒委员会的官方文件中将该类毒品称为冰毒片剂,联合国毒品与犯罪问题办公室(UNODC)的官方文件中将其表述为"Methamphetamine tablet"(甲基苯丙胺片剂)。这种"主要毒品成分+片剂"的表述方法既反映出混合型毒品中最主要的毒品成分,也体现出该类毒品在形态、含量上与晶体状甲基苯丙胺的区别,值得借鉴。而且,相对于冰毒片剂,甲基苯丙胺片剂的表述方法直接体现了毒品的化学成分,更为严谨和规范。由于犯罪嫌疑人、被告人多供述为"麻古""麻果"或者其他俗称,故可以在文书中第一次表述该类毒品时用括号注明,如表述为甲基苯丙胺片剂(俗称"麻古")等。

(3)含甲基苯丙胺成分的液体、固液混合物、粉末等的名称表述。在制造甲基苯丙胺(冰毒)犯罪中,除查获毒品成品外,往往还会查获大量含有甲基苯丙胺成分的液体、固液混合物、块状物、粉末状物等非常态物质。这些物质通常是制毒过程中产生的半成品、废液废料,也可能是用于加工甲基苯丙胺片剂的原料。由于有时难以准确界定上述物质的性质,故在法律文书中既不能将其直接等同于甲基苯丙胺成品,也不宜明确界定其属于毒品半成品、废液废料或者是加工原料,而应根据其毒品成分和具体形态进行客观表述,如表述为含甲基苯丙胺成分的液体、含甲基苯丙胺成分的粉末等。

2. 含氯胺酮成分的毒品

这方面,《意见》主要规定了含氯胺酮成分的粉末状毒品,以氯胺酮为主要成分的片剂状毒品,含氯胺酮成分的液体、固液混合物等的名称表述问题。

(1)含氯胺酮成分的粉末状毒品的名称表述。氯胺酮的外观为白色晶体粉末,实践中多将其表述为"K粉"或者"K"粉。对于常态粉末状的该类毒品,应统一使用其化学名称,表述为氯胺酮。如果犯罪嫌疑人、被告人供述为"K粉"等俗称的,可以在文书中第一次出现时用括号注明,如表述为氯胺酮(俗称"K粉")等。

(2)以氯胺酮为主要成分的片剂状毒品的名称表述。毒品市场上存在一些以氯胺酮为主要成分,同时添加其他毒品、非毒品成分的片剂状毒品。实践中对该类毒品的名称表述非常不规范,有的甚至表述为"摇头丸",混淆了不同毒品的性质。对于以氯胺酮为主要成分的片剂状毒品,也应当采用前述"主要毒品成分+片剂"的表述方法,统一表述为氯胺酮片剂。

(3)含氯胺酮成分的液体、固液混合物等的名称表述。在制造氯胺酮犯罪中,常常会查获含有氯胺酮成分的液体、固液混合物等。对于这些含有氯胺酮成分的非常态物质,应当根据其毒品成分和具体形态进行客观表述,如表述为含氯胺酮成分的液体、含氯胺酮成分的固液混合物等。

3. 含 MDMA 等成分的毒品

"摇头丸"是指以 3,4-亚甲二氧基甲基苯丙胺(MDMA)、3,4-亚甲二氧基苯丙胺(MDA)或者 3,4-亚甲二氧基乙基苯丙胺(MDEA)为主要成分的片剂、丸剂或胶囊类毒品。部分"摇头丸"中还掺杂有氯胺酮成分,属于致幻性苯丙胺类兴奋剂。近年来,我国实际查获"摇头丸"的案件数量不多,但实践中多将不含 MDMA、MDA、MDEA 等成分的丸状、片剂状毒品不加区分地称为"摇头丸",导致这一称谓被滥用,也给毒品的性质和数量认定带来困难,确有必要加以规范。根据规范毒品名称表述的基本原则,对于此类混合型毒品,应当根据其主要毒品成分和具体形态认定毒品种类、确定名称。按照法律语言的要求,文书中不宜直接使用其主要毒品成分的英文名称缩写,而应使用中文化学名称。但是,此类毒品的中文化学名称较为复杂,在文书中反复出现会影响表述的简洁性,故可以在第一次表述该类毒品时在中文化学名称后注明其英文缩写简称,下文中使用其简称即可。如表述为 3,4-亚甲二氧基甲基苯丙胺片剂(以下简称 MDMA 片剂)、3,4-亚甲二氧基苯丙胺片剂(以下简称 MDA 片剂)、3,4-亚甲二氧基乙基苯丙胺片剂(以下简称 MDEA 片剂)等。需要说明的是,对于 MDMA、MDA、MDEA 等毒品的中文化学名称,我们专门听取了公安部物证鉴定中心毒品检验技术处和国家毒品实验室有关专家的意见。专家指出,麻精药品品种目录及 2007 年"两高一部"联合制定的《办理毒品犯罪案件适用法律若干问题的意见》中对上述毒品的名称表述均不够规范,其中的二亚甲基双氧安非他命不仅指 MDMA,还涵盖了其他化学成分相近但不属于毒品的物质,如 5,6-亚甲二氧基甲基苯丙胺,故不宜采用。我们根据专家的一致意见,采用了 3,4-亚甲二氧基甲基苯丙胺(MDMA)、3,4-亚甲二氧基苯丙胺(MDA)、3,4-亚甲二氧基乙基苯丙胺(MDEA)等更为规范、准确的化学名称。同样,如果犯罪嫌疑人、被告人供述为"摇头丸"等俗称的,可以在文书中第一次表述该类毒品时用括号注明,如表述为 3,4-亚甲二氧基甲基苯丙胺片剂(以下简称 MDMA 片剂,俗称"摇头丸")等。

4. "神仙水"类毒品

"神仙水"是一种新类型混合型毒品的俗称,近年来在全国各地均出现滥用,危害范围较广。"神仙水"本身没有固定的成分、含量标准,且在我国不同地区成分和含量差异较大。根据国家毒品实验室掌握的情况,"神仙水"以氯胺酮为主要成分,但含量不固定,同时添加咖啡因、地西泮、曲马多等多种毒品成分,个别还含有甲基苯丙胺或者 MDMA。由于"神仙水"的称谓本身不具有代表性,随意使用该俗称会导致同一毒品名称在不同案件中指代的毒品成分不同，故应当根据该类毒品的主要毒品成分和具体形态确定名称。如果该类毒品中不含甲基苯丙胺成分或者甲基苯丙胺的含量极低，所含其他毒品成分中氯胺酮的定罪量刑数量标准最低但含量并非极低的，应当表述为含氯胺酮成分的液体。必要时，可以注明其中所含的另外一至二种定罪量刑数量标准较低或者所占比例较大的毒品成分，如表述为含氯胺酮（地西泮、咖啡因等）成分的液体等。如果犯罪嫌疑人、被告人供述为"神仙水"等俗称的，可以在文书中第一次表述该类毒品时用括号注明，如表述为含氯胺酮（地西泮、咖啡因等）成分的液体（俗称"神仙水"）等。

　　5. 大麻类毒品

　　大麻属于传统毒品。2000年《最高人民法院关于审理毒品案件定罪量刑标准有关问题的解释》对大麻油、大麻脂及大麻叶和大麻烟规定了不同的定罪量刑数量标准，实践中反映难以区分上述四类物质，因而有必要对其名称表述加以规范。大麻叶是指大麻植物的叶、茎等，大麻植物的果实、花粉、叶、茎中均含有大麻脂，对大麻植物进行提取可以获得大麻脂（固体），从大麻脂中可以提炼出大麻油（液体），大麻烟是指大麻植物做成的香烟。大麻类毒品中对神经系统起作用的主要成分为四氢大麻酚，也包括其降解产物大麻二酚和大麻酚等天然大麻素类物质。大麻植物的不同部位及利用大麻植物不同部位制取的不同大麻制品中，天然大麻素类物质的含量均有差别且不固定。因此，对于经鉴定含四氢大麻酚、大麻二酚、大麻酚等天然大麻素类物质的毒品，可以根据其外观分别表述为大麻叶、大麻脂、大麻油或者大麻烟等。

《最高人民检察院公诉厅毒品犯罪案件公诉证据标准指导意见(试行)》

(2005年4月25日)

〔2005〕高检诉发第32号

根据毒品犯罪案件证据的共性和特性,公诉证据标准可分为一般证据标准和特殊证据标准。一般证据标准,是指毒品犯罪通常具有的证据种类和形式;特殊证据标准,是指对某些毒品犯罪除一般证据种类和形式外,还应具有的特殊证据形式。

一、一般证据标准

一般证据标准,包括证明毒品犯罪的客体、客观方面、主体和主观方面的证据种类和形式。毒品犯罪侵犯的客体主要是国家对毒品的管理制度,在一些特殊的毒品犯罪中,还同时侵害了国家海关管理制度等。对此,一般可通过犯罪事实的认定予以明确。《指导意见(试行)》主要针对的是证明毒品犯罪的主体、主观方面和客观方面的证据种类和形式问题。

(一)关于犯罪主体的证据

毒品犯罪的主体既有一般主体,也有特殊主体,包括自然人和单位。关于犯罪主体(自然人)的证据主要参考以下内容:

1. 居民身份证、临时居住证、工作证、护照、港澳居民来往内地通行证、台湾居

民来往大陆通行证、中华人民共和国旅行证,以及边民证;

2. 户口簿或微机户口卡;

3. 个人履历表或入学、入伍、招工、招干等登记表;

4. 医院出生证明;

5. 犯罪嫌疑人、被告人的供述;

6. 有关人员(如亲属、邻居等)关于犯罪嫌疑人、被告人情况的证言。

通过上述证据证明犯罪嫌疑人、被告人的姓名(曾用名)、出生年月日、居民身份证号、民族、籍贯、出生地、职业、住所地等基本情况。贩卖毒品罪的犯罪嫌疑人、被告人必须是年满14周岁的自然人;其他毒品犯罪的犯罪嫌疑人、被告人必须是年满16周岁的自然人。

收集、审查、判断上述证据需要注意的问题:

1. 居民身份证、工作证等身份证明文件的核实

对居民身份证、临时居住证、工作证、护照、港澳居民来往内地通行证、台湾居民来往大陆通行证、中华人民共和国旅行证,以及边民证的真实性存在疑问,如有其他证据能够证明犯罪嫌疑人、被告人真实情况的,可根据其他证据予以认定;现有证据无法证明的,应向证明身份文件上标明的原出具机关予以核实;原机关已撤消或者变更导致无法核实的,应向有权主管机关予以核查。经核查证明材料不真实的,应当向犯罪嫌疑人、被告人户籍所在地的公安机关、原用人单位调取证据。犯罪嫌疑人、被告人的真实姓名、住址无法查清的,应按其绰号或自报情况起诉,并在起诉书中注明。被告人自报姓名可能造成损害他人名誉、败坏道德风俗等不良影响的,可以对被告人进行编号并按编号制作起诉书,同时在起诉书中附具被告人的照片。犯罪嫌疑人、被告人认为公安机关提取的法定书证(户口簿、身份证等)所记载的个人情况不真实,但没有证据证明的,应以法定书证为准。对于年龄有争议的,一般以户籍登记文件为准;出生原始记录证明户籍登记确有错误的,可以根据原始记录等有效证据予以认定。对年龄有争议,又缺乏证据的情况下,可以采用"骨龄鉴定法",并结合其他证据予以认定。

2. 国籍的认定

国籍的认定,涉及案件的审判管辖级别。审查起诉毒品犯罪案件时,应当查明犯罪嫌疑人、被告人的国籍。外国人的国籍,以其入境时的有效证件予以证明。对于没有护照的,可根据边民证认定其国籍;缅甸的个别地区使用"马帮丁"作为该地区居民的身份证明,故根据"马帮丁"也可认定其国籍。此外,根据有关国家

有权管理机关出具的证明材料(同时附有我国司法机关的《委托函》或者能够证明该份证据取证合法的证明材料),也可以认定其国籍。国籍不明的,可商请我国出入境管理部门或者我国驻外使领馆予以协助查明。无法查明国籍的,以无国籍人论。无国籍人,属于外国人。

3. 刑事责任能力的确定

犯罪嫌疑人、被告人的言行举止反映他(她)可能患有精神性疾病的,应当尽量收集能够证明其精神状况的证据。证人证言可作为证明犯罪嫌疑人、被告人刑事责任能力的证据。经查不能排除犯罪嫌疑人、被告人具有精神性疾病可能性的,应当作司法精神病鉴定。

(二)关于犯罪主观方面的证据

毒品犯罪的主观方面为故意。关于主观方面的证据主要参考以下内容:

1. 犯罪嫌疑人、被告人及其同案犯的供述和辩解;
2. 有关证人证言;
3. 有关书证(书信、电话记录、手机短信记录);
4. 其他有助于判断主观故意的客观事实。

通过证据1、证据2和证据3,证明毒品犯罪案件的起因、犯罪动机、犯罪目的等主观特征。当以上证据均无法证明犯罪嫌疑人、被告人在主观上是否具有毒品犯罪的"明知"时,可通过证据4,即根据一定的客观事实判定"明知"。

收集、审查、判断上述证据需要注意的问题:

1. 对于毒品犯罪中目的犯的认定,应注意收集证明犯罪嫌疑人、被告人主观犯罪目的之证据,例如,刑法第355条第2款规定的"以牟利为目的"。

2. 对于毒品犯罪中共同犯罪的认定,应注意收集证明共同故意的证据。

3. 推定"明知"应当慎重使用。对于具有下列情形之一,并且犯罪嫌疑人、被告人不能作出合理解释的,可推定其明知,但有相反证据的除外。

(1)故意选择没有海关和边防检查站的边境路段绕行出入境的;

(2)经过海关或边检站时,以假报、隐匿、伪装等蒙骗手段逃避海关、边防检查的;

(3)采用假报、隐匿、伪装等蒙骗手段逃避邮检的;

(4)采用体内藏毒的方法运输毒品的。

对于具有下列情形之一的，能否推定明知还需结合其他证据予以综合判断：

（1）受委托或雇佣携带毒品，获利明显超过正常标准的；

（2）犯罪嫌疑人、被告人所有物、住宅、院落里藏有毒品的；

（3）毒品包装物上留下的指纹与犯罪嫌疑人、被告人的指纹经鉴定一致的；

（4）犯罪嫌疑人、被告人持有毒品的。

（三）关于犯罪客观方面的证据

毒品犯罪在客观方面表现为各种形式的毒品犯罪行为，如走私、贩卖、运输、制造毒品、非法持有毒品等。证明毒品犯罪客观方面的证据主要参考以下内容：

1. 物证及其照片，包括毒品、毒品的半成品、毒品的前体化学物、毒品原植物、毒品原植物的种子或幼苗、制毒物品、毒资、盛装毒品的容器或包装物、作案工具等实物及其照片；

2. 毒资转移的凭证，如银行的支付凭证（如存折、本票、汇票、支票）和记账凭证，毒品、制毒物品、毒品原植物等物品的交付凭证（托运单、货单、仓单、邮寄单）、交通运输凭证（车票、船票、机票），同案犯之间的书信等；

3. 报案记录、投案记录、举报记录（信件）、控告记录（信件）、破案报告、吸毒记录等能说明案件及相关情况的书面材料；

4. 毒品、毒资、作案工具及其他涉案物品的扣押清单；

5. 相关证人证言，包括海关、边防检查人员、侦查人员的证言，以及鉴定人员对鉴定所作的说明；

6. 辨认笔录、指认笔录及其照片情况的文字记录，包括有关知情人员对犯罪嫌疑人、被告人的辨认和犯罪嫌疑人、被告人对毒品、毒资等犯罪对象的指认情况；

7. 犯罪嫌疑人、被告人的供述和辩解；

8. 毒品鉴定和检验报告，包括毒品鉴定、制毒物品鉴定、毒品原植物鉴定、毒品原植物的种子或幼苗鉴定、文检鉴定、指纹鉴定、犯罪嫌疑人或被告人是否吸食毒品的检验报告，以及被引诱、教唆、欺骗、强迫吸毒的被害人和被容留吸毒的人员是否吸食毒品的检验报告；

9. 现场勘验、检查笔录及照片、录像、现场制图，包括对现场的勘验、对人身的检查、对物品的检查；

10. 毒品数量的称量笔录；

11. 视听资料，包括录音带、录像带、电子数据等。

通过上述证据证明：毒品犯罪事实是否存在；犯罪嫌疑人、被告人是否实施毒品犯罪行为；犯罪嫌疑人、被告人实施毒品犯罪行为的性质；犯罪的时间、地点、手段、后果；毒品的种类及其数量；共同犯罪中，犯罪嫌疑人、被告人之间的关系及其在共同犯罪中所起的作用和地位；犯罪嫌疑人、被告人的财产状况；是否具有法定或酌定从重、从轻、减轻或免除处罚的情节；涉及管辖、强制措施、诉讼期限的事实；其他与定罪量刑有关的事实。

收集、审查、判断上述证据需要注意的问题：

1. 毒品犯罪案件中所涉及的毒品、制毒物品，以及毒品原植物、种子、幼苗，都必须属于刑法规定的范围。

2. 收集证据过程中，应注意固定、保全证据，防止证据在转移过程中因保管失当而发生变化或灭失。

3. 公安机关对作为证据使用的实物应当随案移送检察机关，对不宜或不便移送的，应将这些物品的扣押清单、照片或者其他证明文件随案移送检察机关。

4. 注意审查犯罪嫌疑人、被告人的供述等言词证据，对于以刑讯逼供、诱供、指供、骗供等非法方法收集的言词证据，坚决依法予以排除。

5. 在毒品、制毒物品等物证灭失的情况下，仅有犯罪嫌疑人、被告人自己的供述，不能定罪；但是，当犯罪嫌疑人、被告人的供述与同案犯的供述吻合，并且完全排除诱供、刑讯逼供、串供等情形，能够相互印证的口供可以作为定罪的证据。

6. 毒品数量是指毒品净重。称量时，要扣除包装物和容器的重量。毒品称量应由二名以上侦查人员当场、当面进行，并拍摄现场照片。查获毒品后，应当场制作称量笔录，要求犯罪嫌疑人当场签字；犯罪嫌疑人拒绝签字的，应作出情况说明。

7. 审查鉴定时，要注意鉴定主体是否合格、鉴定内容和范围是否全面、鉴定程序是否符合规范（包括检材提取、检验、鉴定方法、鉴定过程、鉴定人有无签字等）、鉴定结论是否明确具体、鉴定报告的体例形式是否符合规范要求，以及鉴定结论是否告知犯罪嫌疑人、被告人。

8. 公安机关依法使用技术侦查手段秘密收集的证据，因为涉及保密问题，不能直接作为证据使用；必须使用技术侦查手段秘密收集的证据证明犯罪事实时，应将其转化为诉讼证据。

二、特殊证据标准

特殊证据标准主要包括主体特殊的毒品犯罪、有被害人的毒品犯罪、毒品犯罪的再犯,以及某些个罪所需的特殊证据形式。

(一)单位犯罪的特殊证据

刑法第347条走私、贩卖、运输、制造毒品罪、第350条走私制毒物品罪、非法买卖制毒物品罪、第355条非法提供麻醉药品、精神药品罪都规定单位可以构成本罪主体。单位毒品犯罪除一般证据标准外,还需要参考以下内容:

1. 证明单位犯罪主体身份的证据,例如,单位注册登记证明、单位代表身份证明、营业执照、办公地和主要营业地证明等;

2. 证明单位犯罪主观故意的证据,例如,证明单位犯罪的目的、实施犯罪的决定形成等证明材料;

3. 证明单位犯罪非法所得归属的证据,例如,证明单位、资金流动、非法利益分配情况等证明材料;

4. 证明单位犯罪中直接负责的主管人员和其他直接责任人员的证据。

通过上述证据证明犯罪系单位行为,与自然人犯罪相区分。

收集、审查、判断上述证据需要注意以下问题:

1. 我国刑法中规定的单位,既包括国有、集体所有的公司、企业、事业单位,也包括依法设立的合资经营、合作经营企业和具有法人资格的独资、私营等公司、企业、事业单位。

2. 个人为进行违法犯罪活动而设立的公司、企业、事业单位实施犯罪的,或者公司、企业、事业单位设立后,以实施犯罪为主要活动的,以自然人犯罪论处。

3. 盗用单位名义实施犯罪,违法所得由实施犯罪的个人私分的,依照刑法有关自然人犯罪的规定定罪处刑。

(二)特殊主体的特殊证据

刑法第355条规定的非法提供麻醉药品、精神药品罪的主体是特殊主体,即依法从事生产、运输、管理、使用国家管制的精神药品和麻醉药品的单位和个人。该罪的特殊证据主要参考以下内容：

1. 国家主管部门颁发的生产、运输、管理、使用国家管制的精神药品、麻醉药品的"许可证"；

2. 有关单位对国家管制的精神药品和麻醉药品的来源、批号的证明及管理规定；

3. 特殊行业专营证；

4. 有关批文；

5. 有关个人的工作证、职称证明、授权书、职务任命书。

通过上述证据证明犯罪主体具有从事生产、运输、管理、使用国家管制的麻醉药品、精神药品的权力和职能。

（三）有被害人的毒品犯罪的特殊证据

刑法第353条规定的引诱、教唆、欺骗他人吸毒罪、强迫他人吸毒罪属于有被害人的毒品犯罪。这一类犯罪的特殊证据主要参考以下内容：

1. 被引诱、教唆、欺骗吸食、注射毒品的被害人的陈述；

2. 被强迫吸食、注射毒品的被害人的陈述；

3. 被引诱、教唆、欺骗、强迫吸食、注射毒品的未成年人的法定代理人及其亲属的证言。

通过上述证据证明被害人的客观存在，以及被告人引诱、教唆、欺骗他人吸毒、强迫他人吸毒的客观事实。

（四）毒品犯罪再犯的特殊证据

刑法第356条规定，因走私、贩卖、运输、制造、非法持有毒品罪被判过刑，又犯本节规定之罪的，从重处罚。毒品犯罪再犯的特殊证据主要是证明犯罪嫌疑人、被告人具有走私、贩卖、运输、制造毒品罪、非法持有毒品罪前科的生效判决和裁定。

收集、审查、判断这类证据需要注意以下问题：

1. 毒品再犯前科的罪名仅指走私、贩卖、运输、制造毒品罪和非法持有毒品罪；

2. 对于同时构成毒品再犯和刑法总则规定累犯的犯罪嫌疑人、被告人，一律适用刑法分则第356条关于毒品再犯的从重处罚规定，不再援引刑法总则中关于累犯的规定。

（五）走私、贩卖、运输、制造毒品罪的特殊证据

刑法第347条第2款（4）、（5）项规定：走私、贩卖、运输、制造毒品，以暴力抗拒检查、拘留、逮捕，情节严重的，或者参与有组织的国际贩毒活动的，应当处十五年有期徒刑、无期徒刑或者死刑，并处没收财产。符合这两项规定的走私、贩卖、运输、制造毒品罪的特殊证据主要参考下列内容：

1. 公安、海关、边检部门出具的证明犯罪嫌疑人、被告人暴力抗拒检查、拘留、逮捕的材料；

2. 证明犯罪嫌疑人、被告人参与有组织的国际贩毒活动的材料或者犯罪记录。

通过上述证据证明犯罪嫌疑人、被告人是否具有以暴力抗拒检查、拘留、逮捕的严重情节，是否参与有组织的国际贩毒活动。符合上述两种情形的，应依法适用加重的法定刑。

（六）非法种植毒品原植物罪的特殊证据

根据刑法第351条第1款2、3项之规定，行为人非法种植毒品原植物，经公安机关处理后又种植的，或者抗拒铲除的，构成本罪。本罪的特殊证据主要参考以下内容：

1. 公安机关对原种植行为的处理情况说明；
2. 公安机关的处理决定（包括行政处罚决定）；
3. 公安机关责令铲除毒品原植物的通知书；
4. 公安机关警告或责令改正的记录。

通过上述证据证明公安机关曾处理过犯罪嫌疑人、被告人种植毒品原植物的行为，或者公安机关曾责令犯罪嫌疑人、被告人铲除其非法种植的毒品原植物，或者强制铲除犯罪嫌疑人、被告人种植的毒品原植物，但是犯罪嫌疑人、被告人拒绝铲除。非法种植毒品原植物数量没有达到刑法第351条第1款（1）项规定的数量较大程度，又不能证实行为人具有上述两种情形之一的，不构成犯罪。

最高人民检察院《关于加强毒品犯罪批捕起诉工作的通知》

（1997年6月10日）

高检发刑字〔1997〕55号

各省、自治区、直辖市人民检察院，军事检察院：

今年4月在全国范围内开展禁毒专项斗争以来，全国检察机关按照中央有关精神和高检院4月10日通知的要求，充分发挥检察机关的职能作用，积极参加专项斗争，取得了一定的成绩。随着专项斗争的深入开展，大批毒品犯罪案件陆续移送检察机关审查批捕、审查起诉，为加大对毒品犯罪的打击力度，巩固专项斗争已取得的实效，特作如下通知：

1. 各级检察机关要进一步提高对打击毒品犯罪迫切性和艰巨性的认识。打击毒品犯罪工作取得了成效，但毒品犯罪增多的趋势尚未扭转，有的地方毒品犯罪仍十分猖獗。严厉打击毒品犯罪是遏制毒品蔓延势头的重要举措。必须从社会稳定、国家富强、民族兴盛的高度来认识加大打击毒品犯罪力度的重大意义，充分发挥检察机关在专项斗争中的职能作用。

2. 对公安机关提请批准逮捕的毒品犯罪嫌疑人，检察机关要本着严厉惩治毒品犯罪的精神，对有证据证明有毒品犯罪事实的即应批准逮捕。对走私、贩卖、运输、制造毒品的，不论毒品数量多少均应批准逮捕，以保证毒品案件侦查工作的顺利进行。坚决防止在批捕环节出现打击不力。

3. 对公安机关移送审查起诉毒品犯罪案件，检察机关要及时依法审查。对犯罪嫌疑人的犯罪事实已经查清，证据确实充分，应依法追究刑事责任的，要及时提起公诉。对走私、贩卖、运输、制造毒品的，不论毒品数量多少均应提起公诉。

4. 办理毒品犯罪案件要坚决贯彻从重从快的方针，依法办案，认真履行法律监督职能，对漏捕、漏诉的毒品犯罪嫌疑人要及时追捕、追诉，对确有错误的判决要及时抗诉，防止和纠正打击不力。在专项斗争中要加强与公安机关和法院的联系，密切配合。顾全大局，在严格依法办案的原则下协调解决工作中的问题。

5. 各省级检察机关加强调查研究，对专项斗争加强指导。对在执法中遇到的问题及时逐级向高检院报告。

《人民检察院办理羁押必要性审查案件规定（试行）》

（2016年1月22日）

高发执检字〔2016〕1号

（2016年1月13日最高人民检察院第十二届检察委员会第四十七次会议通过）

第一章 总 则

第一条 为了加强和规范羁押必要性审查工作，维护被逮捕的犯罪嫌疑人、被告人合法权益，保障刑事诉讼活动顺利进行，根据《中华人民共和国刑事诉讼法》《人民检察院刑事诉讼规则（试行）》等有关规定，结合检察工作实际，制定本规定。

第二条 羁押必要性审查，是指人民检察院依据《中华人民共和国刑事诉讼法》第九十三条规定，对被逮捕的犯罪嫌疑人、被告人有无继续羁押的必要性进行审查，对不需要继续羁押的，建议办案机关予以释放或者变更强制措施的监督活动。

第三条 羁押必要性审查案件由办案机关对应的同级人民检察院刑事执行检察部门统一办理，侦查监督、公诉、侦查、案件管理、检察技术等部门予以配合。

第四条 羁押必要性审查案件的受理、立案、结案、释放或者变更强制措施建议书等应当依照有关规定在检察机关统一业务应用系统登记、流转和办理，案件管理部门在案件立案后对办案期限、办案程序、办案质量等进行管理、监督、预警。

第五条 办理羁押必要性审查案件过程中,涉及国家秘密、商业秘密、个人隐私的,应当保密。

第六条 人民检察院进行羁押必要性审查,不得滥用建议权影响刑事诉讼依法进行。

第二章 立 案

第七条 犯罪嫌疑人、被告人及其法定代理人、近亲属、辩护人申请进行羁押必要性审查的,应当说明不需要继续羁押的理由。有相关证明材料的,应当一并提供。

第八条 羁押必要性审查的申请由办案机关对应的同级人民检察院刑事执行检察部门统一受理。

办案机关对应的同级人民检察院控告检察、案件管理等部门收到羁押必要性审查申请后,应当在一个工作日以内移送本院刑事执行检察部门。

其他人民检察院收到羁押必要性审查申请的,应当告知申请人向办案机关对应的同级人民检察院提出申请,或者在两个工作日以内将申请材料移送办案机关对应的同级人民检察院,并告知申请人。

第九条 刑事执行检察部门收到申请材料后,应当进行初审,并在三个工作日以内提出是否立案审查的意见。

第十条 刑事执行检察部门应当通过检察机关统一业务应用系统等途径及时查询本院批准或者决定、变更、撤销逮捕措施的情况。

第十一条 刑事执行检察部门对本院批准逮捕和同级人民法院决定逮捕的犯罪嫌疑人、被告人,应当依职权对羁押必要性进行初审。

第十二条 经初审,对于犯罪嫌疑人、被告人可能具有本规定第十七条、第十八条情形之一的,检察官应当制作立案报告书,经检察长或者分管副检察长批准后予以立案。

对于无理由或者理由明显不成立的申请,或者经人民检察院审查后未提供新的证明材料或者没有新的理由而再次申请的,由检察官决定不予立案,并书面告知申请人。

第三章 审 查

第十三条 人民检察院进行羁押必要性审查,可以采取以下方式:

(一)审查犯罪嫌疑人、被告人不需要继续羁押的理由和证明材料;

(二)听取犯罪嫌疑人、被告人及其法定代理人、辩护人的意见;

(三)听取被害人及其法定代理人、诉讼代理人的意见,了解是否达成和解协议;

(四)听取现阶段办案机关的意见;

(五)听取侦查监督部门或者公诉部门的意见;

(六)调查核实犯罪嫌疑人、被告人的身体状况;

(七)其他方式。

第十四条 人民检察院可以对羁押必要性审查案件进行公开审查。但是,涉及国家秘密、商业秘密、个人隐私的案件除外。

公开审查可以邀请与案件没有利害关系的人大代表、政协委员、人民监督员、特约检察员参加。

第十五条 人民检察院应当根据犯罪嫌疑人、被告人涉嫌犯罪事实、主观恶性、悔罪表现、身体状况、案件进展情况、可能判处的刑罚和有无再危害社会的危险等因素,综合评估有无必要继续羁押犯罪嫌疑人、被告人。

第十六条 评估犯罪嫌疑人、被告人有无继续羁押必要性可以采取量化方式,设置加分项目、减分项目、否决项目等具体标准。犯罪嫌疑人、被告人的得分情况可以作为综合评估的参考。

第十七条 经羁押必要性审查，发现犯罪嫌疑人、被告人具有下列情形之一的，应当向办案机关提出释放或者变更强制措施的建议：

（一）案件证据发生重大变化，没有证据证明有犯罪事实或者犯罪行为系犯罪嫌疑人、被告人所为的；

（二）案件事实或者情节发生变化，犯罪嫌疑人、被告人可能被判处拘役、管制、独立适用附加刑、免予刑事处罚或者判决无罪的；

（三）继续羁押犯罪嫌疑人、被告人，羁押期限将超过依法可能判处的刑期的；

（四）案件事实基本查清，证据已经收集固定，符合取保候审或者监视居住条件的。

第十八条 经羁押必要性审查，发现犯罪嫌疑人、被告人具有下列情形之一，且具有悔罪表现，不予羁押不致发生社会危险性的，可以向办案机关提出释放或者变更强制措施的建议：

（一）预备犯或者中止犯；

（二）共同犯罪中的从犯或者胁从犯；

（三）过失犯罪的；

（四）防卫过当或者避险过当的；

（五）主观恶性较小的初犯；

（六）系未成年人或者年满七十五周岁的人；

（七）与被害方依法自愿达成和解协议，且已经履行或者提供担保的；

（八）患有严重疾病、生活不能自理的；

（九）系怀孕或者正在哺乳自己婴儿的妇女；

（十）系生活不能自理的人的唯一扶养人；

（十一）可能被判处一年以下有期徒刑或者宣告缓刑的；

（十二）其他不需要继续羁押犯罪嫌疑人、被告人的情形。

第十九条 办理羁押必要性审查案件应当制作羁押必要性审查报告，报告中应当写明：犯罪嫌疑人或者被告人基本情况、原案简要情况和诉讼阶段、立案审查理由和证据、办理情况、审查意见等。

第四章 结 案

第二十条 办理羁押必要性审查案件,应当在立案后十个工作日以内决定是否提出释放或者变更强制措施的建议。案件复杂的,可以延长五个工作日。

第二十一条 经审查认为无继续羁押必要的,检察官应当报经检察长或者分管副检察长批准,以本院名义向办案机关发出释放或者变更强制措施建议书,并要求办案机关在十日以内回复处理情况。

释放或者变更强制措施建议书应当说明不需要继续羁押犯罪嫌疑人、被告人的理由和法律依据。

第二十二条 人民检察院应当跟踪办案机关对释放或者变更强制措施建议的处理情况。

办案机关未在十日以内回复处理情况的,可以报经检察长或者分管副检察长批准,以本院名义向其发出纠正违法通知书,要求其及时回复。

第二十三条 经审查认为有继续羁押必要的,由检察官决定结案,并通知办案机关。

第二十四条 对于依申请立案审查的案件,人民检察院办结后,应当将提出建议和办案机关处理情况,或者有继续羁押必要的审查意见和理由及时书面告知申请人。

第二十五条 刑事执行检察部门应当通过检察机关统一业务应用系统等途径将审查情况、提出建议和办案机关处理情况及时通知本院侦查监督、公诉、侦查等部门。

第五章 附 则

第二十六条 对于检察机关正在侦查或者审查起诉的案件,刑事执行检察部门进行羁押必要性审查的,参照本规定办理。

第二十七条 人民检察院依看守所建议进行羁押必要性审查的,参照依申请进行羁押必要性审查的程序办理。

第二十八条 检察人员办理羁押必要性审查案件应当纳入检察机关司法办案监督体系,有受贿、玩忽职守、滥用职权、徇私枉法、泄露国家秘密等违纪违法行为的,依纪依法严肃处理;构成犯罪的,依法追究刑事责任。

第二十九条 本规定自发布之日起试行。

三、立案相关法律规范

公安部《关于毒品案件立案标准的通知》
（1988年8月1日）

〔1988〕公刑字60号

公安部《关于刑事侦察部门分管的刑事案件及其立案标准和管理制度的规定》（公发〔1979〕182号文件）对毒品犯罪未规定具体立案标准，不利于有效地打击毒品犯罪活动。为此，我部根据有关的法律规定，结合公安机关办理毒品案件的实际情况，并参照各地公安机关提出的意见，现对毒品案件的立案标准具体规定如下：

一、有下列行为之一的按性质分别立案：

1. 非法制造、贩卖、运输（含走私，下同）鸦片、海洛因、吗啡、大麻或其他毒品的，不论数量多少，原则上均应立案。
2. 提供场所和毒品，容留他人吸食，从中牟利的，以贩卖毒品罪立案。
3. 制造、贩卖、运输假毒品的，以制造、贩卖、运输毒品罪立案。
4. 明知是毒品，非法携带、邮寄、托运的，以运输毒品罪立案。
5. 私种罂粟等毒品原植物二百五十株（相当于生鸦片一两）以上的，以制造毒品罪立案。

二、符合下列条件之一的,立为重大案件:

1. 非法制造、贩卖、运输鸦片五百克以上,海洛因十克以上以及同等数量的假毒品的。
2. 境内外犯罪分子互相勾结,入出国境贩毒的。
3. 组织贩毒集团,长途贩运、倒卖毒品的。
4. 提供场所和毒品,容留他人吸食,从中牟利,屡教不改的。
5. 私种罂粟等毒品原植物二千五百株(相当于生鸦片十两)以上的。

三、符合下列条件之一的,立为特别重大案件:

1. 非法制造、贩卖、运输鸦片五千克以上,海洛因五十克以上的。
2. 武装贩运、走私毒品的。
3. 制造、贩卖、运输毒品,并以暴力抗拒检查或拒捕的。
4. 组织或参与国际贩毒集团、制造、贩卖、运输毒品的。
5. 私种罂粟等毒品原植物二万五千株(相当于生鸦片一百两)以上的。

以上各条所说的毒品数量"以上"都连本数在内。

上述立案标准从一九八八年八月一日起试行。各地试行中出现的问题,望随时报部。

【章名】 附件:关于毒品案件立案标准的说明

当前,贩毒犯罪日趋猖獗,大量种植罂粟以及制造假毒品的案件也时有发生。由于现行法律规定不甚具体、明确,各地对有关法律理解不一,解释的出入很大。公安部一九七九年制定的《关于刑事侦查部门分管的刑事案件及其立案标准和管理制度的规定》对毒品犯罪也没有规定具体的立案标准。因此,各级公安部门在具体办案时,难以区分罪与非罪,难以掌握犯罪轻重程度,影响了有效地打击毒品犯罪活动。从严格执法的角度出发,公安机关有必要规定一个内部掌握的立案标准,以便有所遵循。

这个立案标准的起草,有以下一些考虑:

(一)立案标准和量刑标准既有联系又有区别。公安机关制订的各类立案标准历来是低于法院量刑标准的,这一立案标准也本着同样的原则,参考了法院的实际量刑标准。

（二）关于一般案件的立案标准。根据《刑法》第一百七十一条和全国人大常委会《关于严惩严重破坏经济的罪犯的决定》《关于惩治走私罪的补充规定》以及《海关法》的立法精神，凡有制造、贩卖、运输或走私毒品行为的都认为是犯罪。这是符合我国严格禁毒的一贯方针的，也同世界各国普遍严惩毒品犯罪的立法精神相一致。因此，立案标准规定，凡制造、贩卖、运输毒品的，不论数量多少，原则上均作为犯罪案件立案。

（三）关于重大案件和特别重大案件的立案标准。主要是根据立法上的定罪量刑标准，参照最高人民法院对制贩毒品犯罪分子判处死刑标准的司法解释，还参考了各地制定的定罪量刑标准，并考虑到鸦片及其衍生物之间的数量比例，综合各种情况后拟定的。

（四）制造、贩卖、运输假毒品立案侦查的，破案后查明系假毒品，而犯罪分子又明知其为假毒品的，可按刑法第一百五十一条或第一百六十四条规定的有关罪名移送检察机关处理。

最高人民检察院、公安部《关于公安机关管辖的刑事案件立案追诉标准的规定(三)》

(2012年5月16日)

> 关于印发《最高人民检察院公安部关于公安机关管辖的刑事案件立案追诉标准的规定(三)》的通知
>
> 公通字〔2012〕26号
>
> 各省、自治区、直辖市人民检察院,公安厅、局,军事检察院,新疆生产建设兵团人民检察院、公安局:
>
> 为及时、准确打击毒品犯罪,根据《中华人民共和国刑法》、《中华人民共和国刑事诉讼法》等有关法律规定,最高人民检察院、公安部制定了《最高人民检察院公安部关于公安机关管辖的刑事案件立案追诉标准的规定(三)》,对公安机关毒品犯罪侦查部门管辖的刑事案件立案追诉标准作出了规定,现印发给你们,请遵照执行。各级公安机关应当依照此规定立案侦查,各级检察机关应当依照此规定审查批捕、审查起诉。
>
> 各地在执行中遇到的问题,请及时分别报最高人民检察院和公安部。
>
> 最高人民检察院 公安部
> 二〇一二年五月十六日

第一条 【走私、贩卖、运输、制造毒品案(刑法第三百四十七条)】 走私、贩卖、运输、制造毒品，无论数量多少，都应予立案追诉。

本条规定的"走私"是指明知是毒品而非法将其运输、携带、寄递进出国（边）境的行为。直接向走私人非法收购走私进口的毒品，或者在内海、领海、界河、界湖运输、收购、贩卖毒品的，以走私毒品罪立案追诉。

本条规定的"贩卖"是指明知是毒品而非法销售或者以贩卖为目的而非法收买的行为。

有证据证明行为人以牟利为目的，为他人代购仅用于吸食、注射的毒品，对代购者以贩卖毒品罪立案追诉。不以牟利为目的，为他人代购仅用于吸食、注射的毒品，毒品数量达到本规定第二条规定的数量标准的，对托购者和代购者以非法持有毒品罪立案追诉。明知他人实施毒品犯罪而为其居间介绍、代购代卖的，无论是否牟利，都应以相关毒品犯罪的共犯立案追诉。

本条规定的"运输"是指明知是毒品而采用携带、寄递、托运、利用他人或者使用交通工具等方法非法运送毒品的行为。

本条规定的"制造"是指非法利用毒品原植物直接提炼或者用化学方法加工、配制毒品，或者以改变毒品成分和效用为目的，用混合等物理方法加工、配制毒品的行为。为了便于隐蔽运输、销售、使用、欺骗购买者，或者为了增重，对毒品掺杂使假，添加或者去除其他非毒品物质，不属于制造毒品的行为。

为了制造毒品而采用生产、加工、提炼等方法非法制造易制毒化学品的，以制造毒品罪（预备）立案追诉。购进制造毒品的设备和原材料，开始着手制造毒品，尚未制造出毒品或者半成品的，以制造毒品罪（未遂）立案追诉。明知他人制造毒品而为其生产、加工、提炼、提供醋酸酐、乙醚、三氯甲烷等制毒物品的，以制造毒品罪的共犯立案追诉。

走私、贩卖、运输毒品主观故意中的"明知"，是指行为人知道或者应当知道所实施的是走私、贩卖、运输毒品行为。具有下列情形之一，结合行为人的供述和其他证据综合审查判断，可以认定其"应当知道"，但有证据证明确属被蒙骗的除外：

（一）执法人员在口岸、机场、车站、港口、邮局和其他检查站点检查时，要求行为人申报携带、运输、寄递的物品和其他疑似毒品物，并告知其法律责任，而行为人未如实申报，在其携带、运输、寄递的物品中查获毒品的；

（二）以伪报、藏匿、伪装等蒙蔽手段逃避海关、边防等检查，在其携带、运输、寄递的物品中查获毒品的；

（三）执法人员检查时，有逃跑、丢弃携带物品或者逃避、抗拒检查等行为，在其携带、藏匿或者丢弃的物品中查获毒品的；

（四）体内或者贴身隐秘处藏匿毒品的；

（五）为获取不同寻常的高额或者不等值的报酬为他人携带、运输、寄递、收取物品，从中查获毒品的；

（六）采用高度隐蔽的方式携带、运输物品，从中查获毒品的；

（七）采用高度隐蔽的方式交接物品，明显违背合法物品惯常交接方式，从中查获毒品的；

（八）行程路线故意绕开检查站点，在其携带、运输的物品中查获毒品的；

（九）以虚假身份、地址或者其他虚假方式办理托运、寄递手续，在托运、寄递的物品中查获毒品的；

（十）有其他证据足以证明行为人应当知道的。

制造毒品主观故意中的"明知"，是指行为人知道或者应当知道所实施的是制造毒品行为。有下列情形之一，结合行为人的供述和其他证据综合审查判断，可以认定其"应当知道"，但有证据证明确属被蒙骗的除外：

1. 购置了专门用于制造毒品的设备、工具、制毒物品或者配制方案的；

2. 为获取不同寻常的高额或者不等值的报酬为他人制造物品，经检验是毒品的；

3. 在偏远、隐蔽场所制造，或者采取对制造设备进行伪装等方式制造物品，经检验是毒品的；

4. 制造人员在执法人员检查时，有逃跑、抗拒检查等行为，在现场查获制造出的物品，经检验是毒品的；

5. 有其他证据足以证明行为人应当知道的。

走私、贩卖、运输、制造毒品罪是选择性罪名，对同一宗毒品实施了两种以上犯罪行为，并有相应确凿证据的，应当按照所实施的犯罪行为的性质并列适用罪名，毒品数量不重复计算。对同一宗毒品可能实施了两种以上犯罪行为，但相应证据只能认定其中一种或者几种行为，认定其他行为的证据不够确实充分的，只按照依法能够认定的行为的性质适用罪名。对不同宗毒品分别实施了不同种犯罪行为的，应对不同行为并列适用罪名，累计计算毒品数量。

第二条 【非法持有毒品案（刑法第三百四十八条）】 明知是毒品而非法持有，涉嫌下列情形之一的，应予立案追诉：

（一）鸦片二百克以上、海洛因、可卡因或者甲基苯丙胺十克以上；

（二）二亚甲基双氧安非他命（MDMA）等苯丙胺类毒品（甲基苯丙胺除外）、吗啡二十克以上；

（三）度冷丁（杜冷丁）五十克以上（针剂 100mg/支规格的五百支以上，50mg/支规格的一千支以上；片剂 25mg/片规格的二千片以上，50mg/片规格的一千片以上）；

（四）盐酸二氢埃托啡二毫克以上（针剂或者片剂 20μg/支、片规格的一百支、片以上）；

（五）氯胺酮、美沙酮二百克以上；

（六）三唑仑、安眠酮十千克以上；

（七）咖啡因五十千克以上；

（八）氯氮卓、艾司唑仑、地西泮、溴西泮一百千克以上；

（九）大麻油一千克以上，大麻脂二千克以上，大麻叶及大麻烟三十千克以上；

（十）罂粟壳五十千克以上；

（十一）上述毒品以外的其他毒品数量较大的。

非法持有两种以上毒品，每种毒品均没有达到本条第一款规定的数量标准，但按前款规定的立案追诉数量比例折算成海洛因后累计相加达到十克以上的，应予立案追诉。

本条规定的"非法持有"，是指违反国家法律和国家主管部门的规定，占有、携带、藏有或者以其他方式持有毒品。

非法持有毒品主观故意中的"明知"，依照本规定第一条第八款的有关规定予以认定。

第三条 【包庇毒品犯罪分子案（刑法第三百四十九条）】 包庇走私、贩卖、运输、制造毒品的犯罪分子，涉嫌下列情形之一的，应予立案追诉：

（一）作虚假证明，帮助掩盖罪行的；

（二）帮助隐藏、转移或者毁灭证据的；

（三）帮助取得虚假身份或者身份证件的；

（四）以其他方式包庇犯罪分子的。

实施前款规定的行为，事先通谋的，以走私、贩卖、运输、制造毒品罪的共犯立案追诉。

第四条 【窝藏、转移、隐瞒毒品、毒赃案（刑法第三百四十九条）】 为走私、贩卖、运输、制造毒品的犯罪分子窝藏、转移、隐瞒毒品或者犯罪所得的财物的，应予立案追诉。

实施前款规定的行为，事先通谋的，以走私、贩卖、运输、制造毒品罪的共犯立案追诉。

第五条 【走私制毒物品案（刑法第三百五十条）】 违反国家规定，非法运输、携带制毒物品进出国（边）境，涉嫌下列情形之一的，应予立案追诉：

（一）1-苯基-2-丙酮五千克以上；

（二）麻黄碱、伪麻黄碱及其盐类和单方制剂五千克以上，麻黄浸膏、麻黄浸膏粉一百千克以上；

（三）3,4-亚甲基二氧苯基-2-丙酮、去甲麻黄素（去甲麻黄碱）、甲基麻黄素（甲基麻黄碱）、羟亚胺及其盐类十千克以上；

（四）胡椒醛、黄樟素、黄樟油、异黄樟素、麦角酸、麦角胺、麦角新碱、苯乙酸二十千克以上；

（五）N-乙酰邻氨基苯酸、邻氨基苯甲酸、哌啶一百五十千克以上；

（六）醋酸酐、三氯甲烷二百千克以上；

（七）乙醚、甲苯、丙酮、甲基乙基酮、高锰酸钾、硫酸、盐酸四百千克以上；

（八）其他用于制造毒品的原料或者配剂相当数量的。

非法运输、携带两种以上制毒物品进出国（边）境，每种制毒物品均没有达到本条第一款规定的数量标准，但按前款规定的立案追诉数量比例折算成一种制毒物品后累计相加达到上述数量标准的，应予立案追诉。

为了走私制毒物品而采用生产、加工、提炼等方法非法制造易制毒化学品的，以走私制毒物品罪（预备）立案追诉。

实施走私制毒物品行为，有下列情形之一，且查获了易制毒化学品，结合行为人的供述和其他证据综合审查判断，可以认定其"明知"是制毒物品而走私或者非法买卖，但有证据证明确属被蒙骗的除外：

（一）改变产品形状、包装或者使用虚假标签、商标等产品标志的；

（二）以藏匿、夹带、伪装或者其他隐蔽方式运输、携带易制毒化学品逃避检查的；

（三）抗拒检查或者在检查时丢弃货物逃跑的；

（四）以伪报、藏匿、伪装等蒙蔽手段逃避海关、边防等检查的；

（五）选择不设海关或者边防检查站的路段绕行出入境的；

（六）以虚假身份、地址或者其他虚假方式办理托运、寄递手续的；

（七）以其他方法隐瞒真相，逃避对易制毒化学品依法监管的。

明知他人实施走私制毒物品犯罪，而为其运输、储存、代理进出口或者以其他方式提供便利的，以走私制毒物品罪的共犯立案追诉。

第六条 【非法买卖制毒物品案（刑法第三百五十条）】 违反国家规定，在境内非法买卖制毒物品，数量达到本规定第五条第一款规定情形之一的，应予立案追诉。

非法买卖两种以上制毒物品，每种制毒物品均没有达到本条第一款规定的数量标准，但按前款规定的立案追诉数量比例折算成一种制毒物品后累计相加达到上述数量标准的，应予立案追诉。

违反国家规定，实施下列行为之一的，认定为本条规定的非法买卖制毒物品行为：

（一）未经许可或者备案，擅自购买、销售易制毒化学品的；

（二）超出许可证明或者备案证明的品种、数量范围购买、销售易制毒化学品的；

（三）使用他人的或者伪造、变造、失效的许可证明或者备案证明购买、销售易制毒化学品的；

（四）经营单位违反规定，向无购买许可证明、备案证明的单位、个人销售易制毒化学品的，或者明知购买者使用他人的或者伪造、变造、失效的许可证明或者备案证明，向其销售易制毒化学品的；

（五）以其他方式非法买卖易制毒化学品的。

易制毒化学品生产、经营、使用单位或者个人未办理许可证明或者备案证明，购买、销售易制毒化学品，如果有证据证明确实用于合法生产、生活需要，依法能够办理只是未及时办理许可证明或者备案证明，且未造成严重社会危害的，可不以非法买卖制毒物品罪立案追诉。

为了非法买卖制毒物品而采用生产、加工、提炼等方法非法制造易制毒化学品的，以非法买卖制毒物品罪（预备）立案追诉。

非法买卖制毒物品主观故意中的"明知"，依照本规定第五条第四款的有关规定予以认定。

明知他人实施非法买卖制毒物品犯罪，而为其运输、储存、代理进出口或者以其他方式提供便利的，以非法买卖制毒物品罪的共犯立案追诉。

第七条　【非法种植毒品原植物案（刑法第三百五十一条）】　非法种植罂粟、大麻等毒品原植物，涉嫌下列情形之一的，应予立案追诉：

（一）非法种植罂粟五百株以上的；

（二）非法种植大麻五千株以上的；

（三）非法种植其他毒品原植物数量较大的；

（四）非法种植罂粟二百平方米以上、大麻二千平方米以上或者其他毒品原植物面积较大，尚未出苗的；

（五）经公安机关处理后又种植的；

（六）抗拒铲除的。

本条所规定的"种植"，是指播种、育苗、移栽、插苗、施肥、灌溉、割取津液或者收取种子等行为。非法种植毒品原植物的株数一般应以实际查获的数量为准。因种植面积较大，难以逐株清点数目的，可以抽样测算每平方米平均株数后按实际种植面积测算出种植总株数。

非法种植罂粟或者其他毒品原植物，在收获前自动铲除的，可以不予立案追诉。

第八条　【非法买卖、运输、携带、持有毒品原植物种子、幼苗案（刑法第三百五十二条）】　非法买卖、运输、携带、持有未经灭活的罂粟等毒品原植物种子或者幼苗，涉嫌下列情形之一的，应予立案追诉：

（一）罂粟种子五十克以上、罂粟幼苗五千株以上；

（二）大麻种子五十千克以上、大麻幼苗五万株以上；

（三）其他毒品原植物种子、幼苗数量较大的。

第九条　【引诱、教唆、欺骗他人吸毒案（刑法第三百五十三条）】　引诱、教唆、欺骗他人吸食、注射毒品的，应予立案追诉。

第十条　【强迫他人吸毒案（刑法第三百五十三条）】　违背他人意志，以暴力、胁迫或者其他强制手段，迫使他人吸食、注射毒品的，应予立案追诉。

第十一条 【容留他人吸毒案(刑法第三百五十四条)】 提供场所,容留他人吸食、注射毒品,涉嫌下列情形之一的,应予立案追诉:

(一)容留他人吸食、注射毒品两次以上的;

(二)一次容留三人以上吸食、注射毒品的;

(三)因容留他人吸食、注射毒品被行政处罚,又容留他人吸食、注射毒品的;

(四)容留未成年人吸食、注射毒品的;

(五)以牟利为目的容留他人吸食、注射毒品的;

(六)容留他人吸食、注射毒品造成严重后果或者其他情节严重的。

第十二条 【非法提供麻醉药品、精神药品案(刑法第三百五十五条)】 依法从事生产、运输、管理、使用国家管制的麻醉药品、精神药品的个人或者单位,违反国家规定,向吸食、注射毒品的人员提供国家规定管制的能够使人形成瘾癖的麻醉药品、精神药品,涉嫌下列情形之一的,应予立案追诉:

(一)非法提供鸦片二十克以上、吗啡二克以上、度冷丁(杜冷丁)五克以上(针剂 100mg/支规格的五十支以上,50mg/支规格的一百支以上;片剂 25mg/片规格的二百片以上,50mg/片规格的一百片以上)、盐酸二氢埃托啡零点二毫克以上(针剂或者片剂 20μg/支、片规格的十支、片以上)、氯胺酮、美沙酮二十克以上、三唑仑、安眠酮一千克以上、咖啡因五千克以上、氯氮䓬、艾司唑仑、地西泮、溴西泮十千克以上,以及其他麻醉药品和精神药品数量较大的;

(二)虽未达到上述数量标准,但非法提供麻醉药品、精神药品两次以上,数量累计达到前项规定的数量标准百分之八十以上的;

(三)因非法提供麻醉药品、精神药品被行政处罚,又非法提供麻醉药品、精神药品的;

(四)向吸食、注射毒品的未成年人提供麻醉药品、精神药品的;

(五)造成严重后果或者其他情节严重的。

依法从事生产、运输、管理、使用国家管制的麻醉药品、精神药品的人员或者单位,违反国家规定,向走私、贩卖毒品的犯罪分子提供国家规定管制的能够使人形成瘾癖的麻醉药品、精神药品的,或者以牟利为目的,向吸食、注射毒品的人提供国家规定管制的能够使人形成瘾癖的麻醉药品、精神药品的,以走私、贩卖毒品罪立案追诉。

第十三条 本规定中的毒品是指鸦片、海洛因、甲基苯丙胺(冰毒)、吗啡、大麻、可卡因以及国家规定管制的其他能够使人形成瘾癖的麻醉药品和精神药品。具体品种以国家食品药品监督管理局、公安部、卫生部发布的《麻醉药品品种目录》《精神药品品种目录》为依据。

本规定中的"制毒物品"是指刑法第三百五十条第一款规定的醋酸酐、乙醚、三氯甲烷或者其他用于制造毒品的原料或者配剂,具体品种范围按照国家关于易制毒化学品管理的规定确定。

第十四条 本规定中未明确立案追诉标准的毒品,有条件折算为海洛因的,参照有关麻醉药品和精神药品折算标准进行折算。

第十五条 本规定中的立案追诉标准,除法律、司法解释另有规定的以外,适用于相关的单位犯罪。

第十六条 本规定中的"以上",包括本数。

第十七条 本规定自印发之日起施行。

四、量刑相关法律规范

《人民检察院开展量刑建议工作的指导意见(试行)》

(2010年2月23日)

〔2010〕高检诉发21号

为积极推进人民检察院提起公诉案件的量刑建议工作,促进量刑的公开、公正,根据刑事诉讼法和有关司法解释的规定,结合检察工作实际,制定本意见。

第一条 量刑建议是指人民检察院对提起公诉的被告人,依法就其适用的刑罚种类、幅度及执行方式等向人民法院提出的建议。量刑建议是检察机关公诉权的一项重要内容。

第二条 人民检察院提出量刑建议,应当遵循以下原则:

(一)依法建议。应当根据犯罪的事实、犯罪的性质,情节和对于社会的危害程度,依照刑法、刑事诉讼法以及相关司法解释的规定提出量刑建议。

(二)客观公正。应当从案件的实际情况出发,客观、全面地审查证据,严格以事实为根据,提出公正的量刑建议。

(三)宽严相济。应当贯彻宽严相济刑事政策,在综合考虑案件从重、从轻、减轻或者免除处罚等各种情节的基础上,提出量刑建议。

(四)注重效果。提出量刑建议时,既要依法行使检察机关的法律监督职权,也要尊重人民法院独立行使审判权,争取量刑建议的最佳效果。

第三条 人民检察院对向人民法院提起公诉的案件,可以提出量刑建议。

第四条 提出量刑建议的案件应当具备以下条件:
(一) 犯罪事实清楚,证据确实充分;
(二) 提出量刑建议所依据的各种法定从重、从轻、减轻等量刑情节已查清;
(三) 提出量刑建议所依据的重要酌定从重、从轻等量刑情节已查清。

第五条 除有减轻处罚情节外,量刑建议应当在法定量刑幅度内提出,不得兼跨两种以上主刑。
(一) 建议判处死刑、无期徒刑的,应当慎重。
(二) 建议判处有期徒刑的,一般应当提出一个相对明确的量刑幅度,法定刑的幅度小于3年(含3年)的,建议幅度一般不超过1年;法定刑的幅度大于3年小于5年(含5年)的,建议幅度一般不超过2年;法定刑的幅度大于5年的,建议幅度一般不超过3年。根据案件具体情况,如确有必要,也可以提出确定刑期的建议。
(三) 建议判处管制的,幅度一般不超过3个月。
(四) 建议判处拘役的,幅度一般不超过1个月。
(五) 建议适用缓刑的,应当明确提出。
(六) 建议判处附加刑的,可以只提出适用刑种的建议。
对不宜提出具体量刑建议的特殊案件,可以提出依法从重、从轻、减轻处罚等概括性建议。

第六条 人民检察院指控被告人犯有数罪的,应当对指控的各罪分别提出量刑建议,可以不再提出总的建议。

第七条 对于共同犯罪案件,人民检察院应当根据各被告人在共同犯罪中的地位、作用以及应当承担的刑事责任分别提出量刑建议。

第八条 公诉部门承办人在审查案件时,应当对犯罪嫌疑人所犯罪行、承担的刑事责任和各种量刑情节进行综合评估,并提出量刑的意见。

第九条 量刑评估应当全面考虑案件所有可能影响量刑的因素,包括从重、从轻、减轻或者免除处罚等法定情节和犯罪嫌疑人的认罪态度等酌定情节。

一案中多个法定、酌定情节并存时,每个量刑情节均应得到实际评价。

第十条 提出量刑建议,应当区分不同情形,按照以下审批程序进行:

(一)对于主诉检察官决定提起公诉的一般案件,由主诉检察官决定提出量刑建议;公诉部门负责人对于主诉检察官提出的量刑建议有异议的,报分管副检察长决定。

(二)对于特别重大、复杂的案件、社会高度关注的敏感案件或者建议减轻处罚、免除处罚的案件以及非主诉检察官承办的案件,由承办检察官提出量刑的意见,部门负责人审核,检察长或者检察委员会决定。

第十一条 人民检察院提出量刑建议,一般应制作量刑建议书,根据案件具体情况,也可以在公诉意见书中提出。

对于人民检察院不派员出席法庭的简易程序案件,应当制作量刑建议书。

量刑建议书一般应载明检察机关建议人民法院对被告人处以刑罚的种类、刑罚幅度、可以适用的刑罚执行方式以及提出量刑建议的依据和理由等。

第十二条 在法庭调查中,公诉人可以根据案件的不同种类、特点和庭审的实际情况,合理安排和调整举证顺序。定罪证据和量刑证据可以分开出示的,应当先出示定罪证据,后出示量刑证据。

对于有数起犯罪事实的案件,其中涉及每起犯罪中量刑情节的证据,应当在对该起犯罪事实举证时出示;涉及全案综合量刑情节的证据,应当在举证阶段的最后出示。

第十三条 对于辩护方提出的量刑证据,公诉人应当进行质证。辩护方对公诉人出示的量刑证据质证的,公诉人应当答辩。公诉人质证应紧紧围绕案件事实、证据进行,质证应做到目的明确,重点突出、逻辑清楚,如有必要,可以简要概述已经法庭质证的其他证据,用以反驳辩护方的质疑。

第十四条 公诉人应当在法庭辩论阶段提出量刑建议。根据法庭的安排,可以先对定性问题发表意见,后对量刑问题发表意见,也可以对定性与量刑问题一并发表意见。

对于检察机关未提出明确的量刑建议而辩护方提出量刑意见的,公诉人应当提出答辩意见。

第十五条 对于公诉人出庭的简易程序案件和普通程序审理的被告人认罪案件,参照相关司法解释和规范性文件的规定开展法庭调查,可以主要围绕量刑的事实、情节、法律适用进行辩论。

第十六条 在进行量刑辩论过程中,为查明与量刑有关的重要事实和情节,公诉人可以依法申请恢复法庭调查。

第十七条 在庭审过程中,公诉人发现拟定的量刑建议不当需要调整的,可以根据授权作出调整;需要报检察长决定调整的,应当依法建议法庭休庭后报检察长决定。出现新的事实、证据导致拟定的量刑建议不当需要调整的,可以依法建议法庭延期审理。

第十八条 对于人民检察院派员出席法庭的案件,一般应将量刑建议书与起诉书一并送达人民法院;对庭审中调整量刑建议的,可以在庭审后将修正后的量刑建议书向人民法院提交。

对于人民检察院不派员出席法庭的简易程序案件,应当将量刑建议书与起诉书一并送达人民法院。

第十九条 人民检察院收到人民法院的判决、裁定后,应当对判决、裁定是否采纳检察机关的量刑建议以及量刑理由、依据进行审查,认为判决、裁定量刑确有错误、符合抗诉条件的,经检察委员会讨论决定,依法向人民法院提出抗诉。

人民检察院不能单纯以量刑建议未被采纳作为提出抗诉的理由。人民法院未采纳人民检察院的量刑建议并无不当的,人民检察院在必要时可以向有关当事人解释说明。

第二十条 人民检察院办理刑事二审再审案件,可以参照本意见提出量刑建议。

第二十一条 对于二审或者再审案件,检察机关认为应当维持原审裁判量刑的,可以在出席法庭时直接提出维持意见;认为应当改变原审裁判量刑的,可以另行制作量刑建议书提交法庭审理。

第二十二条 各级人民检察院应当结合办案加强对量刑问题的研究和分析,不断提高量刑建议的质量。

第二十三条 各地可以结合实际情况,根据本意见制定本地的工作规程或者实施细则,并报上一级人民检察院公诉部门备案。

最高人民法院
《关于常见犯罪的量刑指导意见》
（2017年4月1日）

法发〔2017〕7号

为进一步规范刑罚裁量权,落实宽严相济刑事政策,增强量刑的公开性,实现量刑公正,根据刑法和刑事司法解释等有关规定,结合审判实践,制定本指导意见。

一、量刑的指导原则

1. 量刑应当以事实为根据,以法律为准绳,根据犯罪的事实、性质、情节和对于社会的危害程度,决定判处的刑罚。
2. 量刑既要考虑被告人所犯罪行的轻重,又要考虑被告人应负刑事责任的大小,做到罪责刑相适应,实现惩罚和预防犯罪的目的。
3. 量刑应当贯彻宽严相济的刑事政策,做到该宽则宽,当严则严,宽严相济,罚当其罪,确保裁判法律效果和社会效果的统一。
4. 量刑要客观、全面把握不同时期不同地区的经济社会发展和治安形势的变化,确保刑法任务的实现;对于同一地区同一时期、案情相似的案件,所判处的刑罚应当基本均衡。

二、量刑的基本方法

量刑时,应在定性分析的基础上,结合定量分析,依次确定量刑起点、基准刑和宣告刑。

1. 量刑步骤

(1)根据基本犯罪构成事实在相应的法定刑幅度内确定量刑起点;

(2)根据其他影响犯罪构成的犯罪数额、犯罪次数、犯罪后果等犯罪事实,在量刑起点的基础上增加刑罚量确定基准刑;

(3)根据量刑情节调节基准刑,并综合考虑全案情况,依法确定宣告刑。

2. 调节基准刑的方法

(1)具有单个量刑情节的,根据量刑情节的调节比例直接调节基准刑。

(2)具有多个量刑情节的,一般根据各个量刑情节的调节比例,采用同向相加、逆向相减的方法调节基准刑;具有未成年人犯罪、老年人犯罪、限制行为能力的精神病人犯罪、又聋又哑的人或者盲人犯罪,防卫过当、避险过当、犯罪预备、犯罪未遂、犯罪中止,从犯、胁从犯和教唆犯等量刑情节的,先适用该量刑情节对基准刑进行调节,在此基础上,再适用其他量刑情节进行调节。

(3)被告人犯数罪,同时具有适用于各个罪的立功、累犯等量刑情节的,先适用该量刑情节调节个罪的基准刑,确定个罪所应判处的刑罚,再依法实行数罪并罚,决定执行的刑罚。

3. 确定宣告刑的方法

(1)量刑情节对基准刑的调节结果在法定刑幅度内,且罪责刑相适应的,可以直接确定为宣告刑;如果具有应当减轻处罚情节的,应依法在法定最低刑以下确定宣告刑。

(2)量刑情节对基准刑的调节结果在法定最低刑以下,具有法定减轻处罚情节,且罪责刑相适应的,可以直接确定为宣告刑;只有从轻处罚情节的,可以依法确定法定最低刑为宣告刑;但是根据案件的特殊情况,经最高人民法院核准,也可以在法定刑以下判处刑罚。

(3)量刑情节对基准刑的调节结果在法定最高刑以上的,可以依法确定法定最高刑为宣告刑。

(4)综合考虑全案情况,独任审判员或合议庭可以在20%的幅度内对调节结果进行调整,确定宣告刑。当调节后的结果仍不符合罪责刑相适应原则的,应提交审判委员会讨论,依法确定宣告刑。

(5)综合全案犯罪事实和量刑情节,依法应当判处无期徒刑以上刑罚、管制或者单处附加刑、缓刑、免刑的,应当依法适用。

三、常见量刑情节的适用

量刑时要充分考虑各种法定和酌定量刑情节,根据案件的全部犯罪事实以及量刑情节的不同情形,依法确定量刑情节的适用及其调节比例。对严重暴力犯罪、毒品犯罪等严重危害社会治安犯罪,在确定从宽的幅度时,应当从严掌握;对犯罪情节较轻的犯罪,应当充分体现从宽。具体确定各个量刑情节的调节比例时,应当综合平衡调节幅度与实际增减刑罚量的关系,确保罪责刑相适应。

1. 对于未成年人犯罪,应当综合考虑未成年人对犯罪的认识能力、实施犯罪行为的动机和目的、犯罪时的年龄、是否初犯、偶犯、悔罪表现、个人成长经历和一贯表现等情况,予以从宽处罚。

(1) 已满十四周岁不满十六周岁的未成年人犯罪,减少基准刑的 30%-60%;

(2) 已满十六周岁不满十八周岁的未成年人犯罪,减少基准刑的 10%-50%。

2. 对于未遂犯,综合考虑犯罪行为的实行程度、造成损害的大小、犯罪未得逞的原因等情况,可以比照既遂犯减少基准刑的 50% 以下。

3. 对于从犯,应当综合考虑其在共同犯罪中的地位、作用,以及是否实施犯罪行为等情况,予以从宽处罚,减少基准刑的 20%-50%;犯罪较轻的,减少基准刑的 50% 以上或者依法免除处罚。

4. 对于自首情节,综合考虑自首的动机、时间、方式、罪行轻重、如实供述罪行的程度以及悔罪表现等情况,可以减少基准刑的 40% 以下;犯罪较轻的,可以减少基准刑的 40% 以上或者依法免除处罚。恶意利用自首规避法律制裁等不足以从宽处罚的除外。

5. 对于坦白情节,综合考虑如实供述罪行的阶段、程度、罪行轻重以及悔罪程度等情况,确定从宽的幅度。

(1) 如实供述自己罪行的,可以减少基准刑的 20% 以下;

(2) 如实供述司法机关尚未掌握的同种较重罪行的,可以减少基准刑的 10%-30%;

(3) 因如实供述自己罪行,避免特别严重后果发生的,可以减少基准刑的 30%-50%。

6. 对于当庭自愿认罪的,根据犯罪的性质、罪行的轻重、认罪程度以及悔罪表现等情况,可以减少基准刑的 10% 以下。依法认定自首、坦白的除外。

7. 对于立功情节,综合考虑立功的大小、次数、内容、来源、效果以及罪行轻重等情况,确定从宽的幅度。

(1)一般立功的,可以减少基准刑的 20% 以下;

(2)重大立功的,可以减少基准刑的 20%-50%;犯罪较轻的,减少基准刑的 50% 以上或者依法免除处罚。

8. 对于退赃、退赔的,综合考虑犯罪性质,退赃、退赔行为对损害结果所能弥补的程度,退赃、退赔的数额及主动程度等情况,可以减少基准刑的 30% 以下;其中抢劫等严重危害社会治安犯罪的应从严掌握。

9. 对于积极赔偿被害人经济损失并取得谅解的,综合考虑犯罪性质、赔偿数额、赔偿能力以及认罪、悔罪程度等情况,可以减少基准刑的 40% 以下;积极赔偿但没有取得谅解的,可以减少基准刑的 30% 以下;尽管没有赔偿,但取得谅解的,可以减少基准刑的 20% 以下;其中抢劫、强奸等严重危害社会治安犯罪的应从严掌握。

10. 对于当事人根据刑事诉讼法第二百七十七条达成刑事和解协议的,综合考虑犯罪性质、赔偿数额、赔礼道歉以及真诚悔罪等情况,可以减少基准刑的 50% 以下;犯罪较轻的,可以减少基准刑的 50% 以上或者依法免除处罚。

11. 对于累犯,应当综合考虑前后罪的性质、刑罚执行完毕或赦免以后至再犯罪时间的长短以及前后罪罪行轻重等情况,增加基准刑的 10%-40%,一般不少于 3 个月。

12. 对于有前科的,综合考虑前科的性质、时间间隔长短、次数、处罚轻重等情况,可以增加基准刑的 10% 以下。前科犯罪为过失犯罪和未成年人犯罪的除外。

13. 对于犯罪对象为未成年人、老年人、残疾人、孕妇等弱势人员的,综合考虑犯罪的性质、犯罪的严重程度等情况,可以增加基准刑的 20% 以下。

14. 对于在重大自然灾害、预防、控制突发传染病疫情等灾害期间犯罪的,根据案件的具体情况,可以增加基准刑的 20% 以下。

四、常见犯罪的量刑(节选)

(十五)走私、贩卖、运输、制造毒品罪

1. 构成走私、贩卖、运输、制造毒品罪的,可以根据下列不同情形在相应的幅度内确定量刑起点：

（1）走私、贩卖、运输、制造鸦片一千克，海洛因、甲基苯丙胺五十克或者其他毒品数量达到数量大起点的，量刑起点为十五年有期徒刑。依法应当判处无期徒刑以上刑罚的除外。

（2）走私、贩卖、运输、制造鸦片二百克，海洛因、甲基苯丙胺十克或者其他毒品数量达到数量较大起点的，可以在七年至八年有期徒刑幅度内确定量刑起点。

（3）走私、贩卖、运输、制造鸦片不满二百克，海洛因、甲基苯丙胺不满十克或者其他少量毒品的，可以在三年以下有期徒刑、拘役幅度内确定量刑起点；情节严重的，可以在三年至四年有期徒刑幅度内确定量刑起点。

2. 在量刑起点的基础上，可以根据毒品犯罪次数、人次、毒品数量等其他影响犯罪构成的犯罪事实增加刑罚量，确定基准刑。

3. 有下列情节之一的，可以增加基准刑的 10%–30%：

（1）利用、教唆未成年人走私、贩卖、运输、制造毒品的；

（2）向未成年人出售毒品的；

（3）毒品再犯。

4. 有下列情节之一的，可以减少基准刑的 30% 以下：

（1）受雇运输毒品的；

（2）毒品含量明显偏低的；

（3）存在数量引诱情形的。

五、附　则

1. 本指导意见规范上列十五种犯罪判处有期徒刑、拘役的案件。其他判处有期徒刑、拘役的案件，可以参照量刑的指导原则，基本方法和常见量刑情节的适用规范量刑。

2. 各高级人民法院应当结合当地实际制定实施细则。

3. 本指导意见自 2017 年 4 月 1 日起实施，《最高人民法院关于实施量刑规范化工作通知》（法发〔2013〕14 号）同时废止。

最高人民法院《关于贯彻宽严相济刑事政策的若干意见》

（2010年2月8日）

法发〔2010〕9号

各省、自治区、直辖市高级人民法院，解放军军事法院，新疆维吾尔自治区高级人民法院生产建设兵团分院：

宽严相济刑事政策，是党中央在构建社会主义和谐社会新形势下提出的一项重要政策，是我国的基本刑事政策。它对于最大限度地预防和减少犯罪、化解社会矛盾、维护社会和谐稳定，具有特别重要的意义。最高人民法院在深入调查研究、广泛征求各方面意见的基础上，制定了《最高人民法院关于贯彻宽严相济刑事政策的若干意见》(以下简称《意见》)，对人民法院在刑事审判工作中如何更好地贯彻落实宽严相济的刑事政策，提出了具体、明确的要求。

各级人民法院要认真组织学习，充分认识《意见》对于刑事审判工作的重要指导作用。要深刻领会《意见》精神，切实增强贯彻执行宽严相济刑事政策的自觉性，将这一政策的基本要求落实到刑事审判工作的每一个环节中去，切实做到该宽则宽，当严则严，宽严相济，罚当其罪，确保裁判法律效果和社会效果的高度统一。

现将《最高人民法院关于贯彻宽严相济刑事政策的若干意见》印发给你们，请结合落实好今年政法工作的"三项重点工作"，认真贯彻执行。执行中的具体问题，请及时层报我院。

二〇一〇年二月八日

宽严相济刑事政策是我国的基本刑事政策，贯穿于刑事立法、刑事司法和刑罚执行的全过程，是惩办与宽大相结合政策在新时期的继承、发展和完善，是司法机关惩罚犯罪，预防犯罪，保护人民，保障人权，正确实施国家法律的指南。为了在刑事审判工作中切实贯彻执行这一政策，特制定本意见。

一、贯彻宽严相济刑事政策的总体要求

1.贯彻宽严相济刑事政策，要根据犯罪的具体情况，实行区别对待，做到该宽则宽，当严则严，宽严相济，罚当其罪，打击和孤立极少数，教育、感化和挽救大多数，最大限度地减少社会对立面，促进社会和谐稳定，维护国家长治久安。

2.要正确把握宽与严的关系，切实做到宽严并用。既要注意克服重刑主义思想影响，防止片面从严，也要避免受轻刑化思想影响，一味从宽。

3.贯彻宽严相济刑事政策，必须坚持严格依法办案，切实贯彻落实罪刑法定原则、罪刑相适应原则和法律面前人人平等原则，依照法律规定准确定罪量刑。从宽和从严都必须依照法律规定进行，做到宽严有据，罚当其罪。

4.要根据经济社会的发展和治安形势的变化，尤其要根据犯罪情况的变化，在法律规定的范围内，适时调整从宽和从严的对象、范围和力度。要全面、客观把握不同时期不同地区的经济社会状况和社会治安形势，充分考虑人民群众的安全感以及惩治犯罪的实际需要，注重从严打击严重危害国家安全、社会治安和人民群众利益的犯罪。对于犯罪性质尚不严重，情节较轻和社会危害性较小的犯罪，以及被告人认罪、悔罪，从宽处罚更有利于社会和谐稳定的，依法可以从宽处理。

5.贯彻宽严相济刑事政策，必须严格依法进行，维护法律的统一和权威，确保良好的法律效果。同时，必须充分考虑案件的处理是否有利于赢得广大人民群众的支持和社会稳定，是否有利于瓦解犯罪，化解矛盾，是否有利于罪犯的教育改造和回归社会，是否有利于减少社会对抗，促进社会和谐，争取更好的社会效果。要注意在裁判文书中充分说明裁判理由，尤其是从宽或从严的理由，促使被告人认罪服法，注重教育群众，实现案件裁判法律效果和社会效果的有机统一。

二、准确把握和正确适用依法从"严"的政策要求

6. 宽严相济刑事政策中的从"严",主要是指对于罪行十分严重、社会危害性极大,依法应当判处重刑或死刑的,要坚决地判处重刑或死刑;对于社会危害大或者具有法定、酌定从重处罚情节,以及主观恶性深、人身危险性大的被告人,要依法从严惩处。在审判活动中通过体现依法从"严"的政策要求,有效震慑犯罪分子和社会不稳定分子,达到有效遏制犯罪、预防犯罪的目的。

7. 贯彻宽严相济刑事政策,必须毫不动摇地坚持依法严惩严重刑事犯罪的方针。对于危害国家安全犯罪、恐怖组织犯罪、邪教组织犯罪、黑社会性质组织犯罪、恶势力犯罪、故意危害公共安全犯罪等严重危害国家政权稳固和社会治安的犯罪,故意杀人、故意伤害致人死亡、强奸、绑架、拐卖妇女儿童、抢劫、重大抢夺、重大盗窃等严重暴力犯罪和严重影响人民群众安全感的犯罪,走私、贩卖、运输、制造毒品等毒害人民健康的犯罪,要作为严惩的重点,依法从重处罚。尤其对于极端仇视国家和社会,以不特定人为侵害对象,所犯罪行特别严重的犯罪分子,该重判的要坚决依法重判,该判处死刑的要坚决依法判处死刑。

8. 对于国家工作人员贪污贿赂、滥用职权、失职渎职的严重犯罪,黑恶势力犯罪、重大安全责任事故、制售伪劣食品药品所涉及的国家工作人员职务犯罪,发生在社会保障、征地拆迁、灾后重建、企业改制、医疗、教育、就业等领域严重损害群众利益、社会影响恶劣、群众反映强烈的国家工作人员职务犯罪,发生在经济社会建设重点领域、重点行业的严重商业贿赂犯罪等,要依法从严惩处。

对于国家工作人员职务犯罪和商业贿赂犯罪中性质恶劣、情节严重、涉案范围广、影响面大的,或者案发后隐瞒犯罪事实、毁灭证据、订立攻守同盟、负案潜逃等拒不认罪悔罪的,要坚决依法从严惩处。

对于被告人犯罪所得数额不大,但对国家财产和人民群众利益造成重大损失、社会影响极其恶劣的职务犯罪和商业贿赂犯罪案件,也应依法从严惩处。

要严格掌握职务犯罪法定减轻处罚情节的认定标准与减轻处罚的幅度,严格控制依法减轻处罚后判处三年以下有期徒刑适用缓刑的范围,切实规范职务犯罪缓刑、免予刑事处罚的适用。

9. 当前和今后一个时期,对于集资诈骗、贷款诈骗、制贩假币以及扰乱、操纵证券、期货市场等严重危害金融秩序的犯罪,生产、销售假药、劣药、有毒有害食品

等严重危害食品药品安全的犯罪，走私等严重侵害国家经济利益的犯罪，造成严重后果的重大安全责任事故犯罪，重大环境污染、非法采矿、盗伐林木等各种严重破坏环境资源的犯罪等，要依法从严惩处，维护国家的经济秩序，保护广大人民群众的生命健康安全。

10. 严惩严重刑事犯罪，必须充分考虑被告人的主观恶性和人身危险性。对于事先精心预谋、策划犯罪的被告人，具有惯犯、职业犯等情节的被告人，或者因故意犯罪受过刑事处罚、在缓刑、假释考验期内又犯罪的被告人，要依法严惩，以实现刑罚特殊预防的功能。

11. 要依法从严惩处累犯和毒品再犯。凡是依法构成累犯和毒品再犯的，即使犯罪情节较轻，也要体现从严惩处的精神。尤其是对于前罪为暴力犯罪或被判处重刑的累犯，更要依法从严惩处。

12. 要注重综合运用多种刑罚手段，特别是要重视依法适用财产刑，有效惩治犯罪。对于法律规定有附加财产刑的，要依法适用。对于侵财型和贪利型犯罪，更要注重通过依法适用财产刑使犯罪分子受到经济上的惩罚，剥夺其重新犯罪的能力和条件。要切实加大财产刑的执行力度，确保刑罚的严厉性和惩罚功能得以实现。被告人非法占有、处置被害人财产不能退赃的，在决定刑罚时，应作为重要情节予以考虑，体现从严处罚的精神。

13. 对于刑事案件被告人，要严格依法追究刑事责任，切实做到不枉不纵。要在确保司法公正的前提下，努力提高司法效率。特别是对于那些严重危害社会治安，引起社会关注的刑事案件，要在确保案件质量的前提下，抓紧审理，及时宣判。

三、准确把握和正确适用依法从"宽"的政策要求

14. 宽严相济刑事政策中的从"宽"，主要是指对于情节较轻、社会危害性较小的犯罪，或者罪行虽然严重，但具有法定、酌定从宽处罚情节，以及主观恶性相对较小、人身危险性不大的被告人，可以依法从轻、减轻或者免除处罚；对于具有一定社会危害性，但情节显著轻微危害不大的行为，不作为犯罪处理；对于依法可不监禁的，尽量适用缓刑或者判处管制、单处罚金等非监禁刑。

15. 被告人的行为已经构成犯罪，但犯罪情节轻微，或者未成年人、在校学生实施的较轻犯罪，或者被告人具有犯罪预备、犯罪中止、从犯、胁从犯、防卫过当、避险过当等情节，依法不需要判处刑罚的，可以免予刑事处罚。对免予刑事处罚

的,应当根据刑法第三十七条规定,做好善后、帮教工作或者交由有关部门进行处理,争取更好的社会效果。

16. 对于所犯罪行不重、主观恶性不深、人身危险性较小、有悔改表现、不致再危害社会的犯罪分子,要依法从宽处理。对于其中具备条件的,应当依法适用缓刑或者管制、单处罚金等非监禁刑。同时配合做好社区矫正,加强教育、感化、帮教、挽救工作。

17. 对于自首的被告人,除了罪行极其严重、主观恶性极深、人身危险性极大,或者恶意地利用自首规避法律制裁者以外,一般均应当依法从宽处罚。

对于亲属以不同形式送被告人归案或协助司法机关抓获被告人而认定为自首的,原则上都应当依法从宽处罚;有的虽然不能认定为自首,但考虑到被告人亲属支持司法机关工作,促使被告人到案、认罪、悔罪,在决定对被告人具体处罚时,也应当予以充分考虑。

18. 对于被告人检举揭发他人犯罪构成立功的,一般均应当依法从宽处罚。对于犯罪情节不是十分恶劣,犯罪后果不是十分严重的被告人立功的,从宽处罚的幅度应当更大。

19. 对于较轻犯罪的初犯、偶犯,应当综合考虑其犯罪的动机、手段、情节、后果和犯罪时的主观状态,酌情予以从宽处罚。对于犯罪情节轻微的初犯、偶犯,可以免予刑事处罚;依法应当予以刑事处罚的,也应当尽量适用缓刑或者判处管制、单处罚金等非监禁刑。

20. 对于未成年人犯罪,在具体考虑其实施犯罪的动机和目的、犯罪性质、情节和社会危害程度的同时,还要充分考虑其是否属于初犯,归案后是否悔罪,以及个人成长经历和一贯表现等因素,坚持"教育为主、惩罚为辅"的原则和"教育、感化、挽救"的方针进行处理。对于偶尔盗窃、抢夺、诈骗,数额刚达到较大的标准,案发后能如实交代并积极退赃的,可以认定为情节显著轻微,不作为犯罪处理。对于罪行较轻的,可以依法适当多适用缓刑或者判处管制、单处罚金等非监禁刑;依法可免予刑事处罚的,应当免予刑事处罚。对于犯罪情节严重的未成年人,也应当依照刑法第十七条第三款的规定予以从轻或者减轻处罚。对于已满十四周岁不满十六周岁的未成年犯罪人,一般不判处无期徒刑。

21. 对于老年人犯罪,要充分考虑其犯罪的动机、目的、情节、后果以及悔罪表现等,并结合其人身危险性和再犯可能性,酌情予以从宽处罚。

22. 对于因恋爱、婚姻、家庭、邻里纠纷等民间矛盾激化引发的犯罪,因劳动纠纷、管理失当等原因引发、犯罪动机不属恶劣的犯罪,因被害方过错或者基于义愤引发的或者具有防卫因素的突发性犯罪,应酌情从宽处罚。

23. 被告人案发后对被害人积极进行赔偿,并认罪、悔罪的,依法可以作为酌定量刑情节予以考虑。因婚姻家庭等民间纠纷激化引发的犯罪,被害人及其家属对被告人表示谅解的,应当作为酌定量刑情节予以考虑。犯罪情节轻微,取得被害人谅解的,可以依法从宽处理,不需判处刑罚的,可以免予刑事处罚。

24. 对于刑事被告人,如果采取取保候审、监视居住等非羁押性强制措施足以防止发生社会危险性,且不影响刑事诉讼正常进行的,一般可不采取羁押措施。对人民检察院提起公诉而被告人未被采取逮捕措施的,除存在被告人逃跑、串供、重新犯罪等具有人身危险性或者可能影响刑事诉讼正常进行的情形外,人民法院一般可不决定逮捕被告人。

四、准确把握和正确适用宽严"相济"的政策要求

25. 宽严相济刑事政策中的"相济",主要是指在对各类犯罪依法处罚时,要善于综合运用宽和严两种手段,对不同的犯罪和犯罪分子区别对待,做到严中有宽、宽以济严;宽中有严、严以济宽。

26. 在对严重刑事犯罪依法从严惩处的同时,对被告人具有自首、立功、从犯等法定或酌定从宽处罚情节的,还要注意宽以济严,根据犯罪的具体情况,依法应当或可以从宽的,都应当在量刑上予以充分考虑。

27. 在对较轻刑事犯罪依法从轻处罚的同时,要注意严以济宽,充分考虑被告人是否具有屡教不改、严重滋扰社会、群众反映强烈等酌定从严处罚的情况,对于不从严不足以有效惩戒者,也应当在量刑上有所体现,做到济之以严,使犯罪分子受到应有处罚,切实增强改造效果。

28. 对于被告人同时具有法定、酌定从严和法定、酌定从宽处罚情节的案件,要在全面考察犯罪的事实、性质、情节和对社会危害程度的基础上,结合被告人的主观恶性、人身危险性、社会治安状况等因素,综合作出分析判断,总体从严,或者总体从宽。

29. 要准确理解和严格执行"保留死刑,严格控制和慎重适用死刑"的政策。对于罪行极其严重的犯罪分子,论罪应当判处死刑的,要坚决依法判处死刑。要依法严格控制死刑的适用,统一死刑案件的裁判标准,确保死刑只适用于极少数

罪行极其严重的犯罪分子。拟判处死刑的具体案件定罪或者量刑的证据必须确实、充分,得出唯一结论。对于罪行极其严重,但只要是依法可不立即执行的,就不应当判处死刑立即执行。

30. 对于恐怖组织犯罪、邪教组织犯罪、黑社会性质组织犯罪和进行走私、诈骗、贩毒等犯罪活动的犯罪集团,在处理时要分别情况,区别对待:对犯罪组织或集团中的为首组织、指挥、策划者和骨干分子,要依法从严惩处,该判处重刑或死刑的要坚决判处重刑或死刑;对受欺骗、胁迫参加犯罪组织、犯罪集团或只是一般参加者,在犯罪中起次要、辅助作用的从犯,依法应当从轻或减轻处罚,符合缓刑条件的,可以适用缓刑。

对于群体性事件中发生的杀人、放火、抢劫、伤害等犯罪案件,要注意重点打击其中的组织、指挥、策划者和直接实施犯罪行为的积极参与者;对因被煽动、欺骗、裹胁而参加,情节较轻,经教育确有悔改表现的,应当依法从宽处理。

31. 对于一般共同犯罪案件,应当充分考虑各被告人在共同犯罪中的地位和作用,以及在主观恶性和人身危险性方面的不同,根据事实和证据能分清主从犯的,都应当认定主从犯。有多名主犯的,应在主犯中进一步区分出罪行最为严重者。对于多名被告人共同致死一名被害人的案件,要进一步分清各被告人的作用,准确确定各被告人的罪责,以做到区别对待;不能以分不清主次为由,简单地一律判处重刑。

32. 对于过失犯罪,如安全责任事故犯罪等,主要应当根据犯罪造成危害后果的严重程度、被告人主观罪过的大小以及被告人案发后的表现等,综合掌握处罚的宽严尺度。对于过失犯罪后积极抢救、挽回损失或者有效防止损失进一步扩大的,要依法从宽。对于造成的危害后果虽然不是特别严重,但情节特别恶劣或案发后故意隐瞒案情,甚至逃逸,给及时查明事故原因和迅速组织抢救造成贻误的,则要依法从重处罚。

33. 在共同犯罪案件中,对于主犯或首要分子检举、揭发同案地位、作用较次犯罪分子构成立功的,从轻或者减轻处罚应当从严掌握,如果从轻处罚可能导致全案量刑失衡的,一般不予从轻处罚;如果检举、揭发的是其他犯罪案件中罪行同样严重的犯罪分子,或者协助抓获的是同案中的其他主犯、首要分子的,原则上应予依法从轻或者减轻处罚。对于从犯或犯罪集团中的一般成员立功,特别是协助抓获主犯、首要分子的,应当充分体现政策,依法从轻、减轻或者免除处罚。

34. 对于危害国家安全犯罪、故意危害公共安全犯罪、严重暴力犯罪、涉众型经济犯罪等严重犯罪；恐怖组织犯罪、邪教组织犯罪、黑恶势力犯罪等有组织犯罪的领导者、组织者和骨干分子；毒品犯罪再犯的严重犯罪者；确有执行能力而拒不依法积极主动缴付财产执行财产刑或确有履行能力而不积极主动履行附带民事赔偿责任的，在依法减刑、假释时，应当从严掌握。对累犯减刑时，应当从严掌握。拒不交代真实身份或对减刑、假释材料弄虚作假，不符合减刑、假释条件的，不得减刑、假释。

对于因犯故意杀人、爆炸、抢劫、强奸、绑架等暴力犯罪，致人死亡或严重残疾而被判处死刑缓期二年执行或无期徒刑的罪犯，要严格控制减刑的频度和每次减刑的幅度，要保证其相对较长的实际服刑期限，维护公平正义，确保改造效果。

对于未成年犯、老年犯、残疾罪犯、过失犯、中止犯、胁从犯、积极主动缴付财产执行财产刑或履行民事赔偿责任的罪犯、因防卫过当或避险过当而判处徒刑的罪犯以及其他主观恶性不深、人身危险性不大的罪犯，在依法减刑、假释时，应当根据悔改表现予以从宽掌握。对认罪服法，遵守监规，积极参加学习、劳动，确有悔改表现的，依法予以减刑，减刑的幅度可以适当放宽，间隔的时间可以相应缩短。符合刑法第八十一条第一款规定的假释条件的，应当依法多适用假释。

五、完善贯彻宽严相济刑事政策的工作机制

35. 要注意总结审判经验，积极稳妥地推进量刑规范化工作。要规范法官的自由裁量权，逐步把量刑纳入法庭审理程序，增强量刑的公开性和透明度，充分实现量刑的公正和均衡，不断提高审理刑事案件的质量和效率。

36. 最高人民法院将继续通过总结审判经验，制发典型案例，加强审判指导，并制定关于案例指导制度的规范性文件，推进对贯彻宽严相济刑事政策案例指导制度的不断健全和完善。

37. 要积极探索人民法庭受理轻微刑事案件的工作机制，充分发挥人民法庭便民、利民和受案、审理快捷的优势，进一步促进轻微刑事案件及时审判，确保法律效果和社会效果的有机统一。

38. 要充分发挥刑事简易程序节约司法资源、提高审判效率、促进司法公正的功能，进一步强化简易程序的适用。对于被告人对被指控的基本犯罪事实无异议，并自愿认罪的第一审公诉案件，要依法进一步强化普通程序简化审的适用力度，以保障符合条件的案件都能得到及时高效的审理。

39. 要建立健全符合未成年人特点的刑事案件审理机制，寓教于审，惩教结合，通过科学、人性化的审理方式，更好地实现"教育、感化、挽救"的目的，促使未成年犯罪人早日回归社会。要积极推动有利于未成年犯罪人改造和管理的各项制度建设。对公安部门针对未成年人在缓刑、假释期间违法犯罪情况报送的拟撤销未成年犯罪人的缓刑或假释的报告，要及时审查，并在法定期限内及时做出决定，以真正形成合力，共同做好未成年人犯罪的惩戒和预防工作。

40. 对于刑事自诉案件，要尽可能多做化解矛盾的调解工作，促进双方自行和解。对于经过司法机关做工作，被告人认罪悔过，愿意赔偿被害人损失，取得被害人谅解，从而达成和解协议的，可以由自诉人撤回起诉，或者对被告人依法从轻或免予刑事处罚。对于可公诉、也可自诉的刑事案件，检察机关提起公诉的，人民法院应当依法进行审理，依法定罪处罚。对民间纠纷引发的轻伤害等轻微刑事案件，诉至法院后当事人自行和解的，应当予以准许并记录在案。人民法院也可以在不违反法律规定的前提下，对此类案件尝试做一些促进和解的工作。

41. 要尽可能把握一切有利于附带民事诉讼调解结案的积极因素，多做促进当事人双方和解的辨法析理工作，以更好地落实宽严相济刑事政策，努力做到案结事了。要充分发挥被告人、被害人所在单位、社区基层组织、辩护人、诉讼代理人和近亲属在附带民事诉讼调解工作中的积极作用，协调各方共同做好促进调解工作，尽可能通过调解达成民事赔偿协议并以此取得被害人及其家属对被告人的谅解，化解矛盾，促进社会和谐。

42. 对于因受到犯罪行为侵害、无法及时获得有效赔偿、存在特殊生活困难的被害人及其亲属，由有关方面给予适当的资金救助，有利于化解矛盾纠纷，促进社会和谐稳定。各地法院要结合当地实际，在党委、政府的统筹协调和具体指导下，落实好、执行好刑事被害人救助制度，确保此项工作顺利开展，取得实效。

43. 对减刑、假释案件，要采取开庭审理与书面审理相结合的方式。对于职务犯罪案件，尤其是原为县处级以上领导干部罪犯的减刑、假释案件，要一律开庭审理。对于故意杀人、抢劫、故意伤害等严重危害社会治安的暴力犯罪分子，有组织犯罪案件中的首要分子和其他主犯以及其他重大、有影响案件罪犯的减刑、假释，原则上也要开庭审理。书面审理的案件，拟裁定减刑、假释的，要在羁押场所公示拟减刑、假释人员名单，接受其他在押罪犯的广泛监督。

44. 要完善对刑事审判人员贯彻宽严相济刑事政策的监督机制，防止宽严失当、枉法裁判、以权谋私。要改进审判考核考评指标体系，完善错案认定标准和错案责任追究制度,完善法官考核机制。要切实改变单纯以改判率、发回重审率的高低来衡量刑事审判工作质量和法官业绩的做法。要探索建立既能体现审判规律、符合法官职业特点,又能准确反映法官综合素质和司法能力的考评体制,对法官审理刑事案件质量,落实宽严相济刑事政策,实现刑事审判法律效果和社会效果有机统一进行全面、科学的考核。

45. 各级人民法院要加强与公安机关、国家安全机关、人民检察院、司法行政机关等部门的联系和协调,建立经常性的工作协调机制,共同研究贯彻宽严相济刑事政策的工作措施,及时解决工作中出现的具体问题。要根据"分工负责、相互配合、相互制约"的法律原则,加强与公安机关、人民检察院的工作联系,既各司其职,又进一步形成合力,不断提高司法公信,维护司法权威。要在律师辩护代理、法律援助、监狱提请减刑假释、开展社区矫正等方面加强与司法行政机关的沟通和协调,促进宽严相济刑事政策的有效实施。

最高人民法院、最高人民检察院、公安部《关于办理邻氯苯基环戊酮等三种制毒物品犯罪案件定罪量刑数量标准的通知》

（2014年9月5日）

公通字〔2014〕32号

各省、自治区、直辖市高级人民法院，人民检察院，公安厅、局，解放军军事法院、军事检察院，新疆维吾尔自治区高级人民法院生产建设兵团分院，新疆生产建设兵团人民检察院、公安局：

近年来，随着制造合成毒品犯罪的迅速增长，制毒物品流入非法渠道形势严峻。利用邻氯苯基环戊酮合成羟亚胺进而制造氯胺酮，利用1-苯基-2-溴-1-丙酮（又名溴代苯丙酮、2-溴代苯丙酮、α-溴代苯丙酮等）合成麻黄素和利用3-氧-2-苯基丁腈（又名α-氰基苯丙酮、α-苯乙酰基乙腈、2-苯乙酰基乙腈等）合成1-苯基-2-丙酮进而制造甲基苯丙胺（冰毒）等犯罪尤为突出。2012年9月和2014年5月，国务院先后将邻氯苯基环戊酮、1-苯基-2-溴-1-丙酮和3-氧-2-苯基丁腈增列为第一类易制毒化学品管制。为遏制上述物品流入非法渠道被用于制造毒品，根据刑法和《最高人民法院关于审理毒品案件定罪量刑标准有关问题的解释》《最高人民法院、最高人民检察院、公安部关于办理制毒物品犯罪案件适用法律若干问题的意见》等相关规定，现就办理上述三种制毒物品犯罪案件的定罪量刑数量标准通知如下：

一、违反国家规定，非法运输、携带邻氯苯基环戊酮、1-苯基-2-溴-1-丙酮或者3-氧-2-苯基丁腈进出境，或者在境内非法买卖上述物品，达到下列数量标准的，依照刑法第三百五十条第一款的规定，处三年以下有期徒刑、拘役或者管制，并处罚金：

（一）邻氯苯基环戊酮二十千克以上不满二百千克；

（二）1-苯基-2-溴-1-丙酮、3-氧-2-苯基丁腈十五千克以上不满一百五十千克。

二、违反国家规定，实施上述行为，达到或者超过第一条所列最高数量标准的，应当认定为刑法第三百五十条第一款规定的"数量大"，处三年以上十年以下有期徒刑，并处罚金。

五、非法证据排除法律规范

最高人民法院、最高人民检察院、公安部、国家安全部、司法部《关于办理死刑案件审查判断证据若干问题的规定》

（2010年7月1日）

为依法、公正、准确、慎重地办理死刑案件，惩罚犯罪，保障人权，根据《中华人民共和国刑事诉讼法》等有关法律规定，结合司法实际，制定本规定。

一、一般规定

第一条 办理死刑案件，必须严格执行刑法和刑事诉讼法，切实做到事实清楚，证据确实、充分，程序合法，适用法律正确，确保案件质量。

第二条 认定案件事实，必须以证据为根据。

第三条 侦查人员、检察人员、审判人员应当严格遵守法定程序，全面、客观地收集、审查、核实和认定证据。

第四条 经过当庭出示、辨认、质证等法庭调查程序查证属实的证据，才能作为定罪量刑的根据。

第五条　办理死刑案件,对被告人犯罪事实的认定,必须达到证据确实、充分。证据确实、充分是指:

(一)定罪量刑的事实都有证据证明;

(二)每一个定案的证据均已经法定程序查证属实;

(三)证据与证据之间、证据与案件事实之间不存在矛盾或者矛盾得以合理排除;

(四)共同犯罪案件中,被告人的地位、作用均已查清;

(五)根据证据认定案件事实的过程符合逻辑和经验规则,由证据得出的结论为唯一结论。

办理死刑案件,对于以下事实的证明必须达到证据确实、充分:

(一)被指控的犯罪事实的发生;

(二)被告人实施了犯罪行为与被告人实施犯罪行为的时间、地点、手段、后果以及其他情节;

(三)影响被告人定罪的身份情况;

(四)被告人有刑事责任能力;

(五)被告人的罪过;

(六)是否共同犯罪及被告人在共同犯罪中的地位、作用;

(七)对被告人从重处罚的事实。

二、证据的分类审查与认定

1. 物证、书证

第六条　对物证、书证应当着重审查以下内容:

(一)物证、书证是否为原物、原件,物证的照片、录像或者复制品及书证的副本、复制件与原物、原件是否相符;物证、书证是否经过辨认、鉴定;物证的照片、录像或者复制品和书证的副本、复制件是否由二人以上制作,有无制作人关于制作过程及原件、原物存放于何处的文字说明及签名。

(二)物证、书证的收集程序、方式是否符合法律及有关规定;经勘验、检查、搜查提取、扣押的物证、书证,是否附有相关笔录或者清单;笔录或者清单是否有侦查人员、物品持有人、见证人签名,没有物品持有人签名的,是否注明原因;对物品的特征、数量、质量、名称等注明是否清楚。

(三)物证、书证在收集、保管及鉴定过程中是否受到破坏或者改变。

(四)物证、书证与案件事实有无关联。对现场遗留与犯罪有关的具备检验鉴定条件的血迹、指纹、毛发、体液等生物物证、痕迹、物品,是否通过 DNA 鉴定、指纹鉴定等鉴定方式与被告人或者被害人的相应生物检材、生物特征、物品等作同一认定。

(五)与案件事实有关联的物证、书证是否全面收集。

第七条 对在勘验、检查、搜查中发现与案件事实可能有关联的血迹、指纹、足迹、字迹、毛发、体液、人体组织等痕迹和物品应当提取而没有提取,应当检验而没有检验,导致案件事实存疑的,人民法院应当向人民检察院说明情况,人民检察院依法可以补充收集、调取证据,作出合理的说明或者退回侦查机关补充侦查,调取有关证据。

第八条 据以定案的物证应当是原物。只有在原物不便搬运、不易保存或者依法应当由有关部门保管、处理或者依法应当返还时,才可以拍摄或者制作足以反映原物外形或者内容的照片、录像或者复制品。物证的照片、录像或者复制品,经与原物核实无误或者经鉴定证明为真实的,或者以其他方式确能证明其真实的,可以作为定案的根据。原物的照片、录像或者复制品,不能反映原物的外形和特征的,不能作为定案的根据。

据以定案的书证应当是原件。只有在取得原件确有困难时,才可以使用副本或者复制件。书证的副本、复制件,经与原件核实无误或者经鉴定证明为真实的,或者以其他方式确能证明其真实的,可以作为定案的根据。书证有更改或者更改迹象不能作出合理解释的,书证的副本、复制件不能反映书证原件及其内容的,不能作为定案的根据。

第九条 经勘验、检查、搜查提取、扣押的物证、书证,未附有勘验、检查笔录,搜查笔录,提取笔录,扣押清单,不能证明物证、书证来源的,不能作为定案的根据。

物证、书证的收集程序、方式存在下列瑕疵,通过有关办案人员的补正或者作出合理解释的,可以采用:

(一)收集调取的物证、书证,在勘验、检查笔录,搜查笔录,提取笔录,扣押清单上没有侦查人员、物品持有人、见证人签名或者物品特征、数量、质量、名称等注明不详的;

(二)收集调取物证照片、录像或者复制品,书证的副本、复制件未注明与原件核对无异,无复制时间,无被收集、调取人(单位)签名(盖章)的;

(三)物证照片、录像或者复制品,书证的副本、复制件没有制作人关于制作过程及原物、原件存放于何处的说明或者说明中无签名的;

(四)物证、书证的收集程序、方式存在其他瑕疵的。

对物证、书证的来源及收集过程有疑问,不能作出合理解释的,该物证、书证不能作为定案的根据。

第十条 具备辨认条件的物证、书证应当交由当事人或者证人进行辨认,必要时应当进行鉴定。

2. 证人证言

第十一条 对证人证言应当着重审查以下内容:

(一)证言的内容是否为证人直接感知。

(二)证人作证时的年龄、认知水平、记忆能力和表达能力,生理上和精神上的状态是否影响作证。

(三)证人与案件当事人、案件处理结果有无利害关系。

(四)证言的取得程序、方式是否符合法律及有关规定:有无使用暴力、威胁、引诱、欺骗以及其他非法手段取证的情形;有无违反询问证人应当个别进行的规定;笔录是否经证人核对确认并签名(盖章)、捺指印;询问未成年证人,是否通知了其法定代理人到场,其法定代理人是否在场等。

(五)证人证言之间以及与其他证据之间能否相互印证,有无矛盾。

第十二条 以暴力、威胁等非法手段取得的证人证言,不能作为定案的根据。

处于明显醉酒、麻醉品中毒或者精神药物麻醉状态,以致不能正确表达的证人所提供的证言,不能作为定案的根据。

证人的猜测性、评论性、推断性的证言,不能作为证据使用,但根据一般生活经验判断符合事实的除外。

第十三条 具有下列情形之一的证人证言,不能作为定案的根据:

(一)询问证人没有个别进行而取得的证言;

(二)没有经证人核对确认并签名(盖章)、捺指印的书面证言;

(三)询问聋哑人或者不通晓当地通用语言、文字的少数民族人员、外国人,应当提供翻译而未提供的。

第十四条 证人证言的收集程序和方式有下列瑕疵,通过有关办案人员的补正或者作出合理解释的,可以采用:

(一)没有填写询问人、记录人、法定代理人姓名或者询问的起止时间、地点的;

(二)询问证人的地点不符合规定的;

(三)询问笔录没有记录告知证人应当如实提供证言和有意作伪证或者隐匿罪证要负法律责任内容的;

(四)询问笔录反映出在同一时间段内,同一询问人员询问不同证人的。

第十五条 具有下列情形的证人,人民法院应当通知出庭作证;经依法通知不出庭作证证人的书面证言经质证无法确认的,不能作为定案的根据:

(一)人民检察院、被告人及其辩护人对证人证言有异议,该证人证言对定罪量刑有重大影响的;

(二)人民法院认为其他应当出庭作证的。

证人在法庭上的证言与其庭前证言相互矛盾,如果证人当庭能够对其翻证作出合理解释,并有相关证据印证的,应当采信庭审证言。

对未出庭作证证人的书面证言,应当听取出庭检察人员、被告人及其辩护人的意见,并结合其他证据综合判断。未出庭作证证人的书面证言出现矛盾,不能排除矛盾且无证据印证的,不能作为定案的根据。

第十六条 证人作证,涉及国家秘密或者个人隐私的,应当保守秘密。

证人出庭作证,必要时,人民法院可以采取限制公开证人信息、限制询问、遮蔽容貌、改变声音等保护性措施。

3. 被害人陈述

第十七条 对被害人陈述的审查与认定适用前述关于证人证言的有关规定。

4. 被告人供述和辩解

第十八条 对被告人供述和辩解应当着重审查以下内容：

（一）讯问的时间、地点、讯问人的身份等是否符合法律及有关规定，讯问被告人的侦查人员是否不少于二人，讯问被告人是否个别进行等。

（二）讯问笔录的制作、修改是否符合法律及有关规定，讯问笔录是否注明讯问的起止时间和讯问地点，首次讯问时是否告知被告人申请回避、聘请律师等诉讼权利，被告人是否核对确认并签名（盖章）、捺指印，是否有不少于二人的讯问人签名等。

（三）讯问聋哑人、少数民族人员、外国人时是否提供了通晓聋、哑手势的人员或者翻译人员，讯问未成年同案犯时，是否通知了其法定代理人到场，其法定代理人是否在场。

（四）被告人的供述有无以刑讯逼供等非法手段获取的情形，必要时可以调取被告人进出看守所的健康检查记录、笔录。

（五）被告人的供述是否前后一致，有无反复以及出现反复的原因；被告人的所有供述和辩解是否均已收集入卷；应当入卷的供述和辩解没有入卷的，是否出具了相关说明。

（六）被告人的辩解内容是否符合案情和常理，有无矛盾。

（七）被告人的供述和辩解与同案犯的供述和辩解以及其他证据能否相互印证，有无矛盾。

对于上述内容，侦查机关随案移送有录音录像资料的，应当结合相关录音录像资料进行审查。

第十九条 采用刑讯逼供等非法手段取得的被告人供述，不能作为定案的根据。

第二十条 具有下列情形之一的被告人供述，不能作为定案的根据：

（一）讯问笔录没有经被告人核对确认并签名（盖章）、捺指印的；

（二）讯问聋哑人、不通晓当地通用语言、文字的人员时，应当提供通晓聋、哑手势的人员或者翻译人员而未提供的。

第二十一条 讯问笔录有下列瑕疵,通过有关办案人员的补正或者作出合理解释的,可以采用:

(一)笔录填写的讯问时间、讯问人、记录人、法定代理人等有误或者存在矛盾的;

(二)讯问人没有签名的;

(三)首次讯问笔录没有记录告知被讯问人诉讼权利内容的。

第二十二条 对被告人供述和辩解的审查,应当结合控辩双方提供的所有证据以及被告人本人的全部供述和辩解进行。

被告人庭前供述一致,庭审中翻供,但被告人不能合理说明翻供理由或者其辩解与全案证据相矛盾,而庭前供述与其他证据能够相互印证的,可以采信被告人庭前供述。

被告人庭前供述和辩解出现反复,但庭审中供认的,且庭审中的供述与其他证据能够印证的,可以采信庭审中的供述;被告人庭前供述和辩解出现反复,庭审中不供认,且无其他证据与庭前供述印证的,不能采信庭前供述。

5.鉴定意见

第二十三条 对鉴定意见应当着重审查以下内容:

(一)鉴定人是否存在应当回避而未回避的情形。

(二)鉴定机构和鉴定人是否具有合法的资质。

(三)鉴定程序是否符合法律及有关规定。

(四)检材的来源、取得、保管、送检是否符合法律及有关规定,与相关提取笔录、扣押物品清单等记载的内容是否相符,检材是否充足、可靠。

(五)鉴定的程序、方法、分析过程是否符合本专业的检验鉴定规程和技术方法要求。

(六)鉴定意见的形式要件是否完备,是否注明提起鉴定的事由、鉴定委托人、鉴定机构、鉴定要求、鉴定过程、检验方法、鉴定文书的日期等相关内容,是否由鉴定机构加盖鉴定专用章并由鉴定人签名盖章。

(七)鉴定意见是否明确。

(八)鉴定意见与案件待证事实有无关联。

(九)鉴定意见与其他证据之间是否有矛盾,鉴定意见与检验笔录及相关照片是否有矛盾。

（十）鉴定意见是否依法及时告知相关人员，当事人对鉴定意见是否有异议。

第二十四条 鉴定意见具有下列情形之一的，不能作为定案的根据：

（一）鉴定机构不具备法定的资格和条件，或者鉴定事项超出本鉴定机构项目范围或者鉴定能力的；

（二）鉴定人不具备法定的资格和条件、鉴定人不具有相关专业技术或者职称、鉴定人违反回避规定的；

（三）鉴定程序、方法有错误的；

（四）鉴定意见与证明对象没有关联的；

（五）鉴定对象与送检材料、样本不一致的；

（六）送检材料、样本来源不明或者确实被污染且不具备鉴定条件的；

（七）违反有关鉴定特定标准的；

（八）鉴定文书缺少签名、盖章的；

（九）其他违反有关规定的情形。

对鉴定意见有疑问的，人民法院应当依法通知鉴定人出庭作证或者由其出具相关说明，也可以依法补充鉴定或者重新鉴定。

6.勘验、检查笔录

第二十五条 对勘验、检查笔录应当着重审查以下内容：

（一）勘验、检查是否依法进行，笔录的制作是否符合法律及有关规定的要求，勘验、检查人员和见证人是否签名或者盖章等。

（二）勘验、检查笔录的内容是否全面、详细、准确、规范：是否准确记录了提起勘验、检查的事由，勘验、检查的时间、地点、在场人员、现场方位、周围环境等情况；是否准确记载了现场、物品、人身、尸体等的位置、特征等详细情况以及勘验、检查、搜查的过程；文字记载与实物或者绘图、录像、照片是否相符；固定证据的形式、方法是否科学、规范；现场、物品、痕迹等是否被破坏或者伪造，是否是原始现场；人身特征、伤害情况、生理状况有无伪装或者变化等。

（三）补充进行勘验、检查的，前后勘验、检查的情况是否有矛盾，是否说明了再次勘验、检查的原由。

(四)勘验、检查笔录中记载的情况与被告人供述、被害人陈述、鉴定意见等其他证据能否印证,有无矛盾。

第二十六条 勘验、检查笔录存在明显不符合法律及有关规定的情形,并且不能作出合理解释或者说明的,不能作为证据使用。

勘验、检查笔录存在勘验、检查没有见证人的,勘验、检查人员和见证人没有签名、盖章的,勘验、检查人员违反回避规定的等情形,应当结合案件其他证据,审查其真实性和关联性。

7. 视听资料

第二十七条 对视听资料应当着重审查以下内容:

(一)视听资料的来源是否合法,制作过程中当事人有无受到威胁、引诱等违反法律及有关规定的情形;

(二)是否载明制作人或者持有人的身份,制作的时间、地点和条件以及制作方法;

(三)是否为原件,有无复制及复制份数;调取的视听资料是复制件的,是否附有无法调取原件的原因、制作过程和原件存放地点的说明,是否有制作人和原视听资料持有人签名或者盖章;

(四)内容和制作过程是否真实,有无经过剪辑、增加、删改、编辑等伪造、变造情形;

(五)内容与案件事实有无关联性。

对视听资料有疑问的,应当进行鉴定。

对视听资料,应当结合案件其他证据,审查其真实性和关联性。

第二十八条 具有下列情形之一的视听资料,不能作为定案的根据:

(一)视听资料经审查或者鉴定无法确定真伪的;

(二)对视听资料的制作和取得的时间、地点、方式等有异议,不能作出合理解释或者提供必要证明的。

8. 其他规定

第二十九条 对于电子邮件、电子数据交换、网上聊天记录、网络博客、手机短信、电子签名、域名等电子证据,应当主要审查以下内容:

(一)该电子证据存储磁盘、存储光盘等可移动存储介质是否与打印件一并提交;

(二)是否载明该电子证据形成的时间、地点、对象、制作人、制作过程及设备情况等;

(三)制作、储存、传递、获得、收集、出示等程序和环节是否合法,取证人、制作人、持有人、见证人等是否签名或者盖章;

(四)内容是否真实,有无剪裁、拼凑、篡改、添加等伪造、变造情形;

(五)该电子证据与案件事实有无关联性。对电子证据有疑问的,应当进行鉴定。

对电子证据,应当结合案件其他证据,审查其真实性和关联性。

第三十条 侦查机关组织的辨认,存在下列情形之一的,应当严格审查,不能确定其真实性的,辨认结果不能作为定案的根据:

(一)辨认不是在侦查人员主持下进行的;

(二)辨认前使辨认人见到辨认对象的;

(三)辨认人的辨认活动没有个别进行的;

(四)辨认对象没有混杂在具有类似特征的其他对象中,或者供辨认的对象数量不符合规定的;尸体、场所等特定辨认对象除外。

(五)辨认中给辨认人明显暗示或者明显有指认嫌疑的。

有下列情形之一的,通过有关办案人员的补正或者作出合理解释的,辨认结果可以作为证据使用:

(一)主持辨认的侦查人员少于二人的;

(二)没有向辨认人详细询问辨认对象的具体特征的;

(三)对辨认经过和结果没有制作专门的规范的辨认笔录,或者辨认笔录没有侦查人员、辨认人、见证人的签名或者盖章的;

(四)辨认记录过于简单,只有结果没有过程的;

(五)案卷中只有辨认笔录,没有被辨认对象的照片、录像等资料,无法获悉辨认的真实情况的。

第三十一条 对侦查机关出具的破案经过等材料,应当审查是否有出具该说明材料的办案人、办案机关的签字或者盖章。

对破案经过有疑问,或者对确定被告人有重大嫌疑的根据有疑问的,应当要求侦查机关补充说明。

三、证据的综合审查和运用

第三十二条 对证据的证明力,应当结合案件的具体情况,从各证据与待证事实的关联程度、各证据之间的联系等方面进行审查判断。

证据之间具有内在的联系,共同指向同一待证事实,且能合理排除矛盾的,才能作为定案的根据。

第三十三条 没有直接证据证明犯罪行为系被告人实施,但同时符合下列条件的可以认定被告人有罪:

(一)据以定案的间接证据已经查证属实;

(二)据以定案的间接证据之间相互印证,不存在无法排除的矛盾和无法解释的疑问;

(三)据以定案的间接证据已经形成完整的证明体系;

(四)依据间接证据认定的案件事实,结论是唯一的,足以排除一切合理怀疑;

(五)运用间接证据进行的推理符合逻辑和经验判断。根据间接证据定案的,判处死刑应当特别慎重。

第三十四条 根据被告人的供述、指认提取到了隐蔽性很强的物证、书证,且与其他证明犯罪事实发生的证据互相印证,并排除串供、逼供、诱供等可能性的,可以认定有罪。

第三十五条 侦查机关依照有关规定采用特殊侦查措施所收集的物证、书证及其他证据材料,经法庭查证属实,可以作为定案的根据。

法庭依法不公开特殊侦查措施的过程及方法。

第三十六条 在对被告人作出有罪认定后，人民法院认定被告人的量刑事实，除审查法定情节外，还应审查以下影响量刑的情节：

（一）案件起因；

（二）被害人有无过错及过错程度，是否对矛盾激化负有责任及责任大小；

（三）被告人的近亲属是否协助抓获被告人；

（四）被告人平时表现及有无悔罪态度；

（五）被害人附带民事诉讼赔偿情况，被告人是否取得被害人或者被害人近亲属谅解；

（六）其他影响量刑的情节。

既有从轻、减轻处罚等情节，又有从重处罚等情节的，应当依法综合相关情节予以考虑。

不能排除被告人具有从轻、减轻处罚等量刑情节的，判处死刑应当特别慎重。

第三十七条 对于有下列情形的证据应当慎重使用，有其他证据印证的，可以采信：

（一）生理上、精神上有缺陷的被害人、证人和被告人，在对案件事实的认知和表达上存在一定困难，但尚未丧失正确认知、正确表达能力而作的陈述、证言和供述；

（二）与被告人有亲属关系或者其他密切关系的证人所作的对该被告人有利的证言，或者与被告人有利害冲突的证人所作的对该被告人不利的证言。

第三十八条 法庭对证据有疑问的，可以告知出庭检察人员、被告人及其辩护人补充证据或者作出说明；确有核实必要的，可以宣布休庭，对证据进行调查核实。法庭进行庭外调查时，必要时，可以通知出庭检察人员、辩护人到场。出庭检察人员、辩护人一方或者双方不到场的，法庭记录在案。

人民检察院、辩护人补充的和法庭庭外调查核实取得的证据，法庭可以庭外征求出庭检察人员、辩护人的意见。双方意见不一致，有一方要求人民法院开庭进行调查的，人民法院应当开庭。

第三十九条 被告人及其辩护人提出有自首的事实及理由，有关机关未予认定的，应当要求有关机关提供证明材料或者要求相关人员作证，并结合其他证据判断自首是否成立。

被告人是否协助或者如何协助抓获同案犯的证明材料不全,导致无法认定被告人构成立功的,应当要求有关机关提供证明材料或者要求相关人员作证,并结合其他证据判断立功是否成立。

被告人有检举揭发他人犯罪情形的,应当审查是否已经查证属实;尚未查证的,应当及时查证。

被告人累犯的证明材料不全,应当要求有关机关提供证明材料。

第四十条 审查被告人实施犯罪时是否已满十八周岁,一般应当以户籍证明为依据;对户籍证明有异议,并有经查证属实的出生证明文件、无利害关系人的证言等证据证明被告人不满十八周岁的,应认定被告人不满十八周岁;没有户籍证明以及出生证明文件的,应当根据人口普查登记、无利害关系人的证言等证据综合进行判断,必要时,可以进行骨龄鉴定,并将结果作为判断被告人年龄的参考。

未排除证据之间的矛盾,无充分证据证明被告人实施被指控的犯罪时已满十八周岁且确实无法查明的,不能认定其已满十八周岁。

第四十一条 本规定自二〇一〇年七月一日起施行。

《关于办理死刑案件审查判断证据若干问题的规定》的理解与适用

2010年5月30日,最高人民法院、最高人民检察院、公安部、国家安全部、司法部联合发布了《关于办理死刑案件审查判断证据若干问题的规定》(以下简称《规定》)。《规定》不仅全面规定了刑事诉讼证据的基本原则和主要规范,还具体规定了对各类证据的收集、审查、判断和运用,对司法机关办理刑事案件特别是死刑案件提出了更高的标准、更严的要求。这是我国刑事司法制度改革的重要成果,也是我国刑事诉讼制度进一步民主化、法治化的重要标志,对于进一步提高执法办案水平,进一步强化执法人员素质,必将发挥重要作用。为便于司法实践中正确理解和适用,现对《规定》的制定背景和主要内容予以说明。

一、《规定》的起草背景和经过

1996年,全国人大对刑事诉讼法作了全面修改,但是其中关于证据制度的规定仅有8个条文,且过于原则,缺乏足够的操作性。1998年、1999年最高人民法院、最高人民检察院先后出台《关于执行刑事诉讼法若干问题的解释》、《人民检察院刑事诉讼规则》,虽然在一定程度上充实了刑事诉讼证据规则的具体内容,但缺乏系统性和权威性,不能满足司法实践的需要。

自2007年1月1日最高人民法院统一行使死刑案件核准权以来,各高级法院严格依照法定程序和标准办案,报核案件的质量总体是好的,但存在的问题仍然不容忽视。据统计,近三年来,每年因事实、证据问题不核准的案件,均超过全部不核准案件的30%,这其中还不包括大量在复核阶段补查、完善证据后予以核准的案件。同时,一审报送二审的死刑案件,高级法院改判的比例一直较高,有的省持续达到30%,甚至40%以上。这些问题的发生,严重影响了死刑案件的复核质量和效率,也埋下了发生冤假错案的隐患。

死刑案件人命关天,质量问题尤为重要,在认定事实和采信证据上绝对不容许出任何差错。为了能从源头和基础工作上切实把好事实关、证据关,2007年3月,最高人民法院、最高人民检察院、公安部和司法部共同制定了《关于进一步严格依法办案确保办理死刑案件质量的意见》,对确保把死刑案件办成铁案发挥了重要作用。

为进一步完善我国刑事诉讼制度,根据中央关于深化司法体制和工作机制改革的总体部署,"明确证据审查和采信规则以及不同诉讼程序的证明标准等"作为一项重要的司法体制改革事项,由全国人大法工委牵头,会同最高人民法院等部门共同研究。为此,最高人民法院总结近年来司法实践经验,特别是办理死刑案件的实际,针对办案中存在的证据收集、审查、判断和非法证据排除尚有不尽规范、不尽严格、不尽统一的问题,最高人民法院刑事证据规则项目组经广泛收集资料,赴湖南等地深入调研、认真论证,起草了《最高人民法院关于审理死刑案件审查判断证据若干问题的意见》,并与最高人民检察院、公安部、国家安全部和司法部多次研究讨论,广泛征求各方面意见,联合出台了本《规定》。

二、《规定》的基本考虑

《规定》更多是从法院审判的角度出发,研究制定法官在审理死刑案件中审查核实证据和认定判断证据等行为的规范法则,并且主要是确定某一证据材料是否具备证据资格(或可采性)。因此,在起草时我们着重考虑以下几点:

"两个借鉴",即:一是借鉴国内外关于刑事证据的立法例,二是借鉴国内著名专家在刑事证据制度上的最新研究成果和地方法院起草的证据规则。

"三个立足于",即:一是立足于中国国情,二是立足于现行法律,三是立足于审判实际。

当然,从刑事诉讼理论和现有法律规定来看,死刑案件和普通刑事案件应当确立一体遵循的证据规则。但是,制定统一的刑事诉讼证据规则,公、检、法三家目前在一些重要问题上还未形成一致意见,时机尚不成熟。正是由于死刑案件的特殊性,我们在共同研讨中首先形成共识,同意对死刑案件执行更为严格的证据规格。我们几家达成一致意见,已在下发通知时明确要求,办理其他刑事案件,参照执行该规定。

三、《规定》的主要内容

《规定》分为三个部分,共计41条。

第一部分为一般规定,共计5条。该部分规定了证据裁判原则、程序法定原则、未经质证不得认证原则及死刑案件的证明标准等,特别强调了对死刑案件应当实行最为严格的证据规格。

确立了证据裁判原则。

《规定》第2条规定,"认定案件事实,必须以证据为根据",从而第一次明文确立了证据裁判原则。

(一)证据裁判原则的基本要求

证据裁判原则包括以下三项基本要求:一是裁判的形成必须以证据为依据,没有证据不得认定犯罪事实;二是作为认定犯罪事实基础的证据必须具有证据资格,即证据不被法律禁止,并经过法定的调查程序;三是据以作出裁判的证据必须达到相应的标准和要求。

证据裁判原则在刑事审判中占据着重要的地位,是刑事诉讼进步和文明的表现,也是无罪推定原则的内在要求。此前,我国虽然没有像其他国家尤其是大陆法系国家那样明文规定证据裁判原则,但刑事诉讼法同样体现了证据裁判的精神,如,第46条规定,对一切案件的判处都要重证据,重调查研究,不轻信口供。但是,从发生的冤错案件看,基本上都是证据、事实发生了错误。有的案件,作为定案根据的证据并不具备证据资格,是非法取得的;有的案件,据以作出裁判的证据没有达到"确实、充分"的要求。在这种情况下,根据这些证据认定了犯罪事实,从而作出被告人有罪判决,实际上完全违反了证据裁判原则。

必须承认,正是因为我们证据裁判的意识还不强,或者说,正是因为我们没有真正坚持证据裁判原则,以至于我们所认定的案件事实完全与客观事实不相符合,才导致冤错案件的最终发生。因此,要强化证据裁判意识,在审判活动中坚持证据裁判原则,必须做到依据证据认定犯罪事实,对非法取得的证据要依法排除,据以作出裁判的证据必须达到"确实、充分"的法定标准和要求。

(二)要正确理解案件"事实"

以事实为根据、以法律为准绳,是我国法治的基本原则。"以事实为根据",就是要求司法人员在审理案件的过程中,必须以客观存在的案件事实为根据,不能以主观的臆测、推断、猜疑为基础。在刑事审判中,必须认真落实这一原则,正确理解案件"事实"。

首先,认定事实只能依靠证据,即依据证据规则和程序规则由当事人或司法机关发现、提供给法庭的证据。

实际上,人类历史上人们认识案件事实的方法并非证据一种,除证据外,还存在过诸如神明裁判、决斗裁判等等其他的方法,这些方法固然也能在一定程度上认识案件事实,但往往不够准确、全面。现代的证据制度是以证据事实求证案件的客观事实的,因为证据的实质内容是随着案件的发生、发展过程而遗留下来的,这种事实一经发生,即不依人们的意志为转移。人类正是根据证据这一已知的事实,推导出案件事实这一未知的事实,获得了极大的可靠性。因此,与其他任何方法相比,利用证据来认识和确定案件事实是最可靠的,也是最坚实、最有说服力的。当然,证据并不等同于客观事实。必须认识到,证据裁判原则并非一种尽善尽美的方法,它在重构案件事实方面也存在着难以克服的弱点,这主要根源于证据相对于案件事实的不完整性。证据作为案件发生之后遗留下来的一些蛛丝马迹,就像一个花瓶打破后的有限的碎片,正如你无法找到所有的碎片,从而重新拼起一个完整的花瓶一样,凭借这些事实的碎片重构的案件事实与客观事实之间或多或少的差异总是不可避免。

其次,发现和判断案件事实要严格遵照法律程序,不能脱离刑事诉讼程序去认定事实,要通过法庭调查、法庭辩论等环节来认定有证据支持的案件事实,即法律事实。

从理想状态而言,裁判所依据的事实,必须是客观真实的事实即事实真相。然而,受认识能力、认识手段等主客观条件的限制,司法裁判绝对地以客观真实的事实作为根据是根本不可能的。但法院裁判依据的事实即"法律事实"是以客观事实为基础的,是经过严格的法定程序所确定的,就本质而言,它是客观事实的模拟。要贯彻和落实"以事实为根据"这一原则,就要使根据证据获得的事实尽可能接近或者说迫近于客观事实,尽可能与客观事实相符合,相一致。《规定》所确立的证据裁判原则与刑事诉讼法所规定的"以事实为根据"原则是一致的。

(三)要坚决贯彻疑罪从无原则

法院作为中立的裁判者,是没有证明被告人犯罪成立的责任可言的,其职责就在于裁断控诉方是否已完成其证明责任作出裁决。虽然对于被告人来说判决的最终结果只有有罪和无罪两种,但是法官在对根据证据所获得的案件事实进行认定时,实际上是存有三种状态:有罪、无罪、真伪不明(存有合理怀疑),如果法官能确信"有罪"或者"无罪",当然即可裁判被告人有罪或者无罪,问题在于当出现控诉方指控的犯罪事实出现真伪不明时,此时法官应该怎么办,法官所要做的,就是根据证明责任分配原理,作出不依控诉方所主张的被告人犯罪成立的裁断(即无罪判决)。

疑罪从无原则是无罪推定原则的重要内容之一,而无罪推定作为联合国刑事司法最低标准之一,具有以下内容:(1)被告人在未经正当的司法程序被证明有罪之前,有权被假定为无罪;(2)被告人不承担证明自己有罪或无罪的责任;(3)在案件事实不清,证据不足的情况下,对被告人应当作出无罪处理。第(3)项内容便是疑罪从无原则的具体表现。疑罪案件的从无处理,固然是从刑罚的人道性价值角度出发,但同时亦体现了刑事司法的理性和科学。疑罪从无原则是现代各国处理疑案所普遍采用的文明司法原则。我国刑事诉讼法第162条第(三)项规定,证据不足,不能认定被告人有罪的,应当作出证据不足,指控的犯罪不能成立的无罪判决,这是疑罪从无原则在我国法律中的具体体现。坚持证据裁判原则,就必须在司法实践中坚决贯彻疑罪从无原则。

确立了程序法定原则。

《规定》第3条规定,"侦查人员、检察人员、审判人员应当严格遵守法定程序,全面、客观地收集、审查、核实和认定证据",从而确立了程序法定原则。

如同实体法上的罪刑法定原则一样,程序法定原则既是法治国家的必然要求,也是在刑事法领域实现人权保障的基础。一方面,程序法定原则要求公安司法人员严格遵循法律规定的程序,以避免其在执法中剥夺或者限制法律预先设定的犯罪嫌疑人、被告人及其他参与人的权利;另一方面,程序法定原则既可以保证每个公民受到同等待遇,防止由于公安司法人员任意创制程序规则给当事人等带来不公正,也可以保障诉讼参与人更好地行使权利,维护自己的合法权益。

收集、审查判断和运用证据必须严格遵守法定程序,是程序公正的体现和要求。一方面,严格遵守法定程序是实现证据法实体公正的前提。依照法定程序收集、审查判断和运用证据,更容易保证证据的真实可靠性。比如,《规定》第9条对于未遵循法定程序收集的物证、书证,不能证明物证、书证的来源的,实行绝对排除,对于物证、书证的收集程序、方式存在瑕疵的实行裁量排除,就是为了保证实物证据的客观真实性,以便于实现实体公正。另一方面,严格遵守法定程序是程序独立价值的体现。程序法在保证实体法正确实施的同时,有其自身的独立价值,诸如尊重人权,体现民主和法治精神等。《规定》第12条对以暴力、威胁等非法手段取得的证人证言实行绝对排除,第19条对采用刑讯逼供等非法手段取得的被告人供述实行绝对排除,就是尊重基本人权,对国家权力进行必要限制的体现,程序的独立价值亦得以彰显。之所以要依法排除非法取得的言词证据,不仅因为其客观真实性受到影响,更为主要的是因为非法的取证方法侵犯了公民最基本的人权,直接违背了刑事诉讼法的规定。

明确了未经质证不得认证原则。

《规定》第4条规定,"经过当庭出示、辨认、质证等法庭调查程序查证属实的证据,才能作为定罪量刑的根据",从而确立了未经质证不得认证原则。

所谓质证,是就对提交法庭的证据由诉讼各方当面质询、诘问、探究和质疑,包括对证据与事实的矛盾进行辩驳、澄清。质证包括对证据的来源、形式和内容的质疑,而质疑的主要指向就是证据的客观性、关联性和合法性(可采性)。质证是证据调查的核心,是法庭认证的前提。

在司法实践中,庭审质证方面的问题十分突出,主要表现在:(1)质证不充分、走过场,法庭未能对证据展开全面、深入的调查核实。在个别情况下,有的法官甚至将未经质证的证据作为定案的根据。(2)在庭前审查中,对控诉方"主要证据复印件"中的证据先入为主,往往未经庭审就基本形成对控诉方证据的确信;(3)法官在庭审时不能保持客观中立的立场,重控诉方证据,轻辩护方证据,不能平等保护辩护方行使举证权、质证权,造成辩护方对控诉方证据的质证流于形式,而辩护方不仅难以被允许举证,即便允许举证也往往未经充分质证而被法庭否定的不公正现象。

针对这些问题,《规定》确立了未经质证不得认证原则。根据此原则,第一,质证是司法证明的一个基本环节,是法官在认证之前的一个必经程序。未经质证,不得认证,证据必须在法庭上公开出示并经公开质证才能作为定案的根据。第二,要确保被告人和辩护人的诉讼权利,包括举证、质证权利。这些权利是维护被告人实体权利并保障司法公正的必要手段,如果剥夺了被告人的质证权,司法公正就难以得到有效的保障。第三,法官必须保持中立立场,平等保障控辩双方充分质证和辩论。

需要说明的是,在法庭对证据确有疑问,且出庭检察人员、被告人及其辩护人当庭确实无法补充证据予以支持或者作出说明时,合议庭如认为有必要,可以依法庭外调查核实。《规定》第 38 条对庭外调查核实证据的程序进行了细化规定,并对如何运用庭外调查取得的证据予以明确。对于人民检察院、辩护人补充的和法庭庭外调查核实取得的证据,特别是证明定罪事实和对被告人从重处罚事实的证据,非经当庭出示、辨认、质证等法庭调查程序,不得作为定案的根据。但对有利于对被告人作出从轻、减轻处罚的证据,如立功、自首情节的证据,法庭可以通过变通的方式,即庭外征求出庭检察人员、辩护人的意见等方式进行审查。当双方意见不一致,有一方要求人民法院开庭进行调查的,人民法院应当开庭。这样规定,可以节省司法资源,提高诉讼效率,且为大多数地方法院、检察院所接受。

细化了死刑案件的证明标准。

根据法律规定,人民检察院应当对其指控的犯罪事实成立承担证明责任,而证明标准就是人民检察院要证明到使法官确信其主张的犯罪事实存在而非"真伪不明"的程度,也就是法院作出有罪认定的标准。《刑事诉讼法》第 162 条规定,我国刑事案件的证明标准是"事实清楚,证据确实、充分"。应当说,这只是一个一般性的、总体的要求,本身并未包含具体的、可操作性的衡量方法,而在我国的立法中又缺乏完备的证据制度和程序保障,导致在实践中产生了很多争议。为此,《规定》第 5 条对"证据确实、充分"这一标准予以细化:一是定罪量刑的事实都有证据证明;二是每一个定案的证据均已经法定程序查证属实;三是证据与证据之间、证据与案件事实之间不存在矛盾或者矛盾得以合理排除;四是共同犯罪中被告人的地位、作用均已查清;五是根据证据认定案件事实的过程符合逻辑和经验规则,由证据得出的结论为唯一结论。

防止冤错案件,固然需要办案人员改变观念、提高素质,更需要在诉讼和证据制度上强化刑事案件办理,其中,严格死刑案件证明标准是一重要环节,而严格证明标准,除了在案件办理各个环节上的实际把关外,首先应当在制度规范上使其更为严格,从而设置防止司法人员主观随意性的制度条件。我国在个别死刑包括死缓案件上出现问题,重要原因就是死刑证明标准把握不当,将有重大瑕疵的证据作为定案依据,在案件存在重要疑点的情况下仍然认定有罪并适用重刑。如佘祥林、杜培武等冤案,案件中均存在重大疑点,对犯罪事实的认定存在合理怀疑,但办案人员在"有罪推定"思想指导下,降低标准,勉强定罪,教训十分深刻。

我们强调死刑案件证明标准要高于其他刑事案件,不仅是指认定指控被告人犯罪事实存在特别是被告人实施了犯罪行为要求达到排除其他可能性的程度,还包括死刑适用的事实即对被告人从重处罚的事实同样适用"证据确实、充分"的标准。比如,对被告人实施犯罪时已满十八周岁这一事实的证明,也必须适用最严格的证明标准,达到唯一的程度。正确理解和严格执行死刑案件证明标准,既关乎到能不能定案的问题,也涉及能不能杀的问题。也就是说,在保证正确认定犯罪事实成立特别是被告人实施了犯罪行为的前提下,还要保证适用死刑不出任何差错,既要确保不错判,还要确保不错杀。只有这样,才能保证案件特别是死刑案件不会发生冤案、错案。

我国刑事诉讼法规定的定罪标准非常注重客观性,但对于指控的犯罪事实是否存在的判断,显然只能由法官最后作出。由于死刑刑罚的不可逆转性,对犯罪事实的存在,特别是被告人实施了犯罪行为的认定应当达到确定无疑,排除一切合理怀疑的程度,审判人员既要能从正面肯定的角度做到内心确信无疑,又要能从反面否定的角度做到排除合理怀疑得出唯一结论,否则就不能作出有罪认定的裁判。正是基于此,在本条制定过程中,我们曾将死刑案件事实的证明标准确定为"事实清楚,证据确实、充分,并排除一切合理怀疑",一方面旨在明确死刑案件的证明标准高于其他普通刑事案件,同时"排除一切合理怀疑"也是对刑事诉讼法规定"确实、充分"证明标准反方面的补充。但有意见认为,"排除一切合理怀疑"的证明标准突破了刑事诉讼法的规定。目前,文件虽不再规定"排除一切合理怀疑",但我们在对"确实、充分"的细化规定中包含了"排除一切合理怀疑"的精神("证据与证据之间、证据与案件事实之间不存在矛盾或者矛盾得以合理排除"、"根据证据认定案件事实的过程符合逻辑和经验规则,由证据得出的结论为唯一结论")。在审理死刑案件中,必须严把证明标准这条底线,对经审查后发现事实不清、证据不足、不能做到排除合理怀疑得出唯一结论的,坚决不予判处死刑或者核准死刑,防止出现冤假错案。

需要特别指出的是,有的法院在审理重大刑事案件时,由于担心"疑罪从无"会放纵犯罪,习惯于"有罪推定",审判常常单项围绕被告人有罪而展开,除非被告人能够充分举证证明自己无罪，否则一般都会推定其有罪，尤其是对于被告人提出的无罪辩解和证据线索，没有细致查对，而以所谓"基本事实清楚、基本证据充分"为由下判，导致对存疑案件的事实认定有误。事实上，"两个基本"提出的初衷是指在办案中不纠缠案件的细枝末节，防止久拖不决，但在执行中却变成了"事实基本清楚，证据基本充分"，如果继续沿用这一传统的司法观念、司法思维，降低要求，草率定案，犯罪嫌疑人、被告人的合法权益是得不到有效保护的，错案、冤案是不可避免的。因此，正确理解"两个基本"的原则，应当与刑事诉讼法的上述规定结合起来，即必须坚持做到对据以定罪量刑的犯罪事实准确、犯罪证据确凿，摈弃"事实基本清楚，证据基本充分"即可定罪的错误认识和做法。应当说，对"证据确实、充分"标准含义和要求的具体解释，不仅对于避免死刑案件出现冤假错案有着积极的意义，而且对于贯彻少杀、慎杀的刑事政策，也将产生积极的促进作用。

明确了死刑案件的证明对象。

虽然死刑案件应适用最高证明标准，但不是所有事实都要适用这样的标准，即使是作出有罪裁判，也并非要求法院对案件所有事实包括一切细枝末节都搞清楚，只要做到对据以定罪的犯罪事实清楚、犯罪证据确凿即可。《规定》第5条第3款对需达到确实、充分标准的犯罪事实的具体内容进行了列举。

最高人民法院关于执行刑事诉讼法的司法解释（第52条）对证明对象作过规定，但该规定将定罪事实和量刑事实完全糅合在一起，未突出刑事诉讼法中"指控的犯罪事实"。

与案件相关的事实及事实要素往往纷繁复杂，考虑司法资源的限制以及案件证明的必要性与可能性，在死刑案件中，同样需要区别不同的证明对象适用不同的证明标准。而关于犯罪构成要件的事实、关系到死刑适用的量刑事实，以及在共同犯罪中所处地位和所起作用的事实，是证明的主要对象，必须明确其适用最严格的证明标准。而对其他事实，如某些不影响定罪和适用死刑的案件事实以及部分程序法事实，则可适当地降低标准。因此，在《规定》制定之初，曾分两条明确规定了对于定罪事实和从重处罚的量刑事实必须达到排除合理怀疑的证明标准，对从轻（减轻、免除）处罚事实和程序法事实应当遵循优势证明标准，原第5条规定如下："对于以下事实的证明，必须达到确实充分的要求，才能作出认定：（一）被指控的犯罪事实的发生；（二）被告人实施了犯罪行为与被告人实施犯罪行为的时间、地点、手段、后果以及其他情节；（三）影响被告人定罪的身份情况；（四）被告人有刑事责任能力；（五）被告人的罪过；（六）是否共同犯罪及被告人在共同犯罪中的地位、作用;(七)其他与定罪有关的事实;(八)对被告人从重处罚的事实。"

原第 6 条规定如下:"对于以下事实的证明,如果存在的可能性明显大于不存在的可能性的,可以作出认定:(一)作为对被告人从轻、减轻或者免除处罚理由的事实;(二)回避等影响程序公正的事实;(三)违反法定程序的事实;(四)其他应当证明的程序事实。"

但有意见认为,刑事诉讼法仅规定一个"确实、充分"的证明标准,因此最终删去了关于优势证据标准的规定,但在规定应达到"确实、充分"证明标准的证明对象中明确将对被告人从宽处罚的量刑事实排除在外。区分刑事诉讼的证明对象并设置不同的证明标准,既符合刑事证据问题的基本理论,也是适应司法实践中避免因一些细枝末节的问题而久拖不决的迫切需要。

第二部分为证据的分类审查与认定,共计 26 条。该部分主要根据不同的证据种类分别规定了审查与认定的内容,除了法定的七种证据种类,还规定了对实践中存在的其他证据材料如电子证据、辨认笔录等的审查与认定,当然这些证据材料并非独立的证据种类,实践中一般会按其证明的内容和作用归于证人证言、被害人陈述、被告人供述以及书证等具体证据种类,但是鉴于其形式的特殊性,在此单独规定。

细化了对每一类证据应当着重审查的内容。

这是对证据进行审查与认定的第一个层次。此前,关于如何审查认定证据的规定散见于刑事诉讼法、司法解释及众多相关的规范性文件,显得过于杂乱。《规定》更多的是对相关规定的提炼和归纳,同时结合司法实践中存在的问题从正面统一规定了对每一类证据应当着重审查的内容,可以为办案人员的收集、审查判断和运用证据起到全面、有效的提示作用。比如,对证人证言应当着重审查以下内容:(一)证言的内容是否为证人直接感知。(二)证人作证时的年龄、认知水平、记忆能力和表达能力,生理上和精神上的状态是否影响作证。(三)证人与案件当事人、案件处理结果有无利害关系。(四)证言的取得程序、方式是否符合法律及有关规定。(五)证人证言之间以及与其他证据之间能否相互印证,有无矛盾(第 11 条)。

明确了对于明显违反法律和有关规定取得的证据,实行绝对排除原则。

这是《规定》增加的新内容,也是对证据进行审查与认定的第二个层次。比如,经勘验、检查、搜查提取、扣押的物证,没有勘验、检查、搜查提取、扣押的笔录,不能证明物证、书证来源的(第9条);以暴力、威胁等非法手段取得的证人证言(第12条);以刑讯逼供等非法手段取得的被告人供述(第19条);作出鉴定意见的鉴定机构不具备法定的资格和条件,或者鉴定事项超出鉴定机构项目范围或者鉴定能力的(第24条);勘验、检查笔录存在明显不符合法律及有关规定的情形,并且不能作出合理解释或者说明的(第26条),《规定》明确规定不能作为定案的根据。采用明显违反法律和有关规定取得证据、特别是以刑讯方法取得口供,难以保证其客观性,如果采用,只会是放任和纵容刑讯逼供等非法取证行为,进而导致恶性循环,很难有效预防冤假错案的再次发生。大家认为,对于这类办案中经常发生的情况采用严厉、明确的规定,严格予以排除,非常必要,是一大进步。

明确了对于证据形式存在瑕疵的,实行裁量排除原则。

这也是对证据进行审查与认定的第三个层次。对于这一类证据,必须要求有关办案人员认真补正或者作出合理解释,以使法官形成足够的内心确信。比如,讯问笔录有下列瑕疵,通过有关办案人员的补正或者作出合理解释的,可以采用:(一)笔录填写的讯问时间、讯问人、记录人、法定代理人等有误或者存在矛盾的;(二)讯问人没有签名的;(三)首次讯问笔录没有记录告知被讯问人诉讼权利内容的(第21条)。

确立了原始证据优先规则。

《规定》第8条明确规定,不能反映原始物证、书证的外形、特征或者内容的复制品、复制件应予排除。之所以规定原始证据优先,是因为原物、原件真实的可能性更大,规定这一规则,能够促使收集证据的主体努力收集更可能具有真实性的原始证据,从而更准确、及时地查明案件事实,实现实体公正。

确立了意见证据规则。

《规定》第12条第3款规定:"证人的猜测性、评论性、推断性的证言,不能作为证据使用,但根据一般生活经验判断的除外。"我国现行刑事诉讼法没有关于意见证据的规定,在办理死刑案件中规定这一规则,有利于规范证人如实提供他们所感知的案件事实的活动,避免证人将自己的猜测、意见与所感知的事实情况混在一起,这些猜测、意见往往误导法官使之产生偏见、预断以及对案件事实作出错误判断。但是,这并不绝对排除根据证人个人的感知和经验所作的合理判断。

确立了有限的直接言词证据规则,规定了证人应当出庭作证的情形。

《规定》第15条明确了证人应当出庭作证的情形,并规定,经依法通知不出庭作证证人的书面证言经质证无法确认的,不能作为定案的根据。证人不出庭作证是长期困扰我国刑事诉讼的问题,在办理死刑案件中规定这一规则,就其实体意义来说,有利于保障正确认定案件事实;就其程序意义来说,有利于保障诉讼当事人的质证权利,并加强控辩双方特别是控方做好证人出庭作证工作的责任。同时,对证人出庭作证提供保护,对于保障证人履行作证义务,查明案件真相,保证刑事诉讼顺利进行,显然具有积极的意义。

第三部分为证据的综合审查和运用,共计10条。该部分主要规定了对证据的综合认证,包括如何对证据的证明力进行认定,如何依靠间接证据定案,如何对口供进行补强,如何审查被告人是否已满十八周岁,严格把握死刑案件中证明量刑事实的证据等内容。

确立了对证据证明力的认定原则。

《规定》第32条首次明文规定了法官认证特别是对于证据证明力如何认定的原则。

所谓认证,是指法官在审判过程中对控辩双方提供的或法官自行收集的证据材料,经过审查判断,对证据材料的证据资格和证明力进行确认的活动。因此,认证的内容包括两个方面,一是确认证据资格,一是确认证明力。所谓证据能力或证据资格,是指在法庭审理中为证明案件事实而得以作为证据使用的资格。由于具有证据资格的材料才会被法庭采纳,证据资格又被称为证据的可采性。可采性包括证据的关联性与合法性。关联性要求在诉讼双方提交法庭的各种证据中,只有确实与案件事实存在关联性的证据才可以采纳为诉讼中的证据;合法性要求诉讼双方提交法庭的证据必须在证据的主体、形式以及收集提取证据的程序和手段等方面都符合法律的有关规定,才能采纳为诉讼中的证据。所谓证据的证明力,即证据的价值,是指证据对案件事实是否具有证明作用和作用的程度。认证活动中对证明力的确认包括两个层面:第一是证据证明力的有无,即证据本身是否真实可靠;第二是证据证明力的大小,即从证据本身推导出案件事实的强度和频度。《规定》第32条主要规定了对证据的证明力如何审查判断以及如何最终认定证据为定案根据,有助于法官在审判实务中区分证据的证据资格和证明力,准确认证,从而正确认定案件事实。

本条制定过程中,原来还规定了"当庭认证,应当着重对证据的合法性进行认定。""法庭应当结合全案证据,综合判断证据的证明力。对证明力的认定,可以在开庭后合议时进行。"这对于全面理解当庭认证具有非常重要的作用。

当庭认证既有重要意义,也是非常必要的。然而,在强调当庭认证的同时,也要注意避免将当庭认证的理解绝对化、简单化。基于案件事实和证据的复杂性,以及人的认识规律,判断核实、确认一个证据是否具有合法性、客观性以及关联性有时需要一定的时间和过程。法官是人不是神,要求法官对任何案件的任何证据都能做到当机立断决定取舍,违反人的认识规律,是不科学也是不现实的,更何况在法庭审判过程中,每一证据的证明力之有无或者大小,不能靠该证据本身得到证明,往往必须通过对证据本身的情况、证据与其他证据之间是否能得到互相印证、证据在全案证据体系中的地位等问题进行全面的衡量,才能作出合理的判断。现代法治原则要求法官在认证活动中加强对证据可采性或合法性的关注。实际上,当庭认证的内容就应当着重于证据资格的确认。相对于证据的证据资格而言,证据的证明力的评价基本上属于法官自由裁量的范围。对于各种证据的证明力,法官须根据其本身所负载的有关案件的信息量、其所要证明的对象、其本身的属性以及与其他证据进行综合比较、权衡中加以判断,即需要结合全案证据进行综合评定。因此,对于证据的证明力的确认,难以当庭认证,而应通过裁判认证的方式予以确认。

明确规定了依靠间接证据定案规则。

《规定》第33条对如何依靠间接证据定案问题作了具体规定。司法实践中,部分刑事案件因为各种原因没有收集到或者无法收集到直接证据,但如果全案间接证据符合本条所列要求,可以认定被告人有罪,甚至判处被告人死刑,但要格外慎重。本条内容在证据理论及司法实践中已被熟知和运用,但之前的法律及司法解释均未明确予以规定,《规定》首次对依靠间接证据定案的规则加以明确。

规定了口供补强规则。

《规定》第34条规定了如何根据被告人的供述定罪的情形,实质上就是关于对口供补强规则的规定。

口供补强规则,是指为了防止案件事实的误认,对某些证明力显然薄弱的证据,要求有其他证据予以证实才可以作为定案根据的原则。英美法、日本法和台湾地区法中都有补强证据规则,要求特定的证据必须有相应的证据予以补强,才能够作为定案的根据。

刑事诉讼法第46条规定,对一切案件的判处都要重证据,重调查研究,不轻信口供。只有被告人的供述,没有其他证据的,不能认定被告人有罪和处以刑罚。这一规定实际上就是要求对口供进行补强,口供必须有补强证据才能据以定案。

在刑事诉讼中,虽然围绕口供争论不断,但均不能否认口供在今天司法实践中具有的不可替代的作用。根据本条规定认定被告人有罪时,首先,要审查是否是根据被告人的供述、指认才提取到了隐蔽性很强的物证、书证;其次,要审查该物证、书证是否与其他证明犯罪事实发生的证据互相印证,有无矛盾;再次,要审查被告人关于该物证、书证的供述、指认是否排除了串供、逼供、诱供等可能性。这一规定不仅与刑事诉讼法的规定无矛盾和冲突,相反是对刑事诉讼法有关规定的补充与完善。

明确了对采用特殊侦查措施所收集的证据材料的使用。

我国的法律及相关司法解释对法庭如何审查侦查机关通过特殊侦查措施收集的证据材料均没有作出统一规定,导致了司法实践中各地做法不一,有些混乱。对此,《规定》第35条明确,侦查机关依照有关规定采用特殊侦查措施所收集的物证、书证及其他证据材料,经法庭查证属实,可作为定案的根据。考虑到公安机关的特殊侦查措施的过程及方法事关国家机密,以庭审质证的方式进行审查可能导致泄密,对上述证据材料的审查,本规定并没有硬性要求须以庭审质证的方式进行,而是灵活的将其规定为经法庭查证属实后,才能作为定案的根据。本条规定系首次对通过特殊侦查措施收集的证据材料的使用问题加以明确规定,解决了一个长期困扰审判实务的难题。

在本条制定过程中,有意见认为,目前对于采用特殊侦查措施所收集的证据材料如何使用没有统一的规定,若明确规定上述证据材料可以使用作为定案的根据,效果不好,建议取消。我们认为,侦查权作为国家打击犯罪,实现刑罚权的一项重要公权力,它的行使往往与公民享有的生命、财产和人身自由等私权利发生冲突,故而常常成为刑事诉讼惩罚犯罪与保障人权冲突的焦点。如果不对此作出规定,不仅不利于打击犯罪,而且无法制约和规范特殊侦查措施的使用,难以保障人权。同时,鉴于技术侦查过程和方法涉及侦查人员的生命安全、案件的进一步侦查甚至一些国家机密,我们增加了本条第2款的内容,即"法庭依法不公开特殊侦查措施的过程及方法"。

强化了对死刑案件证明量刑事实的证据的严格把握。

《规定》第36条第1款明确规定在对被告人作出有罪认定后,对案件起因、被害人过错及被告人平时表现等酌定量刑情节也需重点审查。第2款规定"不能排除被告人具有从轻、减轻处罚量刑情节的,判处死刑时应当特别慎重",不仅符合刑事司法中有利于被告人的原则,对实现"少杀、慎杀"、"控制死刑"也有着重大的意义。第40条所规定"未排除证据之间的矛盾,无充分证据证明被告人实施被指控的犯罪时已满十八周岁且确实无法查明的,不能认定其已满十八周岁"即为这一要求的重要体现。

明确了审查被告人是否已满18周岁的方式。

我国刑法第49条规定:"犯罪的时候不满十八周岁的人和审判的时候怀孕的妇女,不适用死刑。"因此,查明被告人实施犯罪时是否已满十八周岁,对确定被告人是否适用死刑具有重大意义。

《规定》第40条第1款规定了审查被告人实施犯罪时是否年满十八周岁,首先应当以户籍证明为依据;对户籍证明有异议,并有经查证属实的出生证明文件、无利害关系人的证言等证据证明被告人不满十八周岁的,应认定被告人不满十八周岁;对于没有户籍证明以及出生证明文件的,应当根据人口普查登记、无利害关系人的证言等证据综合进行判断,必要时,可以进行骨龄鉴定,并将结果作为判断被告人年龄的参考。

需要说明的是,关于骨龄鉴定的规定,最高人民检察院曾于2000年2月21日作出过《关于"骨龄鉴定"能否作为确定刑事责任年龄证据使用的批复》,其中规定,如果鉴定结论能够准确确定年龄的,可以作为判断年龄的证据使用,若鉴定结论不能准确确定年龄的,但结论又表明年龄在刑法规定应负刑事责任年龄上下的,应当依法慎重处理。本规定将骨龄鉴定的结果作为判断被告人年龄的参考,比之高检院的规定,更显慎重。

《关于建立健全防范刑事冤假错案工作机制的意见》

（2013 年 10 月 9 日）

> 最高人民法院印发《关于建立健全防范刑事冤假错案工作机制的意见》的通知
>
> 法发〔2013〕11 号
>
> 各省、自治区、直辖市高级人民法院，解放军军事法院，新疆维吾尔自治区高级人民法院生产建设兵团分院：
>
> 为深入贯彻落实中央政法委员会《关于切实防止冤假错案的规定》，我院制定了《关于建立健全防范刑事冤假错案工作机制的意见》，现印发给你们，请认真遵照执行，并及时转发下级人民法院。
>
> 各级人民法院在刑事审判工作中要严格依法履行职责，牢固树立惩罚犯罪与保障人权并重的观念，以事实为根据，以法律为准绳，坚守防止冤假错案的底线，切实维护司法公正。
>
> 最高人民法院
> 二〇一三年十月九日

为依法准确惩治犯罪，尊重和保障人权，实现司法公正，根据《中华人民共和国刑事诉讼法》和相关司法解释等规定，结合司法实际，对人民法院建立健全防范

刑事冤假错案的工作机制提出如下意见:

一、坚持刑事诉讼基本原则,树立科学司法理念

1. 坚持尊重和保障人权原则。尊重被告人的诉讼主体地位,维护被告人的辩护权等诉讼权利,保障无罪的人不受刑事追究。

2. 坚持依法独立行使审判权原则。必须以事实为根据,以法律为准绳。不能因为舆论炒作、当事方上访闹访和地方"维稳"等压力,作出违反法律的裁判。

3. 坚持程序公正原则。自觉遵守刑事诉讼法有关规定,严格按照法定程序审判案件,保证准确有效地执行法律。

4. 坚持审判公开原则。依法保障当事人的诉讼权利和社会公众的知情权,审判过程、裁判文书依法公开。

5. 坚持证据裁判原则。认定案件事实,必须以证据为根据。应当依照法定程序审查、认定证据。认定被告人有罪,应当适用证据确实、充分的证明标准。

二、严格执行法定证明标准,强化证据审查机制

6. 定罪证据不足的案件,应当坚持疑罪从无原则,依法宣告被告人无罪,不得降格作出"留有余地"的判决。

定罪证据确实、充分,但影响量刑的证据存疑的,应当在量刑时作出有利于被告人的处理。

死刑案件,认定对被告人适用死刑的事实证据不足的,不得判处死刑。

7. 重证据,重调查研究,切实改变"口供至上"的观念和做法,注重实物证据的审查和运用。只有被告人供述,没有其他证据的,不能认定被告人有罪。

8. 采用刑讯逼供或者冻、饿、晒、烤、疲劳审讯等非法方法收集的被告人供述,应当排除。

除情况紧急必须现场讯问以外,在规定的办案场所外讯问取得的供述,未依法对讯问进行全程录音录像取得的供述,以及不能排除以非法方法取得的供述,应当排除。

9. 现场遗留的可能与犯罪有关的指纹、血迹、精斑、毛发等证据,未通过指纹鉴定、DNA鉴定等方式与被告人、被害人的相应样本作同一认定的,不得作为定

案的根据。涉案物品、作案工具等未通过辨认、鉴定等方式确定来源的,不得作为定案的根据。

对于命案,应当审查是否通过被害人近亲属辨认、指纹鉴定、DNA鉴定等方式确定被害人身份。

三、切实遵守法定诉讼程序,强化案件审理机制

10. 庭前会议应当归纳事实、证据争点。控辩双方有异议的证据,庭审时重点调查;没有异议的,庭审时举证、质证适当简化。

11. 审判案件应当以庭审为中心。事实证据调查在法庭,定罪量刑辩论在法庭,裁判结果形成于法庭。

12. 证据未经当庭出示、辨认、质证等法庭调查程序查证属实,不得作为定案的根据。

采取技术侦查措施收集的证据,除可能危及有关人员的人身安全,或者可能产生其他严重后果,由人民法院依职权庭外调查核实的外,未经法庭调查程序查证属实,不得作为定案的根据。

13. 依法应当出庭作证的证人没有正当理由拒绝出庭或者出庭后拒绝作证,其庭前证言真实性无法确认的,不得作为定案的根据。

14. 保障被告人及其辩护人在庭审中的发问、质证、辩论等诉讼权利。对于被告人及其辩护人提出的辩解理由、辩护意见和提交的证据材料,应当当庭或者在裁判文书中说明采纳与否及理由。

15. 定罪证据存疑的,应当书面建议人民检察院补充调查。人民检察院在二个月内未提交书面材料的,应当根据在案证据依法作出裁判。

四、认真履行案件把关职责,完善审核监督机制

16. 合议庭成员共同对案件事实负责。承办法官为案件质量第一责任人。

合议庭成员通过庭审或者阅卷等方式审查事实和证据,独立发表评议意见并说明理由。

死刑案件,由经验丰富的法官承办。

17. 审判委员会讨论案件,委员依次独立发表意见并说明理由,主持人最后发

表意见。

18. 原判事实不清、证据不足，第二审人民法院查清事实的，不得发回重新审判。以事实不清、证据不足为由发回重新审判的案件，上诉、抗诉后，不得再次发回重新审判。

19. 不得通过降低案件管辖级别规避上级人民法院的监督。不得就事实和证据问题请示上级人民法院。

20. 复核死刑案件，应当讯问被告人。辩护律师提出要求的，应当听取意见。证据存疑的，应当调查核实，必要时到案发地调查。

21. 重大、疑难、复杂案件，不能在法定期限内审结的，应当依法报请延长审理期限。

22. 建立科学的办案绩效考核指标体系，不得以上诉率、改判率、发回重审率等单项考核指标评价办案质量和效果。

五、充分发挥各方职能作用，建立健全制约机制

23. 严格依照法定程序和职责审判案件，不得参与公安机关、人民检察院联合办案。

24. 切实保障辩护人会见、阅卷、调查取证等辩护权利。辩护人申请调取可能证明被告人无罪、罪轻的证据，应当准许。

25. 重大、疑难、复杂案件，可以邀请人大代表、政协委员、基层群众代表等旁听观审。

26. 对确有冤错可能的控告和申诉，应当依法复查。原判决、裁定确有错误的，依法及时纠正。

27. 建立健全审判人员权责一致的办案责任制。审判人员依法履行职责，不受追究。审判人员办理案件违反审判工作纪律或者徇私枉法的，依照有关审判工作纪律和法律的规定追究责任。

《关于办理刑事案件严格排除非法证据若干问题的规定》

（2017年6月27日）

为准确惩罚犯罪，切实保障人权，规范司法行为，促进司法公正，根据《中华人民共和国刑事诉讼法》及有关司法解释等规定，结合司法实际，制定如下规定。

一、一般规定

第一条 严禁刑讯逼供和以威胁、引诱、欺骗以及其他非法方法收集证据，不得强迫任何人证实自己有罪。对一切案件的判处都要重证据，重调查研究，不轻信口供。

第二条 采取殴打、违法使用戒具等暴力方法或者变相肉刑的恶劣手段，使犯罪嫌疑人、被告人遭受难以忍受的痛苦而违背意愿作出的供述，应当予以排除。

第三条 采用以暴力或者严重损害本人及其近亲属合法权益等进行威胁的方法，使犯罪嫌疑人、被告人遭受难以忍受的痛苦而违背意愿作出的供述，应当予以排除。

第四条 采用非法拘禁等非法限制人身自由的方法收集的犯罪嫌疑人、被告人供述，应当予以排除。

第五条 采用刑讯逼供方法使犯罪嫌疑人、被告人作出供述，之后犯罪嫌疑人、被告人受该刑讯逼供行为影响而作出的与该供述相同的重复性供述，应当一并排除，但下列情形除外：

（一）侦查期间，根据控告、举报或者自己发现等，侦查机关确认或者不能排除以非法方法收集证据而更换侦查人员，其他侦查人员再次讯问时告知诉讼权利和认罪的法律后果，犯罪嫌疑人自愿供述的；

（二）审查逮捕、审查起诉和审判期间，检察人员、审判人员讯问时告知诉讼权利和认罪的法律后果，犯罪嫌疑人、被告人自愿供述的。

第六条 采用暴力、威胁以及非法限制人身自由等非法方法收集的证人证言、被害人陈述，应当予以排除。

第七条 收集物证、书证不符合法定程序，可能严重影响司法公正的，应当予以补正或者作出合理解释；不能补正或者作出合理解释的，对有关证据应当予以排除。

二、侦　查

第八条 侦查机关应当依照法定程序开展侦查，收集、调取能够证实犯罪嫌疑人有罪或者无罪、罪轻或者罪重的证据材料。

第九条 拘留、逮捕犯罪嫌疑人后，应当按照法律规定送看守所羁押。犯罪嫌疑人被送交看守所羁押后，讯问应当在看守所讯问室进行。因客观原因侦查机关在看守所讯问室以外的场所进行讯问的，应当作出合理解释。

第十条 侦查人员在讯问犯罪嫌疑人的时候，可以对讯问过程进行录音录像；对于可能判处无期徒刑、死刑的案件或者其他重大犯罪案件，应当对讯问过程进行录音录像。

侦查人员应当告知犯罪嫌疑人对讯问过程录音录像，并在讯问笔录中写明。

第十一条 对讯问过程录音录像，应当不间断进行，保持完整性，不得选择性地录制，不得剪接、删改。

第十二条 侦查人员讯问犯罪嫌疑人,应当依法制作讯问笔录。讯问笔录应当交犯罪嫌疑人核对,对于没有阅读能力的,应当向他宣读。对讯问笔录中有遗漏或者差错等情形,犯罪嫌疑人可以提出补充或者改正。

第十三条 看守所应当对提讯进行登记,写明提讯单位、人员、事由、起止时间以及犯罪嫌疑人姓名等情况。

看守所收押犯罪嫌疑人,应当进行身体检查。检查时,人民检察院驻看守所检察人员可以在场。检查发现犯罪嫌疑人有伤或者身体异常的,看守所应当拍照或者录像,分别由送押人员、犯罪嫌疑人说明原因,并在体检记录中写明,由送押人员、收押人员和犯罪嫌疑人签字确认。

第十四条 犯罪嫌疑人及其辩护人在侦查期间可以向人民检察院申请排除非法证据。对犯罪嫌疑人及其辩护人提供相关线索或者材料的,人民检察院应当调查核实。调查结论应当书面告知犯罪嫌疑人及其辩护人。对确有以非法方法收集证据情形的,人民检察院应当向侦查机关提出纠正意见。

侦查机关对审查认定的非法证据,应当予以排除,不得作为提请批准逮捕、移送审查起诉的根据。

对重大案件,人民检察院驻看守所检察人员应当在侦查终结前询问犯罪嫌疑人,核查是否存在刑讯逼供、非法取证情形,并同步录音录像。经核查,确有刑讯逼供、非法取证情形的,侦查机关应当及时排除非法证据,不得作为提请批准逮捕、移送审查起诉的根据。

第十五条 对侦查终结的案件,侦查机关应当全面审查证明证据收集合法性的证据材料,依法排除非法证据。排除非法证据后,证据不足的,不得移送审查起诉。

侦查机关发现办案人员非法取证的,应当依法作出处理,并可另行指派侦查人员重新调查取证。

三、审查逮捕、审查起诉

第十六条 审查逮捕、审查起诉期间讯问犯罪嫌疑人,应当告知其有权申请排除非法证据,并告知诉讼权利和认罪的法律后果。

第十七条 审查逮捕、审查起诉期间，犯罪嫌疑人及其辩护人申请排除非法证据，并提供相关线索或者材料的，人民检察院应当调查核实。调查结论应当书面告知犯罪嫌疑人及其辩护人。

人民检察院在审查起诉期间发现侦查人员以刑讯逼供等非法方法收集证据的，应当依法排除相关证据并提出纠正意见，必要时人民检察院可以自行调查取证。

人民检察院对审查认定的非法证据，应当予以排除，不得作为批准或者决定逮捕、提起公诉的根据。被排除的非法证据应当随案移送，并写明为依法排除的非法证据。

第十八条 人民检察院依法排除非法证据后，证据不足，不符合逮捕、起诉条件的，不得批准或者决定逮捕、提起公诉。

对于人民检察院排除有关证据导致对涉嫌的重要犯罪事实未予认定，从而作出不批准逮捕、不起诉决定，或者对涉嫌的部分重要犯罪事实决定不起诉的，公安机关、国家安全机关可要求复议、提请复核。

四、辩 护

第十九条 犯罪嫌疑人、被告人申请提供法律援助的，应当按照有关规定指派法律援助律师。

法律援助值班律师可以为犯罪嫌疑人、被告人提供法律帮助，对刑讯逼供、非法取证情形代理申诉、控告。

第二十条 犯罪嫌疑人、被告人及其辩护人申请排除非法证据，应当提供涉嫌非法取证的人员、时间、地点、方式、内容等相关线索或者材料。

第二十一条 辩护律师自人民检察院对案件审查起诉之日起，可以查阅、摘抄、复制讯问笔录、提讯登记、采取强制措施或者侦查措施的法律文书等证据材料。其他辩护人经人民法院、人民检察院许可，也可以查阅、摘抄、复制上述证据材料。

第二十二条 犯罪嫌疑人、被告人及其辩护人向人民法院、人民检察院申请调取公安机关、国家安全机关、人民检察院收集但未提交的讯问录音录像、体检记录等证据材料,人民法院、人民检察院经审查认为犯罪嫌疑人、被告人及其辩护人申请调取的证据材料与证明证据收集的合法性有联系的,应当予以调取;认为与证明证据收集的合法性没有联系的,应当决定不予调取并向犯罪嫌疑人、被告人及其辩护人说明理由。

五、审　判

第二十三条　人民法院向被告人及其辩护人送达起诉书副本时,应当告知其有权申请排除非法证据。

被告人及其辩护人申请排除非法证据,应当在开庭审理前提出,但在庭审期间发现相关线索或者材料等情形除外。人民法院应当在开庭审理前将申请书和相关线索或者材料的复制件送交人民检察院。

第二十四条　被告人及其辩护人在开庭审理前申请排除非法证据,未提供相关线索或者材料,不符合法律规定的申请条件的,人民法院对申请不予受理。

第二十五条　被告人及其辩护人在开庭审理前申请排除非法证据,按照法律规定提供相关线索或者材料的,人民法院应当召开庭前会议。人民检察院应当通过出示有关证据材料等方式,有针对性地对证据收集的合法性作出说明。人民法院可以核实情况,听取意见。

人民检察院可以决定撤回有关证据,撤回的证据,没有新的理由,不得在庭审中出示。

被告人及其辩护人可以撤回排除非法证据的申请。撤回申请后,没有新的线索或者材料,不得再次对有关证据提出排除申请。

第二十六条　公诉人、被告人及其辩护人在庭前会议中对证据收集是否合法未达成一致意见,人民法院对证据收集的合法性有疑问的,应当在庭审中进行调查;人民法院对证据收集的合法性没有疑问,且没有新的线索或者材料表明可能存在非法取证的,可以决定不再进行调查。

第二十七条　被告人及其辩护人申请人民法院通知侦查人员或者其他人员

出庭，人民法院认为现有证据材料不能证明证据收集的合法性，确有必要通知上述人员出庭作证或者说明情况的，可以通知上述人员出庭。

第二十八条 公诉人宣读起诉书后，法庭应当宣布开庭审理前对证据收集合法性的审查及处理情况。

第二十九条 被告人及其辩护人在开庭审理前未申请排除非法证据，在法庭审理过程中提出申请的，应当说明理由。

对前述情形，法庭经审查，对证据收集的合法性有疑问的，应当进行调查；没有疑问的，应当驳回申请。

法庭驳回排除非法证据申请后，被告人及其辩护人没有新的线索或者材料，以相同理由再次提出申请的，法庭不再审查。

第三十条 庭审期间，法庭决定对证据收集的合法性进行调查的，应当先行当庭调查。但为防止庭审过分迟延，也可以在法庭调查结束前进行调查。

第三十一条 公诉人对证据收集的合法性加以证明，可以出示讯问笔录、提讯登记、体检记录、采取强制措施或者侦查措施的法律文书、侦查终结前对讯问合法性的核查材料等证据材料，有针对性地播放讯问录音录像，提请法庭通知侦查人员或者其他人员出庭说明情况。

被告人及其辩护人可以出示相关线索或者材料，并申请法庭播放特定时段的讯问录音录像。

侦查人员或者其他人员出庭，应当向法庭说明证据收集过程，并就相关情况接受发问。对发问方式不当或者内容与证据收集的合法性无关的，法庭应当制止。

公诉人、被告人及其辩护人可以对证据收集的合法性进行质证、辩论。

第三十二条 法庭对控辩双方提供的证据有疑问的，可以宣布休庭，对证据进行调查核实。必要时，可以通知公诉人、辩护人到场。

第三十三条 法庭对证据收集的合法性进行调查后，应当当庭作出是否排除有关证据的决定。必要时，可以宣布休庭，由合议庭评议或者提交审判委员会讨论,再次开庭时宣布决定。

在法庭作出是否排除有关证据的决定前,不得对有关证据宣读、质证。

第三十四条 经法庭审理,确认存在本规定所规定的以非法方法收集证据情形的,对有关证据应当予以排除。法庭根据相关线索或者材料对证据收集的合法性有疑问,而人民检察院未提供证据或者提供的证据不能证明证据收集的合法性,不能排除存在本规定所规定的以非法方法收集证据情形的,对有关证据应当予以排除。

对依法予以排除的证据,不得宣读、质证,不得作为判决的根据。

第三十五条 人民法院排除非法证据后,案件事实清楚,证据确实、充分,依据法律认定被告人有罪的,应当作出有罪判决;证据不足,不能认定被告人有罪的,应当作出证据不足、指控的犯罪不能成立的无罪判决;案件部分事实清楚,证据确实、充分的,依法认定该部分事实。

第三十六条 人民法院对证据收集合法性的审查、调查结论,应当在裁判文书中写明,并说明理由。

第三十七条 人民法院对证人证言、被害人陈述等证据收集合法性的审查、调查,参照上述规定。

第三十八条 人民检察院、被告人及其法定代理人提出抗诉、上诉,对第一审人民法院有关证据收集合法性的审查、调查结论提出异议的,第二审人民法院应当审查。

被告人及其辩护人在第一审程序中未申请排除非法证据,在第二审程序中提出申请的,应当说明理由。第二审人民法院应当审查。

人民检察院在第一审程序中未出示证据证明证据收集的合法性,第一审人民法院依法排除有关证据的,人民检察院在第二审程序中不得出示之前未出示的证据,但在第一审程序后发现的除外。

第三十九条 第二审人民法院对证据收集合法性的调查,参照上述第一审程序的规定。

第四十条 第一审人民法院对被告人及其辩护人排除非法证据的申请未予审查，并以有关证据作为定案根据，可能影响公正审判的，第二审人民法院可以裁定撤销原判，发回原审人民法院重新审判。

第一审人民法院对依法应当排除的非法证据未予排除的，第二审人民法院可以依法排除非法证据。排除非法证据后，原判决认定事实和适用法律正确、量刑适当的，应当裁定驳回上诉或者抗诉，维持原判；原判决认定事实没有错误，但适用法律有错误，或者量刑不当的，应当改判；原判决事实不清楚或者证据不足的，可以裁定撤销原判，发回原审人民法院重新审判。

第四十一条 审判监督程序、死刑复核程序中对证据收集合法性的审查、调查，参照上述规定。

第四十二条 本规定自 2017 年 6 月 27 日起施行。

最高人民法院《关于适用〈中华人民共和国刑事诉讼法〉的解释》(节录)

(2013年1月1日)

法释〔2012〕21号

(2012年11月5日由最高人民法院审判委员会第1559次会议通过,现予公布,自2013年1月1日起施行)

第四章 证 据
第八节 非法证据排除

第九十五条 使用肉刑或者变相肉刑,或者采用其他使被告人在肉体上或者精神上遭受剧烈疼痛或者痛苦的方法,迫使被告人违背意愿供述的,应当认定为刑事诉讼法第五十四条规定的"刑讯逼供等非法方法"。

认定刑事诉讼法第五十四条规定的"可能严重影响司法公正",应当综合考虑收集物证、书证违反法定程序以及所造成后果的严重程度等情况。

第九十六条 当事人及其辩护人、诉讼代理人申请人民法院排除以非法方法收集的证据的,应当提供涉嫌非法取证的人员、时间、地点、方式、内容等相关线索或者材料。

第九十七条 人民法院向被告人及其辩护人送达起诉书副本时,应当告知其申请排除非法证据的,应当在开庭审理前提出,但在庭审期间才发现相关线索或者材料的除外。

第九十八条 开庭审理前,当事人及其辩护人、诉讼代理人申请人民法院排除非法证据的,人民法院应当在开庭前及时将申请书或者申请笔录及相关线索、材料的复制件送交人民检察院。

第九十九条 开庭审理前,当事人及其辩护人、诉讼代理人申请排除非法证据,人民法院经审查,对证据收集的合法性有疑问的,应当依照刑事诉讼法第一百八十二条第二款的规定召开庭前会议,就非法证据排除等问题了解情况,听取意见。人民检察院可以通过出示有关证据材料等方式,对证据收集的合法性加以说明。

第一百条 法庭审理过程中,当事人及其辩护人、诉讼代理人申请排除非法证据的,法庭应当进行审查。经审查,对证据收集的合法性有疑问的,应当进行调查;没有疑问的,应当当庭说明情况和理由,继续法庭审理。当事人及其辩护人、诉讼代理人以相同理由再次申请排除非法证据的,法庭不再进行审查。

对证据收集合法性的调查,根据具体情况,可以在当事人及其辩护人、诉讼代理人提出排除非法证据的申请后进行,也可以在法庭调查结束前一并进行。

法庭审理过程中,当事人及其辩护人、诉讼代理人申请排除非法证据,人民法院经审查,不符合本解释第九十七条规定的,应当在法庭调查结束前一并进行审查,并决定是否进行证据收集合法性的调查。

第一百零一条 法庭决定对证据收集的合法性进行调查的,可以由公诉人通过出示、宣读讯问笔录或者其他证据,有针对性地播放讯问过程的录音录像,提请法庭通知有关侦查人员或者其他人员出庭说明情况等方式,证明证据收集的合法性。

公诉人提交的取证过程合法的说明材料,应当经有关侦查人员签名,并加盖公章。未经有关侦查人员签名的,不得作为证据使用。上述说明材料不能单独作为证明取证过程合法的根据。

第一百零二条 经审理,确认或者不能排除存在刑事诉讼法第五十四条规定的以非法方法收集证据情形的,对有关证据应当排除。

人民法院对证据收集的合法性进行调查后,应当将调查结论告知公诉人、当事人和辩护人、诉讼代理人。

第一百零三条 具有下列情形之一的,第二审人民法院应当对证据收集的合法性进行审查,并根据刑事诉讼法和本解释的有关规定作出处理:

(一)第一审人民法院对当事人及其辩护人、诉讼代理人排除非法证据的申请没有审查,且以该证据作为定案根据的;

(二)人民检察院或者被告人、自诉人及其法定代理人不服第一审人民法院作出的有关证据收集合法性的调查结论,提出抗诉、上诉的;

(三)当事人及其辩护人、诉讼代理人在第一审结束后才发现相关线索或者材料,申请人民法院排除非法证据的。

最高人民法院、最高人民检察院、公安部、国家安全部、司法部、全国人大常委会法制工作委员会《关于实施刑事诉讼法若干问题的规定》（节录）

（2013年1月1日）

三、证　据

11. 刑事诉讼法第五十六条第一款规定："法庭审理过程中，审判人员认为可能存在本法第五十四条规定的以非法方法收集证据情形的，应当对证据收集的合法性进行法庭调查。"法庭经对当事人及其辩护人、诉讼代理人提供的相关线索或者材料进行审查后，认为可能存在刑事诉讼法第五十四条规定的以非法方法收集证据情形的，应当对证据收集的合法性进行法庭调查。法庭调查的顺序由法庭根据案件审理情况确定。

12. 刑事诉讼法第六十二条规定，对证人、鉴定人、被害人可以采取"不公开真实姓名、住址和工作单位等个人信息"的保护措施。人民法院、人民检察院和公安机关依法决定不公开证人、鉴定人、被害人的真实姓名、住址和工作单位等个人信息的，可以在判决书、裁定书、起诉书、询问笔录等法律文书、证据材料中使用化名等代替证人、鉴定人、被害人的个人信息。但是，应当书面说明使用化名的情况并标明密级，单独成卷。辩护律师经法庭许可，查阅对证人、鉴定人、被害人使用化名情况的，应当签署保密承诺书。

《人民法院办理刑事案件庭前会议规程（试行）》

（2018年1月1日）

为贯彻落实最高人民法院、最高人民检察院、公安部、国家安全部、司法部《关于推进以审判为中心的刑事诉讼制度改革的意见》，完善庭前会议程序，确保法庭集中持续审理，提高庭审质量和效率，根据法律规定，结合司法实际，制定本规程。

第一条 人民法院适用普通程序审理刑事案件，对于证据材料较多、案情疑难复杂、社会影响重大或者控辩双方对事实证据存在较大争议等情形的，可以决定在开庭审理前召开庭前会议。

控辩双方可以申请人民法院召开庭前会议。申请召开庭前会议的，应当说明需要处理的事项。人民法院经审查认为有必要的，应当决定召开庭前会议；决定不召开庭前会议的，应当告知申请人。

被告人及其辩护人在开庭审理前申请排除非法证据，并依照法律规定提供相关线索或者材料的，人民法院应当召开庭前会议。

第二条 庭前会议中，人民法院可以就与审判相关的问题了解情况，听取意见，依法处理回避、出庭证人名单、非法证据排除等可能导致庭审中断的事项，组织控辩双方展示证据，归纳争议焦点，开展附带民事调解。

第三条 庭前会议由承办法官主持，其他合议庭成员也可以主持或者参加庭前会议。根据案件情况，承办法官可以指导法官助理主持庭前会议。

公诉人、辩护人应当参加庭前会议。根据案件情况，被告人可以参加庭前会议；被告人申请参加庭前会议或者申请排除非法证据等情形的，人民法院应当通知被告人到场；有多名被告人的案件，主持人可以根据案件情况确定参加庭前会议的被告人。

被告人申请排除非法证据，但没有辩护人的，人民法院应当通知法律援助机构指派律师为被告人提供帮助。

庭前会议中进行附带民事调解的，人民法院应当通知附带民事诉讼当事人到场。

第四条 被告人不参加庭前会议的，辩护人应当在召开庭前会议前就庭前会议处理事项听取被告人意见。

第五条 庭前会议一般不公开进行。

根据案件情况，庭前会议可以采用视频会议等方式进行。

第六条 根据案件情况，庭前会议可以在开庭审理前多次召开；休庭后，可以在再次开庭前召开庭前会议。

第七条 庭前会议应当在法庭或者其他办案场所召开。被羁押的被告人参加的，可以在看守所办案场所召开。

被告人参加庭前会议，应当有法警在场。

第八条 人民法院应当根据案件情况，综合控辩双方意见，确定庭前会议需要处理的事项，并在召开庭前会议三日前，将会议的时间、地点、人员和事项等通知参会人员。通知情况应当记录在案。

被告人及其辩护人在开庭审理前申请排除非法证据的，人民法院应当在召开庭前会议三日前，将申请书及相关线索或者材料的复制件送交人民检察院。

第九条 庭前会议开始后，主持人应当核实参会人员情况，宣布庭前会议需要处理的事项。有多名被告人参加庭前会议，涉及事实证据问题的，应当组织各被告人分别参加，防止串供。

第十条　庭前会议中,主持人可以就下列事项向控辩双方了解情况,听取意见:

(一)是否对案件管辖有异议;

(二)是否申请有关人员回避;

(三)是否申请不公开审理;

(四)是否申请排除非法证据;

(五)是否申请提供新的证据材料;

(六)是否申请重新鉴定或者勘验;

(七)是否申请调取在侦查、审查起诉期间公安机关、人民检察院收集但未随案移送的证明被告人无罪或者罪轻的证据材料;

(八)是否申请向证人或有关单位、个人收集、调取证据材料;

(九)是否申请证人、鉴定人、侦查人员、有专门知识的人出庭,是否对出庭人员名单有异议;

(十)与审判相关的其他问题。

对于前款规定中可能导致庭审中断的事项,人民法院应当依法作出处理,在开庭审理前告知处理决定,并说明理由。控辩双方没有新的理由,在庭审中再次提出有关申请或者异议的,法庭应当依法予以驳回。

第十一条　被告人及其辩护人对案件管辖提出异议,应当说明理由。人民法院经审查认为异议成立的,应当依法将案件退回人民检察院或者移送有管辖权的人民法院;认为本院不宜行使管辖权的,可以请求上一级人民法院处理。人民法院经审查认为异议不成立的,应当依法驳回异议。

第十二条　被告人及其辩护人申请审判人员、书记员、翻译人员、鉴定人回避,应当说明理由。人民法院经审查认为申请成立的,应当依法决定有关人员回避;认为申请不成立的,应当依法驳回申请。

被告人及其辩护人申请回避被驳回的,可以在接到决定时申请复议一次。对于不属于刑事诉讼法第二十八条、第二十九条规定情形的,回避申请被驳回后,不得申请复议。

被告人及其辩护人申请检察人员回避的,人民法院应当通知人民检察院。

第十三条　被告人及其辩护人申请不公开审理,人民法院经审查认为案件涉及国家秘密或者个人隐私的,应当准许;认为案件涉及商业秘密的,可以准许。

第十四条 被告人及其辩护人在开庭审理前申请排除非法证据,并依照法律规定提供相关线索或者材料的,人民检察院应当在庭前会议中通过出示有关证据材料等方式,有针对性地对证据收集的合法性作出说明。人民法院可以对有关证据材料进行核实;经控辩双方申请,可以有针对性地播放讯问录音录像。

人民检察院可以撤回有关证据,撤回的证据,没有新的理由,不得在庭审中出示。被告人及其辩护人可以撤回排除非法证据的申请,撤回申请后,没有新的线索或者材料,不得再次对有关证据提出排除申请。

控辩双方在庭前会议中对证据收集的合法性未达成一致意见,人民法院应当开展庭审调查,但公诉人提供的相关证据材料确实、充分,能够排除非法取证情形,且没有新的线索或者材料表明可能存在非法取证的,庭审调查举证、质证可以简化。

第十五条 控辩双方申请重新鉴定或者勘验,应当说明理由。人民法院经审查认为理由成立,有关证据材料可能影响定罪量刑且不能补正的,应当准许。

第十六条 被告人及其辩护人书面申请调取公安机关、人民检察院在侦查、审查起诉期间收集但未随案移送的证明被告人无罪或者罪轻的证据材料,并提供相关线索或者材料的,人民法院应当调取,并通知人民检察院在收到调取决定书后三日内移交。

被告人及其辩护人申请向证人或有关单位、个人收集、调取证据材料,应当说明理由。人民法院经审查认为有关证据材料可能影响定罪量刑的,应当准许;认为有关证据材料与案件无关或者明显重复、没有必要的,可以不予准许。

第十七条 控辩双方申请证人、鉴定人、侦查人员、有专门知识的人出庭,应当说明理由。人民法院经审查认为理由成立的,应当通知有关人员出庭。

控辩双方对出庭证人、鉴定人、侦查人员、有专门知识的人的名单有异议,人民法院经审查认为异议成立的,应当依法作出处理;认为异议不成立的,应当依法驳回。

人民法院通知证人、鉴定人、侦查人员、有专门知识的人等出庭后,应当告知控辩双方协助有关人员到庭。

第十八条 召开庭前会议前,人民检察院应当将全部证据材料移送人民法院。被告人及其辩护人应当将收集的有关被告人不在犯罪现场、未达到刑事责任年龄、属于依法不负刑事责任的精神病人等证明被告人无罪或者依法不负刑事责任的全部证据材料提交人民法院。

人民法院收到控辩双方移送或者提交的证据材料后,应当通知对方查阅、摘抄、复制。

第十九条 庭前会议中,对于控辩双方决定在庭审中出示的证据,人民法院可以组织展示有关证据,听取控辩双方对在案证据的意见,梳理存在争议的证据。

对于控辩双方在庭前会议中没有争议的证据材料,庭审时举证、质证可以简化。

人民法院组织展示证据的,一般应当通知被告人到场,听取被告人意见;被告人不到场的,辩护人应当在召开庭前会议前听取被告人意见。

第二十条 人民法院可以在庭前会议中归纳控辩双方的争议焦点。对控辩双方没有争议或者达成一致意见的事项,可以在庭审中简化审理。

人民法院可以组织控辩双方协商确定庭审的举证顺序、方式等事项,明确法庭调查的方式和重点。协商不成的事项,由人民法院确定。

第二十一条 对于被告人在庭前会议前不认罪,在庭前会议中又认罪的案件,人民法院核实被告人认罪的自愿性和真实性后,可以依法适用速裁程序或者简易程序审理。

第二十二条 人民法院在庭前会议中听取控辩双方对案件事实证据的意见后,对于明显事实不清、证据不足的案件,可以建议人民检察院补充材料或者撤回起诉。建议撤回起诉的案件,人民检察院不同意的,人民法院开庭审理后,没有新的事实和理由,一般不准许撤回起诉。

第二十三条 庭前会议情况应当制作笔录,由参会人员核对后签名。

庭前会议结束后应当制作庭前会议报告,说明庭前会议的基本情况、与审判相关的问题的处理结果、控辩双方的争议焦点以及就相关事项达成的一致意见等。

第二十四条 对于召开庭前会议的案件，在宣读起诉书后，法庭应当宣布庭前会议报告的主要内容；有多起犯罪事实的案件，可以在有关犯罪事实的法庭调查开始前，分别宣布庭前会议报告的相关内容；对庭前会议处理管辖异议、申请回避、申请不公开审理等事项的，法庭可以在告知当事人诉讼权利后宣布庭前会议报告的相关内容。

第二十五条 宣布庭前会议报告后，对于庭前会议中达成一致意见的事项，法庭向控辩双方核实后当庭予以确认；对于未达成一致意见的事项，法庭可以归纳控辩双方争议焦点，听取控辩双方意见，依法作出处理。

控辩双方在庭前会议中就有关事项达成一致意见，在庭审中反悔的，除有正当理由外，法庭一般不再进行处理。

第二十六条 第二审人民法院召开庭前会议的，参照上述规定。

第二十七条 本规程自 2018 年 1 月 1 日起试行。

《人民法院办理刑事案件排除非法证据规程（试行）》

（2018年1月1日）

为贯彻落实最高人民法院、最高人民检察院、公安部、国家安全部、司法部《关于推进以审判为中心的刑事诉讼制度改革的意见》和《关于办理刑事案件严格排除非法证据若干问题的规定》，规范非法证据排除程序，准确惩罚犯罪，切实保障人权，有效防范冤假错案，根据法律规定，结合司法实际，制定本规程。

第一条 采用下列非法方法收集的被告人供述，应当予以排除：

（一）采用殴打、违法使用戒具等暴力方法或者变相肉刑的恶劣手段，使被告人遭受难以忍受的痛苦而违背意愿作出的供述；

（二）采用以暴力或者严重损害本人及其近亲属合法权益等进行威胁的方法，使被告人遭受难以忍受的痛苦而违背意愿作出的供述；

（三）采用非法拘禁等非法限制人身自由的方法收集的被告人供述。

采用刑讯逼供方法使被告人作出供述，之后被告人受该刑讯逼供行为影响而作出的与该供述相同的重复性供述，应当一并排除，但下列情形除外：

1.侦查期间，根据控告、举报或者自己发现等，侦查机关确认或者不能排除以非法方法收集证据而更换侦查人员，其他侦查人员再次讯问时告知诉讼权利和认罪的法律后果，被告人自愿供述的；

2.审查逮捕、审查起诉和审判期间，检察人员、审判人员讯问时告知诉讼权利和认罪的法律后果，被告人自愿供述的。

第二条 采用暴力、威胁以及非法限制人身自由等非法方法收集的证人证言、被害人陈述,应当予以排除。

第三条 采用非法搜查、扣押等违反法定程序的方法收集物证、书证,可能严重影响司法公正的,应当予以补正或者作出合理解释;不能补正或者作出合理解释的,对有关证据应当予以排除。

第四条 依法予以排除的非法证据,不得宣读、质证,不得作为定案的根据。

第五条 被告人及其辩护人申请排除非法证据,应当提供相关线索或者材料。"线索"是指内容具体、指向明确的涉嫌非法取证的人员、时间、地点、方式等;"材料"是指能够反映非法取证的伤情照片、体检记录、医院病历、讯问笔录、讯问录音录像或者同监室人员的证言等。

被告人及其辩护人申请排除非法证据,应当向人民法院提交书面申请。被告人书写确有困难的,可以口头提出申请,但应当记录在案,并由被告人签名或者捺印。

第六条 证据收集合法性的举证责任由人民检察院承担。

人民检察院未提供证据,或者提供的证据不能证明证据收集的合法性,经过法庭审理,确认或者不能排除以非法方法收集证据情形的,对有关证据应当予以排除。

第七条 开庭审理前,承办法官应当阅卷,并对证据收集的合法性进行审查:

(一)被告人在侦查、审查起诉阶段是否提出排除非法证据申请;提出申请的,是否提供相关线索或者材料;

(二)侦查机关、人民检察院是否对证据收集的合法性进行调查核实;调查核实的,是否作出调查结论;

(三)对于重大案件,人民检察院驻看守所检察人员在侦查终结前是否核查讯问的合法性,是否对核查过程同步录音录像;进行核查的,是否作出核查结论;

(四)对于人民检察院在审查逮捕、审查起诉阶段排除的非法证据,是否随案移送并写明为依法排除的非法证据。

人民法院对证据收集的合法性进行审查后,认为需要补充证据材料的,应当通知人民检察院在三日内补送。

第八条 人民法院向被告人及其辩护人送达起诉书副本时，应当告知其有权在开庭审理前申请排除非法证据并同时提供相关线索或者材料。上述情况应当记录在案。

被告人申请排除非法证据，但没有辩护人的，人民法院应当通知法律援助机构指派律师为其提供辩护。

第九条 被告人及其辩护人申请排除非法证据，应当在开庭审理前提出，但在庭审期间发现相关线索或者材料等情形除外。

第十条 被告人及其辩护人申请排除非法证据，并提供相关线索或者材料的，人民法院应当召开庭前会议，并在召开庭前会议三日前将申请书和相关线索或者材料的复制件送交人民检察院。

被告人及其辩护人申请排除非法证据，未提供相关线索或者材料的，人民法院应当告知其补充提交。被告人及其辩护人未能补充的，人民法院对申请不予受理，并在开庭审理前告知被告人及其辩护人。上述情况应当记录在案。

第十一条 对于可能判处无期徒刑、死刑或者黑社会性质组织犯罪、严重毒品犯罪等重大案件，被告人在驻看守所检察人员对讯问的合法性进行核查询问时，明确表示侦查阶段没有刑讯逼供等非法取证情形，在审判阶段又提出排除非法证据申请的，应当说明理由。人民法院经审查对证据收集的合法性没有疑问的，可以驳回申请。

驻看守所检察人员在重大案件侦查终结前未对讯问的合法性进行核查询问，或者未对核查询问过程全程同步录音录像，被告人及其辩护人在审判阶段提出排除非法证据申请，提供相关线索或者材料，人民法院对证据收集的合法性有疑问的，应当依法进行调查。

第十二条 在庭前会议中，人民法院对证据收集的合法性进行审查的，一般按照以下步骤进行：

（一）被告人及其辩护人说明排除非法证据的申请及相关线索或者材料；

（二）公诉人提供证明证据收集合法性的证据材料；

（三）控辩双方对证据收集的合法性发表意见；

（四）控辩双方对证据收集的合法性未达成一致意见的，审判人员归纳争议焦点。

第十三条 在庭前会议中，人民检察院应当通过出示有关证据材料等方式，有针对性地对证据收集的合法性作出说明。人民法院可以对有关材料进行核实，经控辩双方申请，可以有针对性地播放讯问录音录像。

第十四条 在庭前会议中，人民检察院可以撤回有关证据。撤回的证据，没有新的理由，不得在庭审中出示。

被告人及其辩护人可以撤回排除非法证据的申请。撤回申请后，没有新的线索或者材料，不得再次对有关证据提出排除申请。

第十五条 控辩双方在庭前会议中对证据收集的合法性达成一致意见的，法庭应当在庭审中向控辩双方核实并当庭予以确认。对于一方在庭审中反悔的，除有正当理由外，法庭一般不再进行审查。

控辩双方在庭前会议中对证据收集的合法性未达成一致意见，人民法院应当在庭审中进行调查，但公诉人提供的相关证据材料确实、充分，能够排除非法取证情形，且没有新的线索或者材料表明可能存在非法取证的，庭审调查举证、质证可以简化。

第十六条 审判人员应当在庭前会议报告中说明证据收集合法性的审查情况，主要包括控辩双方的争议焦点以及就相关事项达成的一致意见等内容。

第十七条 被告人及其辩护人在开庭审理前未申请排除非法证据，在庭审过程中提出申请的，应当说明理由。人民法院经审查，对证据收集的合法性有疑问的，应当进行调查；没有疑问的，应当驳回申请。

人民法院驳回排除非法证据的申请后，被告人及其辩护人没有新的线索或者材料，以相同理由再次提出申请的，人民法院不再审查。

第十八条 人民法院决定对证据收集的合法性进行法庭调查的，应当先行当庭调查。对于被申请排除的证据和其他犯罪事实没有关联等情形，为防止庭审过分迟延，可以先调查其他犯罪事实，再对证据收集的合法性进行调查。

在对证据收集合法性的法庭调查程序结束前,不得对有关证据宣读、质证。

第十九条 法庭决定对证据收集的合法性进行调查的,一般按照以下步骤进行:

(一)召开庭前会议的案件,法庭应当在宣读起诉书后,宣布庭前会议中对证据收集合法性的审查情况,以及控辩双方的争议焦点;

(二)被告人及其辩护人说明排除非法证据的申请及相关线索或者材料;

(三)公诉人出示证明证据收集合法性的证据材料,被告人及其辩护人可以对相关证据进行质证,经审判长准许,公诉人、辩护人可以向出庭的侦查人员或者其他人员发问;

(四)控辩双方对证据收集的合法性进行辩论。

第二十条 公诉人对证据收集的合法性加以证明,可以出示讯问笔录、提讯登记、体检记录、采取强制措施或者侦查措施的法律文书、侦查终结前对讯问合法性的核查材料等证据材料,也可以针对被告人及其辩护人提出异议的讯问时段播放讯问录音录像,提请法庭通知侦查人员或者其他人员出庭说明情况。不得以侦查人员签名并加盖公章的说明材料替代侦查人员出庭。

庭审中,公诉人当庭不能举证或者为提供新的证据需要补充侦查,建议延期审理的,法庭可以同意。

第二十一条 被告人及其辩护人可以出示相关线索或者材料,并申请法庭播放特定讯问时段的讯问录音录像。

被告人及其辩护人向人民法院申请调取侦查机关、人民检察院收集但未提交的讯问录音录像、体检记录等证据材料,人民法院经审查认为该证据材料与证据收集的合法性有关的,应当予以调取;认为与证据收集的合法性无关的,应当决定不予调取,并向被告人及其辩护人说明理由。

被告人及其辩护人申请人民法院通知侦查人员或者其他人员出庭说明情况,人民法院认为确有必要的,可以通知上述人员出庭。

第二十二条 法庭对证据收集的合法性进行调查的,应当重视对讯问录音录像的审查,重点审查以下内容:

（一）讯问录音录像是否依法制作。对于可能判处无期徒刑、死刑的案件或者其他重大犯罪案件，是否对讯问过程进行录音录像；

（二）讯问录音录像是否完整。是否对每一次讯问过程录音录像，录音录像是否全程不间断进行，是否有选择性录制、剪接、删改等情形；

（三）讯问录音录像是否同步制作。录音录像是否自讯问开始时制作，至犯罪嫌疑人核对讯问笔录、签字确认后结束；讯问笔录记载的起止时间是否与讯问录音录像反映的起止时间一致；

（四）讯问录音录像与讯问笔录的内容是否存在差异。对与定罪量刑有关的内容，讯问笔录记载的内容与讯问录音录像是否存在实质性差异，存在实质性差异的，以讯问录音录像为准。

第二十三条 侦查人员或者其他人员出庭的，应当向法庭说明证据收集过程，并就相关情况接受发问。对发问方式不当或者内容与证据收集的合法性无关的，法庭应当制止。

经人民法院通知，侦查人员不出庭说明情况，不能排除以非法方法收集证据情形的，对有关证据应当予以排除。

第二十四条 人民法院对控辩双方提供的证据来源、内容等有疑问的，可以告知控辩双方补充证据或者作出说明；必要时，可以宣布休庭，对证据进行调查核实。法庭调查核实证据，可以通知控辩双方到场，并将核实过程记录在案。

对于控辩双方补充的和法庭庭外调查核实取得的证据，未经当庭出示、质证等法庭调查程序查证属实，不得作为证明证据收集合法性的根据。

第二十五条 人民法院对证据收集的合法性进行调查后，应当当庭作出是否排除有关证据的决定。必要时，可以宣布休庭，由合议庭评议或者提交审判委员会讨论，再次开庭时宣布决定。

第二十六条 经法庭审理，具有下列情形之一的，对有关证据应当予以排除：

（一）确认以非法方法收集证据的；

（二）应当对讯问过程录音录像的案件没有提供讯问录音录像，或者讯问录音录像存在选择性录制、剪接、删改等情形，现有证据不能排除以非法方法收集

证据的;

(三)侦查机关除紧急情况外没有在规定的办案场所讯问,现有证据不能排除以非法方法收集证据的;

(四)驻看守所检察人员在重大案件侦查终结前未对讯问合法性进行核查,或者未对核查过程同步录音录像,或者录音录像存在选择性录制、剪接、删改等情形,现有证据不能排除以非法方法收集证据的;

(五)其他不能排除存在以非法方法收集证据的。

第二十七条　人民法院对证人证言、被害人陈述、物证、书证等证据收集合法性的审查、调查程序,参照上述规定。

第二十八条　人民法院对证据收集合法性的审查、调查结论,应当在裁判文书中写明,并说明理由。

第二十九条　人民检察院、被告人及其法定代理人提出抗诉、上诉,对第一审人民法院有关证据收集合法性的审查、调查结论提出异议的,第二审人民法院应当审查。

第三十条　被告人及其辩护人在第一审程序中未提出排除非法证据的申请,在第二审程序中提出申请,有下列情形之一的,第二审人民法院应当审查:

(一)第一审人民法院没有依法告知被告人申请排除非法证据的权利的;

(二)被告人及其辩护人在第一审庭审后发现涉嫌非法取证的相关线索或者材料的。

第三十一条　人民检察院应当在第一审程序中全面出示证明证据收集合法性的证据材料。

人民检察院在第一审程序中未出示证明证据收集合法性的证据,第一审人民法院依法排除有关证据的,人民检察院在第二审程序中不得出示之前未出示的证据,但在第一审程序后发现的除外。

第三十二条　第二审人民法院对证据收集合法性的调查,参照上述第一审程序的规定。

第三十三条 第一审人民法院对被告人及其辩护人排除非法证据的申请未予审查，并以有关证据作为定案的根据，可能影响公正审判的，第二审人民法院应当裁定撤销原判，发回原审人民法院重新审判。

第三十四条 第一审人民法院对依法应当排除的非法证据未予排除的，第二审人民法院可以依法排除相关证据。排除非法证据后，应当按照下列情形分别作出处理：

（一）原判决认定事实和适用法律正确、量刑适当的，应当裁定驳回上诉或者抗诉，维持原判；

（二）原判决认定事实没有错误，但适用法律有错误，或者量刑不当的，应当改判；

（三）原判决事实不清或者证据不足的，可以在查清事实后改判；也可以裁定撤销原判，发回原审人民法院重新审判。

第三十五条 审判监督程序、死刑复核程序中对证据收集合法性的审查、调查，参照上述规定。

第三十六条 本规程自2018年1月1日起试行。

《人民法院办理刑事案件第一审普通程序法庭调查规程(试行)》

(2018年1月1日)

为贯彻落实最高人民法院、最高人民检察院、公安部、国家安全部、司法部《关于推进以审判为中心的刑事诉讼制度改革的意见》,规范法庭调查程序,提高庭审质量和效率,确保诉讼证据出示在法庭、案件事实查明在法庭、诉辩意见发表在法庭、裁判结果形成在法庭,根据法律规定,结合司法实际,制定本规程。

一、一般规定

第一条 法庭应当坚持证据裁判原则。认定案件事实,必须以证据为根据。法庭调查应当以证据调查为中心,法庭认定并依法排除的非法证据,不得宣读、质证。证据未经当庭出示、宣读、辨认、质证等法庭调查程序查证属实,不得作为定案的根据。

第二条 法庭应当坚持程序公正原则。人民检察院依法承担被告人有罪的举证责任,被告人不承担证明自己无罪的责任。法庭应当居中裁判,严格执行法定的审判程序,确保控辩双方在法庭调查环节平等对抗,通过法庭审判的程序公正实现案件裁判的实体公正。

第三条 法庭应当坚持集中审理原则。规范庭前准备程序,避免庭审出现不必要的迟延和中断。承办法官应当在开庭前阅卷,确定法庭审理方案,并向合议庭通报开庭准备情况。召开庭前会议的案件，法庭可以依法处理可能导致庭审中断的事项，组织控辩双方展示证据，归纳控辩双方争议焦点。

第四条 法庭应当坚持诉权保障原则。依法保障当事人和其他诉讼参与人的知情权、陈述权、辩护辩论权、申请权、申诉权，依法保障辩护人发问、质证、辩论辩护等权利，完善便利辩护人参与诉讼的工作机制。

二、宣布开庭和讯问、发问程序

第五条 法庭宣布开庭后，应当告知当事人在法庭审理过程中依法享有的诉讼权利。

对于召开庭前会议的案件，在庭前会议中处理诉讼权利事项的，可以在开庭后告知诉讼权利的环节，一并宣布庭前会议对有关事项的处理结果。

第六条 公诉人宣读起诉书后，对于召开庭前会议的案件，法庭应当宣布庭前会议报告的主要内容。有多起犯罪事实的案件，法庭可以在有关犯罪事实的法庭调查开始前，分别宣布庭前会议报告的相关内容。

对于庭前会议中达成一致意见的事项，法庭可以向控辩双方核实后当庭予以确认；对于未达成一致意见的事项，法庭可以在庭审涉及该事项的环节归纳争议焦点，听取控辩双方意见，依法作出处理。

第七条 公诉人宣读起诉书后，审判长应当询问被告人对起诉书指控的犯罪事实是否有异议，听取被告人的供述和辩解。对于被告人当庭认罪的案件，应当核实被告人认罪的自愿性和真实性，听取其供述和辩解。

在审判长主持下，公诉人可以就起诉书指控的犯罪事实讯问被告人，为防止庭审过分迟延，就证据问题向被告人的讯问可在举证、质证环节进行。经审判长准许，被害人及其法定代理人、诉讼代理人可以就公诉人讯问的犯罪事实补充发问；附带民事诉讼原告人及其法定代理人、诉讼代理人可以就附带民事部分的事实向被告人发问；被告人的法定代理人、辩护人，附带民事诉讼被告人及其法定代理人、诉讼代理人可以在控诉一方就某一问题讯问完毕后向被告人发问。有多名被告人的案件，辩护人对被告人的发问，应当在审判长主持下，先由被告人本人的辩护人进行，再由其他被告人的辩护人进行。

第八条 有多名被告人的案件,对被告人的讯问应当分别进行。

被告人供述之间存在实质性差异的,法庭可以传唤有关被告人到庭对质。审判长可以分别讯问被告人,就供述的实质性差异进行调查核实。经审判长准许,控辩双方可以向被告人讯问、发问。审判长认为有必要的,可以准许被告人之间相互发问。

根据案件审理需要,审判长可以安排被告人与证人、被害人依照前款规定的方式进行对质。

第九条 申请参加庭审的被害人众多,且案件不属于附带民事诉讼范围的,被害人可以推选若干代表人参加或者旁听庭审,人民法院也可以指定若干代表人。

对被告人讯问、发问完毕后,其他证据出示前,在审判长主持下,参加庭审的被害人可以就起诉书指控的犯罪事实作出陈述。经审判长准许,控辩双方可以在被害人陈述后向被害人发问。

第十条 为解决被告人供述和辩解中的疑问,审判人员可以讯问被告人,也可以向被害人、附带民事诉讼当事人发问。

第十一条 有多起犯罪事实的案件,对被告人不认罪的事实,法庭调查一般应当分别进行。

被告人不认罪或者认罪后又反悔的案件,法庭应当对与定罪和量刑有关的事实、证据进行全面调查。

被告人当庭认罪的案件,法庭核实被告人认罪的自愿性和真实性,确认被告人知悉认罪的法律后果后,可以重点围绕量刑事实和其他有争议的问题进行调查。

三、出庭作证程序

第十二条 控辩双方可以申请法庭通知证人、鉴定人、侦查人员和有专门知识的人等出庭。

被害人及其法定代理人、诉讼代理人,附带民事诉讼原告人及其诉讼代理人也可以提出上述申请。

第十三条　控辩双方对证人证言、被害人陈述有异议,申请证人、被害人出庭,人民法院经审查认为证人证言、被害人陈述对案件定罪量刑有重大影响的,应当通知证人、被害人出庭。

控辩双方对鉴定意见有异议,申请鉴定人或者有专门知识的人出庭,人民法院经审查认为有必要的,应当通知鉴定人或者有专门知识的人出庭。

控辩双方对侦破经过、证据来源、证据真实性或者证据收集合法性等有异议,申请侦查人员或者有关人员出庭,人民法院经审查认为有必要的,应当通知侦查人员或者有关人员出庭。

为查明案件事实、调查核实证据,人民法院可以依职权通知上述人员到庭。

人民法院通知证人、被害人、鉴定人、侦查人员、有专门知识的人等出庭的,控辩双方协助有关人员到庭。

第十四条　应当出庭作证的证人,在庭审期间因身患严重疾病等客观原因确实无法出庭的,可以通过视频等方式作证。

证人视频作证的,发问、质证参照证人出庭作证的程序进行。

前款规定适用于被害人、鉴定人、侦查人员。

第十五条　人民法院通知出庭的证人,无正当理由拒不出庭的,可以强制其出庭,但是被告人的配偶、父母、子女除外。

强制证人出庭的,应当由院长签发强制证人出庭令,并由法警执行。必要时,可以商请公安机关协助执行。

第十六条　证人、鉴定人、被害人因出庭作证,本人或者其近亲属的人身安全面临危险的,人民法院应当采取不公开其真实姓名、住址和工作单位等个人信息,或者不暴露其外貌、真实声音等保护措施。

决定对出庭作证的证人、鉴定人、被害人采取不公开个人信息的保护措施的,审判人员应当在开庭前核实其身份,对证人、鉴定人如实作证的保证书不得公开,在判决书、裁定书等法律文书中可以使用化名等代替其个人信息。

审判期间,证人、鉴定人、被害人提出保护请求的,人民法院应当立即审查,确有必要的,应当及时决定采取相应的保护措施。必要时,可以商请公安机关采取专门性保护措施。

第十七条 证人、鉴定人和有专门知识的人出庭作证所支出的交通、住宿、就餐等合理费用,除由控辩双方支付的以外,列入出庭作证补助专项经费,在出庭作证后由人民法院依照规定程序发放。

第十八条 证人、鉴定人出庭,法庭应当当庭核实其身份、与当事人以及本案的关系,审查证人、鉴定人的作证能力、专业资质,并告知其有关作证的权利义务和法律责任。

证人、鉴定人作证前,应当保证向法庭如实提供证言、说明鉴定意见,并在保证书上签名。

第十九条 证人出庭后,先向法庭陈述证言,然后先由举证方发问;发问完毕后,对方也可以发问。根据案件审理需要,也可以先由申请方发问。

控辩双方向证人发问完毕后,可以发表本方对证人证言的质证意见。控辩双方如有新的问题,经审判长准许,可以再行向证人发问。

审判人员认为必要时,可以询问证人。法庭依职权通知证人出庭的情形,审判人员应当主导对证人的询问。经审判长准许,被告人可以向证人发问。

第二十条 向证人发问应当遵循以下规则:
(一)发问内容应当与案件事实有关;
(二)不得采用诱导方式发问;
(三)不得威胁或者误导证人;
(四)不得损害证人人格尊严;
(五)不得泄露证人个人隐私。

第二十一条 控辩一方发问方式不当或者内容与案件事实无关,违反有关发问规则的,对方可以提出异议。对方当庭提出异议的,发问方应当说明发问理由,审判长判明情况予以支持或者驳回;对方未当庭提出异议的,审判长也可以根据情况予以制止。

第二十二条 审判长认为证人当庭陈述的内容与案件事实无关或者明显重复的,可以进行必要的提示。

第二十三条 有多名证人出庭作证的案件,向证人发问应当分别进行。

多名证人出庭作证的,应当在法庭指定的地点等候,不得谈论案情,必要时可以采取隔离等候措施。证人出庭作证后,审判长应当通知法警引导其退庭。证人不得旁听对案件的审理。

被害人没有列为当事人参加法庭审理,仅出庭陈述案件事实的,参照适用前款规定。

第二十四条 证人证言之间存在实质性差异的,法庭可以传唤有关证人到庭对质。

审判长可以分别询问证人,就证言的实质性差异进行调查核实。经审判长准许,控辩双方可以向证人发问。审判长认为有必要的,可以准许证人之间相互发问。

第二十五条 证人出庭作证的,其庭前证言一般不再出示、宣读,但下列情形除外:

(一)证人出庭作证时遗忘或者遗漏庭前证言的关键内容,需要向证人作出必要提示的;

(二)证人的当庭证言与庭前证言存在矛盾,需要证人作出合理解释的。

为核实证据来源、证据真实性等问题,或者帮助证人回忆,经审判长准许,控辩双方可以在询问证人时向其出示物证、书证等证据。

第二十六条 控辩双方可以申请法庭通知有专门知识的人出庭,协助本方就鉴定意见进行质证。有专门知识的人可以与鉴定人同时出庭,在鉴定人作证后向鉴定人发问,并对案件中的专门性问题提出意见。

申请有专门知识的人出庭,应当提供人员名单,并不得超过二人。有多种类鉴定意见的,可以相应增加人数。

第二十七条 对被害人、鉴定人、侦查人员、有专门知识的人的发问,参照适用证人的有关规定。

同一鉴定意见由多名鉴定人作出,有关鉴定人以及对该鉴定意见进行质证的有专门知识的人,可以同时出庭,不受分别发问规则的限制。

四、举证、质证程序

第二十八条 开庭讯问、发问结束后,公诉人先行举证。公诉人举证完毕后,被告人及其辩护人举证。

公诉人出示证据后,经审判长准许,被告人及其辩护人可以有针对性地出示证据予以反驳。

控辩一方举证后,对方可以发表质证意见。必要时,控辩双方可以对争议证据进行多轮质证。

被告人及其辩护人认为公诉人出示的有关证据对本方诉讼主张有利的,可以在发表质证意见时予以认可,或者在发表辩护意见时直接援引有关证据。

第二十九条 控辩双方随案移送或者庭前提交,但没有当庭出示的证据,审判长可以进行必要的提示;对于其中可能影响定罪量刑的关键证据,审判长应当提示控辩双方出示。

对于案件中可能影响定罪量刑的事实、证据存在疑问,控辩双方没有提及的,审判长应当引导控辩双方发表质证意见,并依法调查核实。

第三十条 法庭应当重视对证据收集合法性的审查,对证据收集的合法性有疑问的,应当调查核实证明取证合法性的证据材料。

对于被告人及其辩护人申请排除非法证据,依法提供相关线索或者材料,法庭对证据收集的合法性有疑问,决定进行调查的,一般应当先行当庭调查。

第三十一条 对于可能影响定罪量刑的关键证据和控辩双方存在争议的证据,一般应当单独举证、质证,充分听取质证意见。

对于控辩双方无异议的非关键性证据,举证方可以仅就证据的名称及其证明的事项作出说明,对方可以发表质证意见。

召开庭前会议的案件,举证、质证可以按照庭前会议确定的方式进行。根据案件审理需要，法庭可以对控辩双方的举证、质证方式进行必要的提示。

第三十二条 物证、书证、视听资料、电子数据等证据，应当出示原物、原件。取得原物、原件确有困难的，可以出示照片、录像、副本、复制件等足以反映原物、原件外形和特征以及真实内容的材料，并说明理由。

对于鉴定意见和勘验、检查、辨认、侦查实验等笔录，应当出示原件。

第三十三条 控辩双方出示证据，应当重点围绕与案件事实相关的内容或者控辩双方存在争议的内容进行。

出示证据时，可以借助多媒体设备等方式出示、播放或者演示证据内容。

第三十四条 控辩双方对证人证言、被害人陈述、鉴定意见无异议，有关人员不需要出庭的，或者有关人员因客观原因无法出庭且无法通过视频等方式作证的，可以出示、宣读庭前收集的书面证据材料或者作证过程录音录像。

被告人当庭供述与庭前供述的实质性内容一致的，可以不再出示庭前供述；当庭供述与庭前供述存在实质性差异的，可以出示、宣读庭前供述中存在实质性差异的内容。

第三十五条 采用技术侦查措施收集的证据，应当当庭出示。当庭出示、辨认、质证可能危及有关人员的人身安全，或者可能产生其他严重后果的，应当采取不暴露有关人员身份、不公开技术侦查措施和方法等保护措施。

法庭决定在庭外对技术侦查证据进行核实的，可以召集公诉人和辩护律师到场。在场人员应当履行保密义务。

第三十六条 法庭对证据有疑问的，可以告知控辩双方补充证据或者作出说明；必要时，可以在其他证据调查完毕后宣布休庭，对证据进行调查核实。法庭调查核实证据，可以通知控辩双方到场，并将核实过程记录在案。

对于控辩双方补充的和法庭庭外调查核实取得的证据，应当经过庭审质证才能作为定案的根据。但是，对于不影响定罪量刑的非关键性证据和有利于被告人的量刑证据，经庭外征求意见，控辩双方没有异议的除外。

第三十七条 控辩双方申请出示庭前未移送或提交人民法院的证据,对方提出异议的,申请方应当说明理由,法庭经审查认为理由成立并确有出示必要的,应当准许。

对方提出需要对新的证据作辩护准备的,法庭可以宣布休庭,并确定准备的时间。

第三十八条 法庭审理过程中,控辩双方申请通知新的证人到庭,调取新的证据,申请重新鉴定或者勘验的,应当提供证人的基本信息、证据的存放地点,说明拟证明的案件事实、要求重新鉴定或者勘验的理由。法庭认为有必要的,应当同意,并宣布延期审理;不同意的,应当说明理由并继续审理。

第三十九条 公开审理案件时,控辩双方提出涉及国家秘密、商业秘密或者个人隐私的证据的,法庭应当制止。有关证据确与本案有关的,可以根据具体情况,决定将案件转为不公开审理,或者对相关证据的法庭调查不公开进行。

第四十条 审判期间,公诉人发现案件需要补充侦查,建议延期审理的,法庭可以同意,但建议延期审理不得超过两次。

人民检察院将补充收集的证据移送人民法院的,人民法院应当通知辩护人、诉讼代理人查阅、摘抄、复制。辩护方提出需要对补充收集的证据作辩护准备的,法庭可以宣布休庭,并确定准备的时间。

补充侦查期限届满后,经人民法院通知,人民检察院未建议案件恢复审理,且未说明原因的,人民法院可以决定按人民检察院撤诉处理。

第四十一条 人民法院向人民检察院调取需要调查核实的证据材料,或者根据被告人及其辩护人的申请,向人民检察院调取在侦查、审查起诉期间收集的有关被告人无罪或者罪轻的证据材料,应当通知人民检察院在收到调取证据材料决定书后三日内移交。

第四十二条 法庭除应当审查被告人是否具有法定量刑情节外,还应当根据案件情况审查以下影响量刑的情节:

(一)案件起因;

（二）被害人有无过错及过错程度,是否对矛盾激化负有责任及责任大小；

（三）被告人的近亲属是否协助抓获被告人；

（四）被告人平时表现,有无悔罪态度；

（五）退赃、退赔及赔偿情况；

（六）被告人是否取得被害人或者其近亲属谅解；

（七）影响量刑的其他情节。

第四十三条 审判期间,被告人及其辩护人提出有自首、坦白、立功等法定量刑情节,或者人民法院发现被告人可能有上述法定量刑情节,而人民检察院移送的案卷中没有相关证据材料的,应当通知人民检察院移送。

审判期间,被告人及其辩护人提出新的立功情节,并提供相关线索或者材料的,人民法院可以建议人民检察院补充侦查。

第四十四条 被告人当庭不认罪或者辩护人作无罪辩护的,法庭对定罪事实进行调查后,可以对与量刑有关的事实、证据进行调查。被告人及其辩护人可以当庭发表质证意见,出示证明被告人罪轻或者无罪的证据。被告人及其辩护人参加量刑事实、证据的调查,不影响无罪辩解或者辩护。

五、认证规则

第四十五条 经过控辩双方质证的证据,法庭应当结合控辩双方质证意见,从证据与待证事实的关联程度、证据之间的印证联系、证据自身的真实性程度等方面,综合判断证据能否作为定案的根据。

证据与待证事实没有关联,或者证据自身存在无法解释的疑问,或者证据与待证事实以及其他证据存在无法排除的矛盾的,不得作为定案的根据。

第四十六条 通过勘验、检查、搜查等方式收集的物证、书证等证据,未通过辨认、鉴定等方式确定其与案件事实的关联的,不得作为定案的根据。

法庭对鉴定意见有疑问的,可以重新鉴定。

第四十七条 收集证据的程序、方式不符合法律规定,严重影响证据真实性的，人民法院应当建议人民检察院予以补正或者作出合理解释；不能补正或者作出合理解释的，有关证据不得作为定案的根据。

第四十八条 证人没有出庭作证，其庭前证言真实性无法确认的，不得作为定案的根据。

证人当庭作出的证言与其庭前证言矛盾，证人能够作出合理解释，并与相关证据印证的，应当采信其庭审证言；不能作出合理解释，而其庭前证言与相关证据印证的，可以采信其庭前证言。

第四十九条 经人民法院通知，鉴定人拒不出庭作证的，鉴定意见不得作为定案的根据。

有专门知识的人当庭对鉴定意见提出质疑，鉴定人能够作出合理解释，并与相关证据印证的，应当采信鉴定意见；不能作出合理解释，无法确认鉴定意见可靠性的，有关鉴定意见不能作为定案的根据。

第五十条 被告人的当庭供述与庭前供述、自书材料存在矛盾，被告人能够作出合理解释，并与相关证据印证的，应当采信其当庭供述；不能作出合理解释，而其庭前供述、自书材料与相关证据印证的，可以采信其庭前供述、自书材料。

法庭应当结合讯问录音录像对讯问笔录进行全面审查。讯问笔录记载的内容与讯问录音录像存在实质性差异的，以讯问录音录像为准。

第五十一条 对于控辩双方提出的事实证据争议，法庭应当当庭进行审查，经审查后作出处理的，应当当庭说明理由，并在裁判文书中写明；需要庭后评议作出处理的，应当在裁判文书中说明理由。

第五十二条 法庭认定被告人有罪，必须达到犯罪事实清楚，证据确实、充分，对于定罪事实应当综合全案证据排除合理怀疑。定罪证据不足的案件，不能认定被告人有罪，应当作出证据不足、指控的犯罪不能成立的无罪判决。定罪证据确实、充分，量刑证据存疑的，应当作出有利于被告人的认定。

第五十三条 本规程自 2018 年 1 月 1 日起试行。

六、立功、自首法律规范

《中华人民共和国刑法》(节录)

(2017年11月4日)

(1979年7月1日第五届全国人民代表大会第二次会议通过,1997年3月14日第八届全国人民代表大会第五次会议修订。根据1999年12月25日中华人民共和国刑法修正案,2001年8月31日中华人民共和国刑法修正案(二),2001年12月29日中华人民共和国刑法修正案(三),2002年12月28日中华人民共和国刑法修正案(四),2005年2月28日中华人民共和国刑法修正案(五),2006年6月29日中华人民共和国刑法修正案(六),2009年2月28日中华人民共和国刑法修正案(七),2009年8月27日《全国人民代表大会常务委员会关于修改部分法律的决定》,2011年2月25日中华人民共和国刑法修正案(八),2015年8月29日中华人民共和国刑法修正案(九),2017年11月4日中华人民共和国刑法修正案(十)修正)

第一编 总 则

第四章 刑罚的具体运用
第三节 自首和立功

第六十七条 【自首】犯罪以后自动投案,如实供述自己的罪行的,是自首。对于自首的犯罪分子,可以从轻或者减轻处罚。其中,犯罪较轻的,可以免除处罚。

被采取强制措施的犯罪嫌疑人、被告人和正在服刑的罪犯,如实供述司法机关还未掌握的本人其他罪行的,以自首论。

犯罪嫌疑人虽不具有前两项规定的自首情节,但是如实供述自己罪行的,可以从轻处罚;因其如实供述自己罪行,避免特别严重后果发生的,可减轻处罚。

第六十八条 【立功】犯罪分子有揭发他人犯罪行为,查证属实的,或者提供重要线索,从而得以侦破其他案件等立功表现的,可以从轻或者减轻处罚;有重大立功表现的,可以减轻或者免除处罚。

最高人民法院《关于处理自首和立功具体应用法律若干问题的解释》

（1998年5月9日）

法释〔1998〕8号

（1998年4月6日最高人民法院审判委员会第972次会议通过，1998年5月9日最高人民法院公布，自1998年5月9日起施行）

为正确认定自首和立功，对具有自首或者立功表现的犯罪分子依法适用刑罚，现就具体应用法律的若干问题解释如下：

第一条 根据刑法第六十七条第一款的规定，犯罪以后自动投案，如实供述自己的罪行的，是自首。

（一）自动投案，是指犯罪事实或者犯罪嫌疑人未被司法机关发觉，或者虽被发觉，但犯罪嫌疑人尚未受到讯问、未被采取强制措施时，主动、直接向公安机关、人民检察院或者人民法院投案。

犯罪嫌疑人向其所在单位、城乡基层组织或者其他有关负责人员投案的；犯罪嫌疑人因病、伤或者为了减轻犯罪后果，委托他人先代为投案，或者先以信电投案的；罪行未被司法机关发觉，仅因形迹可疑被有关组织或者司法机关盘问、教育后，主动交代自己的罪行的；犯罪后逃跑，在被通缉、追捕过程中，主动投案的；经查实确已准备去投案，或者正在投案途中，被公安机关捕获的，应当视为自动投案。

并非出于犯罪嫌疑人主动，而是经亲友规劝、陪同投案的；公安机关通知犯罪嫌疑人的亲友，或者亲友主动报案后，将犯罪嫌疑人送去投案的，也应当视为自动投案。

犯罪嫌疑人自动投案后又逃跑的,不能认定为自首。

(二)如实供述自己的罪行,是指犯罪嫌疑人自动投案后,如实交代自己的主要犯罪事实。

犯有数罪的犯罪嫌疑人仅如实供述所犯数罪中部分犯罪的,只对如实供述部分犯罪的行为,认定为自首。

共同犯罪案件中的犯罪嫌疑人,除如实供述自己的罪行,还应当供述所知的同案犯,主犯则应当供述所知其他同案犯的共同犯罪事实,才能认定为自首。

犯罪嫌疑人自动投案并如实供述自己的罪行后又翻供的,不能认定为自首,但在一审判决前又能如实供述的,应当认定为自首。

第二条 根据刑法第六十七条第二款的规定,被采取强制措施的犯罪嫌疑人、被告人和已宣判的罪犯,如实供述司法机关尚未掌握的罪行,与司法机关已掌握的或者判决确定的罪行属不同种罪行的,以自首论。

第三条 根据刑法第六十七条第一款的规定,对于自首的犯罪分子,可以从轻或者减轻处罚;对于犯罪较轻的,可以免除处罚。具体确定从轻、减轻还是免除处罚,应当根据犯罪轻重,并考虑自首的具体情节。

第四条 被采取强制措施的犯罪嫌疑人、被告人和已宣判的罪犯,如实供述司法机关尚未掌握的罪行,与司法机关已掌握的或者判决确定的罪行属同种罪行的,可以酌情从轻处罚;如实供述的同种罪行较重的,一般应当从轻处罚。

第五条 根据刑法第六十八条第一款的规定,犯罪分子到案后有检举、揭发他人犯罪行为,包括共同犯罪案件中的犯罪分子揭发同案犯共同犯罪以外的其他犯罪,经查证属实;提供侦破其他案件的重要线索,经查证属实;阻止他人犯罪活动;协助司法机关抓捕其他犯罪嫌疑人(包括同案犯);具有其他有利于国家和社会的突出表现的,应当认定为有立功表现。

第六条 共同犯罪案件的犯罪分子到案后,揭发同案犯共同犯罪事实的,可以酌情予以从轻处罚。

第七条 根据刑法第六十八条第一款的规定,犯罪分子有检举、揭发他人重大犯罪行为,经查证属实;提供侦破其他重大案件的重要线索,经查证属实;阻止他人重大犯罪活动;协助司法机关抓捕其他重大犯罪嫌疑人(包括同案犯);对国家和社会有其他重大贡献等表现的,应当认定为有重大立功表现。

前款所称"重大犯罪"、"重大案件"、"重大犯罪嫌疑人"的标准,一般是指犯罪嫌疑人、被告人可能被判处无期徒刑以上刑罚或者案件在本省、自治区、直辖市或者全国范围内有较大影响等情形。

最高人民法院《关于处理自首和立功若干具体问题的意见》

（2010年12月12日）

> 最高人民法院印发《关于处理自首和立功若干具体问题的意见》的通知
>
> 法发〔2010〕60号
>
> 各省、自治区、直辖市高级人民法院，解放军军事法院，新疆维吾尔自治区高级人民法院生产建设兵团分院：
>
> 为进一步规范自首、立功的认定标准、查证程序和从宽处罚幅度，最高人民法院在深入调查研究、广泛征求各方意见的基础上，制定了《关于处理自首和立功若干具体问题的意见》。现印发给你们，请认真组织学习，切实贯彻执行。各地在执行中遇到的问题，请及时报告我院。
>
> 最高人民法院
>
> 二〇一〇年十二月二十二日

为规范司法实践中对自首和立功制度的运用，更好地贯彻落实宽严相济刑事政策，根据刑法、刑事诉讼法和《最高人民法院关于处理自首和立功具体应用法律若干问题的解释》（以下简称《解释》）等规定，对自首和立功若干具体问题提出如下处理意见：

一、关于"自动投案"的具体认定

《解释》第一条第(一)项规定七种应当视为自动投案的情形,体现了犯罪嫌疑人投案的主动性和自愿性。根据《解释》第一条第(一)项的规定,犯罪嫌疑人具有以下情形之一的,也应当视为自动投案:

(1)犯罪后主动报案,虽未表明自己是作案人,但没有逃离现场,在司法机关询问时交代自己罪行的;

(2)明知他人报案而在现场等待,抓捕时无拒捕行为,供认犯罪事实的;

(3)在司法机关未确定犯罪嫌疑人,尚在一般性排查询问时主动交代自己罪行的;

(4)因特定违法行为被采取劳动教养、行政拘留、司法拘留、强制隔离戒毒等行政、司法强制措施期间,主动向执行机关交代尚未被掌握的犯罪行为的;

(5)其他符合立法本意,应当视为自动投案的情形。

罪行未被有关部门、司法机关发觉,仅因形迹可疑被盘问、教育后,主动交代了犯罪事实的,应当视为自动投案,但有关部门、司法机关在其身上、随身携带的物品、驾乘的交通工具等处发现与犯罪有关的物品的,不能认定为自动投案。

交通肇事后保护现场、抢救伤者,并向公安机关报告的,应认定为自动投案,构成自首的,因上述行为同时系犯罪嫌疑人的法定义务,对其是否从宽、从宽幅度要适当从严掌握。交通肇事逃逸后自动投案,如实供述自己罪行的,应认定为自首,但应依法以较重法定刑为基准,视情决定对其是否从宽处罚以及从宽处罚的幅度。

犯罪嫌疑人被亲友采用捆绑等手段送到司法机关,或者在亲友带领侦查人员前来抓捕时无拒捕行为,并如实供认犯罪事实的,虽然不能认定为自动投案,但可以参照法律对自首的有关规定酌情从轻处罚。

二、关于"如实供述自己的罪行"的具体认定

《解释》第一条第(二)项规定如实供述自己的罪行,除供述自己的主要犯罪事实外,还应包括姓名、年龄、职业、住址、前科等情况。犯罪嫌疑人供述的身份等情况与真实情况虽有差别,但不影响定罪量刑的,应认定为如实供述自己的罪行。

犯罪嫌疑人自动投案后隐瞒自己的真实身份等情况，影响对其定罪量刑的，不能认定为如实供述自己的罪行。

犯罪嫌疑人多次实施同种罪行的，应当综合考虑已交代的犯罪事实与未交代的犯罪事实的危害程度，决定是否认定为如实供述主要犯罪事实。虽然投案后没有交代全部犯罪事实，但如实交代的犯罪情节重于未交代的犯罪情节，或者如实交代的犯罪数额多于未交代的犯罪数额，一般应认定为如实供述自己的主要犯罪事实。无法区分已交代的与未交代的犯罪情节的严重程度，或者已交代的犯罪数额与未交代的犯罪数额相当，一般不认定为如实供述自己的主要犯罪事实。

犯罪嫌疑人自动投案时虽然没有交代自己的主要犯罪事实，但在司法机关掌握其主要犯罪事实之前主动交代的，应认定为如实供述自己的罪行。

三、关于"司法机关还未掌握的本人其他罪行"和"不同种罪行"的具体认定

犯罪嫌疑人、被告人在被采取强制措施期间，向司法机关主动如实供述本人的其他罪行，该罪行能否认定为司法机关已掌握，应根据不同情形区别对待。如果该罪行已被通缉，一般应以该司法机关是否在通缉令发布范围内作出判断，不在通缉令发布范围内的，应认定为还未掌握，在通缉令发布范围内的，应视为已掌握；如果该罪行已录入全国公安信息网络在逃人员信息数据库，应视为已掌握。如果该罪行未被通缉、也未录入全国公安信息网络在逃人员信息数据库，应以该司法机关是否已实际掌握该罪行为标准。

犯罪嫌疑人、被告人在被采取强制措施期间如实供述本人其他罪行，该罪行与司法机关已掌握的罪行属同种罪行还是不同种罪行，一般应以罪名区分。虽然如实供述的其他罪行的罪名与司法机关已掌握犯罪的罪名不同，但如实供述的其他犯罪与司法机关已掌握的犯罪属选择性罪名或者在法律、事实上密切关联，如因受贿被采取强制措施后，又交代因受贿为他人谋取利益行为，构成滥用职权罪的，应认定为同种罪行。

四、关于立功线索来源的具体认定

犯罪分子通过贿买、暴力、胁迫等非法手段，或者被羁押后与律师、亲友会见过

程中违反监管规定,获取他人犯罪线索并"检举揭发"的,不能认定为有立功表现。

犯罪分子将本人以往查办犯罪职务活动中掌握的,或者从负有查办犯罪、监管职责的国家工作人员处获取的他人犯罪线索予以检举揭发的,不能认定为有立功表现。

犯罪分子亲友为使犯罪分子"立功",向司法机关提供他人犯罪线索、协助抓捕犯罪嫌疑人的,不能认定为犯罪分子有立功表现。

五、关于"协助抓捕其他犯罪嫌疑人"的具体认定

犯罪分子具有下列行为之一,使司法机关抓获其他犯罪嫌疑人的,属于《解释》第五条规定的"协助司法机关抓捕其他犯罪嫌疑人":

(1)按照司法机关的安排,以打电话、发信息等方式将其他犯罪嫌疑人(包括同案犯)约至指定地点的;

(2)按照司法机关的安排,当场指认、辨认其他犯罪嫌疑人(包括同案犯)的;

(3)带领侦查人员抓获其他犯罪嫌疑人(包括同案犯)的;

(4)提供司法机关尚未掌握的其他案件犯罪嫌疑人的联络方式、藏匿地址的,等等。

犯罪分子提供同案犯姓名、住址、体貌特征等基本情况,或者提供犯罪前、犯罪中掌握、使用的同案犯联络方式、藏匿地址,司法机关据此抓捕同案犯的,不能认定为协助司法机关抓捕同案犯。

六、关于立功线索的查证程序和具体认定

被告人在一、二审审理期间检举揭发他人犯罪行为或者提供侦破其他案件的重要线索,人民法院经审查认为该线索内容具体、指向明确的,应及时移交有关人民检察院或者公安机关依法处理。

侦查机关出具材料,表明在三个月内还不能查证并抓获被检举揭发的人,或者不能查实的,人民法院审理案件可不再等待查证结果。

被告人检举揭发他人犯罪行为或者提供侦破其他案件的重要线索经查证不属实,又重复提供同一线索,且没有提出新的证据材料的,可以不再查证。

根据被告人检举揭发破获的他人犯罪案件,如果已有审判结果,应当依据判

决确认的事实认定是否查证属实；如果被检举揭发的他人犯罪案件尚未进入审判程序，可以依据侦查机关提供的书面查证情况认定是否查证属实。检举揭发的线索经查确有犯罪发生，或者确定了犯罪嫌疑人，可能构成重大立功，只是未能将犯罪嫌疑人抓获归案的，对可能判处死刑的被告人一般要留有余地，对其他被告人原则上应酌情从轻处罚。

被告人检举揭发或者协助抓获的人的行为构成犯罪，但因法定事由不追究刑事责任、不起诉、终止审理的，不影响对被告人立功表现的认定；被告人检举揭发或者协助抓获的人的行为应判处无期徒刑以上刑罚，但因具有法定、酌定从宽情节，宣告刑为有期徒刑或者更轻刑罚的，不影响对被告人重大立功表现的认定。

七、关于自首、立功证据材料的审查

人民法院审查的自首证据材料，应当包括被告人投案经过、有罪供述以及能够证明其投案情况的其他材料。投案经过的内容一般应包括被告人投案时间、地点、方式等。证据材料应加盖接受被告人投案的单位的印章，并有接受人员签名。

人民法院审查的立功证据材料，一般应包括被告人检举揭发材料及证明其来源的材料、司法机关的调查核实材料、被检举揭发人的供述等。被检举揭发案件已立案、侦破，被检举揭发人被采取强制措施、公诉或者审判的，还应审查相关的法律文书。证据材料应加盖接收被告人检举揭发材料的单位的印章，并有接收人员签名。

人民法院经审查认为证明被告人自首、立功的材料不规范、不全面的，应当由检察机关、侦查机关予以完善或者提供补充材料。

上述证据材料在被告人被指控的犯罪一、二审审理时已形成的，应当经庭审质证。

八、关于对自首、立功的被告人的处罚

对具有自首、立功情节的被告人是否从宽处罚、从宽处罚的幅度，应当考虑其犯罪事实、犯罪性质、犯罪情节、危害后果、社会影响、被告人的主观恶性和人身危险性等。自首的还应考虑投案的主动性、供述的及时性和稳定性等。立功的还应考虑检举揭发罪行的轻重、被检举揭发的人可能或者已经被判处的刑罚、提供的

线索对侦破案件或者协助抓捕其他犯罪嫌疑人所起作用的大小等。

具有自首或者立功情节的,一般应依法从轻、减轻处罚;犯罪情节较轻的,可以免除处罚。类似情况下,对具有自首情节的被告人的从宽幅度要适当宽于具有立功情节的被告人。

虽然具有自首或者立功情节,但犯罪情节特别恶劣、犯罪后果特别严重、被告人主观恶性深、人身危险性大,或者在犯罪前即为规避法律、逃避处罚而准备自首、立功的,可以不从宽处罚。

对于被告人具有自首、立功情节,同时又有累犯、毒品再犯等法定从重处罚情节的,既要考虑自首、立功的具体情节,又要考虑被告人的主观恶性、人身危险性等因素,综合分析判断,确定从宽或者从严处罚。累犯的前罪为非暴力犯罪的,一般可以从宽处罚,前罪为暴力犯罪或者前、后罪为同类犯罪的,可以不从宽处罚。

在共同犯罪案件中,对具有自首、立功情节的被告人的处罚,应注意共同犯罪人以及首要分子、主犯、从犯之间的量刑平衡。犯罪集团的首要分子、共同犯罪的主犯检举揭发或者协助司法机关抓捕同案地位、作用较次的犯罪分子的,从宽处罚与否应当从严掌握,如果从轻处罚可能导致全案量刑失衡的,一般不从轻处罚;如果检举揭发或者协助司法机关抓捕的是其他案件中罪行同样严重的犯罪分子,一般应依法从宽处罚。对于犯罪集团的一般成员、共同犯罪的从犯立功的,特别是协助抓捕首要分子、主犯的,应当充分体现政策,依法从宽处罚。

最高人民法院《关于被告人对行为性质的辩解是否影响自首成立问题的批复》

（2004年3月23日）

法释〔2004〕2号

（2004年3月23日由最高人民法院审判委员会第1312次会议通过）

广西壮族自治区高级人民法院：

你院2003年6月10日《关于被告人对事实性质的辩解是否影响投案自首的成立的请示》收悉。经研究，答复如下：

根据刑法第六十七条第一款和最高人民法院《关于处理自首和立功具体应用法律若干问题的解释》第一条的规定，犯罪以后自动投案，如实供述自己的罪行的，是自首。被告人对行为性质的辩解不影响自首的成立。

此复

最高人民法院、最高人民检察院《关于办理职务犯罪案件认定自首、立功等量刑情节若干问题的意见》

（2009年3月12日）

法发〔2009〕13号

为依法惩处贪污贿赂、渎职等职务犯罪，根据刑法和相关司法解释的规定，结合办案工作实际，现就办理职务犯罪案件有关自首、立功等量刑情节的认定和处理问题，提出如下意见：

一、关于自首的认定和处理

根据刑法第六十七条第一款的规定，成立自首需同时具备自动投案和如实供述自己的罪行两个要件。犯罪事实或者犯罪分子未被办案机关掌握，或者虽被掌握，但犯罪分子尚未受到调查谈话、讯问，或者未被宣布采取调查措施或者强制措施时，向办案机关投案的，是自动投案。在此期间如实交代自己的主要犯罪事实的，应当认定为自首。

犯罪分子向所在单位等办案机关以外的单位、组织或者有关负责人员投案的，应当视为自动投案。

没有自动投案，在办案机关调查谈话、讯问、采取调查措施或者强制措施期间，犯罪分子如实交代办案机关掌握的线索所针对的事实的，不能认定为自首。

没有自动投案，但具有以下情形之一的，以自首论：（1）犯罪分子如实交代办案机关未掌握的罪行，与办案机关已掌握的罪行属不同种罪行的；（2）办案机关所掌握线索针对的犯罪事实不成立,在此范围外犯罪分子交代同种罪行的。

单位犯罪案件中,单位集体决定或者单位负责人决定而自动投案,如实交代单位犯罪事实的,或者单位直接负责的主管人员自动投案,如实交代单位犯罪事实的,应当认定为单位自首。单位自首的,直接负责的主管人员和直接责任人员未自动投案,但如实交代自己知道的犯罪事实的,可以视为自首;拒不交代自己知道的犯罪事实或者逃避法律追究的,不应当认定为自首。单位没有自首,直接责任人员自动投案并如实交代自己知道的犯罪事实的,对该直接责任人员应当认定为自首。

对于具有自首情节的犯罪分子,办案机关移送案件时应当予以说明并移交相关证据材料。

对于具有自首情节的犯罪分子,应当根据犯罪的事实、性质、情节和对于社会的危害程度,结合自动投案的动机、阶段、客观环境,交代犯罪事实的完整性、稳定性以及悔罪表现等具体情节,依法决定是否从轻、减轻或者免除处罚以及从轻、减轻处罚的幅度。

二、关于立功的认定和处理

立功必须是犯罪分子本人实施的行为。为使犯罪分子得到从轻处理,犯罪分子的亲友直接向有关机关揭发他人犯罪行为,提供侦破其他案件的重要线索,或者协助司法机关抓捕其他犯罪嫌疑人的,不应当认定为犯罪分子的立功表现。

据以立功的他人罪行材料应当指明具体犯罪事实;据以立功的线索或者协助行为对于侦破案件或者抓捕犯罪嫌疑人要有实际作用。犯罪分子揭发他人犯罪行为时没有指明具体犯罪事实的;揭发的犯罪事实与查实的犯罪事实不具有关联性的;提供的线索或者协助行为对于其他案件的侦破或者其他犯罪嫌疑人的抓捕不具有实际作用的,不能认定为立功表现。

犯罪分子揭发他人犯罪行为,提供侦破其他案件重要线索的,必须经查证属实,才能认定为立功。审查是否构成立功,不仅要审查办案机关的说明材料,还要审查有关事实和证据以及与案件定性处罚相关的法律文书,如立案决定书、逮捕决定书、侦查终结报告、起诉意见书、起诉书或者判决书等。

据以立功的线索、材料来源有下列情形之一的,不能认定为立功:(1)本人通过非法手段或者非法途径获取的;(2)本人因原担任的查禁犯罪等职务获取的;(3)他人违反监管规定向犯罪分子提供的;(4)负有查禁犯罪活动职责的国家机关工作人员或者其他国家工作人员利用职务便利提供的。

犯罪分子检举、揭发的他人犯罪,提供侦破其他案件的重要线索,阻止他人的犯罪活动,或者协助司法机关抓捕的其他犯罪嫌疑人,犯罪嫌疑人、被告人依法可能被判处无期徒刑以上刑罚的,应当认定为有重大立功表现。其中,可能被判处无期徒刑以上刑罚,是指根据犯罪行为的事实、情节可能判处无期徒刑以上刑罚。案件已经判决的,以实际判处的刑罚为准。但是,根据犯罪行为的事实、情节应当判处无期徒刑以上刑罚,因被判刑人有法定情节经依法从轻、减轻处罚后判处有期徒刑的,应当认定为重大立功。

对于具有立功情节的犯罪分子,应当根据犯罪的事实、性质、情节和对于社会的危害程度,结合立功表现所起作用的大小、所破获案件的罪行轻重、所抓获犯罪嫌疑人可能判处的法定刑以及立功的时机等具体情节,依法决定是否从轻、减轻或者免除处罚以及从轻、减轻处罚的幅度。

三、关于如实交代犯罪事实的认定和处理

犯罪分子依法不成立自首,但如实交代犯罪事实,有下列情形之一的,可以酌情从轻处罚:(1)办案机关掌握部分犯罪事实,犯罪分子交代了同种其他犯罪事实的;(2)办案机关掌握的证据不充分,犯罪分子如实交代有助于收集定案证据的。

犯罪分子如实交代犯罪事实,有下列情形之一的,一般应当从轻处罚:(1)办案机关仅掌握小部分犯罪事实,犯罪分子交代了大部分未被掌握的同种犯罪事实的;(2)如实交代对于定案证据的收集有重要作用的。

四、关于赃款赃物追缴等情形的处理

贪污案件中赃款赃物全部或者大部分追缴的,一般应当考虑从轻处罚。

受贿案件中赃款赃物全部或者大部分追缴的,视具体情况可以酌定从轻处罚。

犯罪分子及其亲友主动退赃或者在办案机关追缴赃款赃物过程中积极配

合的,在量刑时应当与办案机关查办案件过程中依职权追缴赃款赃物的有所区别。

职务犯罪案件立案后,犯罪分子及其亲友自行挽回的经济损失,司法机关或者犯罪分子所在单位及其上级主管部门挽回的经济损失,或者因客观原因减少的经济损失,不予扣减,但可以作为酌情从轻处罚的情节。

《全国部分法院审理毒品犯罪案件工作座谈会纪要》（大连会议纪要）

（2008年12月1日）

> 最高人民法院关于印发《全国部分法院审理毒品犯罪案件工作座谈会纪要》的通知
>
> 法〔2008〕324号
>
> 各省、自治区、直辖市高级人民法院、解放军军事法院、新疆维吾尔自治区高级人民法院、生产建设兵团分院、全国地方各中级人民法院、各大单位军事法院、新疆生产建设兵团各中级法院：
>
> 现将《全国部分法院审理毒品犯罪案件工作座谈会纪要》印发，供刑事审判工作中参照执行。执行中有何问题，请及时报告我院。
>
> 最高人民法院
>
> 二〇〇八年十二月一日

七、毒品案件的立功问题

共同犯罪中同案犯的基本情况，包括同案犯姓名、住址、体貌特征、联络方式等信息，属于被告人应当供述的范围。公安机关根据被告人供述抓获同案犯的，不应认定其有立功表现。被告人在公安机关抓获同案犯过程中确实起到协助作用的，例如，经被告人现场指认、辨认抓获了同案犯；被告人带领公安人员抓获了同案犯；被告人提供了不为有关机关掌握或者有关机关按照正常工作程序无法掌握的同案犯藏匿的线索，有关机关据此抓获了同案犯；被告人交代了与同案犯的联系方式，又按要求与对方联络，积极协助公安机关抓获了同案犯等，属于协助司法机关抓获同案犯，应认定为立功。

关于立功从宽处罚的把握，应以功是否足以抵罪为标准。在毒品共同犯罪案件中，毒枭、毒品犯罪集团首要分子、共同犯罪的主犯、职业毒犯、毒品惯犯等，由于掌握同案犯、从犯、马仔的犯罪情况和个人信息，被抓获后往往能协助抓捕同案犯，获得立功或者重大立功。对其是否从宽处罚以及从宽幅度的大小，应当主要看功是否足以抵罪，即应结合被告人罪行的严重程度、立功大小综合考虑。要充分注意毒品共同犯罪人以及上、下家之间的量刑平衡。对于毒枭等严重毒品犯罪分子立功的，从轻或者减轻处罚应当从严掌握。如果其罪行极其严重，只有一般立功表现，功不足以抵罪的，可不予从轻处罚；如果其检举、揭发的是其他犯罪案件中罪行同样严重的犯罪分子，或者协助抓获的是同案中的其他首要分子、主犯，功足以抵罪的，原则上可以从轻或者减轻处罚；如果协助抓获的只是同案中的从犯或者马仔，功不足以抵罪，或者从轻处罚后全案处刑明显失衡的，不予从轻处罚。相反，对于从犯、马仔立功，特别是协助抓获毒枭、首要分子、主犯的，应当从轻处罚，直至依法减轻或者免除处罚。

被告人亲属为了使被告人得到从轻处罚，检举、揭发他人犯罪或者协助司法机关抓捕其他犯罪人的，不能视为被告人立功。同监犯将本人或者他人尚未被司法机关掌握的犯罪事实告知被告人，由被告人检举揭发的，如经查证属实，虽可认定被告人立功，但是否从宽处罚、从宽幅度大小，应与通常的立功有所区别。通过非法手段或者非法途径获取他人犯罪信息，如从国家工作人员处贿买他人犯罪信息，通过律师、看守人员等非法途径获取他人犯罪信息，由被告人检举揭发的，不能认定为立功，也不能作为酌情从轻处罚情节。

附 录

FULU

2014年中国毒品形势报告

前　言

2014年是中国禁毒工作具有里程碑意义的重要一年。习近平总书记、李克强总理分别主持召开中央政治局常委会议和国务院常务会议，专题听取全国禁毒工作汇报，并就做好当前和今后一个时期的禁毒工作发表重要讲话、作出重要指示。"6·26"国际禁毒日期间，习近平总书记、李克强总理又就禁毒工作作出重要批示。中共中央、国务院首次印发《关于加强禁毒工作的意见》。中共中央办公厅、国务院办公厅印发《贯彻落实〈中共中央、国务院关于加强禁毒工作的意见〉重要政策措施分工方案》。中国国家禁毒委员会印发了《禁毒工作责任制》，召开了全国禁毒工作会议。各地区、各有关部门认真贯彻落实《禁毒法》和党中央、国务院决策部署，集中开展百城禁毒会战，深入推进禁毒人民战争，全面落实综合治理措施，禁毒工作取得了阶段性成效，有效遏制了毒品问题快速发展蔓延的势头。

从毒品形势看，当前国际毒品问题正处于加速扩散期，全球毒品制造、贩卖、滥用日趋严重，有170多个国家和地区存在毒品消费问题，全球吸毒人数已超过2亿。受国际毒潮持续泛滥和国内多种因素影响，毒品形势依然不容乐观。

一、毒品滥用

2014年，毒品滥用形势总体呈现出以海洛因为代表的传统毒品快速蔓延势头得到进一步遏制，以冰毒、氯胺酮为主的合成毒品滥用人员增长迅速，吸毒人员低龄化、多元化，毒品种类多样化等特点。

——在册吸毒人员总量持续增长。截至2014年底，全国累计发现、登记吸毒人员295.5万名，其中2014年新发现吸毒人员48万名。参照国际上通用的吸毒人员显性与隐性比例，实际吸毒人数超过 1400 万。全国涉毒县市区增至 3048 个，占全国县市区总数 9 成以上，其中吸毒人员百人以下县市区 754 个、百人以上千人以下县市区 1545 个、千人以上县市区 749 个。

——传统毒品快速蔓延势头得到进一步遏制。截至 2014 年底，全国滥用海洛因等阿片类毒品人员 145.8 万名，占登记在册吸毒人员总数的 49.3%，与上一年同比增加 6.4%。在 2014 年新发现的 48 万名吸毒人员中，滥用海洛因等阿片类人员占 19.7%。全国滥用海洛因人员占在册吸毒人员总数的比例逐年减少，分别为 2010 年占 69%、2011 年占 64.5%、2012 年占 59.3%、2013 年占 53.6%、2014 年占 49.3%。

——以冰毒、氯胺酮为主的合成毒品滥用人员增多。截至 2014 年底，全国滥用合成毒品人员 145.9 万名，占登记在册吸毒人员总数的 49.4%，其中滥用冰毒人员 119 万名，与上一年同比增加 40.5%；滥用氯胺酮人员 22.2 万名，与上一年同比增加 15%。在 2014 年新发现的 48 万名吸毒人员中，滥用合成毒品人员占 79.1%。全国滥用合成毒品人员占在册吸毒人员总数的比例逐年增长，分别为 2010 年占 28%、2011 年占 32.7%、2012 年占 38%、2013 年占 42.6%、2014 年占 49.4%。合成毒品滥用群体比例首次超过海洛因滥用群体比例，反映出中国毒品滥用结构发生深刻变化。

——吸毒人员低龄化、多元化趋势明显。截至 2014 年底，全国累计发现登记 18 岁以下吸毒人员 2.9 万名、18 岁到 35 岁吸毒人员 165.9 万名，35 岁以下青少年占在册吸毒人员总数的 57.1%。在 2014 年新发现的 48 万名吸毒人员中，18 岁以下吸毒人员 1.8 万名，18 岁到 35 岁吸毒人员占近 7 成。吸毒群体由过去的无业人员、农民、个体经营者、外出务工人员为主逐渐向企业事业职工、自由职业者、演艺界人士甚至公务人员等人群扩散。

——毒品种类多样化。常见毒品包括海洛因、鸦片、冰毒晶体、冰毒片剂、氯胺酮、可卡因、摇头丸、大麻及大麻脂、曲马多片剂。此外，毒品消费市场还出现"底料黄皮"（粗制吗啡或鸦片与其他麻精药品混合物）、"海洛因勾兑液"、"精神药品套餐"（丁丙诺啡+安定片）、"卡苦"（以鸦片为主的多植物加工混合物）、"开心水、神仙水、摇头水"、"面面儿"（安钠咖）、"筋儿"或"僵尸药"（甲卡西酮）、"忽悠悠"（安眠酮）、"奶茶"（含氯胺酮成分）等含有麻精药品物质，包装新颖，隐蔽性强。

——毒品社会危害日益严重。截至 2014 年底，全国在册登记吸毒人员已死亡 4.9 万名。2014 年中国国家药物滥用监测中心监测数据显示，海洛因滥用人群艾滋病病毒感染率为3.5%,合成毒品滥用人群艾滋病病毒感染率为1.4%,其中以注射方式滥用者的感染率最高。一名吸毒人员年均花费至少4万至5万元购买毒品,按实际吸毒人数上千万估算,全国每年因吸毒造成的直接经济损失达5000亿元。随着合成毒品的快速蔓延,因吸毒出现精神症状后引发的自杀自残、伤害他人、毒驾、暴力抗法、肇事肇祸等个人极端案(事)件时有发生。经吸毒人员数据库与刑事案件数据库比对,2014年,全国破获吸毒人员引发的刑事案件14.9万起,占同期刑事案件总数的12.1%,其中抢劫、抢夺、盗窃等侵财性案件7.2万起,涉毒犯罪案件4.7万起,杀人、绑架、强奸等严重暴力案件300余起。

二、毒品来源

从境外来源看,"金三角"地区仍是对中国危害最大的毒源地,中国国内消费的绝大部分海洛因和冰毒片剂来自该地区。"金新月"海洛因查缴量较小,但危害影响不容忽视。南美可卡因入境时有发生。从境内来源看,当前消费的冰毒晶体和氯胺酮基本是中国国内生产。广东省是冰毒晶体的最大来源地。土法加工海洛因问题在局部地区仍然存在。一些不法分子趁绝大多数新精神活性物质尚未列入管制之机,大量生产此类物质。

(一)境外来源

——"金三角"地区。根据中国国家禁毒委员会办公室与缅甸、老挝中央禁毒委员会分别合作开展的卫星遥感监测数据显示,2014年至2015年生长季,"金三角"地区共发现罂粟种植面积71.2万亩,与上一季同比增长8.7%,可产700吨以上鸦片或制成70吨以上海洛因。同时,该地区存有相当规模的冰毒生产加工。2014年,中国执法部门共查缴海洛因9.3吨、冰毒片剂11.4吨,根据中国国家毒品实验室检验数据分析,其中9成以上均来自"金三角"地区。

——"金新月"地区。根据联合国毒品和犯罪问题办公室、阿富汗禁毒部联合发布的《2014年阿富汗鸦片调查报告》显示,2014年,阿富汗罂粟种植面积达到历史最高值336万亩,与上一季同比增长7%,鸦片总产量达6400吨,可制海洛因670吨,是全球最大的海洛因产地。根据中国国家毒品实验室检验数据分析,2014年,"金新月"海洛因占国内查缴海洛因总量的1.4%。该地区海洛因在广东等10

余省份存有一定规模的消费市场。

——南美地区。根据联合国毒品和犯罪问题办公室发布的《2014年世界毒品报告》显示,全球可卡因主要产自南美洲,滥用主要集中在美洲、欧洲和大洋洲。2014年,中国执法部门共破获可卡因案件98起,缴获可卡因114.3公斤,破案地涉及国内12个省区市。截至2014年底,累计发现、登记滥用可卡因人员199名,吸毒人员查获地涉及中国国内24个省区市。

（二）境内来源

——冰毒晶体。2014年,中国执法部门破获制造冰毒晶体案件413起。根据中国国家毒品实验室检验数据分析,2014年中国执法部门共查缴冰毒晶体13.7吨,其中75%以上源自广东省、近6%源自四川省。2013年广东省集中打击整治制毒活动特别是开展"12·29"清剿陆丰市博社村制贩毒行动后,广东地区制毒活动有所收敛但仍较顽固,所制冰毒危害波及全国所有省份。四川省经过不断加大打击治理,制毒活动猖獗势头得到一定程度减缓。

——氯胺酮。2014年,全国破获制造氯胺酮案件105起。2014年中国执法部门共查缴氯胺酮11.2吨,其中广东地区占近7成、广西地区占1成多。

——土制海洛因。2014年,中国国家禁毒委员会办公室实施"天目—14"禁种铲毒行动,利用卫星遥感技术对非法种植毒品原植物进行监测,全国共监测面积43.6万平方公里,发现铲除非法种植罂粟436.4万株,与2013年同比增长19.6%。除河北省非法罂粟种植面积占全国发现罂粟非法种植总面积的78.3%外,全国大面积罂粟非法种植得到有效遏制。土法加工海洛因(俗称"料面")问题在内蒙古、山西、河南、安徽、陕西、甘肃等地有所存在。据2014年中国国家药物滥用监测中心数据显示,在国内25万名药物滥用监测人员中,土制海洛因滥用者的比例为1.2%。

——其他毒品。2014年,国内非法种植大麻活动呈增多趋势,种植区域涉及25个省份。不法分子在东北地区雇佣农户非法种植、贩卖、运输大麻问题突出。安钠咖类毒品滥用问题主要集中在内蒙古、山西、陕西等地。甲卡西酮、咖啡因类毒品滥用问题主要在西北地区。

（三）制毒原料来源

—— 制毒原料非法生产。2014年，中国执法部门加大制毒原料管制力度，共破获制毒物品案件549起，其中公安部毒品目标案件60起，与2013年同比增加1倍，缴获各类易制毒物品3847.2吨，其中重点品种麻黄碱、邻酮、羟亚胺缴获量分别为31.6吨、71吨和37.9吨，与2013年同比增加1.9倍、2倍和3.8倍，麻黄草缴获量从2013年1271吨下降至2014年423吨。

—— 制毒原料品种变化。随着制毒物品立法不断完善，不法分子不断寻求替代性的未列管原料。2012年以来，制造冰毒的主要原料历经麻黄碱复方制剂、麻黄草、到溴代苯丙酮的阶段性变化。

—— 制毒原料走私出境。2014年，中国执法部门破获29起走私制毒物品案件，共缴获13种共计121.8吨化学品，其中云南侦办27起走私制毒物品案件，缴获的物品以制毒配剂为主，占同类案件缴获化学品总量的95.3%。中国通过易制毒化学品出口国际核查，阻止出口32单共计5883.1吨化学品。

三、毒品贩运

当前毒品走私贩运活动处于活跃期。走私贩毒有组织化程度越来越高、专业性越来越强，手段隐蔽、狡猾，渠道多、变化快。在使用体内夹藏、汽车夹带、公路运输等传统贩毒方式的同时，利用网络贩毒、邮包贩毒、航空快递贩毒、物流托运贩毒等不断增多。

—— 贩毒群体。2014年，中国执法部门抓获毒品犯罪嫌疑人员16.9万名，其中，年龄在35岁以下人员占6成，文化程度在初中以下人员占近9成，涉及工人、农民、在校学生、个体工商业者、无业人员、公司职员等不同社会群体，其中无业人员占近7成。被抓获的毒品犯罪嫌疑人员绝大多数来自经济落后地区、受利润诱惑、被毒贩雇佣利用而参与贩毒，在侵害社会和他人同时，本人和家庭也成为毒品受害者。

—— 贩运方式。2014年，中国执法部门破获的14.6万起毒品犯罪案件中，通过出租车、自驾车、公共交通等陆路运输毒品案件近8万起，占毒品犯罪案件总数的54.8%。为规避检查和逃避打击，不法分子贩毒手法不断变化，通过海路、空路、邮路等其他渠道运输毒品案件日益增多。常见的藏毒方式包括：夹带于随身物品中、藏匿于托运货物中、体内藏毒、汽车夹层藏毒、邮包藏毒等。枪毒同流、武装护毒、暴力抗法等情况时有发生。

——毒品走私。在"金三角"、"金新月"、南美等毒源地毒品经陆海空邮等多种渠道向中国走私的同时，中国国内生产的冰毒晶体、氯胺酮及新精神活性物质也走私出境。2014年，中国执法部门破获外国籍人员毒品犯罪案件1479起，抓获外国籍犯罪嫌疑人员1832名，涉及西非、南美、东南亚等44个国家和地区。长期盘踞在广东的非洲裔贩毒团伙与巴基斯坦籍等贩毒集团不断纠集多国籍贩毒人员，以人体藏毒等多种贩毒方式向中国境内输入"金新月"海洛因。2014年，中国收到34个国家或地区204条涉毒线索核查函，涉及25个省份，表明毒品从中国境内流出或经中国过境现象不断增多。

——毒品流向。云南、广西、广东、四川是中国境内毒品贩运的主要起源地。云南、广西是"金三角"毒品经边境向内地贩运通道。毗邻云南的贵州、四川、重庆、湖南、湖北等地区是"金三角"毒品在内地中转集散分销地区通道。广东是"金新月"海洛因从境外通过航空、邮寄等渠道走私贩运的目的地。多数省会城市、经济发达城市缘于区位、交通、经济、人口等社会基础因素，成为毒品消费地和集散地。海洛因主要流向中国西南、西北、华南地区。冰毒、氯胺酮主要流向中国东北、华东、华中地区。

——大宗案件。2014年，全国各级公安机关共确立公安部毒品目标案件1066起，抓获犯罪嫌疑人员1.1万名，缴获各类毒品29.7吨，分别与2013年同比增加64.5%、47.9%、171.8%。全国破获单案缴毒量10公斤以上案件1060起，与2013年同比增加14.3%。全国破获单案缴毒量公斤以上冰毒晶体案件1656起，同比增加31.5%，所破全部案件缴毒量11.6吨，占全国冰毒晶体缴获总量的84.7%。全国有21个省区市单案缴毒量公斤以上冰毒案件均有不同幅度增加。

——物流寄递、互联网涉毒活动。随着中国物流快递行业快速发展和数量快速增长，物流寄递已成为贩毒活动的重要渠道。互联网涉毒违法犯罪活动更为突出，已从单纯的视频吸毒发展为传播制毒技术、贩卖制毒原料、销售毒品和聚众吸毒等全链条涉毒活动，形成"网络联系、银行打款、物流销售"的贩毒模式。在2014年12月全国公安机关开展清理互联网涉毒战役集中统一收网行动中，7起专案锁定涉案QQ群近百个，涉毒QQ号码近2000个，涉及重大涉毒嫌疑人717名,涉及地域遍及全国31个省份和日本、韩国、新加坡等国家。涉毒人员通过即时通讯工具进行涉毒交流,开设虚假网店完成网上毒品交易,通过网络便捷支付软件完成毒资转移支付,并利用物流快递公司伪装邮寄毒品、制毒原料和吸毒工具及设备,手段隐蔽,交易便捷,给执法机关监管打击带来困难和挑战。

四、中国毒品形势走向

在中国国家禁毒委员会和公安部的有力组织、强力推动下,相关职能部门积极配合,各地公安机关主动出击,把毒品犯罪从隐性犯罪转化为显性犯罪,实现各项指标的快速增长。总体看,毒品形势仍处可控局面。但受境内外多种因素影响,预计毒品形势在一段时间内仍处于毒品问题加速蔓延期、毒品犯罪多发高发期。

—— 在毒品滥用方面,随着执法力度不断加大,发现能力不断增强,国内查处的合成毒品滥用人员将不断增多。吸食海洛因人员戒断巩固难、复吸率高。交叉滥用毒品问题继续发展,为戒毒治疗工作带来了新的困难和挑战。新精神活性物质问题将随工作力度的加强进一步显露,日益成为新的突出毒品问题。在海南、广东、湖南缴获的片剂毒品中已发现哌嗪类新精神活性物质,存有在国内快速形成滥用的可能。中国将继续面对巩固海洛因治理成果和应对合成毒品滥用快速蔓延的双重压力。

—— 在毒品来源方面,毒品来源内外并存,"金三角"地区在当地局势影响下,仍将是海洛因、冰毒片剂的主要来源地,借助云南、广西贩毒通道进一步向中国渗透;以广东、四川为重点的制毒问题在加大打击情况下将向周边地区蔓延。受庞大消费市场和暴利刺激,制毒活动难以在短期内遏制。制毒原料必将随管制政策的调整不断发生变化,非列管化学品将不断出现。

—— 在毒品贩运方面,涉毒违法犯罪向互联网虚拟空间延伸,互联网将成为不法分子发布易制毒化学品和新精神活性物质销售信息、联络毒品交易和传播制毒工艺的重要平台,并依托发达的物流寄递行业运输毒品、易制毒化学品、非列管制毒原料和新精神活性物质,网络贩毒形势更加严峻。毒品贩运线路也在不断变化,由传统的从重点毒源地直接贩运到消费地逐渐转变为跨省市、多地周转,以接力的方式辗转分销。随着走私贩运毒品手段的不断升级变化,防范打击难度将越来越大。

结　语

　　针对当前毒品形势,中国禁毒部门将按照中央决策部署,严格实施《禁毒法》等法律法规,坚持"预防为主,综合治理,禁种、禁制、禁贩、禁吸并举"的工作方针,立足当前、着眼长远,突出重点、多管齐下,不断创新禁毒工作体制机制,完善毒品问题治理体系,深入推进禁毒人民战争,坚决遏制毒品问题发展蔓延,为平安中国、法治中国建设做出新贡献。

2015年中国毒品形势报告

前 言

2015年是中国毒品形势发生深刻变化、禁毒工作任务极其繁重的一年。中国政府高度重视禁毒工作,就加强禁毒工作作出一系列重大决策部署。6月25日,习近平总书记、李克强总理等中央领导同志会见全国禁毒工作先进集体代表和先进个人,习近平总书记发表重要讲话,充分肯定禁毒工作取得的成绩,对做好禁毒工作提出了新的更高要求。孟建柱、郭声琨等领导同志多次就禁毒工作作出重要指示,有力推动了禁毒工作深入开展。

一年来,各地区各有关部门认真贯彻落实中央禁毒工作系列决策部署,进一步创新禁毒体制机制,完善毒品治理体系,强化禁毒基础保障,全面掀起禁毒人民战争新热潮。深入开展"6·27"青少年毒品预防教育工程和"8·31"社区戒毒社区康复工程,进一步提升了公众特别是青少年的识毒防毒意识,戒治挽救了一大批吸毒人员,最大限度减少了毒品社会危害。继续保持"百城禁毒会战"强大攻势,创新"4·14"打击制毒专案机制和"5·14"禁毒堵源截流机制,深入开展网络扫毒专项行动,推动缉毒执法战果创历史新高。2015年,全国共破获毒品刑事案件16.5万起,抓获毒品犯罪嫌疑人19.4万名,缴获各类毒品102.5吨,同比分别增长13.2%、15%和48.7%。经过持续开展禁毒斗争,全国毒情形势总体可控,没有发展成为严重影响经济社会发展、人民群众安居乐业、社会大局稳定的突出问题。

当前,全球毒品问题仍处于加剧扩散期,一些国家和地区毒品问题持续泛滥,制造、贩卖、滥用毒品问题严重,毒品来源、吸毒人员、毒品种类不断增多,毒品问题已成为全球性的社会顽疾。在毒品问题全球化的大背景下,中国毒品形势依然严峻复杂,境外毒品渗透不断加剧,国内制毒问题日益突出,毒品滥用问题持续蔓延，毒品社会危害更加严重。预计今后一个时期，受经济全球化和社会信息化加快发展的影响，国内毒品问题将在相当长的一段时间内持续发展蔓延，禁毒工作面临着巨大压力和严峻挑战。

一、毒品滥用

2015年，全国毒品滥用问题发生新变化，呈现出滥用海洛因等阿片类毒品人员比例下降，滥用合成毒品人员比例上升，吸毒人群覆盖各个年龄段、不同文化程度、各个社会职业群体"一降一增"和"三个全覆盖"的特点，以青少年为主体的滥用合成毒品问题突出，吸毒人员低龄化趋势明显，因吸毒引发的抢劫盗窃、自伤自残、暴力伤害、驾车肇祸等案件事件不断增多，严重危害社会治安和公共安全。

——吸毒人员总量保持平稳。截至2015年底，全国现有吸毒人员234.5万名（不含戒断三年未发现复吸人数、死亡人数和离境人数），其中，滥用海洛因等阿片类毒品人员98万名，占41.8%；滥用合成毒品人员134万名，占57.1%，滥用其他毒品人员2.5万名，占1.1%；被查获一次且无戒毒史的偶吸人员106.9万名，复吸（成瘾）人员127.6万名，分别占45.6%和54.4%；男性200.7万名，女性33.8万名，分别占85.6%和14.4%。

——查获吸毒人员数量上升。2015年，全国共查处有吸毒行为人员106.2万人次，其中新发现吸毒人员53.1万名，同比分别上升20%和14.6%。在新发现的53.1万名吸毒人员中，滥用阿片类毒品人员占17.4%，其中滥用海洛因人员占14.6%；滥用合成毒品人员占80.5%，其中滥用冰毒等苯丙胺人员占73.2%；滥用其他毒品人员占2.1%。

——吸毒人员低龄化特征突出。在全国现有234.5万名吸毒人员中，不满18岁的有4.3万名，占1.8%；18岁到35岁的有142.2万名，占60.6%；36岁到59岁的有87万名，占37.1%；60岁以上的有1.1万名，占0.5%。

——吸毒人群多元化特点明显。在明确登记职业信息的吸毒人员中，无业人员占69.5%，农民占17.3%，工人占4.7%，个体经营者占3.4%，自由职业者占3.2%，职员占1%，学生占0.5%，专业技术人员、企业管理人员以及公职人员、演艺界明星等占0.4%。

——吸毒人员肇事肇祸案件多发。2015年，全国报告发生因滥用毒品导致暴力攻击、自杀自残、毒驾肇事等极端案件事件336起，查获涉案吸毒人员349名；

破获吸毒人员引发的刑事案件17.4万起,占刑事案件总数的14%,其中,抢劫、抢夺、盗窃等侵财性案件7.2万起,涉毒犯罪案件7.4万起,杀人、绑架、强奸等严重暴力案件716起;依法注销14.6万名吸毒驾驶人驾驶证,拒绝申领驾驶证1.1万人。

二、毒品来源

中国毒品主要来源于境外毒源地毒品流入和国内毒品制造,主要种类有海洛因等阿片类毒品、冰毒片剂、冰毒晶体、氯胺酮等合成毒品以及其他精神药品和麻醉药品。海洛因和冰毒片剂主要来源于"金三角"缅北地区,"金新月"海洛因、南美可卡因也有部分流入。国内生产的冰毒晶体、氯胺酮既流入国内消费市场又走私境外。国内非法生产、输出新精神活性物质问题突出。个别地区非法种植罂粟和土法加工海洛因仍有存在。国内毒品来源多元化、毒品种类多样化趋势更加明显,进一步加大了治理毒品问题的复杂性。

(一)境外来源

——"金三角"仍是境内海洛因和冰毒片剂的主要来源地。据中国国家禁毒委员会办公室与缅甸、老挝中央禁毒委员会合作开展卫星遥感监测数据显示,近年"金三角"地区罂粟种植面积总体处在60万亩至70万亩之间,年均可产600多吨鸦片或制成60多吨海洛因。同时,该地区冰毒片剂年均产量远大于海洛因产量。2015年云南、广西、四川、贵州省、自治区执法部门缴获"金三角"海洛因7.3吨、冰毒片剂11.2吨,分别占全国海洛因、冰毒片剂缴获总量的83%和93.3%。据中国国家毒品实验室检验数据分析,2015年前三季度"金三角"海洛因、冰毒片剂分别占同期国内查缴海洛因、冰毒片剂总量的93.8%和87.9%。

——"金新月"海洛因现实危害进一步加大。根据联合国毒品和犯罪问题办公室、阿富汗禁毒部联合发布的《2015年阿富汗鸦片调查报告》显示,2015年,阿富汗罂粟种植面积为274.5万亩,同比减少19%,鸦片总产量3300吨,可制海洛因330吨,仍是全球最大的鸦片和海洛因产地。以非洲裔为代表的国际贩毒团伙向中国贩运"金新月"海洛因的问题突出。2015年,全国破获"金新月"海洛因走私入境案件38起,缴获"金新月"海洛因146.3公斤。根据中国国家毒品实验室检验数据分析,2015年前三季度"金新月"海洛因占同期国内查缴海洛因总量的2%。

——南美可卡因走私入境时有发生。2015年，全国破获可卡因案件70起，缴获可卡因97.7公斤，涉及国内9个省份。非洲、南美洲及中国香港籍人员通过物流寄递、旅客箱包夹藏方式走私可卡因入境或过境中国内地，最终目的地多为广东和香港。截至2015年底，全国累计发现、登记滥用可卡因人员202名，吸毒人员查获地涉及国内18个省份。

（二）境内来源

——国内制造冰毒晶体、氯胺酮活动依然突出。2015年，全国破获制造冰毒晶体案件484起，同比增加17.2%，涉及广东、四川等26个省份；破获制造氯胺酮案件118起，同比增加12.4%，涉及广东、广西等12个省份。国产毒品缴获量79吨，占全国毒品缴获总量的77.3%。2015年，全国破获制毒类公安部毒品目标案件162起，同比增加76.1%，其中，缴毒量上吨级制毒案件16起，缴毒量上百公斤级制毒案件59起。经过整治，广东汕尾、揭阳、惠州等地制毒活动猖獗势头得到一定程度遏制，制毒人员不断向周边地市、相邻省份转移。四川成都及周边地区制毒问题出现一定程度反弹。

——国内制造走私新精神活性物质问题突出。新精神活性物质又称"策划药"或实验室毒品，是不法分子为逃避打击而对列管毒品进行化学结构修饰所得到的毒品类似物，具有与管制毒品相似或更强的兴奋、致幻、麻醉等效果。据联合国毒品与犯罪问题办公室报告，全球已检测发现新精神活性物质九大类500余种，超过国际禁毒公约管制物质数量。中国已列管116种新精神活性物质。2015年，中国国家毒品实验室检测发现新精神活性物质涵盖合成大麻素类、卡西酮类、苯乙胺类、哌嗪类等除植物类外所有类别。合成大麻素类和卡西酮类包含的物质数量最多，生产滥用问题突出。新精神活性物质非法制造走私正在从"长三角"地区逐渐向其他地区扩展蔓延。

——局部地区土制海洛因等问题仍有存在。山西、河南、陕西三省交界处加工、滥用土制海洛因问题较为突出。2015年，全国破获制贩大麻类案件1158起，缴获大麻及大麻树脂8.7吨。破获制贩安钠咖类毒品案件216起，滥用问题主要集中在内蒙古、山西等地。破获制贩甲卡西酮案件291起，滥用问题主要集中在西北地区。

（三）制毒物品来源

—— 非法生产贩卖制毒物品风险加大。随着国内外制造毒品对原料配剂需求加大，国内非法生产贩卖制毒物品问题更加突出。2015年，全国共破获制毒物品案件531起，其中公安部毒品目标案件60起，同比增加1倍，缴获各类制毒物品1566.1吨。由于制毒物品可选择性和替代性强，其流失品种、环节不断发生变化。制毒物品品种更新换代和非列管制毒物品流失用于制毒的潜在风险持续增大。制毒物品犯罪呈现生产、交易异地实施，一体化组织的产业链条，制造工艺得到改进，生产能力不断提升。

—— 非法零星种植罂粟问题屡禁不止。2015年，全国共破获非法种植毒品原植物违法犯罪案件6169起，查处违法犯罪人员6549名，共发现铲除非法种植罂粟289亩、306.1万株，同比分别下降53.3%和29.9%，发现铲除大麻1882亩、148万株，同比分别上升882%和87.9%。一些地方零星非法种植罂粟问题仍较突出，非法种植大麻问题呈增多趋势，已形成非法种植、土法加工、销售滥用的犯罪链条。个别地方出现室内或大棚种植大麻活动。

三、毒品贩运

2015年，全国毒品走私、贩运活动仍很严重，一些地方形成贩毒集团和网络，贩毒大案明显增多，网络涉毒、物流寄递渠道贩毒、外流贩毒、特殊人群贩毒等问题突出，零星毒品销售活动更加活跃，枪毒同流、武装贩毒时有发生，毒品犯罪有组织化、暴力化、武装化特点更加明显，缉毒执法工作面临严峻挑战。

—— 贩毒主体以青少年和农民为主。2015年，全国抓获毒品犯罪嫌疑人员19.4万名，其中，18岁以下未成年人3588名、18岁至35岁以下人员11.5万名，35岁以下人员数量占被抓获毒品犯罪嫌疑人员总数的61.3%。农民和无固定职业人员15.3万名，占被抓获毒品犯罪嫌疑人员总数的78.9%。此外，贩毒人员还涉及国家公务员、工人、学生、个体工商业者、公司职员等。

—— 毒品犯罪暴力化程度加剧。2015年，全国破获涉枪毒品目标案件257起，缴获各类枪支466支、子弹3万发，同比分别上升52%、40.4%和843.4%。涉枪毒品案件高发，贩毒人员实施武装贩毒、暴力抗法时有发生，给缉毒执法工作带来巨大风险。

——利用网络贩毒问题突出。2015年,全国破获互联网涉毒案件1.5万起,抓获违法犯罪嫌疑人3.6万名,其中刑事处罚互联网服务提供者256名,缴获各类毒品4.3吨、易制毒化学品10.1吨,清理整治各类涉毒违法信息6.5万余条,关停取缔涉毒网站832家,关停涉毒通讯账号576.8万个,通报有关部门停止解析涉毒违法网站域名529个,通报工信部门封堵涉毒境外违法网站1471个。

——重大贩毒案件明显增多。2015年,全国打掉制贩毒团伙5834个,同比上升18.1%;破获公安部毒品目标案件1139起,抓获犯罪嫌疑人员1.6万名,同比分别上升54.6%和51.8%。全国破获单案缴毒量公斤级以上毒品案件5588起,其中,海洛因案件1292起、冰毒晶体案件1582起、冰毒片剂案件1350起、氯胺酮案件407起。

——外籍人员贩毒时有发生。2015年,全国破获外国籍人员毒品犯罪案件1491起,抓获外国籍犯罪嫌疑人员1927名,缴获各类毒品13吨,涉及缅甸、越南、尼日利亚、巴基斯坦等39个国家。其中,全国破获跨国境公安部毒品目标案件122起,抓获涉案人员1287名,缴获各类毒品9.4吨,同比分别上升27.1%、41.6%和4.3%。2015年,中国收到29个国家或地区202条涉毒线索核查函。外籍毒品犯罪嫌疑人员在华贩毒,既将境外毒品贩入国内,又将境内毒品和制毒物品走私国外。

结　语

当前,中国改革进入攻坚期和深水区,各种社会矛盾交织叠加,诱发、滋生毒品问题因素大量增多,给禁毒工作提出严峻挑战。毒品导致社会财富流失、人性沦丧、道德滑坡,成为影响我国社会稳定的重要消极因素。面对严峻的毒品形势和繁重的禁毒任务,中国禁毒部门将认真贯彻落实中央系列决策部署,积极应对国际国内禁毒形势新变化,坚持以改革创新为引领,以开展禁毒人民战争为主线,有针对地组织开展禁毒严打整治行动,坚决遏制毒品犯罪高发多发势头,最大限度教育挽救吸毒人员,切实加强青少年毒品预防教育,努力减少毒品供应、毒品需求,推动禁毒工作取得更加明显的成效,为促进经济社会发展、维护社会大局稳定、保障人民安居乐业做出新贡献。

2016年中国毒品形势报告

前 言

2016年，在党中央、国务院坚强领导下，国家禁毒委员会组织各地区各有关部门深入贯彻落实中央关于禁毒工作系列决策部署，以开展禁毒人民战争为主线，以落实禁毒工作责任为核心，以创新禁毒体制机制为动力，全面深化各项毒品治理措施，各项禁毒工作取得明显成效。大力开展"4·14"打击制毒犯罪专案工作，严厉打击了制造合成毒品犯罪活动；创新完善"5·14"堵源截流工作机制，有力遏制了毒品入境内流；集中打击网络涉毒违法犯罪活动，有效遏制了网上涉毒问题快速蔓延；深入实施"6·27"青少年毒品预防教育工程，有效减缓了新吸毒人员滋生；积极推进"8·31"社区戒毒社区康复工程，有效减轻了毒品社会危害。深入开展禁毒重点整治工作，改变了一些地方毒品问题严重的状况。2016年，全国禁毒部门破获毒品刑事案件14万起，抓获毒品犯罪嫌疑人16.8万名，缴获各类毒品82.1吨；查获有吸毒行为人员100.6万人次，其中登记新发现吸毒人员44.5万人；依法强制隔离戒毒35.7万人、责令社区戒毒24.5万人次、社区康复5.9万人次。

经过持续开展禁毒人民战争，中国毒情形势保持稳定，毒品蔓延势头总体可控，没有发展成为影响社会大局稳定和人民群众安居乐业的重大社会问题。但是，中国面临的国际国内毒品形势仍然严峻、复杂。当前全球毒品问题持续泛滥。据联合国毒品和犯罪问题办公室统计，全球有170多个国家和地区涉及毒品贩运问题，130多个国家和地区存在毒品消费问题，2.5亿人沾染毒品。在毒品问题全球化背景下，世界范围毒品泛滥对中国构成重大威胁和严重影响。特别是"金三角"、"金新月"等境外毒源地向中国毒品渗透仍不断加剧，中国国内制造合成毒品问题仍较突出,毒品贩运活动持续高发多发,毒品消费市场特别是滥用合成毒品规模持续扩大,毒品社会危害依然严重,总体上毒品问题仍呈快速蔓延的趋势。

一、毒品滥用

2016年,全国吸毒人员总量仍在缓慢增长,以海洛因为主的阿片类毒品滥用人数增势放缓,以冰毒、氯胺酮为主的合成毒品滥用人数增速加快,滥用新精神活性物质有所发现,呈现出传统毒品、合成毒品和新精神活性物质叠加滥用特点,毒品滥用结构发生根本变化。

吸毒人员总量缓慢增长,青少年人数增幅同比下降。截至2016年底,全国现有吸毒人员250.5万名(不含戒断三年未发现复吸人数、死亡人数和离境人数),同比增长6.8%。其中,不满18岁2.2万名,占0.9%;18岁到35岁146.4万名,占58.4%;36岁到59岁100.3万名,占40%;60岁以上1.6万名,占0.7%。2016年,全国新发现35岁以下吸毒人员占新发现吸毒人员总数比例同比下降2.6%,新发现35岁以下吸毒人员同比下降19%,查获35岁以下青少年吸毒人数同比下降4.1%,青少年毒品预防教育成效初显。

毒品滥用种类多元并存,合成毒品滥用规模居首位。在全国现有250.5万名吸毒人员中,滥用合成毒品人员151.5万名,占60.5%;滥用阿片类毒品人员95.5万名,占38.1%;滥用大麻、可卡因等毒品人员3.5万名,占1.4%。2016年,全国新发现吸毒人员44.5万名,其中滥用合成毒品人员占81%,滥用海洛因等阿片类毒品人员占15.8%,滥用大麻、可卡因等毒品人员占3.2%。2016年,全国查获复吸人员60万人次,其中滥用合成毒品人员占62%,滥用阿片类毒品人员占37.4%,滥用大麻、可卡因等毒品人员占0.6%。全国查获复吸人员已由过去以滥用阿片类人员为主转变为滥用合成毒品人员为主。

新精神活性物质国内滥用增多,大麻等其它毒品滥用问题凸显。2016年,中国国家毒品实验室从各地送交的检测样品中,发现22份可直接吸食的新精神活性物质,反映出新精神活性物质在中国已存在滥用人群,主要是在娱乐场所滥用。全国现有滥用大麻人员1.7万名,其中2016年新发现滥用人员4836名,个别地方出现有组织聚众吸食现象。山西等地存在滥用甲卡西酮问题,内蒙古等地存在滥用土制海洛因问题,部分地区存在青少年滥用含可待因复方口服液体制剂的止咳药水问题。

二、毒品来源

中国毒品来源于境外毒品输入和国内毒品制造,主要种类包括以海洛因为代表的阿片类毒品、以冰毒片剂、冰毒晶体、氯胺酮为代表的合成毒品和新精神活性物质。海洛因和冰毒片剂主要来源于"金三角"地区,"金新月"海洛因、南美可卡因也有部分流入。中国国内非法制造的冰毒晶体、氯胺酮以及新精神活性物质问题严重,既流入国内消费市场,也输出境外,个别地区非法零星种植毒品原植物问题仍有存在。

（一）境外毒品来源

——"金三角"地区毒品产量增长,仍是中国海洛因和冰毒片剂主要来源。据中国国家禁毒委员会办公室与缅甸中央肃毒委员会、老挝禁毒委员会合作开展卫星遥感监测数据显示,2015年至2016年生长季,缅甸北部地区罂粟种植面积66.5万亩,与上一季同比增长3.7%,可产600多吨鸦片或制成60多吨海洛因;同时,该地区冰毒片剂年均产量远大于海洛因产量。老挝北部地区罂粟种植面积为8万亩,与上一季同比增长13.7%。据中国国家毒品实验室检验数据分析,全国禁毒执法部门在批发环节缴获的"金三角"海洛因、冰毒片剂分别占同期国内缴获海洛因、冰毒片剂总量的95.2%和87%。

——"金新月"仍是全球最大的鸦片和海洛因产地,向中国渗透入境时有发生。据联合国毒品和犯罪问题办公室、阿富汗禁毒部联合发布的调查报告显示,2016年,阿富汗罂粟种植面积301.5万亩,同比增长10%,鸦片总产量约4800吨,可制成海洛因近500吨。2016年,中国破获"金新月"海洛因走私入境案件22起,缴获"金新月"海洛因24公斤。

——南美可卡因贩运案件仍有发生,主要流入中国广东和香港。2016年,中国破获可卡因走私案件64起,缴获可卡因430.6公斤。非洲、南美洲及中国香港籍人员通过物流寄递、旅客箱包夹藏方式走私可卡因入境或过境中国,最终目的地多为广东和香港。截至2016年底,全国累计登记滥用可卡因人员394名。

（二）国内毒品制造

——国内制造合成毒品犯罪突出，制毒区域规模明显扩大。2016年，全国破获制造毒品案件583起，捣毁制毒窝点438个。全国破获制毒类公安部毒品目标案件132起，其中，缴毒量吨级以上制毒案件33起，同比上升106%，缴毒量百公斤级以上制毒案件78起，同比上升32.3%。经过打击整治，广东、四川等地制毒蔓延势头得到一定程度遏制，制毒活动不断向内陆其他地区转移。2016年，国内有26个省市区破获制毒案件。

——国内制毒物品流失问题突出，非列管化学品大量流入制毒渠道。2016年，全国破获制毒物品犯罪案件444起，缴获制毒物品1584.6吨，其中一类易制毒化学品305.43吨，同比增加75.5%。制造、运输、买卖制毒物品组织化、职业化特点明显，一些地方出现制毒物品供应商，专门成套供应制毒设备、原料和辅料。制毒物品品种替代更新快，非列管化学品用于制毒问题突出。受境外制毒原料需求增大的影响，国内易制毒化学品走私出境风险加大。

——制造走私新精神活性物质问题突出，未管制的新精神活性物质开始出现。2016年，中国国家毒品实验室在各地送检的样品中共检出1529份新精神活性物质，主要为卡西酮类、合成大麻素类和芬太尼类物质。2015年10月中国增列116种新精神活性物质之后，管制的新精神活性物质制造走私问题得到遏制，但不法分子为规避管制，通过修改化学结构，不断创造新类型的新精神活性物质，有的不法分子向国外客户推荐新研制的类似结构替代品。中国国家毒品实验室也在各地送检的样品中发现未管制的类似物质。

——国内大面积非法种植毒品植物基本禁绝，部分地区存在零星非法种植问题。2016年，中国国家禁毒委员会办公室运用卫星遥感和无人机等科技手段，组织实施"天目—16"铲毒行动，加大发现铲除和打击处理力度，共破获非法种植毒品原植物案件5578起，抓获违法犯罪嫌疑人5345名；发现铲除非法种植罂粟84亩、116万株，同比分别下降70.9%和62%；发现铲除非法种植大麻147亩、139万株，同比分别下降92%和6%。国内大规模非法种植毒品原植物基本禁绝。

三、毒品贩运

2016年,中国境内毒品贩运活动持续高发多发,国际贩毒集团和贩毒人员通过多种渠道将毒品贩运入境,国内贩毒团伙和贩毒人员与境外贩毒人员相互勾结从边境地区将毒品贩入内地,大宗贩毒、零星贩毒以及特殊人群贩毒、外流贩毒活动十分活跃,利用互联网通过物流寄递贩毒活动突出,贩毒活动与洗钱犯罪相互交织,贩毒活动的组织化、网络化、职业化、暴力化特点更加明显。

—— 重大贩毒案件持续多发,贩毒活动组织化特点突出。2016年,全国破获单案缴毒量公斤级以上毒品案件5458起,打掉制贩毒团伙5459个;破获公安部毒品目标案件961起,其中单案抓获20名以上毒品犯罪嫌疑人的案件190起、单案缴获20公斤以上毒品的案件197起,抓获犯罪嫌疑人员1.3万名,其中幕后组织策划者1138名。贩毒团伙的组织程度和犯罪能量明显提升,有的控制一方贩销网络和消费市场,有的与境外贩毒集团相勾结,形成跨国跨区域贩毒网络。

—— 跨国跨境贩毒持续高发,贩毒活动的国际化特点突出。受中国毒品消费市场的刺激,国际贩毒集团和贩毒人员向中国毒品渗透不断加剧,通过云南、广西边境地区贩毒活动突出。2016年,云南、广西禁毒执法部门缴获"金三角"海洛因6.6吨,占同期国内海洛因缴获总量的75%。外国籍人员在华贩毒活动呈增多趋势,非洲裔、南亚裔等国际贩毒集团向中国贩运"金新月"海洛因突出。2016年,中国破获外国籍人员毒品犯罪案件1481起,抓获外国籍犯罪嫌疑人员1876名,缴获各类毒品6.6吨。海上毒品走私活动明显增多。

—— 利用特殊人群贩毒屡禁不止,贩毒活动的区域性特点突出。境内外贩毒集团组织、雇用、操控怀孕和哺乳期妇女、急性传染病人、失去生活自理能力的重病伤残人、艾滋病携带者等特殊人群从事贩毒活动,国内四川、贵州等地以及缅甸等国特殊人群贩毒突出,区域性、家族化、流动性特点明显,反复性强,打击处理难度大。2016年,中国抓获本国籍涉毒特殊人员4576名、外国籍涉毒特殊人员782名。

—— 利用互联网贩毒快速蔓延,贩毒活动的隐蔽性特点突出。境内外不法分子利用互联网进行贩毒活动急剧增多,通过网上发布、订购、销售毒品和制毒原料,通过物流、寄递、国际邮件等渠道进行走私贩运,利用网络交易平台支付,加速了贩毒活动扩散蔓延,极大增加了贩毒活动的隐蔽性和发现查处难度。2016年,中国禁毒执法部门在网络扫毒行动中,抓获违法犯罪嫌疑人2.1万名,缴获毒品10.8吨、易制毒化学品52吨,清理删除非法涉毒信息1.2万条。

——武装贩毒案件时有发生,贩毒活动的暴力性特点突出。贩毒集团和贩毒人员暴力对抗程度加剧,枪毒同流、暴力抗法、武装护毒趋势更加明显,涉枪贩毒案件不断增多。2016年,全国破获涉枪贩毒案件446起,涉及全国29个省区市,广东、四川、贵州、云南涉枪贩毒活动高发。贩毒活动暴力程度加剧,缉毒执法工作风险加大。

——贩毒活动与洗钱犯罪联系紧密,贩毒活动的暴利性特点突出。贩毒集团通过贩毒获取巨额收益,通过金融机构、投资、贸易、地下钱庄等形式转移、清洗犯罪所得的趋势更加明显,执法部门查获涉毒洗钱案件不断增多。广东、江西、福建等地禁毒执法部门破获贩毒洗钱案件,追缴贩毒团伙犯罪所得及其收益超过2亿元。

结　语

面对严峻、复杂的国际国内禁毒斗争形势,2017年,中国禁毒部门将认真贯彻落实中央关于禁毒工作系列重要决策部署,紧紧围绕为党的十九大胜利召开创造和谐稳定的社会环境的总目标,全面深入开展禁毒人民战争,全力开展"端制毒窝点、打贩毒团伙、控吸毒群体"禁毒打击整治行动,深入推进"4·14"打击制毒专案工作和"5·14"堵源截流机制、深化"6·27"青少年毒品预防教育工程和"8·31"社区戒毒社区康复工程,务实推进与国际禁毒组织和双边多边禁毒合作,进一步创新禁毒体制机制,完善毒品治理体系,从严从实从细抓好各项禁毒措施落实,坚决遏制毒品问题发展蔓延,努力开创禁毒工作新局面,为国际国内禁毒事业做出新贡献。

2017 年中国毒品形势报告

前 言

2017 年,中国禁毒工作取得明显成效,毒品形势发生了积极向好的变化。全国禁毒部门在党中央、国务院坚强领导下,以习近平新时代中国特色社会主义思想为指导,深入学习贯彻党的十九大精神,认真贯彻落实习近平总书记关于禁毒工作的系列重要指示精神和党中央关于禁毒工作的重大决策部署,全面深化各项毒品治理措施,禁毒工作取得明显成效。大力开展打击制毒犯罪专案工作,严厉打击了制造合成毒品犯罪活动;创新完善堵源截流工作机制,有力遏制了毒品入境内流;集中打击网络涉毒违法犯罪活动,有效遏制了网上涉毒问题的快速蔓延;深入实施青少年毒品预防教育工程,有效减缓了新吸毒人员滋生;积极推进社区戒毒社区康复工程,有效减轻了毒品社会危害;持续深化禁毒重点整治工作,彻底扭转了一些地方毒品问题严重态势;务实开展禁毒国际合作,深度参与国际禁毒事务和跨国禁毒执法行动,有力服务了禁毒斗争全局。2017 年,全国禁毒部门破获毒品刑事案件 14 万起,打掉制贩毒团伙 5534 个,抓获毒品犯罪嫌疑人 16.9 万名,缴获各类毒品 89.2 吨;查获有吸毒行为人员 87 万人次,其中登记新发现吸毒人员 34 万人;依法强制隔离戒毒 32.1 万人、责令社区戒毒社区康复 26 万人次,戒断三年未发现复吸人员 167.9 万名,有力保护了公民的人身权、财产权、人格权。通过一年努力,国内毒品形势稳中可控,没有形成重大涉毒社会问题,有效遏制了毒品问题对经济社会发展的现实危害和潜在威胁,为维护社会和谐稳定做出了积极贡献。

当前,国际毒潮持续泛滥,一些国家特别是"金三角""金新月"和南美地区毒情形势恶化,全球制造、走私、贩运、滥用毒品问题更加突出,毒品来源、种类、吸毒人数不断扩大,严重威胁人类健康、发展、和平与安全。据国际禁毒组织统计,全球吸毒成瘾者近3000万人,合成毒品市场不断扩张,苯丙胺类毒品缴获量增长高达4倍;新精神活性物质问题快速发展,110个国家和地区已累计发现9大类800余种;吸贩毒人员通过暗网交易毒品越来越多,交易量以每年50%的增速递增。随着经济全球化和社会信息化加快发展,世界范围毒品问题泛滥蔓延,特别是周边毒源地和国际贩毒集团对中国渗透不断加剧,已成为中国近年来毒品犯罪高发、滥用加剧的重要外部因素。

一、毒品滥用

2017年,中国毒品滥用人数仍在增多,但同比增幅下降,现有吸毒人数占全国人口总数的0.18%。尽管中国治理毒品滥用取得一定成效,但毒品滥用问题总体仍呈蔓延之势,毒品种类、滥用结构发生新变化。

——毒品滥用规模增幅下降,吸毒人员滋生持续减缓。截至2017年底,全国现有吸毒人员255.3万名(不含戒断三年未发现复吸人数、死亡人数和离境人数),同比增长1.9%,增幅较上年下降5个百分点。其中,不满18岁1.5万名,占0.6%;18岁至35岁141.9万名,占55.6%;36岁至59岁109.9万名,占43%;60岁以上2万名,占0.8%。2017年,全国查获35岁以下青少年吸毒人数同比下降19%,其中新发现人数同比下降29.3%,占新发现人员总数的比例同比下降2.2%,青少年毒品预防教育成效继续得到巩固。

——合成毒品滥用仍居首位,所占比例出现下降。在全国现有255.3万名吸毒人员中,滥用合成毒品人员153.8万名,占60.2%,较上年下降0.3个百分点;滥用阿片类毒品人员97万名,占38%,较上年下降0.1个百分点;滥用大麻、可卡因等毒品人员4.6万名,占1.8%。2017年,全国新发现吸毒人员34.4万名,其中滥用合成毒品人员占77.1%,较上年下降4个百分点;滥用海洛因等阿片类毒品人员占16.6%,较上年上升0.8个百分点;滥用大麻、可卡因等毒品人员占6.3%。2017年,全国查获复吸人员53.2万人次,其中滥用合成毒品人员占60.1%,较上年下降2个百分点;滥用阿片类毒品人员占39.2%,较上年上升1.8个百分点;滥用大麻、可卡因等毒品人员占0.7%。2017年,合成毒品滥用占比出现下降,大麻、可卡因等毒品滥用占比上升,毒品滥用种类更加多元化。

—— 合成毒品变异加快,新类型毒品不断出现。据国家毒品实验室检测,全年新发现新精神活性物质34种,国内已累计发现230余种,尚未形成滥用规模。一些不法分子通过改变形态包装,生产销售"咔哇潮饮""彩虹烟""咖啡包""小树枝"等新类型毒品,花样不断翻新,具有极强的伪装性、迷惑性和时尚性,以青少年在娱乐场所滥用为主。

—— 毒品滥用危害极大,影响社会治安稳定。据统计,2017年全国公安机关抓获的非涉毒类刑事犯罪嫌疑人中,吸毒人员共15.2万名,占10.3%。吸毒不仅严重侵害人的身体健康、销蚀人的意志、破坏家庭幸福,而且严重消耗社会财富、毒化社会风气、污染社会环境,尤其是长期滥用合成毒品极易导致精神性疾病,由此引发的自伤自残、暴力伤害、毒驾肇祸等极端案事件屡有发生。

二、毒品来源

中国毒品来源于境外输入和国内制造。当前,境外毒品向中国渗透仍呈加剧势头。"金三角""金新月"和南美三大毒源地毒品对中国形成全面渗透之势,境外贩毒势力与境内贩毒团伙结成贩毒网络,贩毒团伙结构更加复杂,贩毒路线不断变化,贩毒规模不断扩大,贩毒手段不断升级,现实危害和潜在威胁进一步加大。经过连续开展打击制毒犯罪专项行动,国内制造合成毒品犯罪受到有力打击,制毒活动受到有效遏制,重点地区制毒活动大为收敛,一些地方合成毒品价格大幅上涨。

(一)境外毒品来源

—— "金三角"毒品渗透加剧,合成毒品入境增多。据中国国家禁毒委员会办公室与缅甸中央肃毒委员会、老挝禁毒委员会合作开展卫星遥感监测数据显示,2016年至2017年生长季,缅北、老北地区罂粟种植面积共60万亩,同比下降19.6%,可产鸦片550多吨。缅北地区在保持较大规模海洛因和冰毒片剂产量的同时,开始大量制贩冰毒晶体、氯胺酮等合成毒品,全年破获82起涉及"金三角"的大宗冰毒晶体案件。

—— "金新月"毒品产量大幅增长,海洛因走私入境增多。据联合国毒品和犯罪问题办公室、阿富汗禁毒部联合发布的调查报告显示,2017年,阿富汗罂粟种植面积490万亩、可产鸦片9000吨，同比分别增长63%和87%，创历史新高。2017年，中国破获涉"金新月"海洛因入境案件25起，缴获"金新月"海洛因101.8公斤，同比增长3.2倍，主要通过航空渠道迂回中东、非洲国家，"点对点"从东南沿海入境，或从中国西北边境地区渗透。

——南美可卡因大宗过境中转增势迅猛。2017年，中国破获可卡因案件155起，同比上升1.4倍，近三年年均缴获量超过1吨。南美贩毒集团与中国毒贩相互勾结，通过海上渠道将大宗可卡因从东南沿海港口贩运入境，并在广东等地囤积，再采取"蚂蚁搬家"等方式贩往香港、澳大利亚、新西兰等地。与此同时，也有少量可卡因通过航空等渠道向中国渗透。

（二）国内毒品制造

——国内制毒犯罪势头得到遏制，但情况更趋复杂。2017年，全国破获制造毒品案件597起，缴获毒品23.3吨，同比分别上升1%和18.8%；捣毁制毒窝点317个，同比下降27.6%。在强力打压下，制毒活动不断从广东、福建等重点地区向其他地区特别是管控薄弱地区转移，合成毒品和制毒物品的获取难度加大，出现掺杂掺假、多点拼货、价格上涨等情况。同时，全国已有29个省份出现制毒活动，地下制毒产业链依然存在，制毒窝点逐步转向偏远、便于藏匿、易于逃离的省市县交界地带，有的制毒分子甚至潜入深山林区、海上或者在改装的流动货车上制造毒品，隐蔽性、流动性明显增强，发现难度更大。

——制毒物品流入制毒渠道问题受到遏制，但形势依然严峻。2017年，各级行政主管部门对制毒物品非法流失问题加大严格监管、严密追查、严厉打击的力度，全国破获制毒物品犯罪案件388起，缴获易制毒化学品2384吨，同比分别上升39.6%和50.5%，制毒物品流入制毒渠道猖獗势头得到一定程度遏制，"断炊效应"明显。但受制毒原料需求旺盛的影响，国内非法生产、买卖、运输和走私制毒物品违法犯罪活动依然活跃，一些地方出现了专门为制毒活动提供化学品和设备的职业犯罪团伙，形成代理采购、按需打包、套餐供应的销售模式。同时，制毒物品更新替代加快，一些不法分子为了逃避法律制裁，越来越多地利用非列管化学品非法生产制毒物品，尤其是进口非列管化学品流入中国制毒渠道增多，国内破获的多起制毒案件现场发现了来自意大利、约旦、日本等国的进口非列管化学品。

三、毒品贩运

2017年,全国共破获走私、贩卖、运输毒品案件10.2万起,抓获犯罪嫌疑人11.5万名,缴获毒品49.9吨。随着互联网、物流快递等新业态迅猛发展,不法分子越来越多地应用现代技术手段,全方位利用陆海空邮渠道走私贩运毒品,贩毒手段的科技化、智能化明显升级。

—— 跨国跨境贩毒增多。受缅北、西非、南美等地国际贩毒集团雇佣,一些外国籍人员充当运毒工具,携带毒品走私入境,全年共抓获外国籍贩毒嫌疑人1470名。港台籍毒枭和华裔不法分子充当毒品犯罪幕后组织者、资金提供者,通过网上招募雇佣、指挥操纵内地不法分子走私贩毒。2017年,内地和港澳警方通过实施"猎剑—黑武士"行动,共抓获港澳台籍毒贩188名,涉案毒品7.3吨。

—— 互联网成为贩毒人员勾联交易的平台。不法分子通过互联网发布、订购、销售毒品和制毒物品,物色、诱骗、招募"马仔"运毒,"入伙"需要熟人介绍,通信联络使用隐语、暗语,交易采用微信、支付宝、Q币、比特币等在线支付方式,交易两头不见人,贩毒活动在互联网上更加隐蔽。

—— "海陆空"仍为贩毒主要渠道。2017年,全国破获陆路贩毒案件5.7万起,占全国案件总数四成以上,缴获各类毒品48.3吨,占全国缴毒总量一半以上;铁路渠道缴毒2.2吨,同比上升63%。海上大宗毒品贩运更加突出,不法分子租用货船、渔船或利用集装箱藏匿大宗毒品,全年破获海上贩毒大案35起,缴获毒品7吨多、制毒原料近4吨。利用航空渠道人体藏毒、行李夹带毒品案件多发,全年航空渠道缴毒570公斤,同比上升58.9%,2017年下半年,各地机场日均查获人体藏毒嫌疑人2.3名、缴毒近900克。

—— 寄递物流贩运毒品愈加突出。贩毒分子利用寄递物流渠道,通过假名、藏匿、夹带等手段走私贩运毒品,全年破获寄递物流渠道毒品犯罪案件1499起,抓获犯罪嫌疑人1789名,缴获毒品12.1吨,同比上升1.8倍,其中物流渠道缴毒10吨,同比上升近5倍。国际快递已成为跨国贩毒集团向中国走私大麻、恰特草等毒品和中国毒品走私出境的"双向渠道"。

—— 外流贩毒活动仍很活跃。一些地方形成家族式、地域性的外流贩毒团伙,四川、湖南、广西、贵州、湖北、重庆等地是主要流出地,广东、云南、浙江、福建、江苏、上海等地是主要流入地,全年抓获外流贩毒人员3万名,其中严重病残等特殊群体贩毒人员1693名。部分地区毒贩还外流至"金三角"地区，与缅北毒枭结成跨国跨区域贩毒团伙网络，多层级策划指挥向中国境内大肆贩运毒品。

结　语

2018年，中国禁毒部门将全面贯彻党的十九大和十九届二中、三中全会精神，坚持以习近平新时代中国特色社会主义思想为指导，牢固树立并贯彻总体国家安全观，自觉践行以人民为中心的发展思想，坚持以深化禁毒人民战争为主线，以完善毒品治理体系为重点，以落实禁毒工作责任为纽带，持之以恒抓好禁毒斗争各项措施的落实，在实施《2018—2020年禁毒工作规划》的开局之年，深入开展"禁毒2018两打两控"专项行动、禁毒重点整治和禁毒示范城市创建活动等重点工作，着力构建全覆盖毒品预防教育、全环节管控吸毒人员、全链条打击毒品犯罪、全要素监管制毒物品、全方位监测毒情态势、全球化禁毒国际合作的"六全"中国毒品治理体系，忠实履行好党和人民赋予的重大职责使命，坚决打赢新时代禁毒人民战争。

《联合国禁止非法贩运麻醉药品和精神药物公约》

本公约缔约国,深切关注麻醉药品和精神药物的非法生产、需求及贩运的巨大规模和上升趋势,构成了对人类健康和幸福的严重威胁,并对社会的经济、文化及政治基础带来了不利影响,又深切关注麻醉药品和精神药物非法贩运日益严重地侵蚀着社会的各类群体,特别是在世界许多地区,儿童被当成毒品消费者市场,并被利用进行麻醉药品和精神药物的非法生产、分销和买卖,从而造成严重到无法估量的危害,认识到非法贩运同其他与之有关的、有组织的犯罪活动结合在一起,损害着正当合法的经济,危及各国的稳定、安全和主权,又认识到非法贩运是一种国际性犯罪活动,必须迫切注意并最高度重视对此种活动的取缔,意识到非法贩运可获得巨额利润和财富,从而使跨国犯罪集团能够渗透、污染和腐蚀各级政府机构、合法的商业和金融企业,以及社会各阶层,决心剥夺从事非法贩运者从其犯罪活动中得到的收益,从而消除其从事此类贩运活动的主要刺激因素,希望消除滥用麻醉药品和精神药物问题的根源,包括对此类药品和药物的非法需求以及从非法贩运获得的巨额利润,认为有必要采取措施,监测某些用于制造麻醉药品和精神药物的物质,包括前体、化学品和溶剂,因为这些物质的方便获取,已导致更为大量地秘密制造此类药品和药物,决心改进国际合作,以制止海上非法贩运,认识到根除非法贩运是所有国家的共同责任,为此,有必要在国际合作范围内采取协调行动,确认联合国在麻醉药品和精神药物管制领域的主管职能,并希望与此类管制有关的国际机关均设于联合国组织的范围之内,重申麻醉药品和精神药物领域现有各项条约的指导原则及其包含的管制制度,确认有必要加强和补充《1961年麻醉品单一公约》、经由《修正1961年麻醉品单一公约的1972年议定书》修正的该公约和《1971年精神药物公约》中规定的措施,以便对付非法贩运的规模和程度及其严重后果,又确认加强并增进国际刑事合作的有效法律手段,对于取缔国际非法贩运的犯罪活动具有重要意义，愿意缔结一项专门针对非法贩运的全面、有效和可行的国际公约，此公约顾及整个问题的各个方面，尤其是麻醉药品和精神药物领域现有的各项条约未曾设想到的那些方面，兹协议如下：

第一条 定 义

除另有明文指出或上下文要求另作解释者外，下列各项定义应适用于整个公约：

（a）"麻管局"系指《1961 年麻醉品单一公约》及经《修正 1961 年麻醉品单一公约的 1972 年议定书》修正的该公药设立的国际麻醉品管制局；

（b）"大麻植物"系指大麻属的任何植物；

（c）"古柯植物"系指红木属的任何一种植物；

（d）"商业承运人"系指为了报酬、租雇或任何其他利益而从事客运、货运或邮件运送的任何个人或公营、私营或其他实体；

（e）"麻委会"系指联合国经济及社会理事会的麻醉药品委员会；

（f）"没收"系指由法院或其他主管当局下令对财产的永久剥夺；

（g）"控制下交付"系指一种技术，即在一国或多国的主管当局知情或监督下，允许货物中非法或可疑的麻醉药品、精神药物、本公约表一和表二所列物质或它们的替代物质运出、通过或运入其领土，以期查明涉及按本公约第三条第 1 款确定的犯罪的人；

（h）"1961 年公约"系指《1961 年麻醉品单一公约》；

（i）"经修正的 1961 年公约"系指经《修正 1961 年麻醉品单一公约的 1972 年议定书》修正的《1961 年麻醉品单一公约》；

（j）"1971 年公约"系指《1971 年精神药物公约》；

（k）"理事会"系指联合国经济及社会理事会；

（l）"冻结"或"扣押"系指根据法院或主管当局下达的命令暂时禁止财产的转让、变换、处置或转移，或对财产实行暂时性扣留或控制；

（m）"非法贩运"系指本公约第三条第 1 款和第 2 款所列的犯罪；

（n）"麻醉药品"系指《1961 年麻醉品单一公约》及经《修正 1961 年麻醉品单一公约的 1972 年议定书》修正的该公约附表一或附表二所列的任何天然或合成物质；

(o)"罂粟"系指催眠性罂粟科的植物;

(p)"收益"系指直接或间接地通过按第三条第一款确定的犯罪而获得或取得的任何财产;

(q)"财产"系指各种资产,不论其为物质的或非物质的、动产或非动产、有形的或无形的;以及证明对这种资产享有权利或利益的法律文件或文书;

(r)"精神药物"系指《1971年精神药物公约》附表一、二、三或四所列的任何天然或合成物质或任何天然材料;

(s)"秘书长"系指联合国秘书长;

(t)"表一和表二"系指依此编号附于本公约后并按照第十二条随时修订的物质清单;

(u)"过境国"系指既非原产地亦非最终目的地,而非法的麻醉药品、精神药物及表一和表二所列物质经由其领土转移的国家。

第二条 公约的范围

1. 本公约的宗旨是促进缔约国之间的合作,使它们可以更有效地对付国际范围的非法贩运麻醉药品和精神药物的各个方面。缔约国在履行其按本公约所承担的义务时,应根据其国内立法制度的基本规定,采取必要的措施,包括立法和行政措施。

2. 缔约国应以符合各国主权平等和领土完整以及不干涉别国内政原则的方式履行其按本公约所承担的义务。

3. 任一缔约国不得在另一缔约国的领土内行使由该另一缔约国国内法律规定完全属于该国当局的管辖权和职能。

第三条 犯罪和制裁

1. 各缔约国应采取可能必要的措施将下列故意行为确定为其国内法中的刑事犯罪:

(a)(一)违反《1961年公约》、经修正的《1961年公约》或《1971年公约》的各项规定,生产、制造、提炼、配制、提供、兜售、分销、出售、以任何条件交付、经纪、发送、过境发送、运输、进口或出口任何麻醉药品或精神药物;

(二)违反《1961年公约》和经修正的《1961年公约》的各项规定,为生产麻醉药品而种植罂粟、古柯或大麻植物;

(三)为了进行上述(一)目所列的任何活动,占有或购买任何麻醉药品或精神药物;

(四)明知其用途或目的是非法种植、生产或制造麻醉药品或精神药物而制造、运输或分销设备、材料或表一和表二所列物质;

(五)组织、管理或资助上述(一)、(二)、(三)或(四)目所列的任何犯罪;

(b)(一)明知财产得自按本款(a)项确定的任何犯罪或参与此种犯罪的行为,为了隐瞒或掩饰该财产的非法来源,或为了协助任何涉及此种犯罪的人逃避其行为的法律后果而转换或转让该财产;

(二)明知财产得自按本款(a)项确定的犯罪或参与此种犯罪的行为,隐瞒或掩饰该财产的真实性质、来源、所在地、处置、转移、相关的权利或所有权;

(c)在不违背其宪法原则及其法律制度基本概念的前提下,

(一)在收取财产时明知财产得自按本款(a)项确定的犯罪或参与此种犯罪的行为而获取、占有或使用该财产;

(二)明知其被用于或将用于非法种植、生产或制造麻醉药品或精神药物而占有设备、材料或表一和表二所列物质;

(三)以任何手段公开鼓动或引诱他人去犯按照本条确定的任何罪行或非法使用麻醉药品或精神药物;

(四)参与进行,合伙或共谋进行,进行未遂,以及帮助、教唆、便利和参谋进行按本条确定的任何犯罪。

2. 各缔约国应在不违背其宪法原则和法律制度基本概念的前提下,采取可能必要的措施,在其国内法中将违反《1961年公约》、经修正的《1961年公约》或《1971年公约》的各项规定,故意占有、购买或种植麻醉药品或精神药物以供个人消费的行为,确定为刑事犯罪。

3. 构成本条第1款所列罪行的知情、故意或目的等要素,可根据客观事实情况加以判断。

4. (a)各缔约国应使按本条第1款确定的犯罪受到充分顾及这些行罪行的严重性质的制裁,诸如监禁或以其他形式剥夺自由,罚款和没收。

(b)缔约国还可规定除进行定罪或惩罚外,对犯有按本条第1款确定的罪行的罪犯采取治疗、教育、善后护理、康复或回归社会等措施。

(c)尽管有以上各项规定,在性质轻微的适当案件中,缔约国可规定作为定罪或惩罚的替代办法,采取诸如教育、康复或回归社会等措施,如罪犯为嗜毒者,还可采取治疗和善后护理等措施。

(d)缔约国对于按本条第2款确定的犯罪,可以规定对罪犯采取治疗、教育、善后护理、康复或回归社会的措施,以作为定罪或惩罚的替代办法,或作为定罪或惩罚的补充。

5. 缔约国应确保其法院和拥有管辖权的其他主管当局能够考虑使按照第1款所确定的犯罪构成特别严重犯罪的事实情况,例如:

(a)罪犯所属的有组织的犯罪集团涉及该项犯罪;

(b)罪犯涉及其他国际上有组织的犯罪活动;

(c)罪犯涉及由此项犯罪所便利的其他非法活动;

(d)罪犯使用暴力或武器;

(e)罪犯担任公职,且其所犯罪行与该公职有关;

(f)危害或利用未成年人;

(g)犯罪发生在监禁管教场所,或教育机构或社会服务场所,或在紧邻这些场所的地方,或在学童和学生进行教育、体育和社会活动的其他地方;

(h)以前在国外或国内曾被判罪,特别是类似的犯罪,但以缔约国国内法所允许的程度为限。

6. 缔约国为起诉犯有按本条确定的罪行的人而行使其国内法规定的法律裁量权时,应努力确保对这些罪行的执法措施取得最大成效,交适当考虑到需要对此种犯罪起到威慑作用。

7. 缔约国应确保其法院或其他主管当局对于已判定犯有本条第1款所列罪行的人,在考虑其将来可能的早释或假释时,顾及这种罪行的严重性质和本条第5款所列的情况。

8. 各缔约国应酌情在其国内法中对于按本条第1款确定的任何犯罪,规定一个长的追诉时效期限,当被指称的罪犯已逃避司法处置时,期限应更长。

9. 各缔约国应采取符合其法律制度的适应措施,确保在其领土内发现的被指控或被判定犯有按本条第1款确定的罪行的人,能在必要的刑事诉讼中出庭。

10. 为了缔约国之间根据本公约进行合作,特别包括根据第五、六、七和九条进行合作,在不影响缔约国的宪法限制和基本的国内法的情况下,凡依照本条确定的犯罪均不得视为经济犯罪或政治犯罪或认为是出于政治动机。

11.本条规定不得影响其所述犯罪和有关的法律辩护理由只应由缔约国的国内法加以阐明以及此种犯罪应依该法予以起诉和惩罚的原则。

第四条 管辖权

1.各缔约国：

(a)在遇到下述情况时,应采取可能必要的措施,对其按第三条第1款确定的犯罪,确立本国的管辖权；

(一)犯罪发生在其领土内；

(二)犯罪发生在犯罪时悬挂其国旗的船只或按其法律注册的飞行器上；

(b)在遇到下述情况时,可采取可能必要的措施,对其按第三条第1款确定的犯罪,确立本国的管辖权：

(一)进行该犯罪的人为本国国民或在其领土内有惯常居所者；

(二)犯罪发生在该缔约国已获授权按第十七条规定对之采取适当行动的船舶上,但这种管辖权只应根据该条第4和第9款所述协定或安排行使；

(三)该犯罪属于按第三条第1款(c)项(四)目确定的罪行之一,并发生在本国领土外,而目的是在其领土内进行按第三条第1款确定的某项犯罪。

2.各缔约国：

(a)当被指控的罪犯在其领土内,并且基于下述理由不把他引渡到另一缔约国时,也应采取可能必要的措施,对其按第三条第1款确定的犯罪,确立本国的管辖权：

(一)犯罪发生在其领土内或发生在犯罪时悬挂其国旗的船只或按其法律注册的飞行器上；或

(二)进行犯罪的人为本国国民；

(b)当被指控的罪犯在其领土内,并且不把他引渡到另一缔约国时,也可采取可能必要的措施,对其按第三条第一款确定的犯罪,确立本国的管辖权。

3.本公约不排除任一缔约国行使按照其国内法确立的任何刑事管辖权。

第五条 没 收

1.各缔约国应制定可能必要的措施以便能够没收：

(a)从按第三条第1款确定的犯罪中得来的收益或价值相当于此种收益的财产；

(b)已经或意图以任何方式用于按第三条第1款确定的犯罪的麻醉药品和精神药物、材料和设备或其他工具。

2.各缔约国还应制定可能必要的措施，使其主管当局得以识别、追查和冻结或扣押本条第1款所述的收益、财产、工具或任何其他物品，以便最终予以没收。

3.为执行本条所述的措施，各缔约国应授权其法院或其他主管当局下令提供或扣押银行记录、财务记录或商业记录。任一缔约国不得以保守银行秘密为由拒绝按照本款的规定采取行动。

4.(a)在接到对按第三条第1款确定的某项犯罪拥有管辖权的另一缔约国依本条规定提出的请求后，本条第1款所述收益、财产、工具或任何其他物品在其领土内的缔约国应：

(一)将该项请求提交其主管当局，以便取得没收令，如此项命令已经发出，则应予以执行；或

(二)将请求国按本条第1款规定对存在于被请求国领土内的第1款所述收益、财产、工具或任何其他物品发出的没收令提交其主管当局，以便在请求的范围内予以执行。

(b)在接到对按第三条第1款确定的某项犯罪拥有管辖权的另一缔约国依本条规定提出的请求后，被请求国应采取措施识别、追查和冻结或扣押本条第1款所述的收益、财产、工具或任何其他物品，以便由请求国，或根据依本款(a)项规定提出的请求，由被请求国下令最终予以没收。

(c)被请求国按本款(a)项和(b)项规定作出决定或采取行动，均应符合并遵守其国内法的规定及其程序规则或可能约束其与请求国关系的任何双边或多边条约、协定或安排。

(d)第七条第6至19款的规定可以比照适用。除第七条第10款所列情况外，按本条规定提出的请求书还应包含以下各项：

(一)如系按(a)项(一)目提出的请求，须附有足够的对拟予没收的财产的说明和请求国所依据的事实的陈述，以便被请求国能够根据其国内法取得没收令；

(二)如系按(a)项(二)目提出的请求，须附有该请求所依据的、由请求国发出的、法律上可接受的没收令副本，事实的陈述，和关于请求执行该没收令的范围的说明；

(三)如系按(b)项提出的请求，须附有请求国所依据的事实的陈述和对所请

求采取的行动的说明。

（e）各缔约国应向秘书长提供本国有关实施本款的任何法律和条例的文本以及这些法律和条例此后的任何修改文本。

（f）如某一缔约国要求采取本款（a）项和（b）项所述措施必须以存在一项有关的条约为条件，则该缔约国应将本公约视为必要而充分的条约依据。

（g）缔约国应谋求缔结双边和多边条约、协定或安排，以增强根据本条进行的国际合作的有效性。

5.（a）缔约国按照本条第1款或第4款的规定所没收的收益或财产，应由该缔约国按照其国内法和行政程序加以处理。

（b）缔约国按本条规定依另一缔约国的请求采取行动时，该缔约国可特别考虑就下述事项缔结协定：

（一）将这类收益和财产的价值，或变卖这类收益或财产所得的款项，或其中相当一部分，捐给专门从事打击非法贩运及滥用麻醉药品和精神药物的政府间机构；

（二）按照本国法律、行政程序或专门缔结的双边或多边协定，定期地或逐案地与其他缔约国分享这类收益或财产或由变卖这类收益或财产所得的款项。

6.（a）如果收益已转化或变换成其他财产，则应将此种财产视为收益的替代，对其采取本条所述的措施。

（b）如果收益已与得自合法来源的财产相混合，则在不损害任何扣押权或冻结权的情况下，应没收此混合财产，但以不超过所混合的该项收益的估计价值为限。

（c）对从下述来源取得的收入或其他利益：

（一）收益；

（二）由收益转化或变换成的财产；或

（三）已与收益相混合的财产，

也应采取本条所述措施，在方式和程度上如同对待收益一样。

7.各缔约国可考虑确保关于指称的收益或应予没收的其他财产的合法来源的举证责任可予颠倒，但这种行动应符合其国内法的原则和司法及其他程序的性质。

8.本条各项规定不得解释为损害善意第三方的权利。

9.本条任何规定均不得影响其所述措施应依缔约国的国内法并在该法规定的条件下加以确定和实施的原则。

第六条 引 渡

1. 本条应适用于缔约国按照第三条第1款所确定的犯罪。

2. 本条适用的各项犯罪均应视为缔约国之间现行的任何引渡条约应予包括的可引渡的犯罪。各缔约国承诺将此种犯罪作为可予引渡的犯罪列入它们之间将要缔结的每一引渡条约之中。

3. 如某一缔约国要求引渡须以存在有一项条约为条件,在接到与之未订有引渡条约的另一缔约国的引渡请求时,它可将本公约视为就本条适用的任何犯罪进行引渡的法律依据。缔约国若需具体立法才能将本公约当作引渡的法律依据,则应考虑制定可能必要的立法。

4. 不以存在一项条约为引渡条件的缔约国应承认本条所适用的犯罪为其相互间可予引渡的犯罪。

5. 引渡应遵守被请求国法律或适用的引渡条约所规定的条件,包括被请求国可据以拒绝引渡的理由。

6. 被请求国在考虑根据本条提出的请求时,如果有充分理由使其司法或其他主管当局认为按该请求行事就会便利对任何人因其种族、宗教、国籍或政治观点进行起诉或惩罚,或使受该请求影响的任何人由于上述任一原因而遭受损害,则可拒绝按该请求行事。

7. 对于本条所适用的任何犯罪,缔约国应努力加快引渡程序并简化对有关证据的要求。

8. 被请求国在不违背其国内法及其引渡条约各项规定的前提下,可在认定情况必要且紧迫时,应请求国的请求,将被要求引渡且在其领土上的人予以拘留,或采取其他适当措施,以确保该人在进行引渡程序时在场。

9. 在不影响行使按照其国内法确立的任何刑事管辖权的情况下,在其领土内发现被指控的罪犯的缔约国,

(a) 如果基于第四条第2款(a)项所列理由不引渡犯有按第三条第1款确定的罪行的人,则应将此案提交其主管当局以便起诉,除非与请求国另有协议;

(b) 如果不引渡犯有此种罪行的人并按第四条第2款(b)项规定对此种犯罪确立其管辖权,则应将此案提交主管当局以便起诉,除非请求国为保留其合法管辖权而另有请求。

10. 为执行一项刑罚而要求的引渡，如果由于所要引渡的人为被请求国的国民而遭到拒绝，被请求国应在其法律允许并且符合该法律的要求的情况下，根据请求国的申请，考虑执行按请求国法律判处的该项刑罚或未满的刑期。

11. 各缔约国应谋求缔结双边和多边协定以执行引渡或加强引渡的有效性。

12. 缔约国可考虑订立双边和多边协定，不论是特别的或一般的协定，将由于犯有本条适用的罪行而被判处监禁或以其他形式剥夺自由的人移交其本国，使他们可在那里服满其刑期。

第七条　相互法律协助

1. 缔约国应遵照本条规定，在对于按第三条第 1 款所确定的刑事犯罪进行的调查、起诉和司法程序中相互提供最广泛的法律协助。

2. 按照本条规定，可为下列任何目的提出相互法律协助的请求

（a）获取证据或个人证词；

（b）送达司法文件；

（c）执行搜查及扣押；

（d）检查物品和现场；

（e）提供情报和证物；

（f）提供有关文件及记录的原件或经证明的副本，其中包括银行、财务、公司或营业记录；

（g）识别或追查收益、财产、工具或其他物品，以作为证据。

3. 缔约国可相互提供被请求国国内法所允许的任何其他形式的相互法律协助。

4. 缔约国应根据请求，在符合其国内法律和实践的范围内，便利或鼓励那些同意协助调查或参与诉讼的人员，包括在押人员，出庭或在场。

5. 缔约国不得以保守银行秘密为由拒绝提供本条规定的相互法律协助。

6. 本条各项规定不得影响依任何其他全部或局部规范或将规范相互刑事法律协助问题的双边或多边条约所承担的义务。

7. 本条第 8 至 19 款应适用于有关缔约国不受一项相互法律协助条约约束时根据本条规定提出的请求。如果上述缔约国受此类条约约束，则该条约相应条款应予适用，除非缔约国同意适用本条第 8 至 19 款以取代之。

8. 缔约国应指定一个当局或在必要时指定若干当局，使之负责和有权执行关

于相互法律协助的请求或将该请求转交主管当局加以执行。应将为此目的指定的当局通知秘书长。相互法律协助请求的传递以及与此有关的任何联系均应通过缔约国指定的当局进行；这一要求不得损害缔约国要求通过外交渠道以及在紧急和可能的情况下，经有关缔约国同意，通过国际刑警组织渠道传递这种请求和进行这种联系的权利。

9. 请求应以被请求国能接受的语文书面提出。各缔约国所能接受的语文应通知秘书长。在紧急情况下，如有关缔约国同意，这种请求可以口头方式提出，但应尽快加以书面确认。

10. 相互法律协助的请求书应载有：

（a）提出请求的当局的身份；

（b）请求所涉的调查、起诉或诉讼的事由和性质，以及进行此项调查、起诉或诉讼的当局的名称和职能；

（c）有关事实的概述，但为送达司法文件提出的请求除外；

（d）对请求协助的事项和请求国希望遵循的特殊程序细节的说明；

（e）可能时，任何有关人员的身份、所在地和国籍；

（f）索取证据、情报或要求采取行动的目的。

11. 被请求国可要求提供补充情报，如果这种情报系按照其国内法执行该请求所必需或有助于执行该请求。

12. 请求应根据被请求国的国内法予以执行。在不违反被请求国国内法的情况下，如有可能，还应遵循请求书中列明的程序。

13. 请求国如事先未经被请求国同意，不得将被请求国提供的情报或证据转交或用于请求书所述以外的调查、起诉或诉讼。

14. 请求国可要求被请求国，除非为执行请求所必需，应对请求一事必及其内容保密。如果被请求国不能遵守这一保密要求，它应立即通知请求国。

15. 在下列情况下可拒绝提供相互法律协助：

（a）请求未按本条规定提出；

（b）被请求国认为执行请求可能损害其主权、安全、公共秩序或其他基本利益；

（c）若被请求国当局依其管辖权对任何类似犯罪进行调查、起诉或诉讼时，其国内法禁止执行对此类犯罪采取被请求的行动；

（d）同意此项请求将违反被请求国关于相互法律协助的法律制度。

16. 拒绝相互协助时，应说明理由。

17. 相互法律协助可因与正在进行的调查、起诉或诉讼发生冲突而暂缓进行。在此情况下，被请求国应与请求国磋商，以决定是否可按被请求国认为必要的条件提供协助。

1. 同意到请求国就一项诉讼作证或对一项调查、起诉或司法程序提供协助的证人、专家或其他人员，不应由于其离开被请求国领土之前的行为、不行为或定罪而在请求国领土内受到起诉、拘禁、惩罚或对其人身自由施加任何其他限制。如该证人或专家或个人已得到正式通知，司法当局不再需要其到场，自通知之日起连续十五天或在缔约国所议定的任何期限内有机会离开，但仍自愿留在该国境内，或在离境后又出于自己的意愿返回，则此项安全保障即予停止。

19. 执行请求的一般费用应由被请求国承担，除非有关缔约国另有协议。如执行该请求需支付巨额或特殊性质的费用，有关缔约国应相互协商，以确定执行该请求的条件以及承担费用的办法。

20. 缔约国应视需要考虑缔结旨在实现本条目的、具体实施或加强本条规定的双边或多边协定或安排的可能性。

第八条　移交诉讼

缔约国应考虑对于按第三条第1款确定的犯罪的刑事起诉相互移交诉讼的可能性，如果此种移交被认为有利于适当的司法处置。

第九条　其他形式的合作和培训

1. 缔约国应在符合其各自国内法律和行政制度的情况下，相互密切合作，以期增强为制止按第三条第1款确定的犯罪而采取的执法行动的有效性。缔约国特别应根据双边或多边的协定或安排：

（a）建立并保持其主管机构和部门之间的联系渠道，以利于安全而迅速地交换关于按第三条第1款确定的犯罪的各个方面的情报，如有关缔约国认为适当，包括与其他犯罪活动的联系的情报；

（b）相互合作，对于按第三条第1款确定的带有国际性质的犯罪，进行有关下述方面的调查：

（一）嫌疑涉及按第三条第1款确定的犯罪的人的身份、行踪和活动；

（二）得自此种犯罪的收益或财产的转移情况；

（三）用于或意图用于进行此类犯罪的麻醉药品、精神药物、本公约表一和表二所列物质以及工具的转移情况；

（c）在适当的案件中并在不违背其国内法的前提下，建立联合小组执行本款规定，同时应考虑到必须保护人员安全和执法活动的安全。参加联合小组的任何缔约国官员均应按拟在其领土上进行执法活动的缔约国有关当局的授权行事；在所有这些情况下，所涉缔约国应确保充分尊重拟在其领土上进行执法活动的缔约国的主权；

（d）酌情提供必要数量的某些物质供分析或调查之用；

（e）便利其主管机构和部门之间的有效协调，并促进人员和其他专家的交流，适当时包括派驻联络官员。

2. 各缔约国应在必要的范围内提出、制订或改进对其负责制止按第三条第1款确定的犯罪的执法人员和其他人员，包括海关人员的具体培训方案。此种方案应特别包括下述方面：

（a）对于按第三条第1款确定的犯罪的侦查和制止方法；

（b）嫌疑涉及按第三条第1款确定的犯罪的人使用的路线和技术，特别是在过境国使用的路线和技术，以及适当的对付办法；

（c）对麻醉药品、精神药物和表一和表二所列物质进出口情况的监测；

（d）对来自按第三条第1款确定的犯罪的收益和财产的转移情况，以及用于或意图用于此种犯罪的麻醉药品、精神药物和表一和表二所列物质和工具的转移情况的侦查和监测；

（e）转让、隐瞒或掩饰这类收益、财产和工具的方法；

（f）证据的收集；

（g）在自由贸易和自由港的管制技术；

（h）现代化执法技术。

3. 缔约国应相互协助计划和实施旨在交流本条第2款所述各领域专门知识的研究与培训方案，为此目的，还应酌情利用区域和国际会议及研讨会，促进合作和促使讨论共同关心的问题，包括过境国的特殊问题和需要。

第十条　国际合作与援助过境国

1. 缔约国应直接或通过主管国际组织或区域组织进行合作，通过关于拦截和其他有关活动的技术合作方案，尽可能协助和支援过境国，特别是需要这种协助和支援的发展中国家。

2. 缔约国可直接或通过主管国际组织或区域组织，承诺向这些过境国提供财政援助，以便充实和加强为有效控制和预防非法贩运所需的基础设施。

3. 缔约国可缔结双边或多边协定或安排，增强依本条规定进行的国际合作的有效性，并可考虑这方面的财务安排。

第十一条　控制下交付

1. 在其国内法律制度基本原则允许的情况下，缔约国应在可能的范围内采取必要措施，根据相互达成的协定或安排，在国际一级适当使用控制下交付，以便查明涉及按第三条第1款确定的犯罪的人，并对之采取法律行动。

2. 使用控制下交付的决定应在逐案基础上作出，并可在必要时考虑财务安排和关于由有关缔约国行使管辖权的谅解。

3. 在有关缔约国同意下，可以拦截已同意对之实行控制下交付的非法交运货物，并允许将麻醉药品或精神药物原封不动地继续运送或在将其完全或部分取出或替代后继续运送。

第十二条　经常用于非法制造麻醉药品

1. 缔约国应采取其认为适当的措施，防止表一和表二所列物质被挪用于非法制造麻醉药品或精神药物，并应为此目的相互合作。

2. 如某一缔约国或麻管局根据其掌握的情报认为需要将某一物质列入表一或表二，则该缔约国或麻管局应通知秘书长，同时附上该通知所依据的情报。如某一缔约国或麻管局拥有情报证明应将某一物质从表一或表二中删除，或从一个表转到另一个表，则本条第2至第7款所述程序亦应适用。

3. 秘书长应将此项通知连同其认为有关的任何情报转送各缔约国和麻委会，

如此项通知系由一缔约国发出，则应同时转送麻管局。各缔约国应将其对该通知的意见以及可能有助于麻管局作出评价和有助于麻委会作出决定的所有补充情报送交秘书长。

4. 如果麻管局在考虑了该物质合法使用的范围、重要性和多样性，以及利用其他替代物质供合法用途和非法制造麻醉药品或精神药物之用的可能性与难易程度之后，认为：

（a）该物质经常用于非法制造某一麻醉药品或精神药物；

（b）非法制造某一麻醉药品或精神药物的数量和范围造成了严重的公众健康问题或社会问题，因而需要采取国际行动，则麻管局应告知麻委会它对该物质的评价，包括把该物质列入表一或表二后对合法使用及非法制造所可能造成的影响，以及根据这一评价所建议的任何适当监测措施。

5. 麻管局在科学问题上的评价应是决定性的。麻委会在考虑了各缔约国提交的意见以及麻管局提出的意见和建议并适当考虑任何其他有关因素之后，可由其成员的三分之二多数作出决定，将某一物质列入表一或表二。

6. 麻委会按照本条作出的任何决定，应由秘书长通知所有国家和已成为或有资格成为本公约缔约方的其他实体以及麻管局。这一决定自通知之日起一百八十天后即对各缔约国完全生效。

7. （a）对麻委会根据本条作出的决定，在发出关于该决定的通知之日起一百八十天内，如有任一缔约国提出请求，理事会便应对该决定进行审查。要求审查的请求应连同该项请求所根据的全部有关情报一并送交秘书长。

（b）秘书长应将要求审查的请求及有关情报的副本转送麻委会、麻管局及所有缔约国，请其于九十天之内提出意见。所有收到的意见均应提交理事会审议。

（c）理事会可确认或撤销麻委会的决定。有关理事会决定的通知应转送所有国家和已成为或有资格成为本公约缔约方的其他实体、麻委会和麻管局。

8. （a）只要不影响本条第1款所载规定以及《1961年公约》、经修正的《1961年公约》和《1971年公约》各项规定的普遍性，缔约国应采取其认为适当的措施，监测在其领土内进行的制造和分销表一和表二所列物质的活动。

（b）为此目的，缔约国可：

（一）控制所有从事制造和分销此种物质的个人和企业；

（二）以执照控制可进行这种制造或分销的单位和场所；

（三）要求执照持有者取得从事上述业务的许可；

(四)防止制造者和分销者囤积的此种物质超出正常业务和市场基本状况所需的数量。

9. 各缔约国应就表一和表二所列物质采取下列措施:

(a)建立并实施监测表一和表二所列物质的国际贸易的制度,以便查明可疑交易。这类监测制度应同制造商、进口商、出口商、批发商和零售商密切合作予以实施,他们应向主管当局报告可疑订货和交易;

(b)规定扣押有充分证据证明被用于非法制造某一麻醉药品或精神药物的表一或表二所列的任何物质;

(c)如有理由怀疑进出口或过境的表一或表二所列某一物质将被用于非法制造麻醉药品或精神药物,则应尽快通知有关缔约国的主管当局和部门,其中应特别包括关于支付手段和引起怀疑的任何其他主要因素的情报;

(d)要求进出口货物应贴上适当标签,并附有必要的单据。在发票、载货清单、海关、运输及其他货运单证等商业文件中应按表一或表二所定的名称写明进口或出口的物质的名称、进口或出口的数量,以及进口商、出口商和所掌握的收货人的姓名和地址;

(e)确保本款(d)项所述的单证至少保存两年,并可提供主管当局检查。

10.(a)除本条第9款的规定之外,根据有利害关系的缔约国向秘书长提出的请求,有表一所列物质将从其领土输出的各缔约国,应确保在输出前由其主管当局向进口国的主管当局提供下列情报:

(一)出口商、进口商和所掌握的收货人的姓名和地址;

(二)表一所列物质的名称;

(三)该物质将要出口的数量;

(四)预期的入境口岸和预期的发运日期;

(五)缔约国相互议定的任何其他情报。

(b)如缔约国认为可取或必要,可制订比本款规定更为严格或严厉的控制措施。

11. 如某一缔约国按本条第9和第10款规定向另一缔约国提供情报,则提供此情报的缔约国可要求接受该情报的缔约国对任何贸易、业务、商业或专业机密或贸易过程保密。

12. 各缔约国应按麻管局所规定的形式和方法,并用其所提供的表格,每年向麻管局提供如下情报:

(a)表一和表二所列物质的缉获量,以及所知悉的来源;

(b) 任何未列入表一或表二但查明已用于非法制造麻醉药品或精神药物且缔约国认为其严重性足以提请麻管局注意的物质;

(c) 挪用和非法制造的方法。

13. 麻管局应每年向麻委会报告本条的执行情况,麻委会应定期审查表一和表二是否充分和适当。

14. 本条规定不适用于药用制剂,也不适用于含有表一或表二所列物质但其复方混合方式使此种物质不能以方便的手段容易地加以使用或回收的其他制剂。

第十三条 材料和设备

缔约国应采取其认为适当的措施,防止为非法生产或制造麻醉药品和精神药物而买卖和挪用材料和设备,并应为此目的进行合作。

第十四条 根除非法种值含麻醉品成分植物和消除对麻醉药品与精神药物非法需求的措施

1. 缔约国遵照本公约采取的任何措施,其严厉程度应不低于《1961年公约》、经修正的《1961年公约》和《1971年公约》中适用于根除非法种值含有麻醉药品或精神药物成他分的植物以及消除对麻醉药品和精神药物的非法需求的规定。

2. 各缔约国应采取适当措施防止非法种植并根除在其领土上非法种值的含有麻醉药品或精神药物成分的植物。诸如罂粟、古柯和大麻植物。所采取的措施应尊重基本人权,并应适当考虑到有历史证明的传统性正当用途以及对环境的保护。

3. (a) 缔约国可相互合作,以增强根除活动的有效性。这种合作除其他形式外,要酌情包括支持农村综合发展,以便采用经济上可行的办法取代非法种植。在实施这种农村发展方案前,应考虑到诸如进入市场、资源供应和现有的社会经济条件等因素。缔约国可商定任何其他适当的合作措施。

(b) 缔约国还应便利科技情报的交流并进行有关根除活动的研究。

(c) 凡有共同边界的缔约国,应设法相互合作,在各自沿边界地区实施根除方案。

4. 缔约国应采取适当措施,消除或减少对麻醉药品和精神药物的非法需求,以减轻个人痛苦并消除非法贩运的经济刺激因素。除其他外,这些措施可参照联合国、世界卫生组织等联合国专门机构及其他主管国际组织的建议,以及1987年麻醉品滥用和非法贩运问题国际会议通过的《综合性多学科纲要》,该纲要涉及政府和非政府机构及个人在预防、治疗和康复领域应作出的努力。缔约国可达成旨在消除或减少对麻醉药品和精神药物的非法需求的双边或多边协定或安排。

5. 缔约国也可采取必要措施,及早销毁或依法处理已经扣押或没收的麻醉药品、精神药物和表一与表二所列的物质,以及接受经适当证明的必要数量的这类物质作为证据。

第十五条 商业承运人

1. 缔约国应采取适当措施以确保商业承运人经营的运输工具不被用于按第三条第1款确定的犯罪;这类措施可包括与商业承运人的特别安排。

2. 各缔约国应要求商业承远人采取合理预防措施,防止其运输工具被用于按第三条第1款确定的犯罪。这类预防措施可包括:

(a) 如果商业承运人的主要营业地设在该缔约国领土内:

(一) 训练人员识别可疑的货运或可疑的人;

(二) 提高工作人员的品德;

(b) 如果商业承运人在该缔约国领土内经营业务:

(一) 尽可能事先提供载货清单;

(二) 在集装箱上使用可逐一查验并可防作弊的封志;

(三) 尽早将可能涉及按第三条第1款确定的犯罪的一切可疑情况报告有关当局。

3. 各缔约国应力求确保商业承运人与出入境口岸及其他海关管制区的有关当局合作,防止擅自接触运输工具和货物,并执行适当的安全措施。

第十六条 商业单证和出口货物标签

1. 各缔约国应要求合法出口的麻醉药品和精神药物单证齐全。除了遵循《1961年公约》第三十一条和经修正的《1961年公约》第三十一条及《1971年公约》第十二条关于提供单证的规定外,应在发票、载货清单、海关、运输及其他货运单证等商业文件上按《1961年公约》、经修正的《1961年公约》和《1971年公约》附表所定的名称写明出口的麻醉药品和精神药物的名称、出口数量,以及出口商、进口商和所掌握的收货人的姓名和地址。

2. 各缔约国应要求出口的麻醉药品和精神药物货物所贴标签准确无误。

第十七条 海上非法贩运

1. 缔约国应尽可能充分合作,依照国际海洋法制止海上非法贩运。

2. 缔约国如有正当理由怀疑悬挂其国旗或未挂旗或未示注册标志的船只在进行非法贩运,可请求其他缔约国协助,以制止将该船用于此种目的。被请求的缔约国应尽其所能提供此种协助。

3. 缔约国如有正当理由怀疑悬挂另一缔约国国旗或显示该国注册标志的船只虽按照国际法行使航行自由但却在从事非法贩运,可将此事通知船旗国,请其确认注册情况,并可在注册情况获得确认后,请船旗国授权对该船采取适当措施。

4. 按照本条第 3 款,或按照请求国和船旗国之间有效的条约,或按照其相互达成的任何其他协议或安排,除其他事项外,船旗国还可授权请求国:

(a)登船;

(b)搜查船只;

(c)如查获涉及非法贩运的证据,对该船只、船上人员和货物采取适当行动。

5. 如依本条采取行动,有关缔约国应适当注意不得危害海上生命安全,该船只和货物的安全,也不得损害该船旗国或任何其他有关国家的商业和法律利益。

6. 只要符合本条第 1 款所规定的义务,船旗国可使其授权服从它与请求国之间相互议定的条件,包括关于责任的条件。

7. 为本条第 3 和第 4 款的目的,缔约国应以迅捷的方式答复另一缔约国要求确定悬挂其国旗的船只是否有此权利的请求,并答复根据第 3 款规定提出的授权请求。各缔约国在成为本公约缔约国时,应指定一个机构,或必要时指定若干机构接受并答复这类请求。这类指定应在指定后一个月内通过秘书长通知其他所有缔约国。

8. 已按照本条采取了任何行动的缔约国,应将行动的结果迅速通知有关船旗国。

9. 缔约国应考虑达成双边和区域协定或安排,以执行本条各项规定或增强其有效性。

10. 根据本条第 4 款采取的行动只能由军舰或军用飞机、或具有执行公务的明显可识别标记并获得有关授权的船舶或飞机进行。

11. 根据本条采取任何行动均应适当注意有必要不干预或影响沿海国依国际海洋法具有的权利和义务及其管辖权的行使。

第十八条　自由贸易区和自由港

1. 缔约国应采取措施，制止在自由贸易区和自由港非法贩运麻醉药品、精神药物及表一和表二所列物质的活动，这些措施的严厉程度不应低于在其领土其他部分采取的措施。

2. 缔约国应努力：

（a）监测货物及人员在自由贸易区和自由港的流动情况，并应为此目，授权主管当局搜查货物和进出船只，包括游艇和渔船以及飞机和车辆，适当时还可搜查乘务人员、旅客及其行李；

（b）建立并实施一套侦测系统，以侦测进出自由贸易区和自由港的涉嫌含有麻醉药品、精神药物及表一和表二所列物质的货运；

（c）在自由贸易区和自由港的港口和码头区以及机场和边境检查站设立并实施监视系统。

第十九条　邮件的利用

1. 缔约国应按照其依万国邮政联盟各项公约所承担的义务，并按照其本国法律制度的基本原则，采取措施制止利用邮件进行非法贩运，并应为此目的相互合作。

2. 本条第 1 款所述措施应特别包括：

（a）采取协调行动以预防和取缔利用邮件进行非法贩运；

（b）由经授权的执法人员采用并实施旨在侦测邮件中非法付运的麻醉药品、精神药物及表一和表二所列物质的调查和控制技术；

（c）采取立法措施，以便能够使用适当手段获得司法程序所需的证据。

第二十条　应由缔约国提供的情报

1. 缔约国应通过秘书长向麻委会提供关于在其领土内执行本公约的情报，特别是：

（a）为实施本公约而颁布的法律和法规的文本；

（b）在其管辖范围内发生的非法贩运案件中缔约国认为因其涉及所发现的新趋势、所涉及的数量、获得有关物质的来源或从事非法贩运的人使用的手段而具有重要性的案件的详情。

2. 缔约国应依照麻委会可能要求的方式和日期提供此种情报。

第二十一条 麻委会的职能

麻委会有权审议关系到本公约目标的所有事项，特别是：

（a）麻委会应根据缔约国按第二十条规定提交的情报，审查本公约的实施情况；

（b）麻委会可在审查各缔约国提供的情报的基础上，提出具体提议和一般性建议；

（c）麻委会可提请麻管局注意到可能与该局的职能有关的任何事项；

（d）麻委会应对麻管局依照第二十二条第1款（b）项规定提交其处理的任何事项，采取它认为适当的行动；

（e）麻委会可依照第十二条规定的程序修改表一和表二；

（f）麻委会可提请非缔约国注意到它根据本公约通过的决定和建议，以期由它们考虑按照这些决定和建议采取行动。

第二十二条 麻管局的职能

1. 在不影响第二十一条规定的麻委会的职能，以及不影响《1961年公约》、经修正的《1961年公约》和《1971年公约》规定的麻管局和麻委会的职能的情况下：

（a）如根据其对提交麻管局、秘书长或麻委会的情报以及对联合国各机构转交的情报的分析，麻管局有理由认为，在与其职责有关的问题上，本公约的宗旨未获实现，则麻管局可请某一或某些缔约国提供任何有关的情报；

（b）对于第十二条、第十三条和第十六条：

（一）在按照本款（a）项采取行动后，麻管局如认为确有必要，可吁请有关缔约国酌情采取为执行本公约第十二条、第十三条和第十六条的规定所必要的补救措施；

（二）麻管局在依照下述（三）目采取行动前，应将其根据上述各项与有关缔约国之间的来往函件作为密件处理；

（三）麻管局若发现有关缔约国未采取根据本项规定吁请其采取之补救措施，可提请各缔约国、理事会及麻委会注意此事项。若有关缔约国提出要求，麻管局根据本项发表的任何报告也应载录该缔约国的意见。

2. 如麻管局的某次会议将依照本条规定审议某一问题，应邀请与该问题直接有关的任何缔约国派代表出席。

3. 凡麻管局依照本条规定所通过的决定系未经一致同意者，则少数方面的意见应予叙明。

4. 麻管局依照本条作出的决定应以麻管局全体成员三分之二多数同意通过。

5. 麻管局依照本条第 1 款（a）项履行其职能时，应确保其可能掌握的所有情报的机密性。

6. 麻管局依照本条所负的责任不适用于缔约国之间根据本公约规定所订条约或协定的执行。

7. 本条之规定不适用于缔约国之间属第三十二条规定范围的争端。

第二十三条　麻管局的报告

1. 麻管局应编写年度工作报告，报告中应载有对其所掌握资料的分析，并酌情载述缔约国提出的或要求它们作出的解释，连同麻管局希望提出的任何看法和建议。麻管局还可提出其认为必要的其他报告。报告应通过麻委会提交理事会，但麻委会可作出其认为合适的评论。

2. 麻管局的报告应转送各缔约国，并应随后由秘书长予以发表。各缔约国应允许分发此种报告的范围不受限制。

第二十四条　执行较本公约规定更为严格的措施

缔约国可采取较本公约规定更为严格或严厉的措施，如果它认为这种措施对防止或制止非法贩运是可取的或必要的。

第二十五条　不减损先前的条约权利和义务

本公约各项规定概不减损本公约缔约国依《1961年公约》、经修正的《1961年公约》和《1971年公约》享有的任何权利或承担的任何义务。

第二十六条　签　字

本公约应于1988年12月20日至1989年2月28日在联合国维也纳办事处，随后直至1989年12月20日在纽约联合国总部向下列各方开放供签字：

(a) 所有国家；

(b) 纳米比亚，由联合国纳米比亚理事会代表；

(c) 在本公约所涉事项中有职权进行谈判、缔结和执行国际协定的区域经济一体化组织。本公约中凡提到缔约国、国家或国家部门之处，亦适用于这些组织，但以其职权范围为限。

第二十七条　批准、接受、核准或正式确认

1. 本公约须经各国和由联合国纳米比亚理事会代表的纳米比亚批准、接受或核准并须经第二十六条(c)项所述的区域经济一体化组织正式确认。批准书、接受书或核准书和有关正式确认行为的文书应交联合国秘书长保存。

2. 区域经济一体化组织在其正式确认书中应宣布它们对于本公约所涉事项的职权范围。这些组织还应将其对于本公约所涉事项的职权范围的任何更改通知秘书长。

第二十八条　加　入

1. 本公约应一直开放供任何国家、由联合国纳米比亚理事会代表的纳米比亚以及第二十六条(c)项所指的区域经济一体化组织加入。加入应在加入书交存于联合国秘书长后生效。

2. 各区域经济一体化组织在其加入书中应宣布它们对于本公约所涉事项的

职权范围。这些组织还应将其对于本公约所涉事项的职权范围的任何更改通知秘书长。

第二十九条 生 效

1. 本公约应自第二十份由国家或由联合国纳米比亚理事会代表的纳米比亚提出的批准书、接受书、核准书或加入书交存于联合国秘书长后第九十天起生效。

2. 对于在第二十份批准书、接受书、核准书或加入书交存后批准、接受、核准或加入公约的每一国家或由纳米比亚理事会代表的纳米比亚，本公约应自其批准书、接受书、核准书或加入书交存之后第九十天起行效。

3. 对于交存正式确认书或加入书的第二十六条（c）项所指每一区域经济一体化组织，本公约应自交存后第九十天起生效，或自本公约依据本条第1款生效之日起生效，这两个日期以较后的一个为准。

第三十条 退 约

1. 任一缔约国可随时向秘书长发出书面通知，宣告退出本公约。

2. 此种退约应自秘书长接获通知之日起一年后对该有关缔约国生效。

第三十一条 修 正

1. 任何缔约国均可对本公约提出修正案。此项修正案及修正之理由应由该缔约国送交秘书长转致其他缔约国并询问是否接受所提修正案。如经分发的提议修正案在分发后十八个月（①此处英文本为二十四个月）后未为任何缔约国所反对，即应认为修正案已被接受并应于某一缔约国将其表示同意受该修正案约束的文书交存于秘书长之后九十天即对该缔约国生效。

2. 如所提议的修正案为任何缔约国所反对，秘书长应与各缔约国进行磋商，如有多数缔约国要求，秘书长还应将此事项连同缔约国提出的任何评论提交理事会，由其决定是否根据联合国宪章第六十二条4款召开一次会议。此次会议产生的任何修正案应载入一项修正议定书内。如同意受该项议定书约束，应特别向秘书长作此表示。

第三十二条 争端的解决

1. 如有两个或两个以上缔约对本公约之解释或适用发生争执，这些缔约国应彼此协商，以期通过谈判、调查、调停、和解、仲裁、诉诸区域机构、司法程序或其自行选择的其他和平方式解决争端。

2. 任何此种争端如不能以第 1 款所规定之方式解决者，则应在发生争端的任何一个缔约国提出要求时提交国际法院裁决。

3. 如某一第二十六条（c）项所述的区域经济一体化组织为不能以本条第 1 款所规定方式解决之争端的当事方，该组织可通过联合国某一会员国请求理事会证求国际法院根据国际法院规约第六十五条提出咨询意见，此项咨询意见应视为裁决意见。

4. 各缔约国在签署或批准、接受或核准本公约或加入本公约时，或各区域经济一体化组织在签署或交存正式确认或加入的一份文书时，可声明其并不认为自己受本条第 2 及第 3 款之约束。其他缔约国对于作出了此项声明的任何缔约国，不应受本条第 2 及第 3 款之约束。

5. 根据本条第 4 款规定作出了声明的任何缔约国，可随时通知秘书长撤销该项声明。

第三十三条 作准文本

本公约之阿拉伯文、中文、英文、法文、俄文和西班牙文文本均同样为作准文本。

第三十四条 保存人

秘书长应为本公约保存人。

兹由下列经正式授权之代表在本公约下签字，以昭信守。

具原件一份，1988 年 12 月 20 日订于维也纳。

刑事办案期限一览表

办案机关	诉讼阶段	法律条款	主要内容	办案期限	
				月	日
			侦查阶段的办案期限最长为七个月		
公安机关	拘留	第89条	被拘留人需要逮捕的，应当在拘留后三日内提请批捕		3
			在特殊情况下，提请逮捕的时间可以延长一至四日		4-7
			对于流窜作案、多次作案、结伙作案的重大嫌疑分子，可以延长至30日		30
检察机关	审查批捕	第89条	检察院对于提请批捕案件进行审查，批捕或不批捕决定		7
公安机关	侦查	第154条	对犯罪嫌疑人逮捕后的侦查办案期限不得超过2个月	2	
			案情复杂、期限届满不能终结的案件，可以经上一级人民检察院批准延长1个月	1	
		第156条	交通十分不便边远地区的重大复杂案件，重大犯罪集团案件，流窜作案的重大复杂案件，犯罪涉及面广，取证困难的重大复杂案件，在上述3个月不能办结的，可延长2个月	2	
			可能判处十年以上有期徒刑，依126条仍不能侦结的，可再延长二个月	2	
检察机关		第165条	检察院对直接受理案件中被拘留的人，认为需要逮捕的，应当在十四日以内作出决定		14
			在特殊情况下，决定逮捕的时间可以延长一至四日		1-4

续 表

办案机关	诉讼阶段	法律条款	主要内容		办案期限
		第162条	人民检察院对直接受理的案件的侦查适用本章规定		
审查起诉办案期限最长为六个半月					
检察机关		第169条	人民检察院对于公安机关移送起诉的案件,应当在一个月以内作出决定		1
			重大、复杂的案件,可以延长半个月		0.5
		第171条	对于补充侦查的案件,应当在一个月以内补充侦查完毕。补充侦查以二次为限。补充侦查完毕移送人民检察院后,人民检察院重新计算审查起诉期限		
公安机关			第一补充侦查		1
检察机关			检察院重新计算审查起诉期限	一般情况	1
				重大、复杂案件,可以延长半个月	0.5
公安机关			第二补充侦查		1
检察机关			检察院重新计算审查起诉期限	一般情况	1
				重大、复杂案件,可以延长半个月	0.5
一审办案期限最长为13个月					
公诉案件		第202条	人民法院审理公诉案件,应当在受理后二个月以内宣判,至迟不得超过三个月		3
			对于可能判处死刑的案件或者附带民事诉讼的案件,以及有本法第一百五十六条规定情形之一的(四类案件),经上一级人民法院批准,可以延长三个月		3
			依照本法第一百九十八条第二项的规定(检察人员发现提起公诉的案件需要补充侦查,提出建议的)延期审理的案件,人民检察院应当在一个月以内补充侦查完毕		1

续 表

办案机关	诉讼阶段	法律条款	主要内容	办案期限	
			人民检察院补充侦查的案件,补充侦查完毕移送人民法院后,人民法院重新计算审理期限	6	
	自诉案件	第206条	人民法院审理自诉案件的期限,被告人被羁押的,适用本法第二百零二条第一款、第二款的规定	6	
			未被羁押的,应当在受理后六个月以内宣判	6	
	简易程序	第214条	人民法院应当在受理后二十日以内审结		20
			对可能判处的有期徒刑超过三年的,可以延长至一个半月	1.5	
二审办案期限最长为四个月					
二审法院		第232条	应当在二个月以内审结	2	
			对于可能判处死刑的案件或者附带民事诉讼的案件,以及有本法第一百五十六条规定情形之一的(四类案件),经省、自治区、直辖市高级人民法院批准或者决定,可以延长二个月	2	
再审办案期限最长为四个月					
再审法院		第247条	人民法院按照审判监督程序重新审判的案件,应当在作出提审、再审决定之日起三个月以内审结	3	
			需要延长期限的,不得超过六个月	6	
无固定期限					
侦查阶段		第155条	因为特殊原因,在较长时间内不宜交付审判的特别重大复杂的案件,由最高人民检察院报请全国人民代表大会常务委员会批准延期审理		
审判阶段	一审	第202条	因特殊情况还需要延长的,报请最高人民法院批准		
	二审	第232条	因特殊情况还需要延长的,报请最高人民法院批准		

续 表

办案机关	诉讼阶段	法律条款	主要内容	办案期限	
			最高人民法院受理上诉、抗诉案件的审理期限,由最高人民法院决定		
			死刑复核程序没有明确的期限规定		
重新计算办案期限情形:					
侦查		第158条	在侦查期间,发现犯罪嫌疑人另有重要罪行的,自发现之日起依照本法第一百五十四条的规定重新计算侦查办案期限		
审查起诉		第169条	人民检察院审查起诉的案件,改变管辖的,从改变后的人民检察院收到案件之日起重新计算审查起诉期限		
		第171条	对于补充侦查的案件,应当在一个月以内补充侦查完毕。补充侦查以二次为限。补充侦查完毕移送人民检察院后,人民检察院重新计算审查起诉期限		
法院		第202条	人民法院改变管辖的案件,从改变后的人民法院收到案件之日起重新计算审理期限		
《刑诉解释》	一审	第298条	由简易程序转为普通程序的第一审刑事案件的期限,自案件决定转为普通程序次日起重新计算		
	重审	第230条	第二审人民法院发回原审人民法院重新审判的案件,原审人民法院从收到发回的案件之日起,重新计算审理期限		
不计入办案期限的情形:					
	延期审理	第198条	在法庭审判过程中,遇有下列情形之一,影响审判进行的,可以延期审理: (一)需要通知新的证人到庭,调取新的物证,重新鉴定或者勘验的; (二)检察人员发现提起公诉的案件需要补充侦查,提出建议的; (三)由于申请回避而不能进行审判的。 延期审理一般计入审理期限。		

续　表

办案机关	诉讼阶段	法律条款	主要内容	办案期限	
	中止审理	第200条	在审判过程中,有下列情形之一,致使案件在较长时间内无法继续审理的,可以中止审理: (一)被告人患有严重疾病,无法出庭的; (二)被告人脱逃的; (三)自诉人患有严重疾病,无法出庭,未委托诉讼代理人出庭的; (四)由于不能抗拒的原因。 中止审理的原因消失后,应当恢复审理。		
			中止审理的期间不计入审理期限		
		第147条	对犯罪嫌疑人作精神病鉴定的期间不计入办案期限		
	二审	第224条	第二审人民法院应当在决定开庭审理后及时通知人民检察院查阅案卷。自通知后第2日起,人民检察院应当在一个月以内查阅完毕。人民检察院查阅案卷的时间不计入审理期限。(二审法院审理死刑上诉、抗诉案件,应当在开庭十日以前通知人民检察院查阅案卷。2006年《死刑案二审开庭规定(试行)》第7条;刑事案件二审期间,检察院查阅案卷超过七日后的时间不计入审限。2000年《审限规定》第9条。上述两条规定均与新修改刑诉法和解释的第320条有冲突)		
《刑诉解释》		第256条	另行委托辩护人或者指派律师的,自案件宣布休庭之日起至第十五日止,由辩护人准备辩护,但被告人及其辩护人自愿缩短时间的除外。 《审限规定》第9条第二款规定与之有冲突:刑事案件因另行委托、指定辩护人,法院决定延期审理的,自案件宣布延期审理之日起至第十日止准备辩护的时间		
			办案期限起算点:		
		第158条	犯罪嫌疑人不讲真实姓名、住址,身份不明的,应当对其身份进行调查,侦查办案期限自查清其身份之日起计算		
《审理期限规定》		第8条	案件的审理期限从立案次日起计算		

图书光盘版目录

（光盘随书附赠）

- 前　言 ··· 001

承办案例（节选）

- 成某犯容留他人吸毒罪一审刑事判决书 ·· 003
- 代某犯走私、贩卖、运输、制造毒品罪，陈某犯容留他人吸毒罪一审刑事判决书 ·· 005
- 丁某、罗某等犯走私、贩卖、运输、制造毒品罪一审刑事判决书 ·················· 008
- 方某犯走私、贩卖、运输、制造毒品罪一审刑事判决书 ······························· 017
- 潘某、赵某等犯走私、贩卖、运输、制造毒品罪一审刑事判决书 ·················· 019
- 姚某甲犯走私、贩卖、运输、制造毒品罪一审刑事判决书 ···························· 031
- 袁某犯走私、贩卖、运输、制造毒品罪一审刑事判决书 ······························· 036
- 张某、罗某等犯走私、贩卖、运输、制造毒品罪二审刑事裁定书 ·················· 039
- 张某犯走私、贩卖、运输、制造毒品罪一审刑事判决书 ······························· 045
- 彭某、张某等贩卖、窝藏毒品案 ·· 049

法律（综合）部分

- 毒品概念 ··· 055
- 毒品犯罪 ··· 057
- 《刑事审判参考》毒品犯罪案例分类集成 ···························· 062

一、法律 ··· 076

- 《中华人民共和国刑法》（节录）（2017年11月4日）··············· 076
- 《中华人民共和国刑事诉讼法》（节录）（2012年3月14日）······· 080
- 《中华人民共和国治安管理处罚法》（2012年修正本）（节录）（2013年1月1日）··· 091
- 《中华人民共和国禁毒法》（2008年6月1日）························ 093
- 《中华人民共和国药品管理法》（节录）（2015年4月24日）······· 105
- 《中华人民共和国海关法》（2017年修正版）（2017年11月4日）······ 107

二、司法解释及实用文件 ··· 126

- 最高人民法院《关于审理毒品犯罪案件适用法律若干问题的解释》（2016年4月11日）··· 126
- 最高人民法院、最高人民检察院、公安部《关于印发〈办理毒品犯罪案件适用法律若干问题的意见〉的通知》（2007年12月18日）············· 134
- 《全国法院毒品犯罪审判工作座谈会纪要》（武汉会议纪要）（2015年5月18日）·· 138
- 《全国部分法院审理毒品犯罪案件工作座谈会纪要》（大连会议纪要）（2008年12月1日）··· 148
- 《全国法院审理毒品犯罪案件工作座谈会纪要》（南宁会议纪要）（2000年4月4日）·· 160
- 最高人民法院《关于适用〈中华人民共和国刑事诉讼法〉的解释》（节录）（2013年1月1日）·· 166

- 最高人民法院、最高人民检察院、公安部、国家安全部、司法部、全国人大常委会法制工作委员会《关于实施刑事诉讼法若干问题的规定》(2013年1月1日) ………………………………………………………………………… 183
- 《人民检察院刑事诉讼规则(试行)》(节录)(2012年10月16日) … 192
- 最高人民法院、最高人民检察院、公安部《关于办理制毒物品犯罪案件适用法律若干问题的意见》(2009年6月23日) ……………………………… 207
- 最高人民法院、最高人民检察院、公安部《关于办理走私、非法买卖麻黄碱类复方制剂等刑事案件适用法律若干问题的意见》(2012年6月18日) ………………………………………………………………………… 210
- 最高人民检察院《关于贩卖假毒品案件如何定性问题的批复》(1991年4月2日) ………………………………………………………………… 214
- 最高人民法院、最高人民检察院、公安部《〈关于规范毒品名称表述若干问题的意见〉的理解与适用》……………………………………………… 215
- 《最高人民检察院公诉厅毒品犯罪案件公诉证据标准指导意见(试行)》(2005年4月25日) ………………………………………………………… 222
- 最高人民检察院《关于加强毒品犯罪批捕起诉工作的通知》(1997年6月10日) ………………………………………………………………… 230
- 《人民检察院办理羁押必要性审查案件规定(试行)》(2016年1月22日) ………………………………………………………………………… 232

三、立案相关法律规范 ……………………………………………… 238
- 公安部《关于毒品案件立案标准的通知》(1988年8月1日)………… 238
- 最高人民检察院、公安部《关于公安机关管辖的刑事案件立案追诉标准的规定(三)》(2012年5月16日)……………………………………… 241

四、量刑相关法律规范 ……………………………………………… 250
- 《人民检察院开展量刑建议工作的指导意见(试行)》(2010年2月23日) ………………………………………………………………………… 250

- 最高人民法院《关于常见犯罪的量刑指导意见》(2017年4月1日) ……………………………………………………………………… 255
- 《人民法院量刑指导意见(试行)》(2010年10月1日) ………… 260
- 最高人民法院《关于贯彻宽严相济刑事政策的若干意见》(2010年2月8日) ……………………………………………………………… 271
- 最高人民法院、最高人民检察院、公安部《关于办理邻氯苯基环戊酮等三种制毒物品犯罪案件定罪量刑数量标准的通知》(2014年9月5日) …… 281

五、鉴定及程序相关规定 ………………………………………… 283

- 《办理毒品犯罪案件毒品提取、扣押、称量、取样和送检程序若干问题的规定》(2016年7月1日) ………………………………………… 283
- 《公安机关禁毒民警执勤行为规范》(2009年8月28日) ……… 293
- 《公安机关缴获毒品管理规定》(2016年7月1日) ……………… 297
- 《公安机关执法细则》(节录)(2016年7月5日) ……………… 305
- 全国人民代表大会常务委员会《关于司法鉴定管理问题的决定》(2015年10月1日) ……………………………………………………… 315
- 《司法鉴定程序通则》(2016年5月1日) ………………………… 318
- 《司法鉴定机构登记管理办法》(2005年9月30日) …………… 327
- 《司法鉴定人登记管理办法》(2005年9月29日) ……………… 336
- 《公安部刑事技术鉴定规则》(1980年5月1日) ………………… 344
- 《公安机关鉴定规则》(2008年6月1日) ………………………… 347
- 《公安机关鉴定机构登记管理办法》(2006年3月1日) ………… 360
- 《公安机关鉴定人登记管理办法》(2006年3月1日) …………… 368

六、非法证据排除法律规范 ……………………………………… 375

- 最高人民法院、最高人民检察院、公安部、国家安全部、司法部《关于办理死刑案件审查判断证据若干问题的规定》(2010年7月1日) ……… 375
- 《关于办理死刑案件审查判断证据若干问题的规定》的理解与适用 …… 388

- 《关于建立健全防范刑事冤假错案工作机制的意见》(2013年10月9日) ·· 403
- 《关于办理刑事案件严格排除非法证据若干问题的规定》(2017年6月27日) ·· 407
- 最高人民法院《关于适用〈中华人民共和国刑事诉讼法〉的解释》(节录)(2013年1月1日) ·· 415
- 最高人民法院、最高人民检察院、公安部、国家安全部、司法部、全国人大常委会法制工作委员会《关于实施刑事诉讼法若干问题的规定》(节录)(2013年1月1日) ··· 418
- 《人民法院办理刑事案件庭前会议规程(试行)》(2018年1月1日)··· 419
- 《人民法院办理刑事案件排除非法证据规程(试行)》(2018年1月1日) ·· 425
- 《人民法院办理刑事案件第一审普通程序法庭调查规程(试行)》(2018年1月1日) ··· 433

七、立功、自首法律规范 ·· 444

- 《中华人民共和国刑法》(节录)(2017年11月4日)············· 444
- 最高人民法院《关于处理自首和立功具体应用法律若干问题的解释》(1998年5月9日) ·· 446
- 最高人民法院《关于处理自首和立功若干具体问题的意见》(2010年12月12日) ·· 449
- 最高人民法院《关于被告人对行为性质的辩解是否影响自首成立问题的批复》(2004年3月23日) ··· 455
- 最高人民法院、最高人民检察院《关于办理职务犯罪案件认定自首、立功等量刑情节若干问题的意见》(2009年3月12日) ··············· 456
- 《全国部分法院审理毒品犯罪案件工作座谈会纪要》(大连会议纪要)(2008年12月1日) ·· 460

八、行政法规、部门规章及规范性文件等 …… 462

- 《戒毒条例》(2016年6月26日) …… 462
- 《反兴奋剂条例》(2004年3月1日) …… 471
- 《艾滋病防治条例》(2006年3月1日) …… 480
- 《娱乐场所管理条例》(2016年2月6日) …… 493
- 《易制毒化学品管理条例》(2005年11月1日) …… 504
- 《麻醉药品和精神药品管理条例》(2016年2月6日) …… 516
- 《中华人民共和国药品管理法实施条例》(2016年2月6日) …… 535
- 《强制戒毒办法》(2011年4月1日) …… 551
- 《吸毒成瘾认定办法》(2016年12月29日) …… 555
- 《药品类易制毒化学品管理办法》(2010年5月1日) …… 559
- 《强制隔离戒毒诊断评估办法》(2013年9月2日) …… 571
- 《公安机关强制隔离戒毒所管理办法》(2011年9月28日) …… 577
- 《麻醉药品和精神药品经营管理办法》(2005年10月31日) …… 589
- 《麻醉药品和精神药品生产管理办法(试行)》(2005年10月31日) …… 597
- 《麻醉药品和精神药品运输管理办法》(2005年11月8日) …… 606
- 《易制毒化学品购销和运输管理办法》(2006年10月1日) …… 610
- 《非药用类麻醉药品和精神药品列管办法》(2015年10月1日) …… 620
- 《非药品类易制毒化学品生产、经营许可办法》(2006年4月15日) …… 623
- 《麻黄素类易制毒化学品出口企业核定暂行办法》(2006年11月10日) …… 632
- 《吸毒检测程序规定》(2010年1月1日) …… 635
- 《罂粟壳管理暂行规定》(1999年1月1日) …… 639
- 《易制毒化学品进出口管理规定》(2006年10月21日) …… 643
- 《司法行政机关强制隔离戒毒工作规定》(2013年6月1日) …… 654
- 《易制毒化学品进出口国际核查管理规定》(2006年10月7日) …… 665
- 《向特定国家(地区)出口易制毒化学品暂行管理规定》(2005年9月1日) …… 668

- 《苯丙胺类药物依赖诊断治疗指导原则》（2009 年）……………………… 671

九、其他类（批复、通知、公告）………………………………………… 675

- 公安部《关于认定海洛因有关问题的批复》（2002 年 6 月 28 日）… 675
- 国务院《关于进一步加强麻黄素管理的通知》（1998 年 3 月 11 日）… 676
- 《关于加强互联网易制毒化学品销售信息管理的公告》（2010 年 9 月 21 日）……………………………………………………………………… 679
- 公安部《关于执行〈中华人民共和国禁毒法〉有关问题的批复》（2008 年 12 月 23 日）……………………………………………………………… 681
- 公安部《关于对查获异地吸毒人员处理问题的批复》（2008 年 5 月 4 日）……………………………………………………………………… 682
- 公安部《关于在成品药中非法添加阿普唑仑和曲马多进行销售能否人为制造贩卖毒品有关问题的批复》（2009 年 3 月 19 日）……………… 683
- 国家安全生产监督管理总局、公安部《关于黄樟油生产、经营许可管理若干问题的处理意见》（2006 年 12 月 30 日）……………………… 684
- 《关于将羟亚胺列入〈易制毒化学品管理条例〉的公告》（2008 年 8 月 1 日）……………………………………………………………………… 686
- 《关于进一步加强易制毒化学品管制工作的指导意见》（2009 年 6 月 25 日）……………………………………………………………………… 688
- 国家安全监管总局《关于进一步加强非药品类易制毒化学品监管工作的指导意见》（2012 年 6 月 15 日）……………………………………… 693
- 国家药品监督管理局、海关总署《关于加强麻醉药品精神药品进（出）口管理有关问题的通知》（2001 年 12 月 30 日）…………………… 698
- 《关于戒毒治疗中使用麻醉药品和精神药品有关规定的通知》（2006 年 5 月 31 日）……………………………………………………………… 704
- 《关于公安机关强制隔离戒毒所使用美沙酮等麻醉药品和精神药品有关问题的通知》（2009 年 11 月 17 日）………………………………… 709
- 食品药品监管总局、公安部、国家卫生计生委《关于公布麻醉药品和精神药品品种目录的通知》（2013 年 11 月 11 日）……………………… 711

附 录

- 2014 年中国毒品形势报告 ……………………………………… 733
- 2015 年中国毒品形势报告 ……………………………………… 741
- 2016 年中国毒品形势报告 ……………………………………… 747
- 2017 年中国毒品形势报告 ……………………………………… 753
- 《联合国禁止非法贩运麻醉药品和精神药物公约》…………… 759
- 《麻醉品单一公约》……………………………………………… 784
- 《精神药物公约》………………………………………………… 814
- 全国人民代表大会常务委员会关于我国加入《经〈修正 1961 年麻醉品单一公约的议定书〉修正的 1961 年麻醉品单一公约》和《1971 年精神药物公约》的决定 ……………………………………………… 833
- 刑事办案期限一览表 …………………………………………… 834

- 后 记 …………………………………………………………… 839

Postscript 后 记

《涉毒案件实务指南》付梓出版，有助于为广大奋斗在毒品案件实务与研究一线的工作者们，或有志于从事毒品案件实务和研究的法律人提供了实务经验和操作规范。本书几乎囊括了所有与涉毒案件有关的法律法规、司法解释、行政法规、部门规章、政策性文件、指导性文件以及会议纪要，是从事涉毒案件不可缺少的工具书和参考书。同时，本书又收集了十余个典型案例作为参考，以便能让读者从司法实践中更加直观了解和感受涉毒案件。

改革开放以来，随着对外交流的不断扩大和深入，毒品以及与毒品有关的犯罪行为也逐步渗入到国民生活中。尤其近几年，毒品种类、数量和涉毒人员大幅增加。报告显示，我国也从原来的单纯的毒品输入国变成了毒品输出国，且大有愈演愈烈的趋势。回顾一百多年前那场给中华民族带来百年耻辱和灾难的战争，立足今日展望明天，我们该如何有效阻止毒品的危害，是全体国人、尤其是中国法律人不得不去面对和思考的问题。编者从事律师职业二十余年，亲自操办的涉毒案件不计其数，从实务中得出结论——依法禁毒。依法是手段，禁毒是目的，禁毒必须依法，依法才能禁毒。对于从事毒品犯罪的行为必须予以打击和惩罚，对于其合法权益也必须予以保护和尊重，才能达到惩罚和教育相结合的刑罚目的；对于还未涉毒的民众必须让其了解毒品的危害，必须让其明白涉毒的法律后果，才能真正发挥法律的预防和指引作用。编者花费近三年时间编辑此书的初衷和目的也是基于此——依法禁毒，愿天下无毒！

考虑到图书厚度问题，本书以书配盘的形式出版，将书中未囊括的大量行政法规及部门规章放入了所附光盘中，以便读者定位及查阅。编者虽竭尽全力以求完善，然，一则能力所限，二则法律浩瀚且变化频繁、理解不一，导致在编辑过程中难免出现错谬、疏漏之处，敬请读者及广大同仁批评指正。

编者

二〇一八年十月